朱子語類彙校

肆

〔宋〕黃士毅 編
徐時儀 楊艷 彙校

晦庵先生朱文公語類卷第五十三

孟子三

公孫丑上之下

孟子曰以德行仁者王章〔一〕

「以德行仁者王」。所謂德者，非止謂有救民於水火之誠心。這「德」字又説得來〔二〕闊，是自己身上事都做得來〔三〕，是無一不備了，所以行出去便是仁。僩。

彝叟問：「『行仁』與『假仁』如何？」先生云：「公且道如何是『行仁』、『假仁』？」江兄〔四〕云：「莫是誠與不誠否？」先生曰：「這個自分曉，不須問得。如『由仁義行，非行仁義』處却好問。如行仁，便自仁中行出皆仁之德。若假仁，便是恃其甲兵之強、財賦之多，足以欺人，是假仁之名以欺其衆，非有仁之實也。故下文言『伯必有大國』，其言可見。」又曰：「成湯東面而征西夷怨，南面而征北狄怨〔五〕，皆是拯民於水火之中，此是行仁也。齊威公之在當時〔六〕，周室微弱，夷狄强大，而〔七〕威公攘夷狄，爲〔八〕王室『九合諸侯，不以兵車』，這只是仁之功。終無拯民塗炭之心，謂之『行仁』則不可。」卓。

王不待大言、不待大國而可以王，如湯以七十里、文王以百里伯者，則須有如是資力，方可以服人。僩。〔九〕

問「以力假仁」、「以德行仁」。先生曰：「『以力假仁』，仁與力是兩個；『以德行仁』，仁便是德，德便是仁。」問「霸」字之義。曰：「霸即伯也，漢書引『哉生魄』作『哉生霸』，古者『霸』、『伯』、『魄』三字通用。」夔孫。

孟子曰〔一〇〕仁則榮章

「仁則榮，不仁則辱」。此亦只是爲下等人言。若是上等人，他豈以榮辱之故而後行仁哉？伊川易傳比卦〔一一〕象辭有云：「以聖人之心言之，固至誠求天下之比以安民也。以後王之私言之，不求下民之附則危亡至矣。」蓋且得他畏危亡之禍而求所以比附其民，猶勝於全不顧者，政此謂也。僩。

孟子曰〔一二〕尊賢使能章

「市廛而不征」。問：「此市在何處？」曰：「此都邑之市。人君國都如井田樣，畫爲九區：面朝背市，左祖右社，中間一區則君之宮室。宮室前一區爲外朝，凡朝會藏庫之屬皆在焉。後一區爲市，市四面有門，每日市門開則商賈百物皆入焉。賦其廛者，謂收其市地錢，如今民間之鋪面錢。蓋逐末者多則賦其廛以抑之，少則不廛而但治以市官之法，所以招徠之也。市官之法如周禮司市平物價、治爭訟、譏察〔一三〕異言之類。市中惟民乃得入，凡公卿大夫有爵位者及士者皆不得入，入則有罰。如『國君過市則刑人赦，夫人過市則罰一幕，世子過市則罰一帟，命夫、命婦過市則罰一蓋帷』之類。左右各三區，皆民所居。而外朝一區，左則宗廟，右則社稷在焉。此國君都邑規模之大概也。」僩。

或問：「『法而不廛』，先生謂治以市官之法而不賦其廛，〔一四〕如何是市官之法？」曰：「周禮自有，如司市之屬平價、治爭訟、謹權量等事，皆其法也。」又問：「『市，廛而不征』、『法而不廛』是如何〔一五〕？」曰：「『市，廛而不征』，謂使居市之廛者各出廛賦若干，如今人賃鋪面相似，更不征稅其所貨之物。『法而不廛』則但治之以市官之法而已，雖廛賦亦不取之也。」又問：「『古之爲市者，以其所有易其所無者，有司者治之耳』，此便是市官之法否？」曰：「如〔一六〕漢之獄市、軍市之數，皆是古之遺制。蓋自有一個所在以爲類〔一七〕，其中自有許多事。」廣。

「『市，廛而不征，法而不廛』，如伊川之説如何？」曰：「伊川之説不可曉。横渠作二法，其説却似分明。」謨。

至問：「『廛無夫里之布』。周禮：『宅不毛者有里布，民無職事，出夫家之征。』鄭氏謂宅不種桑麻者，罰之，使出一里二十五家之布。不知一里二十五家之布是如何？」曰：「亦不可考。」又問：「鄭氏謂民無常業者，罰之，使出一夫百畝之税，一家力役之征。如何罰得恁地重？」曰：「後世之法與此正相反，農民賦税丁錢却重，而游手浮浪之民泰然，都不管他。」因説：「浙間農民丁錢之重，民之彫困，不可開眼。」〔一八〕

孟子曰〔一九〕人皆有不忍人之心章

「人皆有不忍人之心」。人皆自和氣中生。天地生人物，須是和氣方生。要生這人，便是氣和然後能生。人自和氣中出，所以有不忍人之心。僩。〔二〇〕

「『天地以生物爲心』。譬如甑蒸飯，氣從下面衮到上面，又衮下，只管在裏面衮，便蒸得熟。天地只是包許多氣在這裏無出處，衮一番便生一番物。他别無勾當，只是生物，不似人便有許多應接。所謂爲心者，豈是切切然去做，如云『天命之，豈諄諄然命之』也？但如磨子相似，只管磨出這物事。人便是小胞，天地便[二一]是大胞。人首圓象天，足方象地，中間虛包許多生氣，自是惻隱，不是爲見人我一理後方有此惻隱。而今便教單獨只有一個人也自是有這惻隱。若謂見人我一理而後有之，便是兩人相夾在這裏方有惻隱，則是仁在外，非由內也。且如乍見孺子入井時有惻隱，若見他人入井時，也須自有惻隱在。」[二二]又問：「怵惕惻隱，莫是因怵惕處動而後見惻隱否？[二三]」曰：「不知孟子怎生尋得這四個字，恁地好！」夔孫。

「天地以生物爲心」。天包着地，別無所作爲，只是生物而已。亘古亘今，生生不窮。人物則得此生物之心以爲心，所以個個肖他，本不須說以生物爲心。緣做今語句難，故着個以生物爲心。僩。

問「仁者天地生物之心」。曰：「天地之心只是個生，凡物皆是生方有此物。如草木之萌芽、枝葉條榦，皆是生方有之。人物所以生生不窮者以其生也，纔不生便乾枯死了。這個是統論一個仁之體。其中又自有節目界限，如義禮智又有細分處也。」問「偏言則一事，專言則包四者」。曰：「以專言言之，則一者包四者；以偏言言之，則四者不離乎一者。」僩。卓同。[二四]

問：「『非惡其聲而然也』，集注云『聲，名也』，是惡其被不救之名否？」曰：「然。」人傑。[二五]

問：「如何是『發之人心而不可已』？」曰：「見孺子將入井，惻隱之心便發出來，如何已得！此樣說話，孟子說得極分明。世間事若出於人力安排底便已得，若已不得底便是自然底。」祖道。

方其乍見孺子入井時也着腳手不得。縱有許多私意，要譽鄉黨之類，也未暇思量到。但更遲霎時則了不得也。是非、辭遜、羞惡雖是與惻隱並說，但此三者皆是自惻隱中發出來。因有那惻隱後方有此三者，惻隱比三者又較大得些子。義剛。

或問：「非納〔二六〕交、要譽、惡其聲而怵惕惻隱形焉，是其中心不忍之實也。若納交、要譽、惡其聲之類一毫萌焉，則爲私欲蔽其本心矣。舉南軒如此說，先生集注却不如此說。」曰：「這當作兩截看。初且將大界限看，且分別一個義利了却細看。初看惻隱便是仁，若恁地殘賊便是不仁；羞惡是義，若無廉耻便是不義；辭遜是禮，若恁地争奪便是無禮；是非是知，若恁地顛顛倒倒便是不知。且恁地看了又却於惻隱、羞惡上面看，有是出於至誠如此底，有不是出於本來善心底。」賀孫。

先生問節曰：「孺子入井如何不推得羞惡之類出來，只推得惻隱出來？」節〔二七〕以爲當他出來。曰：「是從這一路子去感得他出來。」節。

如孺子入井如何不推得其他底出來，只推得惻隱之心出來？蓋理各有路。如做得穿窬底事，如何令人不羞惡！偶遇一人衣冠而揖我，我便亦揖他，如何不恭敬！事有是非，必辨別其是非。試看是甚麽去感得他何處一般出來。節。

孟子論「乍見孺子將入於井，怵惕惻隱」一段，如何説得如此好？只是平平地説去自是好，而今人做作地［二八］説一片只是不如他。又曰：「怵惕、惻隱、羞惡，都是道理自然如此，不是安排。合下制這『仁』字，纔是那傷害底事便自然惻隱。合下制這『義』字，纔見那不好底事便自然羞惡。這仁與義都在那惻隱、羞惡之先，未有那惻隱底事時已先有那愛底心了，未有那羞惡底事時已先有那斷制裁割底心了。」又曰：「日用應接動静之間，這個道理從這裏迸將出去。如個寶塔，那毫光都從四面迸出去。」僩。

問：「伊川言『滿腔子是惻隱之心』如何？［二九］」。曰：「此身軀殼謂之腔子。能於此身知覺痛處，見於應接，［三〇］方知有個是與不是。」季札。

或問程子謂［三一］「滿腔子是惻隱之心」。先生曰：「此身軀殼謂之腔子。而今人滿身知痛處可見。」銖。［三二］

賀孫［三三］問：「『滿腔子是惻隱之心』只是此心常存，纔有一分私意便闕了他一分。」曰：「只是滿這個軀殼都是惻隱之心。纔築着便是這個物事出來，大感則大應，小感則小應。恰似大段痛傷固是痛，只如針子略挑血也出也便痛。故日用所當應接更無些子間隔，癢痾疾痛莫不相關，纔是有些子不通，便是被些私意隔了。」賀孫。

問：「『滿腔子是惻隱之心』，或以爲京師市語『食飽時心動』。呂子約云。」曰：「不然。此是爲『動』字所拘。腔子，身裏也，言滿身裏皆惻隱之心。心在腔子裏亦如云心只在身裏。」問：「心所發處不一，便說惻隱，如何？」曰：「惻隱之心渾身皆是，無處不發。如見赤子有惻隱之心，見一蟻子亦豈無此心！」可學。

問：「如何是『滿腔子皆惻隱之心』？」曰：「腔，只是此身裏虛處。」問曰：「莫是人生來惻隱之心具足否？」曰：「如今也恁地看。事有個不穩處便自覺不穩，這便是惻隱之心。林擇之嘗說：『人七尺之軀，一個針劄着便痛。』」問曰：「吾身固如此，處事物亦然否？」曰：「此心應物不窮。若事事物物常是這個心便是仁，若有一事不如此，便是這一處不仁了。」問曰：「本心依舊在否？」曰：「如今未要理會在不在。論着理來他自是在那裏，只是這一處不恁地便是這一處不在了。如『率土之濱，莫非王臣』，忽然有一鄉人自不服化稱王稱伯，便是這一處無，君臣[三四]也只在那裏，然而他靠不得。不可道是天理只在那裏，自家這私欲放行不妨。王信伯在館中，范伯達問：『人須是天下物物皆歸吾仁？』王指牕櫺問范曰：『此牕還歸仁否？』范默然。某見之，當[三五]答曰：『此牕不歸仁，何故不打壞了？』如人處事，但個個處得是便是事事歸仁。且如牕也要糊得在那裏教好，不成没巴鼻打壞了！」問：「『仁者以萬物爲一體』，如事至物來皆有以處之，如事物未至不可得而體者，如何？」曰：「只是不來[三六]這裏，然此理也在這

裏，若來時便以此處之。」直卿。〔三七〕

問：「『滿腔子是惻隱之心』，如何是滿腔子？」曰：「滿腔子是只在這軀殼裏，『腔子』乃洛中俗語。」又問：「惻隱之心固是人心之懿，因物感而發見處。前輩令以此操而存之，充而達之。不知如何要常存得此心？」曰：「此心因物方感得出來，如何强要尋討出？此心常存在這裏，只是因感時識得此體。平時敬以存之，久久會熟，善端發處益見得分曉，則存養之功益有所施矣。」又問：「要惻隱之心常存，莫只是要得此心常有發生意否？」曰：「四端中，羞惡、辭讓、是非亦因事而發爾。此心未當起羞惡之時而强要憎惡那人，便不可。如惻隱，亦因有感而始見，欲强安排教如此也不得。如天之四時亦因發見處見得，欲於冬時要尋討個春出來，不知如何尋，到那陽氣發生萬物處方見得是春耳。學者但要識得此心，存主在敬，四端漸會廣充矣。」居仁。〔三八〕

「滿腔子是惻隱之心」。不特是惻隱之心，滿腔子是羞惡之心，滿腔子是辭遜之心，滿腔子是是非之心。彌滿充實，都無空闕處。「滿腔子是惻隱之心」，如將刀割著固是痛，若將針劄著也痛。如爛打一頓固是痛，便輕掐一下也痛。此類可見。僩。

仁是根，惻隱是萌芽。親親、仁民、愛物便是推廣到枝葉處。夔孫。〔三九〕

惻隱羞惡也有中節、不中節。若不當惻隱而惻隱，不當羞惡而羞惡，便是不中節。淳。

既仁矣，合惻隱則惻隱，合羞惡則羞惡。節。

不成只管惻隱。須有斷制。德明。

先生云：「『義』便作『宜』字看。」洽。[四〇]

「尋常人施恩惠底心便發得易，當刑殺，爲[四一]此心便疑。可見仁屬陽屬剛，義屬陰屬柔。」直卿云：「只將『舒斂』二字看，便見喜則舒，怒則斂。」公晦。[四二]

仁義是發出來嫩底，禮智是堅硬底。公晦。[四三]

仁義是柔軟底，禮智是堅硬[四四]底。仁義是頭，禮智是尾。一似説春秋冬夏[四五]，仁禮[四六]是陽底一截，義智[四七]是陰底一截。淵。[四八]

問：「孟子以惻隱爲仁之端，羞惡爲義之端。周子云『愛曰仁，宜曰義』，然以其存於心者而言，則惻隱與愛固爲仁心之發。然羞惡乃就耻不義上反説，而非直指義之端也。『宜』字又[四九]是就事物上説。不知義在心上，其體段如何。」曰：「義之在心，乃决裂果斷是[五〇]也。」柄。[五一]

或問孟子[五二]「四端」。曰：「看道理也有兩般，看得細時却見得義理精處，看得粗時却且見得大概處。四端未見精細時且見得惻隱便是仁，不惻隱而殘忍便是不仁；羞惡便是義，貪利無廉耻便是不義；辭遜便是禮，攘奪便是非禮；是非便是智，大段無知顛倒錯謬則爲〔五三〕不智。若見得細時，雖有惻隱之心而意在於内交、要譽，亦是不仁了。然孟子之意本初不如此，只是言此四端皆是心中本有之物，隨觸而發。方孺子將入於井之時，而怵惕惻隱之心便形於外，初無許多涯涘。」卓。

「伊川嘗説：『如今人説力行是淺近事，惟知爲上，知最爲要緊。』中庸説『知仁勇』，把知做擗初頭説，可見知是要緊。」賀孫問：「孟子『四端』何爲以知爲後？」曰：「孟子只循環説。智本來是藏仁禮義，惟是知恁地了方恁地，是仁禮義都藏在智裏面。如元亨利貞，貞是智，貞却藏元亨利意思在裏面。如春夏秋冬，冬是智，冬却藏春生、夏長、秋成意思在裏面。且如冬伏藏，都似不見，到一陽初動，這生意方從中出也未發露，十二月也未盡發露，只管養在這裏，到春方發生，到夏一齊都長，秋漸成漸藏，冬依舊都收藏了。只是『大明終始』亦見得，無終安得有始！所以易言『先王以至日閉關，商旅不行，后不省方』。」賀孫。

惻隱、羞惡、辭讓、是非，情也。仁、義、禮、智，性也。心，統性情者也。端，緒也。因情之發露而後性之本然者可得而見。季札。

四端本諸人心，皆因所寓而後發見。〔五四〕

問：「『四端』之『端』，集解以爲端緒。向見蔡丈〔五五〕季通説『端乃尾』，如何？」曰：「以體、用言之，有體而後有用，故端亦可謂之尾。若以終言之，則四端是始發處，故亦可以端緒言之。二説各有所指，自不相礙也。」廣。

「四端未是盡，所以只謂之端。然四端八個字，每字是一意：『惻』是惻然有此念起；『隱』是惻然之後隱痛，比惻是深；『羞』者，羞己之非；『惡』者，惡人之惡；『辭』者，辭己之物；『讓』者，讓與他人；『是』、『非』自是兩樣分明。但『仁』是總名。若説仁義便如陰陽，若説四端便如四時，若分四端，八字便如八節。」又曰：「天地只是一氣，便自分陰陽，緣有陰陽二氣相感，化生萬物，故事物未嘗無對。天便對地，生便對死，語默動静皆然，以其種如此故也。所以四端只舉仁義言，亦如陰陽。故曰：『立天之道曰陰與陽，立人之道曰仁與義。』」明作。

王丈説：「孟子『惻隱之心』一段論心不論性。」曰：「心性只是一個物事，離不得。孟子説四端處最好看。惻隱是情，惻隱之心是心，仁是性，三者相因。横渠云『心統性情』，此説極好。」閎祖。

仁義禮智，性也。且言有此理。至惻隱、羞惡、辭遜、是非，始謂之心。德明。

「四端是理之發，七情是氣之發。」問：「看得來，如喜怒愛惡欲，却似近仁義。」曰：「固有相似處。」廣。

王德修解四端，謂和静言：「此只言心不言性。如『操則存，舍則亡，出入無時，莫知其鄉』，亦只是言心。」曰：「固是言心。畢竟那仁、義、禮、智是甚物？仁、義、禮、智是性，端便是情。纔說一個『心』字，便是着性情。果判然是二截，如何？［五六］」德修曰：「固是『心統性情』，孟子於此只是說心。」文蔚。

道夫［五七］問：「『人皆有不忍人之心』一章，［五八］前面專說不忍之心，後面兼說四端亦是仁包四者否？」曰：「然。」道夫。

問：「仁得之最先，蓋言仁具禮智義［五九］。」曰：「先有是生理，三者由是［六〇］推之。」可學。［六一］

問：「仁是天地之生氣，義禮智又於其中分別。然其初只有［六二］生氣，故爲全體。」曰：「然。」問：「肅殺之氣亦只是生氣？」曰：「不是二物，只是斂些。春夏秋冬亦只是一氣。」可學。［六三］

蜚卿問：「仁恐是生生不已之意。人唯爲私意所汩，故生意不得流行。克去己私則全體大用，無往［六四］而不流行矣。」曰：「此是衆人公共說底，畢竟緊要處不知如何。今要見『仁』字意思，須將仁、義、禮、智四者共看，便見『仁』字分明。如何是義，如何是禮，如何是智，如何是仁，便『仁』字自分明。若只看『仁』字，越看越不出。」曰：「『仁』字恐只是生意，故其發而爲惻隱，爲羞惡，爲辭遜，爲是非。」先生曰：「且只得就『惻隱』字上看。」道夫問：「先生嘗說『仁』字就初處看，只是乍見孺子入井，而怵惕惻隱之心蓋有不期然而然便是初處否？」曰：「恁地靠着也不得。大抵人之德性上有此四者意思，仁便是個温和底意思，義便是慘烈剛斷底意思，禮便是宣著發揮底意思，智便是個收斂無痕迹意思。性中有此四者，聖門却只以求仁爲急者，緣仁却是四者之先。若常存得温厚底意思在這裏，到宣著發揮時便自然會宣著發揮，到剛斷時便自然會剛斷，到收斂時便自然會收斂。若將别個做主便都對副不着了。此仁之所以包四者也。」問：「仁即性，則『性』字可以言仁否？」曰：「性純是性，〔六五〕如〔六六〕人身，仁是左手，禮是右手，義是左脚，智是右脚。」蜚卿問：「仁包得四者，謂手能包四支可乎？」曰：「且是譬喻如此。手固不能包四支，然人言手足亦須先手而後足，言左右亦須先左而後右。」直卿問：「此恐如五行之木，若不是先有個木，便亦自生下面四個不得。」曰：「若無木便無火，無火便無土，無土便無金，無金便無水。」道夫問：「向聞先生語學者『五行不是相生〔六七〕，合下有時都有』，如何？」曰：「此難説，若會得底便自然不相悖，唤做一齊有也得，唤做相生也得。便雖不是相生，他氣亦自相灌注。如人五臟，固不曾有先後，但其灌注時自有次序。」久之，又曰：「『仁』字如人釀酒，酒方微發時帶些温氣便是仁，到發得極熱時便是禮，到得熟時便是義，到得成酒後却只與水一般便是智。又如一日之間，早間天氣清明便是仁，午間極熱時便是禮，晚下漸凉便是義，到夜半全然收斂無些形迹時便是智。只如此看，甚分明。」道夫。〔六八〕

惻隱是個腦子，羞惡、辭遜、是非須從這裏發來。若非惻隱，三者俱是死物了。惻隱之心通貫此三者。賜。

得此生意以有生，然後有禮、義、智、信〔六九〕。以先後言之則仁爲先，以大小言之則仁爲大。閎祖。〔七〇〕

問：「元亨利貞有次第，仁義禮智因發而感則無次第。」曰：「發時無次第，生時有次第。」公晦。〔七一〕

問：「向蒙戒喻，説仁意思云：『義禮智信上著不得，又須見義禮智信上少不得，方見得仁統五常之意。』大雅今以樹爲喻：夫樹之根固有生氣，然貫徹首尾，豈可謂榦與枝、花與葉無生氣也？」曰：「固然。只如四時，春爲仁，有個生意在。夏則見其有個亨通意在，秋則見其有個成實意在，冬則見其有個貞固意在。夏秋冬，生意何嘗息！木雖彫零，生意如〔七二〕常存。大抵天地間只一理，隨其到處分許多名字出來。四者於五行各有配，惟信配土，以見仁義禮智實有此理，不是虛説。又如乾四德，元最重，其次貞亦重，以明終始之義。非元則無以生，非貞則無以終，非終則無以爲始，不始則不能成終矣。如此循環無窮，此所謂『大明終始』也。」大雅。〔七三〕

直卿云：「聖賢言仁有數〔七四〕體而言者，有包體、用而言者。」先生曰：「仁對義、禮、智言

之則爲體，專言之則兼體、用。此等處須人人自看，如何一一説得。日日將來看，久後須會見得。」公晦。[七五]

因説仁、義、智之別，曰：「譬如一個物自然有四界。而仁則又周貫。且[七六]以四端言之，其間又自有小界限，各各是兩件事。惻是惻然發動處，隱是漸漸及着隱痛處，羞是羞己之非，惡是惡己之入惡[七七]，辭是辭之於己，遜是遜之於人，是、非固是兩端。」雉。

四端、[七八]四德。逐一言之則各自爲界限，分言之則仁義又是一大界限，故曰：「仁，人心也；義，人路也。」如乾文言既曰「四德」，又曰：「乾元者，始而亨者也；利貞者，性情也。」文蔚。[七九]

賀孫[八〇]問：「四端之根於心，覺得一者纔動，三者亦自次第而見。」曰：「這四個界限自分明。然亦有隨事相連而見者，如事親孝是愛之理，纔孝便能敬兄，便是義。」問：「有節文便是禮，知其所以然便是智。」曰：「然。」問：「據看來多是相連而至者，如惻隱於所傷，便惡於其所以傷，這是仁帶義意思；惡於其所以傷，便須惜其本來之未嘗傷，這是義帶仁意思。」曰：「也是如此。嘗思之孟子發明『四端』乃孔子所未發。人只道孟子有闢楊墨之功，殊不知他就人心上發明大功如此。看來此説那時若行，楊墨亦不攻而自退。闢楊墨是扞邊境之功，發明『四端』是安社稷之功。若常體認得來，所謂活潑潑地真個是活潑潑地！」賀孫。

「仁有兩般，有作爲底，有自然底。看來人之生便自然如此，不待作爲。如說父子欲其親，君臣欲其義，是他自會如此，不待欲也。父子自會親，君臣自會義，既自會恁地便活潑潑地，便是仁。」因舉手中扇云：「只如搖扇，熱時人自會[八一]搖，不是欲其[八二]搖。孟子說『乍見孺子入井時皆有怵惕惻隱之心』，最親切。人心自是會如此，不是内交、要譽方如此。大凡人心中皆有仁、義、禮、智，然元只是一物，發用出來自然成四派。如破梨相似，破開成四片。如東對着西便有南北相對，仁對着義便是[八三]禮、智相對。以一歲言之便有寒暑，以氣言之便有春夏秋冬，以五行言之便有金木水火土。且如陰陽之間儘有次第。大寒後不成便熱，須是且做個春温，漸次到熱田地。大熱後不成便寒，須是且做個秋涼，漸次到寒底田地。所以仁、義、禮、智自成四派，各有界限。仁流行到那田地時，義處便成義，禮、智處便成禮、智。且如萬物收藏何嘗休了，都有生意在裏面。如穀種、桃仁、杏仁之類，種着便生，不是死物，所以名之曰『仁』，見得都是生意。如春之生物，夏是生物之盛，秋是生意漸漸收斂，冬是生意收藏。」又曰：「春夏是行進去，秋冬[八四]退後去。正如人呵氣，呵出時便熱，吸入時便冷。」明作。[八五]

萬正純[八六]言：「性之四端迭爲賓主。然仁智，其總統也。『恭而無禮則勞』是以禮爲主也，『君子義以爲質』是以義爲主也。蓋四德未嘗相離，遇事則迭見層出，要在人默而識之。」答曰：「說得是。」大雅。[八七]

問：「仁、義、禮、智四者皆一理。舉仁則義禮在其中，舉義與禮則亦然。如中庸言『舜其大智也歟』，其下乃云『好[八八]察邇言，隱惡而揚善』，謂之仁亦可；『執其兩端，用其中於民』，謂之義亦可。然統言之，只是發明『智』字。故[八九]理只是一理，聖人特於盛處發明之爾。」曰：「理固是一貫，謂之一理則又必疑。其多自一理散爲萬事，則燦然有條而不可亂，逐事自有一理，逐物自有一名，各有攸當，但當觀當理與不當理耳。既當理後又何必就上更生疑！」大雅。[九〇]

問：「孟子說仁義禮智，義在第二。太極圖以義配利，則在第三。」曰：「[九一]「仁義禮智猶言東西南北，元亨利貞猶言東南西北。一個是對說，一個是從一邊說起。」夔孫。[九二]

「仁與義相拗，禮與智相拗。」問云：「須是『仁之至，義之盡』方無一偏之病。」曰：「雖然如此，仁之至自是仁之至，義之盡自是義之盡。舜之於象便能如此，『封之有庳，富貴之也』便是仁之至，『使吏治其國而納其貢賦』便是義之盡。後世如景帝之於梁王，始則縱之太過，不得謂之仁；後又窘治之甚峻，義又失之。皆不足道。唐明皇於諸王爲長枕大衾，雖甚親愛，亦是無以限制之，無足觀者。」[九三]

劉居之問「人皆有不忍人之心」一節。曰：「『惻隱之心，仁之端也』。乍見孺子入井，此只是一件事。仁之端只是仁萌芽處，如羞惡、辭遜、是非方是義、禮、智之萌芽處。要得[九四]推廣充滿得自家本然之量，不特是孺子入井便恁地，其他事皆恁地。如羞惡、辭遜、是非，不特於一件事上恁地，要事事皆然，方是充滿慊足、無少欠闕也。『知皆廣而充之矣』，『知』方且是知得如此。至説到『苟能充之足以保四海』即掉了『廣』字，只説『充』字。蓋『知』字與『始燃』、『始達』字相應，『充』字與『保四海』相應。纔知得便自不能已，若火始燃便不可遏，泉纔達便涓涓流而不絶。」時舉。

至問：「『凡有四端於我者，知皆擴而充之矣』，莫是知得了方能廣而充之否？」曰：「『知皆廣而充之』，即是苟能知去廣充，則此道漸漸生長，『如火之始燃，泉之始達』。中間『矣』字，文意不斷。『充』是滿其本然之量，却就上有『廣』字，則是方知去推廣要充滿他，所以『如火之始然，泉之始達』。」

問：「『知皆廣而充之矣』，『知』字是重字還是輕字？」曰：「不能廣充者正爲不知，都只是冷過了。若能知而廣充，其勢甚順，如乘快馬、放下水船相似。」〔九五〕

「知皆廣而充之」，南軒把「知」做重，文勢未有此意。「知」字只帶「廣充」説。「知皆廣而充之」與「苟能充之」句相應，上句是方知去充，下句是真能恁地充。淳。

時舉〔九六〕問「知皆廣而充之」。先生云：「『上面言『廣而充之』是方知要廣充，到下面『苟能充之』便掉了個『廣』字。蓋『充』字是充滿得了，如已到地頭相似。『廣』字是方在個路裏相

似。」時舉。潘植録。[九七]

問：[九八]「『知皆廣而充之』章兩説『充』字，某切[九九]未曉。」曰：「上只説『知皆廣而充之』，只説知得了要推廣以充滿此心之量。下云『苟能充之足以保四海』，是能充滿此心之量。上帶『知皆廣』字説，下就能充滿説。惟廣而後能充，能充則不必説廣也。」賀孫。

子武問：「『四端』須着逐處廣充之？」曰：「固是。纔常常如此推廣，少間便自會密、自會闊。到得無間斷，少間却自打合作一片去。」木之。

問：「如何廣充之？」曰：「這事恭敬，那事也恭敬，事事恭敬方是。」節。

人於仁、義、禮、智，惻隱、羞惡、辭遜、是非此四者，須當日夕體究，令分曉精確。此四者皆我所固有，其初發時毫毛如也。及推廣將去，充滿其量，則廣大無窮，故孟子曰「知皆廣而充之」。且如人有當惻隱而不惻隱，有當羞而不羞，當惡而不惡，有當辭而不辭，當遜而不遜，是其所非，非其所是者皆是失其本心。此處皆當體察，必有所以然也。此是[一〇〇]日用間做工夫處。廣。

繼之者善，是大哉。乾元，萬物資始成之者。性是乾道變化，各正性命。[一〇一]人只有個仁、義、禮、智，四者是一身關紐[一〇二]，其他更無當。於其發處體驗廣充將去，惻隱、羞惡、是非、辭遜日間時時發動，特人自不廣充之耳[一〇三]。又言，四者時時發動，特看[一〇四]正與不正耳。如暴戾愚狠便是發錯了惻隱之心，如苟且無恥，便是發錯了羞惡之心；[一〇五]含糊不分

曉，便是發錯了是非之心；如一種不遜，便是發錯了辭遜之心。日間一正一反，無往而非四端之發。公謹。〔一〇六〕

周先生季儼同過考亭。〔一〇七〕周〔一〇八〕云：「在興化攝學事，因與諸生説得一部孟子。」先生因問：「孟子裏面大綱目是如何？」答云：「要得人充廣。惻隱、羞惡，許多固要充廣。如説無欲害人，無穿窬之心，亦要充廣。」先生曰：「人生本來合有許多好底，到得被物遮蔽了，却只〔一〇九〕把不好處做合着做底事。」周云：「看孟子説性只是道順底是，纔逆便不是。」先生曰：「止緣今人做不好事却順。」因問：「孟子以下諸人言性，誰説得庶幾？」周云：「似乎荀子以爲惡，却索性。只荀子有意於救世，故爲此説。」先生久之曰：「韓公之意，人多看不出。他初便説：『所以爲性者五，曰仁、義、禮、知、信；所以爲情者七，曰喜、怒、哀、樂〔一一〇〕愛、惡、欲。』下方説『三品』。看其初語，豈不知得性善？他只欠數字便説得出。」黄嵩老云：「韓子欠説一個氣禀不同。」先生曰：「然。他道仁、義、禮、知、信自是了。只説到『三品』，不知是氣禀使然，所以説得不盡。」賀孫因云：「自孟子説已是欠了下意，所以費無限言語。」先生即舉程子之言：「『論性不論氣，不備；論氣不論性，不明』。若如説『性惡』、『性善惡混』，都只説得氣。如孟子、韓子之言便是不論氣，所以不全。」賀孫。

賀孫〔一一一〕問：「前日承教，令於日用間體認仁義禮知意思。且如朋友皆異鄉人，一旦會聚恩意便自相親，這可見得愛之理形見處。同門中或有做不好底事，或有不好底人，便自使人惡之，這可見得羞惡之理形見處。每時升堂，尊卑序齒，秩然有序而不亂，這可見得恭敬之理形見處。聽先生教誨而能辨別得其是非[一一二]，這可見得是非之理形見處。凡此四端，時時體認，不使少有間斷，便是所謂廣充之意否？」曰：「如此看得好，這便是尋得路，踏着了。」賀孫。

賀孫問：「體認四端廣充之意，如朋友相親，充之而無間斷，則貧病必相恤，患難必相死，至於仁民愛物，莫不皆然，則仁之理得矣。如朋友責善，充之而無間斷，則見惡如[一一三]惡惡臭，以至於除殘去穢，戢暴禁亂，莫不皆然，則義之理得矣。如尊卑秩序，充之而無間斷，則不肯一時安於不正，以至於正天下之大倫，定天下之大分，莫不皆然，則禮之理得矣。如是是非非，充之而無間斷，則善惡義利公私之別，截然而不可亂，以至於分別忠佞，親君子遠小人，莫不皆然，則智之理得矣。」曰：「只要常常恁地體認。若常常恁地體認，則日用之間匝匝都滿，密拶拶地。」問：「人心陷溺之久，四端蔽於利欲之私，初用工亦未免間斷。」曰：「固是。然義理之心纔勝，則利欲之念便消；且如惻隱之心勝，則殘虐之意自消；羞惡之心勝，則貪冒無恥之意自消；恭敬之心勝，則驕惰之意自消；是非之心勝，則含糊苟且頑冥昏謬之意自消。」賀孫。

胡問「廣充」之義。曰：「『廣』是張開，『充』是放滿。惻隱之心不是只見孺子時有，事事都如此。今日就一件事上推將去，明日又就第二件事上推將去，漸漸放開，自家及國，自國及天下，至足以保四海處，便是充得盡。」問：「廣充亦是盡己、推己否？」曰：「只是廣而充之，那曾有界限處！如手把筆落紙便自成字，不可道手是一樣，字又是一樣。孺子入井在彼，惻隱之心在我，只是一個物事。不可道孺子入井是他底，惻隱之心是我底。」淳。義剛同。〔一一四〕

問「推」字與「充」字。曰：「『推』是從這裏推將去，如『老吾老以及人之老，幼吾幼以及人之幼』，到得『充』〔一一五〕則填得來滿了。如〔一一六〕注水相似，推是注下水去，充則注得這一器滿了。蓋仁義之性本自充塞天地，若自家不能廣充，則無緣得這個殼子滿，只是個空殼子。」又曰：「充是占得這地位滿，推是推〔一一七〕向前去。」僩。

問：「推四端而行，亦無欠闕。」答曰：「無欠闕。只恐交加了，合惻隱底不惻隱，合羞惡底不羞惡，是是非非交加了。四端本是對着他後流出來，恐不對窠臼子。」節〔一一八〕問：「不對窠臼子，莫是爲私意隔了？」答曰：「也是私意，也是不曉。」節又問：「恭敬却無當不當？」答曰：「此人不當拜他，自家也去拜他，便不是。」節。

四端皆是〔一一九〕人心發出。惻隱是説本愛，愛則是説仁。如見孺子將入井而救之，此心只是愛這孺子。惻隱元在這心裏面，被外面事觸起。羞惡、辭遜、是非亦然。移物便是從此四者推將去，要知在〔一二〇〕裏面甚底物事。賜。

問：「推四端，無出乎守。」曰：「學者須見得守底是甚底物事。人只是一個心，識得個心卓然在這裏無走作，雖不守亦自在，學者且恁地守將去。」賜。

問孟子〔一二二〕「知皆廣而充之矣，若火之始燃」至「以事父母」。曰：「此心之量本足以包括天地，兼利萬物。只是人自不去推之於一國，〔一二三〕或能推之於一國而不足以及天下，此皆是未盡其本然之量。須是充滿其量，自然足以保四海。」僩。

或問：「性中只有四端，信是如何？」曰：「且如惻隱、羞惡實是惻隱、羞惡，便信在其中。」祖道。

問：「四端不言信，周子謂『五性動而善惡分』。如信之未發時如何，已發時如何？」曰：「如惻隱真個惻隱，羞惡真個羞惡，此便是信。」曰：「此却是已發時方有這信。」曰：「其中真個實〔一二三〕有此理。」〔一二四〕

節〔一二五〕問：「四端便是明德？」曰：「此是大者節目。」問：「『明明德』只是廣充得他去？」曰：「不昏着他。」節。

孟子四端處極好思索玩味，只反身而自驗其明昧深淺如何。升卿。

子細看孟子說四端處兩段，未發明一段處意思便與發明底同，又不是安排，須是本源有方發得出來。着實見得皆是當爲底道理，又不是外面事如此。知得果性善便有賓有主有輕有重，又要心爲主，把〔一二六〕得定，人欲自然没安頓處。孟子言「仁人心也」一段，兩句下只說心。祖道。

「惻隱、羞惡是仁義之端。惻隱自是情，仁自是性，即〔一二七〕是這道理。仁本難說，中間却是愛之理，發出來方有惻隱；　義却是羞惡之理，發出來方有羞惡；　禮却是辭遜之理，發出來方有辭遜；　智却是是非之理，發出來方有是非。　仁、義、禮、智是未發底道理，惻隱、羞惡、辭遜、是非是已發底端倪。　如桃仁、杏仁是仁，到得萌芽却是惻隱。」又曰：「分別得界限了，更須日用常自體認，看仁、義、禮、智意思是如何。」又曰：「如今只因孟子所說惻隱之端可以識得仁意思，因說羞惡之端可以識得義意思，因說恭敬之端可以識得禮意思，因說是非之端可以識得智意思。　緣是仁義禮智本體自無形影，要捉摸不著，一作「得」。只得將他發動處看，却自見得。恰如有這般兒子便知得是這樣母。　程子云『以其惻隱，知其有仁』，此八字說得最親切分明。也不道惻隱便是仁，不〔一二八〕道掉了惻隱別取一個物事說仁。　譬如草木之萌芽，可以因萌芽知得他下面有根。　也不道萌芽便是根，又不道掉了萌芽別取一個根。」又曰：「孟子說性不曾說着情〔一二九〕，只說『乃若其情則可以爲善』，看得情善則性之善可知。」又曰：「惻隱羞惡多是因逆其理而見。　爲其所可傷，〔一三〇〕這裏惻隱之端便動；　惟有所可惡，這裏羞惡之端便動。　若是事親從兄，又是自然順處見之。」又曰：「人須廣而充之。　人誰無惻隱，只是不能常如此。　能常如此，便似孟子說『火之始燃，泉之始達，苟能充之足以保四海』。　若不能常如此，恰似〔一三一〕水相似，自去淤塞了；　如草木之萌芽相似，自去踏折了。　便死了，更無生意。」又曰：「孟子云『仁義禮智根於心』，『心統性情』，故說心亦得。」賀孫。以下集義。〔一三二〕

孟子曰〔一三三〕「凡有四端於我者，知皆廣而充之」，只是要廣而充之。而今四端之發甚有不整齊處，有惻隱處，有合惻隱而不惻隱處；有羞惡處，又有合羞惡而不羞惡處。且如齊宣不忍於一牛而却不愛百姓，嘑爾之食則知惡而弗受，至於萬鍾之禄，則不辨禮義而受之。而今只要就這處理會。夔孫。

問：「孟子以四端屬諸心，二程以四端屬諸情，何也？」曰：「心包性情者也。自其動者言之，雖謂之情亦可也。」人傑。〔一三四〕

四端，伊川云「聖人無端，故不見其心」。今按：遺書〔一三五〕中止云：「復非天地心，復則見天地心。聖人無復，故未嘗見其心。」今云「無端」，義亦不通。恐誤。閎祖。

黃景申嵩老問：「仁兼四端意思理會不透。」曰：「謝上蔡見明道先生，舉史文成誦，明道謂其『玩物喪志』。上蔡汗流浹背，面發赤色，明道云：『此便見得惻隱之心。』公且道上蔡聞得過失，恁地慚皇，自是羞惡之心，如何却説道『見得惻隱之心』？公試思。」久之，先生曰：「惟是有惻隱之心方會動，若無惻隱之心却不會動。惟是先動方始有羞惡，方始有恭敬，方始有是非。動處便是惻隱。若不會動却不成人。若不從動處發出，所謂羞惡者非羞惡，所謂恭敬者非恭敬，所謂是非者非是非。天地生生之理，這些動意未嘗止息，看如何梏亡亦未嘗盡消滅，自是有時而動。學者只怕間斷了。」賀孫。

節〔一三六〕問：「何謂惻隱？」答曰：「惻，惻然也。隱，痛也。」節〔一三七〕又問：「明道先生以上蔡面赤爲惻隱之心，何也？」答曰：「指其動處而言之只是羞惡之心，然惻隱之心必須動則方有羞惡之心。如肅然恭敬，其中必動。羞惡、恭敬、是非之心皆自仁中出，故仁專言則包四者，是個蒂子。無仁則痺麻死了，安有羞惡、恭敬、是非之心！仁則有知覺，痒痛則覺得，〔一三八〕痛痒雖不同，其覺則一也。」節又問：「若指動言仁則近禪。」曰：「這個如何占得斷。是天下公共底。釋氏也窺見些子，只是他只知得這個，合惻隱底不惻隱，合羞惡底不羞惡，合恭敬底不恭敬。」節〔一三九〕又問曰：「他却無惻隱、羞惡、恭敬、是非？」曰：「然。」節。

仁言惻隱之端，程云「端如水之動處」。蓋水平靜而流〔一四〇〕則不見其動，流。〔一四一〕愛〔一四二〕親敬兄皆是此心本然，初無可見。及其發而接物，有所感動，此心惻然，所以可見。如怵惕於孺子入井之類是也。卓。按，集義不見程説。〔一四三〕

孟子曰〔一四四〕矢人豈不仁於函人章

問：「『仁，天之尊爵』。先生曰解『仁者，天地生物之心，得之最先而兼統四者，所謂元者，善之長也。〔一四五〕』如何是得之最先？」曰：「人得那生底道理，所謂『心，生道』也。有是形，斯與是形以生也。〔一四六〕」廣。

孟子曰〔一四七〕子路人告之有過則喜章

道夫〔一四八〕問：「『是與人爲善』，當其取人之際莫未有助之之意否？」曰：「然。」曰：「三者本意似只是取人，但有淺深。而『與人爲善』，乃是孟子再疊一意以發明之否？」曰：「然。」〔一四九〕

「與人爲善」，蓋舜不私己，如爲人爲此善一般。升卿。

孟子曰〔一五〇〕伯夷非其君不事章

至問：「『進不隱賢，必以其道』，〔一五一〕集注云『「進不隱賢」，不枉道也』，似少字。」曰：「『進不隱賢』便是『必以其道』。人有所見，不肯盡發出，尚有所藏，便是枉道。」至云：「尋常看此二句，只云進雖不敢自隱其賢，凡有所蘊皆樂於發用，然而却不妄進。二句做兩意看。」曰：「恁地看也得。」

問「進不隱賢，必以其道」。曰：「『不隱賢』謂不隱避其賢，如己當廉却以利自污，己當勇却以怯自處之類，乃〔一五二〕是枉道也。」又問：「所以不解作『不〔一五三〕蔽賢』，謂其下文『必以其道』。若作不蔽賢說，則下文不同矣。」曰：「然。」人傑。

伯夷「不屑就已」，注云：「屑，潔也，潔猶美也。苟以其辭命禮意之美而就之，是切切於是也。」然伯夷「雖有善其辭命而至者」亦不肯就，而況不道而無禮者，固速去之矣。世之所謂清者，不就惡人耳。若[一五四]辭令而來者，固有時而就之。惟伯夷不然，此其所以爲聖之清也。柳下惠不屑之意亦然。夷隘，惠不恭，不必言效之而不至者，其弊乃如此。只二子所爲已有此弊矣。僩。

問：「『柳下惠不恭』，是待人不恭否？」曰：「是他玩世，不把人做人看，如『袒裼裸裎於我側』是已。邵堯夫正是這意思，如皇極經世書成，封做一卷，題云：『文字上呈堯夫。』」「不屑去」，說文說「屑」字作：「動作切切。」只是不汲汲於就，不汲汲於去。「屑」字却是重。䕫。[一五五]

問：「『伯夷隘，柳下惠不恭』，莫是後來之弊至此否？」曰：「伯夷自是有隘處，柳下惠自是有不恭處。且如『雖袒裼裸裎於我側』，分明是不將做人看了。」去僞。人傑同。[一五六]

或問：「孟子曰『伯夷隘，柳下惠不恭，隘與不恭，君子不由也』。[一五七]明道云：『此非瑕疵夷惠之語，言其弊必至於此。』今觀伯夷與惡人處，『如以朝衣朝冠坐於塗炭』，則伯夷果似隘者。柳下惠『雖袒裼裸裎於我側，爾焉能浼我哉』，柳下惠果似不恭者。豈得謂其弊必至於此哉？」曰：「伯夷既清，必有隘處；柳下惠既和，必有不恭處。道理自是如此。孟子恐後人以隘爲清，以不恭處爲和，故曰『隘與不恭，君子不由也』。」去僞。周公謹同。[一五八]

晦庵先生朱文公語類卷第五十四

孟子四

公孫丑下

孟子曰[一]天時不如地利章

「孤虛」以方位言，如俗言向某方利、某方不利之類。「王相」指日時。孟子注。[二]僴。

孟子將朝王章

「孟子[三]亦辭以疾，莫是以齊王不合託疾否？」曰：「未論齊王託疾，看孟子意只説他不合來召。蓋在他國時，諸侯無越境之理，只得以幣來聘，故賢者受其幣而往見之，所謂答禮行義是也。如見梁是也，是惠王先來聘之。既至其國，或爲賓師，有事則王自來見，或自往見王，但召之則不可。召之則有自尊之意，故不往見也。答陳代『如不待其招而往，何哉』，此以在他國而言；答萬章『天子不召師』，〔四〕此以在其國而言。」僩。

「夫豈不義而曾子言之」，文勢似「使管子而愚人也，則可」。若是義理不是，則曾子豈肯恁地說！

孟子之平陸章

「左傳〔五〕『邑有先君之主〔六〕曰「都」』。看得來古之王者嘗爲都處便自有廟。〔七〕如周時〔八〕太王廟在岐，文王廟在豐是也〔九〕。如〔一〇〕武王祭太王則於岐，祭文王則於豐。〔一一〕『王朝步自周至于豐』，是自鎬至豐以告文王廟也。又如晉獻公使申生祭于曲沃，武公雖自曲沃入晉，而其先君之廟則仍在曲沃而不徙也。又如魯祖文王，鄭祖厲王，則諸侯祖天子矣。三威祖威公，則大夫祖諸侯矣。故禮運曰：『諸侯不得祖天子，大夫不得祖諸侯。公廟之設私家，非禮也，自三桓始也。』是三桓各立桓公廟於其邑也。」又問：「漢原廟如何？」曰：「原，再也，如『原蠶』之『原』。謂既有廟而再立一廟也。如本朝既有太祖廟〔一二〕又有景靈宮也。」又問：「此於禮當否？」曰：「非禮也。〔一三〕然以洛邑有文武廟言之，則似周亦有兩廟。」又問：「原廟之制如何？」曰：「史記『月出衣冠遊之』，〔一四〕謂藏高帝之衣冠於其中，月一取其衣冠出遊於國中也。古之廟制，前廟後寢，寢所以藏亡者之衣冠。故周禮：『守祧，掌守先王、先公之廟；祧，其遺衣服藏焉。』到漢時又[一五]却移寢於陵下[一六]，所謂『陵寢』也，故漢明帝[一七]於原陵見太后鏡奩中物而悲哀也。蔡邕因明帝之事[一八]謂：『上陵亦古之[一九]禮，明[二〇]猶有古之餘意。』然此等議論，皆是他講學不明之故，他只是偶見明帝之事，故爲是説。然何不使人君移此意於宗廟中耶？」又曰：「『王之爲都』又恐是周禮所謂『都鄙』之『都』。周禮『四縣爲都』。」廣。按賀孫録同，有詳略。今附云：『正淳問：「『凡邑有先君之廟曰都』，春秋之國，其都不一，則是其廟亦不一。如何？」曰：「古人之廟不遷。如太王之廟在岐，文王之廟在豐，武王之廟在鎬。如武王祭太王則於岐祭之，祭文王則於豐祭之。鎬京却無二王之廟。又如晉獻公遣申生祭齊姜於曲沃，則自其始封，其廟猶不徙也。」』[二一]

孟子爲卿於齊章

問：「孟子賓師之禮如何？」曰：「當時有所謂客卿者是也。大概尊禮之而不居職任事，召之則不往，又却爲使出弔於滕。」木之。

沈同以其私問章

孟子答沈同伐燕一章誠爲未盡。「何以異於是」之下，合更説是弔民伐罪、不行殘虐之主方可以伐之，如此乃善。又孟子居齊許久，伐燕之事必親見之，齊王乃無一語謀於孟子，而孟子亦無一語諫之，何也？想得孟子亦必以伐之爲是，但不意齊師之暴虐耳。不然，齊有一大事如此而齊王不相謀，孟子豈可更居齊耶！史記云：「鄒人孟軻勸齊王伐燕云：『此湯武之舉也。』」想承此誤，然亦有不可曉者。僩。

「勸齊伐燕如何？」曰：「孟子言伐燕處有四〔二二〕，須合而觀之。燕之父子君臣如此，固有可伐之理。然孟子不曾教齊不伐，亦不曾教齊必伐，但曰『爲天吏則可以伐之』。又曰『若殺其父兄，係累其子弟』，則非孟子意也。」謨。去僞同。〔二三〕

燕人畔章

淳問：「周公誅管蔡，自公義言之，其心固正大直截；自私恩言之，其情終有不自滿處。所以孟子謂『周公之過，不亦宜乎』者以此〔二四〕。」先生曰：「是也〔二五〕。他豈得已爲此〔二六〕哉！莫到恁地較好。看周公當初做這一事也大段疏脱，〔二七〕本是怕武庚叛，所以〔二八〕遣管叔、蔡叔、〔二九〕霍叔去監他，爲其至親可恃，不知他反去與那〔三〇〕武庚同作一黨。周公當時亦看兄弟不過，又被武庚日夜來搔他，謂周公欲篡爲天子，汝是兄，今只恁地。武庚亦是狡猾。管叔爲他説搖動，性急便發。〔三一〕」李文卿〔三二〕問：「是時可調護莫殺否？」先生曰：「他已叛，只得殺，如何調護得！蔡叔、霍叔性較慢，罪較輕，所以只囚於郭鄰，降於[三三]庶人。想見當時被管叔做出這事來後[三四]，騷動許多百姓，想見也怕人。『鴟鴞鴟鴞，既取我子，無[三五]毁我室』，便是[三六]當時也被他害得猛。如常棣一詩，乃[三七]後來制禮作樂時作，[三八]故其辭獨哀，却[三九]不似諸詩恁地[四〇]和平。」黄問：[四一]「周公也豈不知管叔恁地狡猾[四二]？但當時於義也[四三]不得不封他。」先生曰：「而今看時但不是[四四]狡獪，只是獃了[四五]。」淳。黄義剛同。[四六]

孟子去齊章

陳希真問：「孟子去齊處，集注引李氏説『「憂則違之」，而荷蕢所以爲果』，如何？」曰：「孟子與荷蕢皆是『憂則違之』。但荷蕢果於去，不若孟子『遲遲吾行』。蓋得時行道者，聖人之本心；不遇而去者，聖人之不得已。此與孔子去魯之心同。蓋聖賢憂世濟時之心，誠非若荷蕢之果於去也。」銖。[四七]

孟子去齊章充虞[四八]

敬之問：「『夫天未欲平治天下』，[四九]明道云[五〇]：『是[五一]有所受命之辭。「天之未喪斯文也，〔五二〕匡人其如予何」是聖人自做了天事〔五三〕。孟子是論世之盛衰、己之去就，故聽之於天。孔子云〔五四〕道之興〔五五〕喪自應以己任之。』未審程〔五六〕說如何？」曰：「不消如此看。明道這説話固是説未盡。如孔子云『天之將喪斯文』、『天之未喪斯文』，看此語也只看天如何。只是要緊不在此處，要緊是看聖賢所以出處大節。」賀孫。〔五七〕

孟子去齊居休章

沙隨謂：「『繼而有師命』，乃師友之『師』，非師旅也。正齊王欲『授孟子室，養弟子以萬鍾，使諸大夫國人皆有所矜式』時事。」先生曰：「舊已有此説。但欲受〔五八〕孟子室乃孟子辭去時事，所謂『於崇吾得見王』，則初見齊王時事。以此考之，則師旅爲當。」道夫。

晦庵先生朱文公語類卷第五十五

孟子五

滕文公上下[一]

滕文公爲世子章

「孟子道性善」，其發於外也必善無惡。惡非性也，性不惡矣。節。

問：「孟子言性，何必於其已發處言之？」曰：「未發是性，已發是善。」可學。

問：「『孟子道性善』，不曾説氣禀去。」曰：「孟子也不曾量到這裏，但説本性善，失却這一節。」又問氣禀。[二]曰：「是偶然相值着，非是有安排等待。」又問：「性[三]天生聰明，又似不偶然。」先生曰：「便是先來説主宰底一般。忽生得個人恁地，便是要他出來作君、作師。書中多説『聰明』，蓋一個説白，一個説黑，若不是聰明底，如何遏伏得他衆人？所以中庸亦云：『惟天下之[四]至聖，爲能聰明睿智，足以有臨。』且莫説聖賢，只如漢之[五]高祖、光武，唐之[六]憲宗、武宗，他更自了得。某嘗説韓退之可憐，憲宗也自知他，只因佛骨一事忤意，未一年而憲宗死亦便休了，蓋只有憲宗會用得他。」[七]或曰：「用李絳亦如此。」先生曰：「憲宗初年許多伎倆是李絳教他，絳本傳説得詳。然絳自有一書名論事記，記得更詳，如李德裕獻替録之類。」夔孫。

問：「孟子只言『性善』，繫辭却言『一陰一陽之謂道，繼之者善，成之者性也』。如此則性與善却是二事？」曰：「一陰一陽是總名。『繼之者善』是二氣五行事，『成之者性』是氣化後事。」謨。[八]

黄仁卿問：「『性善』之『善』[九]與『堯舜性之』之『性』，如何？」曰：「『性善』之『性』字實，『性之』之『性』字虚。『性之』只是合下稟得，合下便把來受用。」又曰：「反之，是先失着了，反之而後得。『身之』是把來身上做起。」節。[一〇]

人性無不善。雖桀、紂之爲窮凶極惡，也知此事是惡。[一一]恁地做不奈何，此便是人欲奪了。銖。[一二]

可學[一三]問：「反其性如何？」曰：「只吾友會道個反時，此便是天性，只就此充之，别無道理。」滕文公纔問孟子，孟子便道『性善』。自今觀之，豈不躐等？不知此乃是自家屋裏物，有甚過當！既立得性了，則每事點檢，視事之來，是者從之，非者違之。此下文甚長，且於根本上用工夫，既尚留此，更宜審觀自見。」可學。〔一四〕

性善，故人皆可爲堯舜。「必稱堯舜」，所以驗性善之實。德明。

「孟子道性善，言必稱堯舜」，須看因何理會個性善作甚底？賜。

劉棟問：「『孟子道性善，言必稱堯舜』，〔一五〕人未能便至於〔一六〕堯舜也。而孟子言必稱之，何也？」曰：「『道性善』與『稱堯舜』，二句正相表裏。蓋人之所以不至於堯舜者，是他力量不至，固無可奈何。然人須當以堯舜爲法也〔一七〕，射者之於的，箭箭皆欲其中。其不中者，其技藝未精也。人到得堯舜地位，方做得一個人無所欠闕，然也只是本分事，這便是『止於至善』。」道夫。

李仲實問：「『性善』，〔一八〕注云：『惟堯舜爲能無物欲之蔽而充其性。』人蓋有恬於嗜欲而不能充其性者，何故？」曰：「不蔽於彼則蔽於此，不蔽於此則蔽於彼，畢竟須有蔽處。物欲亦有多少般。如白日須是雲遮方不見，若無雲，豈應不見耶！此等處緊要在『性』字上，今且合思量如何是性？在我爲何物？反求吾心有蔽無蔽？能充不能充？不必論堯如何、舜又如何，如此方是讀書。」閎祖。

符舜功問：「滕世子從孟子言，何故後來不濟事？」曰：「亦是信不篤。如自宋〔一九〕反，復問孟子，孟子已知之，曰：『世子疑吾言乎？』則是知性不的。他當時地步狹，本難做。又識見卑，未嘗立定得志。且如許行之術至淺下，且延之，舉此可見。」可學。

問「世子自楚反復見孟子」章集注。〔二〇〕曰：「大概是如此。孟子七篇論性處，只此一處較〔二一〕説得盡。須是日日認一過，只是要熟。」又曰：「程子説才與孟子説才自不同，然不相妨。須是子細看始得。」賀孫。

道夫〔二二〕問：「『滕世子見孟子，孟子道性善』一章集注已詳盡，但中間所載三子之事，〔二三〕成覸則若參較彼己，顔子則知聖〔二四〕學之必可至，公明儀則篤信好學者也。三者雖有淺深，要之皆是尚志。」曰：「也略有個淺深。恁地看文字且須看他大意。」又曰：「大抵看文字，不恁地子細分別出來，又却鶻突，到恁地細碎分別得出來後，不曾看得大節目處，又只是在落草處尋。」道夫曰：「這般緊要節目其初在『道性善』，其中在『夫道一而已矣』，其終在『若藥不瞑眩，厥疾弗瘳』。」先生曰：「然。」道夫。

今學者思「文王我師也，周公豈欺我哉」，閎祖云：「上一句恐是周公之言，公明儀舉之而曰『周公豈欺我哉』，言文王真我師也。」先生曰：「某亦疑是如此。」遂更集注云。閎祖。〔二五〕

問：〔二六〕「孟子初教滕文公如此似好。後來便〔二七〕只恁休了，是如何？」曰：「滕國小，絶長補短止五十里，不過如今之一鄉。然孟子與他説時也只説『猶可以爲善國』而已，終不成以所告齊梁之君者告之也。兼又不多時便爲宋所滅了。」因言程先生説：「孔子爲乘田則爲乘田，爲委吏則爲委吏，爲司寇則爲司寇，無不可者。至孟子則必得賓師之位方能行道，此便是他能大而不能小處。惟聖人則無不遍，大小方圓，無所不可。」又曰：「如孟子説『諸侯之禮，吾未之學也』，此亦是講學之有闕。蓋他心量不及聖人之大，故於天下事有包括不盡處。天下道理儘無窮，人要去做又做不辦，極力做得一兩件又困了。唯是聖人便事事窮到徹底，包括浄盡，無有或遺者。」正淳曰：「如夏商之禮，孔子皆能言之，却是當時杞宋之國文獻不足，不足取以證聖人之言耳。至孟子則曰『吾未之聞〔二八〕也』而已，『吾聞其略也』而已。」廣。

滕定公薨章

古宗法，如周公兄弟之爲諸侯者，則皆以魯國爲宗。故孟子載滕之父兄百官語曰：「吾宗國魯，先君亦莫之行。」〔二九〕至戰國時滕猶稱魯爲「宗國」也。廣。

滕文公問爲國章井田

問：「周制都鄙用助法，八家同井；鄉遂用貢法，十夫有溝。鄉遂所以不爲井者何故？」先生曰：「都鄙以四起數，五六家始出一人，故甸出甲士三人、步卒七十二人。鄉遂以五起數，家出一人爲兵以守衛王畿，役次必簡。故周禮惟挽匶則用之，此役之最輕者。」近郊之民，王之内地也。共輦之事，職無虚月。追胥之比無時無之，其受廛爲民者固與畿外之民異也。七尺之征、六十之舍，王非姑息於邇民也。遠郊之民，王之外地也。其溝洫之治各有司存，野役之起不及其羨，其受廛爲氓者固與内地之民異也。六尺之征、六十五之舍，王非荼毒於遐民也。園廛二十而一，若輕於近郊也。而草木之毓、夫家之聚不可以擾，擾則不能以寧居，是故二十而稅一。漆林二十而五若重於遠郊也，而器用之末作、商賈之資利不可以輕[三〇]，輕則必至於忘本，是故二十而五。係近郊、遠郊勞逸所繫。[三一]

貢、助、徹可疑。德明。[三二]

因説今日田賦利害，曰：「某嘗疑孟子所謂『夏后氏五十而貢，殷人七十而助，周人百畝而徹』，恐不解如此。先王疆理天下之初做許多畎溝澮洫之類，大段是[三三]費人力了。若是[三四]自五十而增爲七十，自七十而增爲百畝，則田間許多疆理都合更改，恐無是理。孟子當時未必親見，只是傳聞如此，恐亦難盡信也。」廣。

孟子説「夏后五十而貢，殷人七十而助，周人百畝而徹」[三五]，亦有可疑者。若夏后氏既定「五十而貢」之制，不成商周再分其田，遞相增補，豈不大擾！聖人舉事恐不如此。如王莽之封國，割某地屬某國，至於淮陽太守無民可治，來歸京師，此尤可笑。正義引劉氏、皇氏、熊氏説，皆是臆度，迂僻之甚！人傑。

「世禄，是食公田之人」。問：「鄰長、比長之屬有禄否？」曰：「恐未必有。」問：「士者之學如何？」曰：「亦農隙而學。」「孰與教之？」曰：「鄉〔三六〕大夫有德行而致其仕者俾教之。」德明。

「孟子只把『雨我公田』證周亦有公田，讀書亦不必究盡細微。」〔三七〕公謹。〔三八〕

「孟子説『湯以七十里，文王以百里』，及其語滕文公，又却只説『有王者起必來取法，是爲王者師』，不曾説便可以王。是亦要國大方做得，小底亦不奈何。今且説將百里教爾行王政，爾做從何處起？便是古時聖賢易做，後世聖賢難做。古時只是順那自然做將去，今大故費力。漢高祖與項羽紛争，五年之間可謂甚窘，欲殺他不能，欲住又不得，費多少心力！想不似當初做亭長時較快活。」顧謂諸公曰：「當劉項紛争時，使湯、武居之當如何？是戰好，是不戰好？」淳曰：「湯、武是仁義素孚於民，人自歸服，不待戰。」先生曰：「秦并天下，尺地一民，皆爲己有，何處討他來行仁政？如何得素孚於民？如高祖皆是起於田里。若使湯、武居此，當如何勝得秦？」淳曰：「『以至仁伐不仁』，以至義伐不義，自是勝。」先生曰：「如秦可謂不仁不義。當時所謂『更遣長者扶義而西』，亦是做此意思做，但當時諸侯入關皆被章邯敗了。及高祖又設許多詭計誘秦，漢方入得。設使湯、武居之，還亦如此做否？今且做秦是不仁不義可以勝。如項羽紛争許多時，却如何對他？若不與相殺，便被他殺了，若與他相殺，還能不殺人否？當此時是天

理，是人欲？湯、武在那時亦須思量個道理與他區處。」淳。〔三九〕

問：「滕文公爲善，如何行王道不得，只可爲後法？」曰：「他當時大故展拓不去，只有五十里，如何做得事？看得來渠國亦不甚久便亡。」問：「所謂『小國七年』者，非是封建小國，恐是燕韓之類。」曰：「然。」可學。

「『請野九一而助，國中什一使自賦』，如古注之説如何？」曰：「若將周禮一一求合其説則難。此二句大率有周禮制度。野，謂甸、稍、縣、都，行九一法。國中什一，以在王城，豐凶易察。」謨。去僞同。〔四〇〕

問：「圭田，餘夫之田，是在公田私田之外否？」先生曰：「卿受田六十邑，乃當三百四十井，此外又有『圭田五十畝』也。『餘夫二十五畝』乃是十六歲以前所受，在一夫百畝之外也。孟子亦是言大概耳，未必曾見周禮也。」時舉。銖同。〔四一〕

有爲神農之言章

德修解君民並耕，以爲「有體無用」。先生曰：「如何是有體無用？這個連體都不是。」德修曰：「食豈可無？但以君民並耕而食則不可。因〔四二〕君民不可並耕却不耕。耕食自不可無，此是體。以君民並耕則無用。」先生曰：「『有大人之事，有小人之事』，若是以君民並耕，畢竟體已不是。」文蔚。

「排淮泗而注之江」。淮自不與江通，大綱如此説去。謨。

問：「『又從而振德之』〔四三〕是施惠之意否？」曰：「是。然不是財惠之惠，只是施之以教化，上文匡、直、輔、翼等事是也。彼既自得之，復從而教之。放勛曰，『曰』字不當音馹。」㽦。

墨者夷之章

「夷子以謂『愛無差等，施由親始』，似知所先後者，其説如何？」曰：「人多疑其知所先後，而不知此正是夷子錯處。人之有愛本由親立，推而及物，自有等級。今夷子則〔四四〕以爲『愛無差等』而施之則由親始，此夷子所以二本矣。夷子但以此解厚葬其親之言，而不知『愛無差等』之爲二本也。」謨。去僞同。〔四五〕

亞夫問：「『愛無差等，施由親始』，與『親親而仁民，仁民而愛物』相類否？」先生曰：「既是『愛無差等』，何故又『施由親始』？這便是有差等了。然『施由親始』一句，乃是夷之臨時譔出來凑孟子意，却不知『愛無差等』一句已是不是了。他所謂『施由親始』，便是把『愛無差等』之心施之，然把愛人之心推來愛親是甚道理！」時舉。

問：「愛有差等，此所謂一本，蓋親親、仁民、愛物是〔四六〕有本末也。所謂『二本』是如何？」曰：「『愛無差等』，何止二本？蓋千萬本也。」退與彥忠論此。彥忠云：「愛吾親又兼愛他人之親，是二愛並立，故曰『二本』。」德明。

至〔四七〕問：「『天之生物一本，而夷子二本』。〔四八〕人只是一父母所生，如木只是一根株。夷子却視他人之親猶己之親，如牽彼樹根强合此樹根。」先生曰：「『愛無差等』便是二本。」至曰：「『命之矣』，『之』字作夷子名看方成句法，若作虛字看，則不成句法。」先生曰：「是。」至。

尹氏曰：「何以有是差等，一本故也，無僞也。」既是一本，其中便自然有許多差等。二本則二者並立，無差等矣。墨子是也。僩。

滕文公下

陳代問〔四九〕不見諸侯章

問「枉尺直尋」。曰：「援天下以道。若枉己便已枉道，則是已失是〔五〇〕援天下之具矣，更說甚事！自家身既已壞了，如何直人！」恪。

天下事不可顧利害。凡人做事多要趨利避害，不知纔有利必有害。吾雖處得十分利，有害隨在背後，不如且就理上求之。孟子曰「如以利言，則枉尺直尋，利〔五一〕亦可爲歟」。且如臨難致死，義也。若不明其理而顧利害，則見危死事者[五二]反不如偷生苟免之人。「可憐石頭城，寧爲袁粲死，不作褚淵生」，「民之秉彝」不免磨滅如此，豈不是自然！可學。[五三]

「齊景公田，[五四]招虞人以旌，不至將殺之」。刀鋸在前而不避，非其氣不餒，如何强得！閎祖。

「詭遇」是做人不當做底，「行險」是做人不敢做底。[五五]

公孫衍張儀豈不誠大丈夫章[五六]

居者，心之所存。廣居，無私意也。纔有私意，則一分爲二，二分爲四，四分爲八，只見分小著。立者，身之所處。正位者，當爲此官則爲此官，當在此則在此。行者，事之所由。大道者，非偏旁之徑，荆棘之場。人生只是此三事。節。

敬之問「居天下之廣居，立天下之正位，行天下之大道」。曰：「大概只是無些子偏曲。且如此心廓然無一毫私意，直與天地同量，這個便是『居天下之廣居』，便是『居仁』。到得自家立身更無些子不當於理，這個[五七]便是『立天下之正位』，便是『守禮』。及推而見於事，更無些子不合於義，這個便是行天下之大道，便是『由義』。論上面[五八]兩句則居廣居是體，立正位是用；論下面[五九]兩句則立正位是體，行大道是用。要知能『居天下之廣居』，自然能『立天下之正位，行天下之大道』。」恪。

居之問「居天下之廣居，立天下之正位，行天下之大道」〔六〇〕。曰：「『廣居』是廓然大公無私欲之蔽，『正位』是所立處都無差過，『大道』是事事做得合宜。『居』字是就心上說，〔六一〕『立』字是就身上說，『行』字是就施爲上說。」賀孫。

先生答劉居之所問孟子「居天下之廣居，立天下之正位，行天下之大道」，〔六二〕云：「『廣居』是不狹隘，以天下爲一家。中國爲一人，何廣如之！『正位』、『大道』只不是僻曲。『正位』就處身上說，『大道』就處事上說。」擇之續云『廣居』。〔六三〕植。

「居天下之廣居，立天下之正位，行天下之大道」，唯集義、養氣方到此地位。「富貴不能淫，貧賤不能移，威武不能屈」，以浩然之氣對著他便能如此。「彼以其爵〔六四〕，我以吾仁；彼以其富〔六五〕，我以吾義」，「在彼者皆我之所不爲也，在我者皆古之制也。吾何畏彼哉」。閎祖。

問：「『居廣居，立正位，行大道』，是浩然之氣否？」答曰：「然。浩然之氣須是養，有下工夫處。『居廣居』以下，是既有浩然之氣方能如此。」大雅。

公孫丑問曰不見諸侯何義章〔六六〕

問：「公孫丑言孟子不見諸侯，何故千里來見梁惠王？」曰：「以史記考之，此是梁惠王招之而至。其曰『千里而來』者，亦是勞慰之辭爾。孟子出處必不錯了。如平日在諸侯國内，雖不爲臣，亦有時去見他，若言[六七]諸侯來召，則他[六八]便不去。蓋孟子以賓師自處，諸侯有謀則就之。如孟子一日將見王，王不合使人來道：『我本就見，緣有疾，不可以風，不知可以來見否？』孟子纔聞此語，便不肯去。」時坐間有楊方縣丞者，云：「公孫丑，孟子弟子也。[六九]弟子稱其師不見諸侯，必是其師尋常如此，所以[七〇]其見梁惠王亦須有説。但今人不肯便信他説話，只管信後人言語，所以疑得孟子如此。」謨。

孟子之時，君重士。爲士者不得不自重，故必待時君致敬盡禮而後見。自是當時做得個規摹如此定了，如史記中列國之君擁篲先迎之類。却非是當世輕士而孟子有意於矯之以自高也。因説孟子不見諸侯及此。僩。

至云：「看孟子，[七一]見[七二]得孟子於辭受取舍進退去就，莫非天理時中之妙，無一毫人欲之私，無一毫過不及之病。如謂『段干木踰垣而避之，泄柳閉門而不納，是皆已甚，迫，斯可以見矣』，『充仲子之操則蚓而後可』，『謂非其有而取之者盜也，充類至義之盡』。辭曰『聞戒』、『餽贐』，可受則受之，皆無一毫過[七三]不及，無一毫私意。」先生曰：「道理固是恁地。而今有此事到面前，這道理又却那裏安頓？」[七四]

「『孟子不見諸侯』何義？」曰：「孟子入他國中亦有時可見諸侯，只是諸侯召之則不往見之爾。且如孟子將朝王，王使人來曰：『寡人如就見者也，有寒疾不可以風，朝將視朝，不識可使寡人得見乎？』孟子又便對曰：『不幸而有疾，不能造朝。』孟子本待要去見他，纔來喚召，便稱疾不肯往，蓋孟子以師賓自處，不可召之也。故曰『古者不爲臣不見』，又曰『欲有謀焉則就之』，又曰『迫斯可以見矣』。皆此意也。」謨。〔七五〕

公都子曰外人皆稱夫子好辯章〔七六〕

居之問孟子「豈好辯」章。先生令看大意，曰：「此段最好看。看見諸聖賢遭時之變各行其道是這般時節，其所以正救之者是這般樣子，這見得聖賢是甚麽樣大力量！恰似天地有闕齾處，得聖賢出來補得教周全。補得周全後，過得稍似〔七七〕又不免有闕，又得聖賢出來補，這見得聖賢是甚力量，直有闔闢乾坤之功。」賀孫。

孟子苦死要與楊朱、墨翟〔七八〕辯，是如何？與他有甚冤惡所以闢之渾，〔七九〕如不共戴天之讎？「能言距楊墨者，聖人之徒也」，纔説道要距楊墨也〔八〇〕，便是聖人之徒。如人逐賊，有人見了自不與捉，這便喚做是賊之黨。賊是人情之所當惡，若説道賊當捉當誅，這便是主人邊人。若説道賊也可捉也可恕，這只喚做賊邊人。賀孫。

時舉〔八一〕問孟子「好辯」一節。先生云：「當時如縱横〔八二〕刑名之徒，孟子却不管他，蓋他只壞得個粗底。若楊墨則害了人心，須著與之辯也。」時舉謂：「當孟子之時[八三]人心不正，趨向不一，非孟子力起而闢之，則聖人之道無自而明。是時真個少孟子不得。」先生曰：「孟子於當時只在私下恁地説，所謂楊墨之徒也未怕他。到後世却因其言而知聖人之道爲是，知異端之學爲非，乃是孟子有功於後世耳。」時舉。

因居之看孟子「公都子人皆稱夫子好辯」[八四]一章，曰：「墨氏『愛無差等』，故視其父如路人。楊氏只理會自己，所謂『修其身而外天下國家』者，故至於無君。要之，楊墨即是逆理，不循理耳。如一株木，順生向上去是順理，今一枝乃逆下生來是逆理也。如水本潤下，今洪水乃横流，是逆理也。禹掘地而注之海，乃順水之性，使之潤下而已。暴君『壞宫室以爲汚池，棄田以爲園囿』，民有屋可居，有地可種桑麻，今乃壞而棄之，是逆理也。湯武之舉乃是順理。此三句即推先生意，非全語。[八五]如楊墨逆理，無父無君，邪説誣民，仁義充塞，便至於『率獸食人，人相食』。此孟子極力闢之，亦只是順理而已。」此一段多推本先生意，非當時[八六]全語。植。

黄敬之[八七]問楊墨。曰：「楊墨只是差了些子，其末流遂至於無父無君。是[八八]楊氏見世間人營營於名利，埋没其身而不自知，故獨潔其身以高[八九]，如荷蕢、接輿之徒是也。然使人皆如此潔身而自爲，則天下事教誰理會？此便是無君也。墨氏見世間人自私自利不能及人，故欲兼天下之人而盡愛之。然不知或有一患難，在君親則當先救之，在他人則後救之。若君親與他人不分先後，則〔九〇〕待君親猶他人也，便是無父。此二者之所以爲禽獸也。孟子之辯，只緣是放過不得。今人見佛老家說〔九一〕者，或以爲其說是勝吾儒之說，或又以爲彼雖說得不是，不用管他。此皆是看他不破，故不能與之辯。若真個見得是害人心、亂吾道，豈容不與之辯！所謂孟子好辯者，非好辯也，自是住不得也。」南昇。時舉録少異。〔九二〕

問：「墨氏兼愛，何遽至於無父？」曰：「人也只孝得一個父母，那有七手八脚愛得許多！能養其父無闕則已難矣。想得他之所以養父母者，粗衣糲食必不能堪。蓋他既欲兼愛則其愛父母也必疏，其孝也不周至，非無父而何哉！墨子尚儉惡樂，所以說『里號朝歌，墨子回車』。想得是個淡泊枯槁底人，其事父母也可想見。」又問：「『率獸食人』，亦深探〔九三〕其弊而極言之，非真有此事也。」曰：「不然。即它之道，便能如此。楊氏自是個退步愛身不理會事底人了，墨氏兼愛又弄得没合殺，使天下倀倀然，必至於大亂而後已，非『率獸食人』而何？如東晉之尚清談，此便是楊氏之學。楊氏即老莊之道，少間百事廢弛，遂啓夷狄亂華，其禍豈不慘於洪水猛獸之害！又如梁武帝事佛至於社稷丘墟，亦其驗也。如近世王介甫，其學問高妙，出入於老佛之間，其政事欲與堯舜三代爭衡。然所用者盡是小人，聚天下輕薄無賴小人。不會假借得許多，須真有個人坯模如此方粧點得成，假使懸空自譔，得一人如此，則能譔之人亦自大有見識，非凡人矣。〔九四〕」僩。

問：「墨氏兼愛疑於仁，此易見。楊氏爲我，何以疑於義？」曰：「楊朱看來不似義，他全是老子之學。只是個逍遥物外、僅足其身、不屑世務之人。只是他自愛其身界限齊整不相侵越，微似義耳，然終不似也。」〔九五〕

「楊朱乃老子弟子，其學專爲己。列子云：『伯成、子羔拔一毛而利天下不爲。其言曰：「一毛安能利天下？使人人不拔一毛、不利天下，則天下自治矣。」』」問：「老子似不與楊朱同。」曰：「老子窺見天下之事，却討便宜置身於安閑之地，云『清静自治』，豈不是與朱同？」又問：「伊川説老子，謂先語大道，後却涉些姦詐。如云『知其雄，守其雌；知其白，守其黑』之類。」曰：「孔孟亦知天下有許多事，何故不厭他？」曰：「孔孟見實理，把作合做底看。他不見實理，把做無故不肯爲。」問：「孔子曾見他書否？」曰：「未必見。」厚之問：「孔子何爲問禮於他？」曰：「他本周家史官，自知禮，只是以爲不足道，故一切掃除了。曾子問中自見孔子問他處。邵康節亦有些小似他。」問：「録〔九六〕中何故有康節？」曰：「書坊自增耳。」可學。

問：「『墨氏兼愛，楊氏爲我』。夫兼愛雖無差等，不合聖人之正道，乃是割己爲人，滅去己私，猶足立教。若爲我，乃小己自私之事，果何足以立教耶？」先生云：「莊子數稱楊子居之爲人，恐楊氏之學如今道流修煉之士。其保嗇神氣，雖一句話也不妄與人説，正孟子所謂『拔一毫而利天下不爲』是也。」柄。

楊朱之學出於老子，蓋是楊朱曾就老子學來，故莊、列之書皆説楊朱。孟子闢楊朱，便是闢莊、老了。釋氏有一種低底，如梁武帝是時其低底，被初入其中國也未在。〔九七〕後來到中國却竊取老、莊之徒許多説話，見得儘高。〔九八〕

問：「楊朱似老子，頃見先生如此説。看來楊朱較放退，老子又〔九九〕要以此治國，以此取天下。」曰：「大概氣象相似。如云『致虛極，守靜篤』之類，老子初間亦只是要放退，未要放出那無狀來在。〔一〇〇〕及至反一反方説『以無事取天下』，如云『反者道之動，弱者道之用』之類。」僩。〔一〇一〕

列、莊本楊朱之學，故其書多引其語。莊子説「子之於親也，命也，不可解於心」，至臣之於君，則曰「義也，無所逃於天地之間」，是他看得那君臣之義，却似是逃不得，不奈何，須着臣服他。更無一個自然相肯〔一〇二〕爲一體處，可怪！故孟子以爲無君，此類是也。大雅。〔一〇三〕

晦庵先生朱文公語類卷第五十六

孟子六

離婁上

孟子曰〔一〕離婁之明章

「『道揆』、『法守』。〔二〕儻『上無道揆』，則下雖有奉法守在〔三〕官者，亦將不能用而去之矣。『朝不信道，工不信度』。信，如憑信之『信』。這個道理只是要〔四〕人信得及，若信得及〔五〕自然依那個行，不敢逾越。惟其不信，所以妄作。如胥吏輩〔六〕，他〔七〕分明知得條法，只是他冒法以爲教，〔八〕便是不信度也。」因歎〔九〕云：「看得道理熟，見世間事纔是苟且底鮮有不害事。雖至小之事，以苟且行之必亦有害，而況大事乎！只是信不及，所以苟且。凡云且如此作，且如此過去，皆其弊也。凡見人説某人做得事好，做得事無病，這便是循理。若見人説某人做得有害，其中必有病。如今人所以苟且者，只爲見理不明，故苟且之心多。若是見得道理熟，自然有所分別而不肯爲惡矣。」卓。僩同。〔一〇〕

「上無禮，下無學」，此學謂國之俊秀者。前面「工」是自官守法度，此「學」字是責學者之事。惟上無教，下無學，所以不好之人並起而居高位，執進退黜陟之權，盡做出不好事來，則國之喪亡無日矣，所以謂之「賊民」。蠹國害民，非賊而何！然其要只在於「仁者宜在高位」，所謂「一正君而國定」也。僩。卓同。〔一一〕

問：「責難於君謂〔一二〕之恭，陳善閉邪謂之敬，恭與敬〔一三〕何以別？」曰：「大概也一般，只恭意思較闊大，敬意思較細密。如以堯舜三代望其君，不敢謂其不能，便是責難於君，便是恭。陳善閉邪是就事上説，蓋不徒責以難，凡事有善則陳之，邪則閉之，使其君不陷於惡便是敬。責難之恭是尊君之詞，先立個大志，以先王之道爲可必信、可必行。陳善閉邪是子細著工夫去照管，務引其君於當道。陳善閉邪便是即〔一四〕那責難底工夫，不特事君爲然，爲學之道亦如此，大立志向而細密著工夫。如立志以古聖賢遠大自期，便是責難。然聖賢爲法於天下，『我猶未免爲鄉人』，其何以到？須是擇其善者而從之，其非者而去之。如日用間，凡一事須有個是、有個非，去其非便爲是，克去己私便復禮。如此，雖未便到聖賢地位，已是入聖賢路了。」淳。

「『責難於君謂之恭』，以堯舜望之而不敢以中才常主責之，非尊之而何。『陳善閉邪謂之敬』，此是尊君中細密工夫。」問：「人臣固當望君以堯舜。若度其君不足與爲善而不之諫，或謂君爲中才可以致小康而不足以致大治，或導之以功利而不輔之以仁義，此皆是賊其君否？」曰：「然。人臣之道但當以極等之事望其君。責他十分事，臨了只做得二三分；若只責他二三分，少間做不得一分矣。若論才質之優劣、志趣之高下，固有不同。然吾之所以導之者，則不可問其才志之高下優劣，但當以堯舜之道望他。如飯必用喫，衣必用著，脾胃壯者喫得來多，弱者喫得來少，然不可不喫那飯也。人君資質，縱説卑近不足與有爲，然不修身得否？不講學得否？不明[一五]德得否？此皆是必然[一六]用做底。到得隨他資質做得出來，自有高下大小，然不可不如此做也。孔子曰：『敬事而信，節用而愛人，使民以時。』這般言語是鐵定底條法，更改易不得。如此做則成，不如此做則敗。豈可謂吾君不能而遂不以此望之也！」僩。[一七]卓同。[一八]

孟子曰規矩方圓之至也章[一九]

問：「『欲爲君』至『堯舜而已矣』。昨因看近思録，如看二典便當『求堯所以治民，舜所以事君』。某謂堯所以治民，修己而已；舜所以事君，誠身以獲乎上而已。」曰：「便是不如此看。此只是大概説讀書之法而已，如何恁地硬要椿定一句去包括他得！若論堯所以治民，舜所以事君，是事事做得盡。且如看堯典，自『聰明文思安安』以至終篇，都是治民底事。自『欽明文思』至『格于上下』是一段，自『克明俊德』至『於變時雍』又是一段，自『乃命羲、和』至『庶績咸熙』又自是一段，後面又説禪舜事，無非是治民之事。舜典自『濬哲文明』以至終篇，無非事君之事，然亦是治民之事，不成説只是事君了便了，只是大概言觀書之法如此。」或曰：「若論堯所以治民，舜所以事君，二典亦不足以盡之。」曰：「也大概可見。」僩。

或問：「『道二：仁與不仁而已矣』。不仁何以亦曰道？」曰：「此譬如説有小路有大路，何疑之有！」去僞。謨同。〔二〇〕

「『道二：仁與不仁而已矣』，猶言好底道理、不好底道理也。若論正當道理只有一個，更無第二個，所謂『夫道一而已矣』者也。」因言：「胡季隨主其家學，〔二一〕説性不可以善言。本然之性是上面一個，其尊無對。善是下面底，纔説善時便與那惡對，非本然之性矣。孟子『道性善』非是説性之善，只是贊嘆之辭，説好個性。如佛言『善哉善哉』之類。此胡文定公之説。某嘗辨之，本然之性固渾然至善，無惡可對，此天之賦予我者然也。然行之在人，則有善有惡。行得善者，即本然之性。豈可謂善者非本然之性。若如其言，有本然之性，又有善惡相對之性，則是有兩性矣。方其得於天者，此性也；及其行得善者，亦此性也。只是纔有個行得善底便有個不善底，所以善惡須著對説。不是元有個惡在那裏等待他來與之爲對。只是行得錯底便流入於惡爾。自致堂五峰以來，其説益差，遂成有兩性：本然者是一性，善惡相對者又是一性。他只説本然者是性，善惡相對者不是性，豈有是理！然文定之説又得於龜山，龜山得之東林摠老，總極聰明，龜山嘗問：「『孟子道性善』，是否？」總曰：「是。」又問：「性豈可以善惡言？」總曰：「本然之性不與惡對。」此語流傳自他。然總之言本亦未有病。蓋本然之性是本無惡。及至文定，遂以「性善」爲贊歎之辭，到得致堂五峰遂分成兩截，説善底不是性。若善底非本然之性，却那處得這善來？既以善爲贊歎之詞，便是性本善矣。若非性善，何贊歎之有？如佛氏曰「善哉，善哉」，亦是説這道理好，所以贊歎之也。二蘇論性亦是如此，嘗言孟子「道性善」猶云火之能熟物也，荀卿言「性惡」猶云火之能焚物也。龜山反其説而辨之曰：「火之所以能熟物者，以其能焚故耳。若火不能焚，物何從熟？」蘇氏論性「自堯、舜至孔子不得已而命之，且寄之曰中，未嘗分善、惡言也。自孟子『道性善』而一與中始支矣」，他更不看道理，只認我説得行底便是。諸胡之説亦然，季隨至今守其家説。」〔一二二〕僩。

孟子曰愛人不親反其仁章〔一二三〕

「聖人説話是趲上去，更無退後來。孟子説：『愛人不親反其仁，治人不治反其智，禮人不答反其敬，行有不得者皆反求諸己，其身正而天下歸之。』這都是趲向上去，更無退下來。如今人愛人不親，更不反求諸己，教你不親也休；治人不治，更不反求諸己，教你不治也休；禮人不答，更不反求諸己，教你不答也休，我也不解恁地得。你也不仁不義、無禮無智，我也不仁不義、無禮無智，大家做個鶻突没理會底人。范忠宣公〔二四〕所説『以恕己之心恕人』，且如自家不孝，也教天下人不消得事其親；自家不忠，也教天下人不消事其君；自家不弟，也教天下人不消事其兄；自家不信，也教天下人不消信其友。恁地得不得？還有這個道理否？」又曰：「張子韶説中庸『所求乎子以事父，未能也』，到『事父』下點做一句。看他説『以聖人之所難克』，這正是聖人因責人而點檢自家有未盡處，如何恁地説了？而今人多説章句之學爲陋，某看見人多因章句看不成句却壞了道理。」又曰：「明道言『忠恕二字，要除一個更除不得。須是忠方可以行其恕』，若自家不穿窬便教你不穿窬，方喚做恕。若自家穿窬却教别人不穿窬，這便不是恕。若自家穿窬也教大家穿窬，這也不是恕。雖然聖人之責人也輕，如所謂『以人治人，改而止』，教他且存得這道理也得。『小人革面』，教他且革面也得。又不成只恁地，也須有漸。」又曰：「『堯舜其猶病諸』，聖人終是不足。」賀孫。

孟子曰天下有道章〔二五〕

孟子曰「天下有道，小德役大德」章，後注云：〔二六〕「不能自强則聽天所命，修德行仁則天命在我。」曰：〔二七〕「今之爲國者論爲治，則曰：『不消得〔二八〕十分底事，只如此〔二九〕隨風俗做便得；不必須欲如堯舜〔三〇〕，只恁地做，天下也治。』爲學者則曰：『做人也不須做得孔孟十分事，且做得一二分也得。』盡是這樣苟且之學，所謂『聽天所命』者也」。卓。僩同。〔三一〕

鄭問：「『天下無道，〔三二〕小役大，弱役强』亦曰『天』，何也？」曰：「到那時不得不然，亦是理當如此。」淳。

孟子曰自暴者不可與有言章〔三三〕

自暴是非毁道理底，自棄是自放棄底。賜。

時舉問「自暴」、「自棄」者之别。〔三四〕曰：「孟子説得已分明。看來自暴者便是剛惡之所爲，自棄者便是柔惡之所爲也。」時舉。

「言非禮義」，以禮義爲非而拒之以不信；「自暴」，自賊害也。「吾身不能居仁由義」，自謂不能而絶之以不爲；「自棄」，自棄絶也。閎祖。

先生問梁：「自暴、自棄如何？」梁未答。先生云：「『言非禮義，謂之自暴〔三五〕』，『非』如言〔三六〕『則〔三七〕非先王之道』之『非』，謂所言必非詆禮義之説爲非道，是失之暴戾。我雖言而彼必不肯聽，是不足與有言也。自棄者，謂其意氣卑弱，志趣凡陋，甘心自絶以爲不能。我雖言其仁義之美，而彼以爲我必不能『居仁由義』，是不足有爲也。故自暴者强，自棄者弱。伊川云：『自暴者，拒之以不信；自棄者，絶之以不爲。』」梁云平日大爲科舉累。曰：「便是科舉不能爲累。」卓。

賀孫〔三八〕問：「向所説『自暴』、『自棄』〔三九〕，『自暴』〔四〇〕作『自粗暴』，與今集注『暴，害也』不同。」曰：「也只是害底是。如『暴其民甚』，『言非禮義謂之自暴』，要去非議這禮義，如今人要罵道學一般。只説道這許多做好事之人自做許多模樣，不知這道理是人人合有底。他自恁地非議，是他自害了道理。」賀孫。

「仁，人之安宅；義，人之正路」。自人身言之則有動静，自理言之則是仁義。祖道。

孟子曰居下位不獲乎上章〔四一〕

時舉〔四二〕問：「『至誠而不動者，未之有也；不誠，未有能動者也。』此是以實理見之於用，故便有感通底道理？」曰：「不是以實理去見之於用，只是既有其實便自能感動得人也。」因言：「孟子於義利間辯得毫釐不差，見一事來便劈做兩片，便分個是與不是，這便是集義處。義是一柄刀相似，纔見事到面前，便與他割制了。」時舉。

孟子曰〔四三〕伯夷辟紂章

陳才卿〔四四〕問：「伯夷是『中立而不倚』，下惠是『和而不流』否？」先生曰：「柳下惠和而不流之事易見，伯夷中立不倚之事何以驗之？」陳曰：「扣馬之諫，餓而死，此是不倚。」先生曰：「此謂之偏倚，亦何可以見其不倚？」〔四五〕劉用之曰：「伯夷於是〔四六〕居北海之濱，若將終身焉，及聞西伯善養老，遂來歸之，此可見其不倚否？」先生曰：「此下更有一轉，方是不倚。蓋初聞文王而歸之，及武王伐紂而去之，遂不食周粟，此可以見其不倚也。」僩。〔四七〕

孟子曰〔四八〕求也爲季氏宰章

至之問：「『辟草萊任土地者次之』。〔四九〕若〔五〇〕『如李悝盡地力』之類，不過欲教民而已，孟子何以謂任土地者亦次於刑？」曰：「只爲他是欲富國，不是欲爲民，但强占土地開墾將去欲爲己物耳，皆爲君聚斂之徒也。」時舉。

「辟草萊任土地者次之」，「如李悝盡地力，商鞅開阡陌」。他欲致富强而已，無教化仁愛之本，所以爲可罪也。僩。

孟子曰[五一]恭者不侮人章

聖人但顧義理之是非，不問利害之當否，衆人則反是。且如恭儉，聖人但知恭儉之不可不爲爾，衆人則以爲我不侮人則人亦不侮我，我不奪人則人亦不奪我，便是計較利害之私。要之，聖人與衆人做處，便是五峰所謂「天理人欲，同行而異情」者也。道夫。

淳于髡問男女授受不親章[五二]

有言：「世界無人管，久將脱去。凡事未到手，則姑且晦之，俟到手然後爲。」有詰之者[五三]：「若不幸未及爲而死，吾志不白則如之何？」曰：「此亦不可奈何，吾輩蓋是折本做也。」曰：[五四]「如此則是一部孟子無一句可用也。嘗愛孟子荅淳于髡之言曰『嫂溺援之以手，天下溺援之以道。子欲以[五五]手援天下乎』，吾人所以救世者，以其有道也。既自放倒矣，天下豈一手可援哉！觀其説，緣飾得來不好。安得似陸子静堂堂自在説成一個物事乎！」方子。[五六]

「事有緩急，理有大小，這樣處皆須以權稱之。」或問：「『執中無權』之『權』，與『嫂溺援之以手』之『權』，微不同否？」曰：「『執中無權』之『權』稍輕，『嫂溺援之以手』之『權』較重，亦有深淺也。」僩。

孟子曰人不足與適也章〔五七〕

「格其非心」與「格君心之非」，「格」如「合格」之「格」，謂使之歸于正也。〔五八〕

或〔五九〕問：「『格其非心』之『格』訓正，恐是如『格式』之『格』，以律此人之不正者？」先生曰：「今人如言〔六〇〕合格，只〔六一〕是將此一物格其不正者。〔六二〕如『繩愆糾繆』，〔六三〕格其非心』是說得深者，『大人〔六四〕格君心之非』是說得淺者。」子善因問：「溫公以『格物』爲扞格之『格』，不知『格』字有訓扞〔六五〕否？」曰：「亦有之。如格鬭之『格』是也。」〔六六〕銖。〔六七〕

「『大人格君心之非』，此謂精神意氣自有感格處，然亦須有個開導底道理，不但默默而已。伊川解『遇主于巷』，所謂『至誠以感動之，盡力以扶持之，明義理以致其知，杜蔽惑以誠其意』，正此意也。」問〔六八〕曰：「設遇暗君，將如何而格之？」曰：「孔子不能格魯哀，孟子不能格齊宣。諸葛孔明之於後主，國事皆出於一己，將出師，先自排布宮中府中許多人。後主雖能聽從，然以資質之庸難以變化，孔明雖親寫許多文字與之，亦終不能格之。凡此皆是雖有格君之理，而終不可以致格君之效者也。」謨。〔六九〕

問：「『大人格君心之非』，有不好君，如何格？」曰：「其精神動作之間亦須有以格之，但亦須有説話。」因舉易傳「遇主於巷」。問：「蜀後主，諸葛孔明如何？」曰：「他當時事皆自爲。」曰：「孔明亦何不能格之？設更有大人，能格之否？」曰：「孔子不能格定哀，孟子不能格齊宣，如季桓子，孔子亦須與之説話，只是奈何他不下。要之，有此理在我，而在人者不可必。」可學。〔七〇〕

「政〔七一〕不足與適」至「格君心之非」，三句當作一句讀。某嘗説，此處與「言不必信，行不必果，惟義所在」，皆須急忙連下句讀。偶然脱去下句，豈不害事！方子。

孟子謂樂正子曰章〔七二〕

德修謂：「樂正子從子敖之齊，未必徒餔啜。」曰：「無此事，豈可遽然加以此罪！」文蔚。

孟子曰〔七三〕仁之實章

「仁之實，事親是也；義之實，從兄是也」。此數句，某煞曾入思慮來。嘗與伯恭説，「實」字有對名而言者，謂名實之「實」；有對理而言者，謂事實之「實」；有對華而言者，謂華實之「實」。今這「實」字不是名實、事實之「實」，正是華實之「實」。「仁之實」本只是事親，推廣之，愛人利物無非是仁。「義之實」本只是從兄，推廣之，忠君弟長無非是義。事親從兄便是仁義之實，推廣出去者，乃是仁義底華采。文蔚。

「事親是孝，從兄是弟，『堯舜之道，孝弟而已』。今人將孝弟低看了。『孝弟之至，通于神明，光于四海』，直是如此。」竇問：「『仁之實，事親是也』，切謂實者是事親得其歡心，當此時直是和悦，此是實否？」曰：「不然，此乃『樂之實，樂斯二者』之事。但事親、從兄是仁義之根實處，最初發得來分曉。向亦曾理會此『實』字，却對得一個『華』字。親親，仁也。仁民、愛物亦仁也。事親是實，仁民、愛物乃華也。」德明。

問：「孟子言『義之實，從兄是也』，中庸却言『義者，宜也，尊賢爲大』，甚不同，如何？」曰：「義謂得宜，苟賢之尊，[七四]道理宜如此。」曰：「父子兄弟皆是恩合，今以從兄爲義，何也？」曰：「以兄弟比父子，已是争得些。」問：「五典之常，義主於君臣。今曰『從兄』，又曰『尊賢』，豈以隨事立言不同，其實則一否？」曰：「然。」德明。

問「義之實，從兄是也」。曰：「義是那良知良能底發端處。雖小兒子莫不愛父母，到長大方是[七五]理會得從兄。所謂『及其長也，無不知敬其兄』，此義發端處。」問「王者必世而後仁」。「自一身之仁而言之，這個道理浸灌透徹。自天下言之，舉一世之仁皆是這個道理浸灌透徹。」[七六]植。

問：「孟子云『仁之實，事親是也；義之實，從兄是也』，[七七]柄謂[七八]凡事之當爲者皆義也，如何專以從兄言之？」曰：「從兄乃事之當爲而最先者。」又問：「事親豈非事之當爲，而不歸之義，何也？」曰：「己與親乃是一體，豈可論當爲不當爲！」柄。

節〔七九〕問：「事親、從兄有何分别？」曰：「事親有愛底意思，從兄有嚴底意思。」又曰：「有敬底意思。」問：「從兄如何爲義之實？」曰：「言從兄則有可否。」問所以同處〔八〇〕。曰：「不當論同。」問：「伊川以爲須自一理中别出，此意如何？」曰：「只是一個道理，發出來偏於愛底些子便是仁，偏於嚴底些子便是義。」又曰：「某怕人便説『理一』。」節。方子同。〔八一〕

節〔八二〕問：「孟子言『禮之實，節文斯二者』；知之實，知斯二者』而弗去，如此則〔八三〕禮、知似無專位。今以四德言，却成有四個物事？」曰：「也只是一處如此説。有言四個底，有言兩個底，有言三個底。不成説道他只説得三個，遺了一個，不説四個。言兩個，如扇一面青一面白，一個説這一邊，謂之青扇；一個説那一邊，謂之白扇。不成道説青扇底是，説白扇底不是。」節。

節〔八四〕問：「『仁之實，事親是也』一段，似無四者，只有兩個。以禮爲『節文斯二者』，智是『知斯二者』，只是兩個生出禮、智來。」答曰：「太極初生亦只生陰陽，然後方有其他底。」節。

問：「性中雖具四端五常，其實只是一理。故孟子獨以仁、義二者爲主，而以禮爲『節文斯二者』，智爲『知斯二者』。柄謂仁、義二者之中又當以仁爲主。蓋仁者愛之理，愛之得其當則義也。」曰：「義却是當愛不當愛。」柄。

朱飛卿問「樂則生矣，生則惡可已也」。曰：「如今恁地勉强安排，如何得樂。到得常常做得熟，自然浹洽通快，周流不息，油然而生，不能自已。只是要到這樂處實是難在。若只恁地把捉安排，纔忘記又斷了，這如何得樂，如何得生。」問：「如今也且着恁地把捉。」曰：「固是且着恁地。須知道未是到處，須知道『樂則生』處是當到這地頭。恰似春月，草木許多芽蘖一齊爆出來，更止遏不得。」賀孫問：「如『孩提之童無不知愛其親，及其長也無不知敬其兄』，這個不是旋安排，這只就他初發上説。」曰：「只如今不能常會如此。孩提知愛其親，如今自失了愛其親意思；及其長也知敬其兄，如今自失了敬其兄意思。須着理會孟子所以説『大人者，不失其赤子之心』，須要常常恁地。要之，須是知得這二者，使常常見這意思，方會到得『樂則生矣』處。要緊却在『知斯二者，弗去是也』二句上，須是知得二者是自家合有底，不可暫時失了。到得『禮之實，節文斯二者』，既知了，又須着檢點教詳密子細，節節應拍，方始會不間斷，方始樂，方始生。孟子又云『知皆廣而充之，若火之始然，泉之始達。苟能充之足以保四海，苟不充之不足以事父母』，與『知斯二者，節文斯二者』一段，語勢有不同，一則説得緊急，一則説得有許多節次，次序詳密。」又曰：「『樂則生』，如水之流，撥盡許多擁塞之物，只恁底滔滔流將去。」賀孫。

孟子曰天下大悦而將歸己章[八五]

「不得乎親不可以爲人，不順乎親不可以爲子」。得者，曲爲承順以得其親之悦。順則有以喻之於道。[八六]曰[八七]「得乎親」者，不問事之是非，但能曲爲承順，則可以得其親之悦。苟父母有做得不是處，我且從之，苟有孝心者皆可然也。「順乎親」則和那道理也順了，非特得親之悦，又使之不陷於非義，此所以爲尤難也。卓。[八八]

恭父問：「『不得乎親不可以爲人，不順乎親不可以爲子』。[八九]『不得乎親』以心言。『不順乎親』以道言，道謂喻父母於道。恐如此看得『不可爲人』、『不可爲子』兩字出。」曰：「『人』字只説大綱，『子』字却説得重。不得乎親之心，固有人承顔順色，看父母做甚麽事，不問是非，一向不逆其志。這也是得親之心，然猶是淺事。惟順乎親則親之心皆順乎理，必如此而後可以爲子。所以又説『烝烝乂，不格姦』，『瞽叟底豫而天下化，瞽叟底豫而天下之爲父子者定』。」賀孫。

「舜盡事親之道而瞽瞍底豫，瞽瞍底豫而天下化，瞽瞍底豫而天下之爲父子者定」，此之謂「盡性」。人傑。

晦庵先生朱文公語類卷第五十七

孟子七

離婁下

孟子曰〔一〕舜生於諸馮章

「若合符節」，「以玉爲之，篆刻文字而中分之，彼此各藏其半。有故則左右相合以爲信。」先生曰：「古人符節多以玉爲之，如『牙璋以起軍旅』。周禮中有以玉爲符節，又有竹符，又有英蕩符。蕩，小節竹，今使者謂之『蕩節』也，刻之爲符。漢有銅虎符、竹使符。銅虎以起兵，竹使郡守用之。凡符節，右留君所，左以與其人。有故則君以其右合其左以爲信也。曲禮曰『獻田地者，執右契』，右者，取物之券也。如發兵取物徵召，皆以右取之也。」卓。〔二〕

子産聽鄭國之政章

鄭之虎牢即漢之成臯也。虎牢之下即溱洧之水，後又名爲汜水關，子産以乘輿濟人之所也。聞人務德以爲孟子之言非是。其説以爲溱洧之水其深不可以施梁柱，其淺不可以涉，豈可以濟乘輿！蓋溱洧之水底皆是沙，故不可以施梁柱，但可用舟渡而已。李先生以爲疑，或是偶然橋梁壞故。養者，非速使之中、使之才，「漸民以仁，摩民以義」之謂也。下「以善養人」同，此解「中也養不中」之「養」字。節。〔三〕

子産因用其車以渡人。然此類亦何必深考。孟子之意，但言爲政者當務民之宜，而不徒以小惠耳。僩。〔四〕

孟子曰言人之不善章〔五〕

「言人之不善，當如後患何」，恐是孟子因事而言之。人傑。

仲尼不爲已甚章

「仲尼不爲已甚」，言聖人所爲，本分之外不加毫末。如人合喫八棒只打八棒，不可説這人可惡，更添一棒。稱人之善不可有心於溢美，稱人之惡不可溢惡，皆不爲已甚之事也。或上龜山書云：「徐行後長，得堯舜之道；不爲已甚，知仲尼之心。」龜山讀之甚喜，蓋龜山平日喜説此兩句也。僩。

道夫〔六〕問：「『仲尼不爲已甚』，此言本分之外無所增加爾。」曰「『已』訓太。」又問：「切嘗因此以攷〔七〕『非其君不仕，非其民不使』，『治亦進，亂亦進，不羞汚君，不辭小官』，氣象可謂已甚矣，而目之曰聖人之清、和，似頗難會。」頃之，乃曰：「雖是聖，終有過當處。」又問：「伯夷『不念舊惡，求仁得仁』，似是清中之和。下惠『不以三公易其介』，似亦是和中之清。」曰：「然。凡所謂聖者，以其渾然天理無一毫私意。若所謂『得百里之地而君之，皆能朝諸侯，有天下；行一不義，殺一不辜，而得天下者，皆不爲也』，這便是聖人同處，便是無私意處。但只是氣質有偏，比之夫子終有不中節處。所以易中〔八〕説『中正』，伊川謂『正重於中，中不必正也』，言中則正已在其中，蓋無正則做中不出來，而單言正則未必能中也。夷惠諸子，其正與夫子同，而夫子之中則非諸子所及也。」又問：「夷惠皆言『風』，而不以言伊尹，何哉？」曰：「或者以伊尹爲得行其道，而夷惠不得施其志，故有此論。似不必然，亦偶然爾。」道夫曰：「以意揣之，切恐伊尹勝似夷惠得些。」曰：「也是伊尹體用較全。」頃之，復曰：「夷惠高似伊尹，伊尹大似夷惠。」道夫。

孟子曰大人者不失其赤子之心者也章〔九〕

問「大人不失赤子之心」。曰：〔一○〕「大人事事理會得，只是無許多巧僞曲折，便是赤子之心。」時舉。〔一一〕

敬之問「大人不失赤子之心」。答曰：「這須着兩頭看，大人無不知無不能，赤子無所知無所能。大人者是不失其無所知無所能之心，若失了此心，使些子機關，計些子利害，便成個小底人，不成個大底人了。大人心下没許多事。」時舉。

大人無所不知無所不能，赤子無所知無所能。此兩句相拗。如何無所不知無所不能，却是不失其無所知無所能做出？蓋赤子之心純一無僞，而大人之心亦純一無僞，但赤子是無知覺底純一無僞，大人是有知覺底純一無僞。賀孫。〔一二〕

厚之問「赤子之心」。曰：「止取純一無僞，未發時雖與聖人同，然亦無知，但衆人既發時多邪僻，而赤子尚未然耳。」可學。

「赤子之心」，不可盡謂已發，亦有未發處。謨。〔一三〕

孟子曰養生者不足以當大事章〔一四〕

王德修云：「親聞和靜説『唯送死可以當大事』曰：『親之生也，好惡取舍得以言焉。及其死也，好惡取舍無得而言。當是時，親之心即子之心，子之心即親之心，故曰「唯送死可以當大事」。』」先生云：「亦説得好。」閎祖。

孟子曰〔一五〕君子深造之以道章

敬之問：「『君子深造之以道』，集注云〔一六〕『道者，進爲之方』。」曰：「是事事皆要得合道理。『取之左右逢其原』，到得熟了，自然日用之間只見許多道理在眼前。東邊去也是道理，西邊去也是道理，却自湊合得着，故曰『逢其原』。如水之源，流出來，這裏〔一七〕也撞着水，那邊也撞着水。」賀孫。

問：「孟注云〔一八〕『道者，進爲之方』，如何？」曰：「此句未甚安，却只是循道以進耳。『道』字在上。」可學。

「君子深造之以道」，語勢稍倒，「道」字合在「深造」之前。趙岐云「道者，進爲之方」，亦不甚親切。道只是進學之具。深造者，從此挨向前去。如「之以」二字，尋常這般去處多將作助語打過了。要之，却緊切。如「夜氣不足以存」與「三代所以直道而行」，「以」字皆不虛設。「既醉以酒，既飽以德」，皆是也。謨。

「深造之以道，欲其自得之」。曰：「只深造以道便是要自得之，此政與淺造〔一九〕相對。所謂『深造』者，當知非淺迫所可致。若欲淺迫求之，便是强探力取。只是既下工夫〔二〇〕，直是深造，便有自得處在其中。」又曰：「『優游饜飫』，都只是深造後自如此，非是深造之外又別欲自得也。與下章『博學而詳說之，將以反說約』之意同。」僩。

或問「居之安則資之深，資之深則取之左右逢其原」。曰：〔二一〕「『居之安』，只是人〔二二〕之居住得那裏安穩。『資之深』，資之深藉之意。只是從初本原如此，到熟處左右皆逢之。」謙。

「『君子深造之以道，欲其自得之也』，如何？」曰：「『深造』云者，非是急迫遽至，要舒徐涵養，期於自得而已。『自得之』則自信不疑而『居之安』，『居之安』則資之於道也深，『資之深』則凡動靜語嘿，一事一物，無非是理，所謂『取之左右逢其原』也。」又問：「『資』字如何說？」答曰：「取也。『資』有資藉之意。『資之深』謂其所資藉者深，言得其力也。」謨。去僞同〔二四〕。

潘子善〔二五〕問「君子深造之以道，欲其自得之也」一節。曰：「大要在『深造之以道』，此是做工夫處。『資』是他資助我，資給我，不是我資他。他非人人都資助，我底物事頭頭都撞着，[二六]左邊也是，右邊也是，都湊着他道理原頭處。源者[二七]便是那天之明命，滔滔汩汩底似那一池有源底水。他那源頭只管來得不絕，取之不禁，用之不竭，來供自家用。似那魚湊活水相似，却似都湊着他源頭。且如[二八]人君便有那仁從那邊來，爲人臣便有那個敬從那邊來，子之孝有那孝從那邊來，父之慈有那慈從那邊來，只是那道理源頭處。莊子説『將源而往』便是説這個。自家靠着他源頭底這個道理，左右前後都見是這道理。莊子説『在谷滿谷，在坑滿坑』，他那資給我底物事深遠，自家這裏頭頭湊着他源頭。」植。[二九]

子善問：「『君子深造之以道』，造是造道，欲造道又着『以道』，語意似『以道深造』。」曰：「此只是進爲不已，亦無可疑。公將兩個『道』字來説，却不分曉。」賀孫問：「『深造』之『造』字，不可便做已到説，但言進進做將去，又必以其字[三〇]。」曰：「然。」賀孫[三一]又問：「『取之左右逢其原』，是既資之深則道理充足，取之至近之處莫非道理。」曰：「『資』字恰似資給、資助一般。資助既深，看是甚事來無不湊着這道理。不待自家將道理去應他，只取之左右便撞着這道理。如有源之水衮衮流出，只管撞着他。若是所資者淺，略用出便枯竭了。莊子説『庖丁手之所觸，肩之所倚，足之所履，膝之所踦，砉然嚮然，奏刀騞然，莫不中音』，正是此意。爲人君便自撞着個仁道理，爲人臣便自撞着個敬道理，爲人子便自撞着個孝道理，爲人父便自撞着個慈道理，與國人交便自撞着個信道理，無適而不然。」賀孫。

孟子曰〔三二〕博學而詳説之章

「博學而詳説之」，將來可以説至約處。節。〔三三〕

「博學而詳説之，將以反説約也」。損先難而後易，凡事皆然。道夫。

問：「『博學而詳説之，將以反説約也』，如何？」曰：「約自博中來。既博學又詳説，講貫得直是精確，將來臨事自有個頭緒。纔有頭緒，便見簡約。若是平日講貫得不詳悉，及至臨事只覺得千頭萬緒，更理會不下，如此則豈得爲約？」周本此下有：「『將以反約説』謂臨事時。」〔三四〕去僞。謨、人傑同。〔三五〕

問「博學詳説，將以反説約也」。曰：「通貫〔三六〕處便是約，不是通貫了又去裏面尋討個約。公説約處，却是通貫了又別去尋討個約，豈有此理！伊川説格物處云：『但積累多後，自然脱然有貫通處。』『積累多後』便是學之博，『脱然有貫通處』便是約。」楊楫通老問：「世間博學之人非不博，却又不知個約處者，何故？」曰：「他合下博得來便不是了，如何會約。他更不窮究這道理是如何，都見不透徹。只是搜求隱僻之事，鈎摘奇異之説以爲博，如此豈能得約！今世博學之士大率類此。不讀正當底書，不看正當注疏，偏揀人所不讀底去讀，欲乘人之所不知以誇人。不問義理如何，只認前人所未説、今人所未道者，則取之以爲博。如此，如何望到約處！」

又曰：「某嘗不喜揚子雲『多聞則守之以約，多見則守之以卓』。『多聞』欲其約也，『多見』欲其卓也。說多聞了又更要一個約去守他，正如公說。這個是所守者約，不是守之以約也。」僩。

仲尼亟稱於水章〔三七〕

所謂「聲聞過情」，這個大段務大〔三八〕郎當。且更就此中間言之，如爲善無真實懇惻之意，爲學而勉强苟且徇人，皆是不實。須就此反躬思量方得。僩。

孟子曰〔三九〕人之所以異於禽獸者章

問「君子所以異於禽獸者幾希」處。〔四〇〕曰：「人物之所同者，理也；所不同者，心也。人心虛靈，無所不明。禽獸便昏了，只有一兩路子明。人之虛靈皆推得去，禽獸便推不去。人若以私慾蔽了這個虛靈，便是禽獸，人與禽獸只争這些子，所以謂〔四一〕『幾希』。」時舉〔四二〕

元昭〔四三〕問：「『庶民去之，君子存之』，如何是『存之』？」曰：「『存』是存所以異於禽獸者。何故至『存之』方問？」因問元昭：「存何物？」元昭云：「有所見。」曰：「不離日用之間。」曰：「何謂日用之間？」曰：「凡周旋運用。」曰：「此乃禽獸所以與人同，須求其所以與人異者。僧問佛：『如何是性？』曰：『耳能聞，目能見。』他便把這個作性，不知這個禽獸皆知。人所以異者，以其有仁、義、禮、智。若爲子而孝，爲弟而悌。禽獸豈能之哉！」元昭又云：「『萬物皆備於我』，此言人能備禽獸之不備。」曰：「觀賢此言，元未嘗究竟。」可學。〔四四〕

子善問：「舜『明庶物，察人倫』。文勢自上看來，此『物』字恐合作禽獸説。」曰：「不然。『明於庶物』豈止是説禽獸？禽獸乃一物。凡天地之間眼前所接之事皆是物，然有多少不甚要緊底事。舜看來惟是於人倫最緊要。」賀孫。

「『明〔四五〕於庶物，察於人倫』，明、察之義有淺深否？」曰：「察深於明，『明』只是大概明得這個道理爾。」又問：「與孝經『事天明，事地察』之義如何？」曰：「這個『明』、『察』又別。此『察』字却訓『著』字，『明』字訓『昭』字。事父孝則事天之道昭明，事母孝則事地之道察著。孟子所謂『明』、『察』，與易繫『明於天之道，察於人之故』同。」謨。去僞、人傑同。〔四六〕

「舜〔四七〕明於庶物，察於人倫」。「明」、「察」是見得事事物物之理無一毫之未盡。所謂仁義者皆不待求之於外，此身此心便〔四八〕渾然都是仁義。賀孫。

守約問：「孟子何以只説『舜明於庶物，察於人倫，由仁義行，非行仁義也』？」曰：「堯自是渾然。舜却是就事物上經歷，一一理會過。」賀孫。

問：「『舜由仁義行，非行仁義』。若學者，須是行仁義方得。」曰：「這便如適來説『三月不違』意。他是平日身常在仁義內，即恁地行出。學者身在外了，且須去求仁義就上行，然又須以

『由仁義行』爲準的方得。」賀孫。

符舜功言：「只是『由仁義行』，好行仁義便是有善利之分。」曰：「此是江西之學。豈不見上面分明有個『孝』字？惟舜便由仁義行，他人須窮理，知其爲仁爲義，從而行之。且如『仁者安仁，智者利仁』，既未能安仁，亦須是利仁，利仁豈是不好底！知仁之爲利而行之。不然，則以人欲爲利矣。」德明。

孟子曰〔四九〕禹惡旨酒章

時舉〔五〇〕問：「『湯執中，立賢無方』，莫是執中道以立賢否？」曰：「不然。執中自是執中，立賢自是立賢。只這『執中』却與子莫之『執中』不同。故集注下謂：『執，謂守而不失。』湯只是要事事恰好，無過不及而已。」時舉。

「湯執中，立賢無方」，東晉時所用人才皆中州浮誕者之後。惟顧榮、賀循有人望，不得已而用之。人傑。〔五一〕

道夫〔五二〕問：「『禹之〔五三〕惡旨酒、好善言，湯之〔五四〕執中，文王之〔五五〕望道未之見，武王不泄邇、不忘遠，周公之〔五六〕坐以待旦』。此等氣象，在聖人則謂之『兢兢業業，純亦不已』，在學者則是『任重道遠，死而後已』之意否？」曰：「他本是説聖人。」又曰：「讀此一篇，使人心惕然而常存也。」道夫。

問：「『周公思兼三王，以施四事』，上文既是各舉一事言，四聖人之事亦多，周公如何施之？」曰：「此必是周公曾如此說。大抵所舉四事極好，此一處自舜推之至於孔子。」可學。

先生曰：[五七]「『周公思兼三王，以施四事』，此不可考，恐是周公自有此語。如『文王我師也，周公豈欺我哉』？此直是周公曾如此說，公明儀但舉之爾。四事極說得好。『泄』字有狎底意思。」謨。

孟子曰王者之迹熄而詩亡章[五八]

沈莊仲[五九]問：「『王者之迹熄而詩亡，詩亡然後春秋作。』先儒謂自東遷之後，黍離降爲國風而雅亡矣。恐是孔子刪詩之時降之。」曰：「亦是他當時自如此。要識此詩，便如周南、召南當初在鎬豐之時，其詩爲二南，後來在洛邑之時，其詩爲黍離。只是自二南進而爲二雅，自二雅退而爲王風。二南之於二雅便如登山，到得黍離時節，便是下坡了。」文蔚。

孟子曰[六〇]可以取章

「可以與，可以無與，與傷惠；可以取，可以無取，取傷廉；可以死，可以無死，死傷勇」，〔六一〕此段正與孔子曰「再斯可矣」相似。凡事初看尚未定，再察則已審矣，便用決斷始得。若更加之思焉，則私意起，而非義理之本然矣。僩。

林正卿〔六二〕問：「『可以取，可以無取，取傷廉』，亦下二聯之義？」曰：「看來『可以取』是其初略見得如此。『可以無取』是子細審察見得如此，如夫子言『再思』一般。下二聯放此，庶幾不礙。不然則不取却是過厚，而不與、不死却是過薄也。」處謙。

「可以取，可以無取」，是先見得可以取，後來却見得可以無取，如此而取之則傷廉矣。蓋後來見者較是故也。「與」、「死」亦然。閎祖。

「可以取，可以無取，取傷廉；可以與，可以無與，與傷惠；可以死，可以無死，死傷勇」。〔六三〕夫取爲傷廉，固也。若與者本惠，死者本勇，而乃云「傷惠」、「傷勇」者，謂其過予與無益之死耳。學者知所當予而不至於吝嗇，知所當死而不至於偷生，則幾矣。人傑。

孟子曰〔六四〕天下之言性也章

所以然謂之「故」。可學。〔六五〕

時舉〔六六〕問：「『天下之言性也，〔六七〕則故而已矣』，『故』是如何？」曰：「『故』是個已發見了底物事，便分明易見。如公都子問性，孟子却云『乃若其情則可以爲善矣』。蓋性自是個難言底物事，惟惻隱、羞惡之類，却是已發見者，乃可得而言。只看這個便見得性。集注謂『故者是已然之迹也』，是個無〔六八〕字得下，故下個『迹』字。」時舉。

問「則故而已矣」。「『性』〔六九〕是個糊塗不分明底物事，直〔七〇〕只就那『故』上說，『故』却是實有痕迹底。『故』有兩件，如水之有順利者，又有逆行者。畢竟順利底是善，逆行底是惡。所以說『行其所無事』，又說惡於『鑿』，『鑿』則是那逆行底。又說『道乃若其情則可以爲善』，性是糊塗底物事，情却便似實也。如惻隱、羞惡、辭遜、是非，這便是情。」植。

敬之問：「『天下之言性者，則故而已』，〔七一〕『故』是已然之迹，如水之潤下，火之炎上。『以利爲本』是順而不咈之意。」曰：「『利』是不假人爲而自然者。如水之就下是其性本就下，只得順他。若激之在山，是不順其性而以人爲之也。如『無惻隱之心非人，無羞惡之心非人』，皆是自然而然。惟智者知得此理，不假人爲，順之而行。」南升。〔七二〕

敬之問：「『天下之言性也者，則故而已矣。〔七三〕故者以利爲本』。如火之炎上，水之潤下，此是『故』。人不拂他潤下炎上之性是『利』。」曰：「『故』是本然底，『利』是他自然底。如水之潤下，火之炎上，固是他本然之性如此。然水自然潤下，火自然炎上，便是利。到『智者行其所無事』，方是人知得自然底從而順他。」時舉。植〔七四〕同。

「『天下之言性，則故而已矣』。〔七五〕『故』是已然之跡，如水之下，火之上，父子之必有親，孟子説『四端』，皆是。然雖有惻隱，亦有殘忍，故當以順爲本。如星辰亦有逆行，大要循躔度者是順。」問：「南軒説『故』作『本然』。」曰：「如此則善外别有本然。孟子説性乃是於發處見其善，荀揚亦於發處説，只是道不著。」問：「既云『於發處見』，伊川云『孟子説性乃拔本塞原之理』，莫是〔七六〕因發以見其原？」曰：「然。」可學。

器之説：「『故者以利爲本』，如流水相似，有向下，無向上，是順他去。」曰：「『故』是本來底，以順爲本。許多惻隱、羞惡自是順出來，其理自是如此。孟子怕人將不好底做出去，故説此。若將惡者爲利之本，如水『搏而躍之，可使過顙』，這便是將不利者爲本。如伊川説，楚子越椒之生必滅若敖氏，自是生出來便惡了。荀子因此便道人性本惡。據他説『塗之人皆可爲禹』便是性善了，他只説得氣質之性，自是不覺。」寓。

「天下之言性，則故而已矣」。〔七七〕「故」只是已然之迹，如水之潤下，火之炎上。潤下炎上便是『故』也。父子之所以親，君臣之所以義，夫婦之别，長幼之序，然皆有個已然之迹，但只順利處便是「故」之本，如水之性固下也。然搏之過顙，激之在山，亦豈不是水哉！但非其性爾。仁、義、禮、智是爲性也。仁之惻隱，義之羞惡，禮之辭遜，智之是非，此即性之故也。若四端則無不順利。然四端皆有相反者，如殘忍〔七八〕之非仁，不耻之非義，不遜之非禮，昏惑之非智，即故之不利者也。伊川發明此意最親，謂此一章專主「智」言。「鑿」於智者，非所謂以利爲本也。

其初只是性上泛説起，不是專説性，但謂天下之説性者只説得「故」而已。後世如荀卿言「性惡」，揚雄言「善惡混」，但皆説得下面一截，皆不知其所以謂之故者如何，遂不能「以利爲本」而然也。荀卿之言只是横説如此，到底没〔七九〕這道理不得。只就性惡篇謂「塗之人皆可爲禹」，只此自可見。「故」字若不將已然之迹言之，則下文「苟求其故」之言如何可推？曆象家〔八〇〕自今日推算而上，極於太古開闢之時更無差錯，只爲有此已然之迹可以推測耳。天與星辰間或躔度有少差錯，久之自復其常。「以利爲本」亦猶天與星辰循常度而行。苟不如此，皆「鑿」之謂也。謨。

力行〔八一〕問「天下之言性，則故而已矣」。先生引程子之言曰：「此章意在『智』字。此章言性，只是從頭説下。性者，渾然不可言也，惟順之則是，逆之則非。天下之事，逆理者如何行得！便是鑿也，鑿則非其本然之理。禹之行水，亦只端的見得須是如此順而行之而已。鯀績之不成，正爲不順耳。」力行。

問：「孟子云『天下之言性者，則故而已矣。故者以利爲本』，〔八二〕伊川謂：『則，語助也。故者，本如是者也。今言天下萬物之性必求其故者，只是欲順而不害之也。』伊川之説如何？」曰：「『則』字不可做助語看了，『則』有不足之意。性最難名狀。天下之言性者止説得『故』而已矣。『故』字外難爲別下字。如『故』有所以然之意。『利』，順也，順其所以然則不失其本性矣。水性就下，順而導之，水之性也。『搏而躍之』，固可使之在山矣，然非水之本性。」或問：「『天下之言性』，伊川以爲言天下萬物之性，是否？」曰：「此倒了。他文勢只是云『天下之言性者，止可説故而已矣』。如此則天下萬物之性在其間矣。」又問：「後面『苟求其故』，此『故』字與前面『故』字一般否？」曰：「然。」去僞。謨同。〔八三〕

孟子曰〔八四〕君子所以異於人者章

問：「『君子以仁存心，以禮存心』，是我本有此仁此禮，只要常存而不忘否？」曰：「非也。他這個在存心上説下來，言君子所以異於小人者，以其存心不同耳。君子則以仁以禮而存之於心，小人則以不仁不禮而存之於心。須看他上下文主甚麼説話〔八五〕始得。」僩。

節〔八六〕問：「『君子之所以異於人者，以其存心也。君子以仁存心，以禮存心』，此是言存得心。〔八七〕先生注下文却〔八八〕言『存仁、存禮』，何也？」曰：「這個『存心』與『存其心，養其性』底『存心』不同，只是處心。」又問：「如此，則是君子之所以異於人者，以其處心也。」曰：「以其處心與人不同。」〔八九〕別〔九〇〕集注，非定本。〔九一〕

又問：「『君子之所以異於人者，以其存心也』，先生前歲以此『存心』二字與『存心養性』之『存心』不同，此『存心』是處心。何謂處心？」曰：「以仁處於心，以禮處於心。」節。

知而不存者有矣，未有不知而能存者也。〔九二〕僩。

蔡問：「『以仁存心』，如何下『以』字？」曰：「不下『以』字也不得。呂氏〔九三〕『以此心應萬物〔九四〕之變』，〔九五〕不是以此心是如何？」問：「程子謂『以敬直内則不直矣』，何也？」曰：「此處又是解『直方』二字。從上説下來，『敬以直内』方順，『以敬』則不順矣。」淳。

「我必不忠」，恐所以愛敬人者，或有不出於誠實也。人傑。

問孟子〔九六〕「自反而忠」之「忠」。曰：「忠者，盡己也。盡己者，仁禮無一毫不盡。」節。

「舜亦人也。我亦人也。舜爲法於天下，可傳於後世，我猶未免爲鄉人也，是則可憂也。」此便是知耻。知耻則進學不得不勇！〔九七〕

禹稷當平世章

問：「『禹稷當平世，三過其門而不入』，似天下之事重乎私家也。若家有父母，豈可不入？」曰：「固是。然事亦須量個〔九八〕緩急。」僩〔九九〕問：「何謂緩急？」曰：「若洪水之患不甚爲害，只是那九年泛泛底水，未便會傾國覆都，過家見父母亦不妨。若洪水之患，其急有傾國溺都、君父危亡之災，也只得且奔君父之急，雖不過見父母亦不妨也。」又問：「『今有同室之人鬬者，救之，被髮纓冠而往救之可也。〔一〇〇〕鄉鄰有鬬者，雖閉户可也』，此便是用權。若鄉鄰之鬭有親戚兄弟在其中，豈可以鄉鄰之鬭而[一〇二]一例不管？須只救得他。[一〇三]」曰：「有兄弟固當救，然事也須量大小。若只是小小鬭毆，救之亦無妨。若是有兵戈殺人之事，也只得閉門不管而已。」卓。僩同。[一〇三]

公都子曰康章通國皆稱不孝章[一〇四]

「孟子之於康章，蓋怜之耳，非取其孝也。故楊氏以爲康章不孝，『孟子非取之也，特哀其志而不與之絶耳』。據章之所爲，因責善於父而不相遇，雖是父不是，己是，然便至如此蕩業，『出妻屏子，終身不養』，則豈得爲孝！故孟子言『父子責善，賊恩之大者』，此便是責之以不孝也。但其不孝之罪未至於可絶之地爾，然當時人則遂以爲不孝而絶之，故孟子舉世之不孝者五以曉之，若如此五者，則誠在所絶爾。後世因孟子不絶之，則又欲盡雪康子之不孝而以爲孝，此皆不公不正，倚於一偏也。必若孟子之所處，然後可以見聖賢至公至仁之心矣。」或云：「看得康章想是個拗强底人，觀其意屬於陳仲子，則可見其爲人耳。」先生甚然之，曰：「兩個都是此樣人，故説得合。」味道云：「『舜不告而娶』，蓋不欲『廢人之大倫以懟父[一〇五]』耳。如康章，則其懟也甚矣！」廣。

晦庵先生朱文公語類卷第五十八

孟子八

萬章上

萬章問曰舜往于田章[一]

黄先之説：「舜事親處見得聖人所以孝其親者，全然都是天理，略無一毫人欲之私。所以舉天下之物皆不足以解憂，惟順於父母可以解憂。」曰：「聖人一身渾然天理，故極天下之至樂不足以動其事親之心，極天下之至苦不足以害其事親之心。一心所慕惟知有親，看是甚麽物事皆是至輕。施於兄弟亦然，但知我是兄，合當友愛其弟，更不問如何。且如父母使之完廪，待上去，又捐階焚廪，到得免死下來，當如何？父母教他去浚井，待他入井，又從而掩之，到得免死出來，又當如何？若是以下等人處此，定是喫不過。非獨以下人，雖平日極知當孝其親者，到父母以此施於己，此心亦喫不過，定是動了。象爲弟，『日以殺舜爲事』。若是别人，如何也須與他理會，也須喫不過。舜只知我是兄，惟知友愛其弟，那許多不好景象都自不見了。這道理非獨舜有之，人〔二〕人皆有之；非獨舜能爲，人人皆可爲。所以大學大要〔三〕只要窮理。舜『明於庶物，察於人倫』，唯是許多道理見得極盡，無有些子未盡。但舜是生知，不待窮索。如今須著窮索教盡。莫説道：『只消做六七分，那兩三分不消做盡也得。』」賀孫。

林子淵説舜事親處。曰：「自古及今，何故衆人都不會恁地，獨有舜恁地？是何故？須就這裏剔抉看出來始得。」默然久之，曰：「聖人做出純是道理，更無些子隔礙。是他合下渾全都無欠闕，衆人却是已虧損了，須加修治之功。如小學前面許多，恰似勉强使人爲之，又須是恁地勉强，到大學矣方知個天理當然之則。如世上固是無限事，然大要也只是幾項大頭項，如『爲人君止於仁，爲人臣止於敬，爲人子止於孝，爲人父止於慈，與國人交止於信』，須看見定是著如此，不可不如此，自家何故却不如此？意思如何便是天理？意思如何便是私欲？天理發見處是如何却被私欲障蔽了？」賀孫。

胡叔器〔四〕問：「舜不能掩父母之惡，如何是大孝？」曰：「公要如何與他掩？他那個頑嚚已是天知地聞了，如何地掩？公須與他思量得個道理掩得。如此便可以責舜。」義剛。

萬章問曰〔五〕象日以殺舜爲事章

問：〔六〕「『仁之至，義之盡』是仁便包義，何如？」曰：「自是兩義。如舜封象於有庳，不藏怒宿怨而富貴之是仁之至，使吏治其國而納其貢稅是義之盡。」因舉明皇長枕大被欲爲仁而非仁云云。〔七〕

咸丘蒙問曰語云盛德之士〔八〕章

宿檔州之驛舍，〔九〕董仁叔問「以意逆志」。曰：「是以自家意去張等他。譬如有一客來，自家去迎他，他來則接之，不來則已。若必去捉他來，則不可。」蓋卿。

董仁叔問「以意逆志」。曰：「此是教人讀書之法。自家虛心在這裏，看他書道理如何。他來，自家便迎接將來。而今人讀書都是去捉他，不是逆志。」學蒙。

萬章問曰人有言至於禹而德衰章〔一〇〕

沈莊仲〔一一〕問「莫之致而至者命也」。曰：「命有兩般，『得之不得曰有命』自是一樣，『天命之謂性』又自是一樣。雖是兩樣，却只是一個命。」文蔚問：「『得之不得曰有命』是所賦之分，『天命之謂性』是所賦之理。」曰：「固是。天便如君，命便如命令，性便如職事條貫。君命這個人去做這個職事，其俸禄有厚薄，歲月有遠近，無非是命。天之命人，有命之以厚薄修短，有命之以清濁偏正，無非是命。是〔一二〕如『舜禹益相去久遠』是命之在外者，『其子之賢不肖』是命之在内者。聖人『窮理盡性以至於命』便能贊化育。堯之子不肖，他便不傳與子，傳與舜。本是個不好底意思，却被他一轉，轉得好。」文蔚。

「『莫之致而至者命也』。如比干之死，以理論之亦可謂之正命，若以氣論之恐非正命。」曰：「如何恁地説得！『盡其道而死者』皆正命也，當死而不死却是失其正命。此等處當活看。如孟子説『桎梏而死者非正命』，須是看得孟子之意如何。且如公冶長『雖在縲絏，非其罪也』，若當時公冶長死於縲絏，不成説他不是正命。有罪無罪在我而已。古人所以殺身以成仁，且身已死矣，又成個甚底，直是要看此處。孟子謂『舍生取義』，又云『志士不忘在溝壑，勇士不忘喪其元』，學者須是於此處見得定，臨利害時便將自家斬剉了，也須壁立萬仞始得。而今人有小利害便生計較，説道恁地死非正命，如何得！」賜。〔一三〕

問：「孟子〔一四〕『外丙二年，仲壬四年』，先生兩存趙氏、程氏之説，則康節之説亦未可據耶？」曰：「也怎生便信得他？」又問：「如此則堯即位於甲辰年〔一五〕亦未可據也。」曰：「此却據諸暦書如此説，恐或有之。然亦未可必。」問：「若如此，則二年、四年亦可推矣。」

曰：「却爲中間年代不可紀，自共和以後方可紀，則湯時自無由可推。此類且當闕之，不必深考。」廣。

萬章問曰人有言〔一六〕伊尹以割烹要湯章

問竇從周云：「如何是伊尹樂堯舜之道？」竇對以「飢食渴飲，鑿井耕田，自有可樂」。曰：「龜山答胡文定書是如此說。要之不然。須是有所謂『堯舜之道』。如書云『人心惟危，道心惟微，惟精惟一，允執厥中』，此便是堯舜相傳之道。如自〔一七〕『克明俊德，以親九族』至『協和萬邦，黎民於變時雍』，如『欽明文思，溫恭允塞』之類，伊尹在莘郊時須曾一一學來，不是每日只耕鑿食飲過了。」德明問：「看伊尹升陑之事，亦是曾學兵法。」曰：「古人皆如此。如東漢李膺爲渡遼將軍，必是曾親履行陳。」竇問：「傅說版築亦讀書否？」曰：「不曾讀書，如何有說命三篇之文？『舜居深山之中，與木石居，與鹿豕遊』，後來乃能作『股肱元首』之歌。便如顏子，亦大段讀書，其問爲邦，夫子告以『行夏之時，乘殷之輅，服周之冕，樂則韶舞』。顏子平時於四代禮樂、夏小正之類，須一一曾理會來。古人詳於禮樂之事，當時自有一種書，後世不得而見。如孟子說葛伯事，以爲『有童子以黍肉餉，殺而奪之』，便是孟子時有此等書。今書中只有『葛伯仇餉』一句。上古無書可讀，今既有書，亦須是讀，此猶博以反約之義也。」德明。

問：「『伊尹樂堯舜之道』，集注作『誦其詩，讀其書』，乃是指其實事而言。」曰：「然。或謂耕田鑿井便是堯舜之道，此皆不實。不然何以有『豈若吾身親見之哉』一句？若是不着實，只是脱空。今人有一等杜撰學問，皆是脱空狂妄，不濟一錢事。如『天下歸仁』只管自説『天下歸仁』，須是天下説歸仁方是。『非禮勿視，非禮勿聽，非禮勿言，非禮勿動』，只管去説，到念慮起處却又是非禮，此皆是妄論。子韶之學正如此。須是『居處恭，執事敬』、『坐如尸，立如齊』方是禮，不然便不是禮。」履孫。

先知者因事而知，先覺者因理而覺。知者因事因物皆可以知，覺則是自心中有所覺悟。敬仲。

「先覺後覺」之「覺」是自悟之覺，似大學説格物致知豁然貫通處。今人知得此事，講解得這個道理，皆知之之事。及其自悟，則又自有個見解處。「先知覺，覺後覺」，〔一八〕中央兩個「覺」字皆訓唤醒，是我唤醒他。僩。

行夫問「覺」。曰：「程子云『知是知此事，覺是覺此理』。蓋知是知此一事，覺是忽然自理會得。」又問「思睿」〔一九〕。曰「『視曰明』是視而便見之謂明，『聽曰聰』是聽而便聞之謂聰，『思曰睿』是思而便通謂之睿。」道夫。

或〔二〇〕問龜山曰：「『以先知覺後知』，知與覺如何分？」龜山曰：「知是知此事，覺是覺此理。」且如知得君之仁、臣之敬、子之孝、父之慈，是知此事；又知得君之所以仁、臣之所以敬、父之所以慈、子之所以孝，是覺此理。僩。〔二一〕

萬章下

孟子曰〔二二〕伯夷目不視惡色章

原之〔二三〕問：「三聖事是當初如此，是後來如此？」曰：「是知之不至。三子不惟清不能和，和不能清，但於清處、和處亦皆過。如射者皆中而不中鵠。」某問：「既是如此，何以爲聖人之清和？」曰：「却是天理中流出，無駁雜。雖是過當，直是無纖毫查滓。」曰：「三子是資稟如此否？」曰：「然。」可學。

問：「伯夷、下惠、伊尹，謂之『清』、『和』、『任』。孟子云『皆古聖人』，如何？」曰：「清、和、任已合於聖人。」再〔二四〕問：「如孟子言，只是得一節。」曰：「此言其所得之極耳。」可學。

夷清、惠和皆得一偏，他人學之，便有隘、不恭處。使懦夫學和愈不恭，鄙夫學清愈隘也。「可爲百世師」，謂能使薄者寬，鄙者敦，懦者立。「君子不由」，不由其隘與不恭。謨。

敬之問伊尹之任。曰：「伊尹之任是『自任以天下之重』，雖云『禄之天下弗受〔二五〕，繫馬千駟弗視』，然終是任處多。如柳下惠『不以三公易其介』，固是介，然終是和處多。」恪。

敬之問：「『伊尹聖之任』非獨於『自任以天下之重』處看，如所謂『禄之以天下弗受[二六]，繫馬千駟弗顧[二七]，非其義，非其道，一介不以與人，一介不以取諸人』，這般也見得任處。」曰：「不要恁底看。所謂『任』，只説他『治亦進，亂亦進』處，看其『自任以天下之重』如此。若如公説，却又與伯夷之清相類。」問：「聖人若處伊尹之地，也如他任[二八]，如何？」曰：「夫子若處此地自是不同，不如此着意。」或問：「伊尹『治亦進，亂亦進』，『無可無不可』，似亦可以爲聖之時？」曰：「伊尹終是有任底意思在。」賀孫。

問：「伊川云『伊尹終有任底意思在』，謂他有擔當作爲底意思，只這些意思便非夫子氣象否？」曰：「然。然此處極難看，且放那裏，久之看道理熟自見，强説不得。若謂伊尹有這些意思在，爲非聖人之至，則孔孟皇皇汲汲去齊去魯、之梁之魏，非無意者，其所以異伊尹者何也？」僩。

問：「孔子時中，所謂隨時而中否？」曰：「然。」問：「三子之德各偏於一，亦各盡其一德之中否？」曰：「非也。既云偏，則不得謂之中矣。三子之德但各至於一偏之極，不可謂之中。如伯夷『雖有善其辭命而至者，不受也』，此便是偏處。若善其辭命而吾[二九]受之亦何妨？只觀孔子便不然。」問：「既云一偏，何以謂之聖？」曰：「聖只是做到極至處自然安行，不待勉强，故謂之聖。非中之謂也。所謂『智譬則巧，聖譬則力。猶射於百步之外，其至，爾力也；其中，非爾力也』，中便是中處。如顔子之學，則已知其〔三〇〕中處，但力未到耳，若更加之功，則必中矣，蓋渠所知已不差也。如人學射，發矢已直而未中者，人謂之『箭苗』，言其已善發箭，雖未至的而必能中的，若更開拓，則必能中也。」僩云：「顔子則已知中處而力未至，三子力有餘而不知中處否？」曰：「然。」僩。

問孔子集大成。曰：「孔子無所不該，無所不備，非特兼三子之所長而已。但與三子比並説時，亦皆兼其所長。」問：「始終條理，如所謂『始作，翕如也』、『皦如也，繹如也，以成』之類否？言『八音克諧，不相奪倫』，各有條理脉絡也。」曰：「不然。條理脉絡如一把草，從中縛之，上截爲始〔三一〕，下截爲終條理。若上截少一莖，則下截亦少一莖，上截不少一莖，〔三二〕則下截亦不少一莖〔三三〕，此之謂始終條理。」又問：「『始條理者智之事，終條理者聖之事』，功夫緊要處全在『智』字上。三子所以各極於一偏，緣他合下少却致知工夫，看得道理有偏，故其終之成也亦各至於一偏之極。孔子合下盡得致知工夫，看得道理周遍精切，無所不盡，故其德之成也亦兼該畢備，而無一德一行之或闕。故集注云『所以偏者，由其蔽於始以闕於終；所以全者，由其知之至是以行之盡』，『智譬則巧，聖譬則力』，『三子則力有餘而巧不足』。何以見之？只觀其清和之德，行之便到其極，無所勉强，所以謂之聖。使其合下工夫，不倚於一偏，安知不如孔子也？」曰：「然。更子細看。」僩。

時舉[三四]問：「『孔子之謂集大成』一節，云[三五]此一節在『知行』兩字上面。源頭若見得偏了便徹底是偏，源頭若知得周匝便下來十全而無虧。所謂始終條理者，集注謂『條理猶言脈絡』，莫是猶一條路相似，初間下步時纔差，便行得雖力，終久是差否？」曰：「『始條理』猶個絲綫頭相似。孔子是挈得個絲頭，故許多條絲都在這裏。三子者則是各拈得一邊耳。」問：「孟子又以射譬喻，最親切。孔子是射時望得那準的子[三六]正了，又發得正，又射得到，故能中能至。三子者是望得個的不正，又發得不正，故雖射得到，只是不中耳。然不知有望得正，發得正而射不至者否？」曰：「亦有之。如所謂『遵道而行，半塗而廢』者是也。如顏子却是會恁地去，只是天不與之以年，故亦不能到也。」人傑。[三七]

問：「三子之清、和、任，於金聲亦得其一，而玉振亦得其一否？」曰：「金聲玉振只是解集大成。『聲』猶『聲其罪』之『聲』。古人作樂，擊一聲鍾，衆音遂作，又擊一聲鍾，衆音又齊作。金所以發衆音，末則以玉振之，所以收合衆音在裏面。三子亦有金聲玉振，但只[三八]爾不能管攝衆音。蓋伯夷合下只見得清底，其終成就亦只成就得清底；伊尹合下只見得任底，其終成就亦只成就得任底；下惠合下只見得和底，其終成就亦只成就得和底。」[三九]

問：「『金聲玉振』，舊説三子之偏，在其初不曾理會得許多洪纖高下，而遽以玉振之。今又却以『金聲玉振』盡爲孔子事而三子無與，如何？」曰：「孟子此一句只是專指孔子而言。若就三子身上説，則三子自是失於其始所以虧於其終。所謂『聖之清』只是就清上聖，所謂『聖之和』只是就和上聖，『聖之任』亦然。蓋合下便就這上面徑行將去，更不回頭，不自覺其爲偏也。所以偏處，亦只是有些私意，却是一種義理上私意。見得這清、和、任是個好道理，只管主張這一邊重了，亦是私意。」謨。

至之問「金聲玉振」。先生因説及樂：「金聲初打聲高，其後漸低，於衆樂之作必以此聲之。玉聲先後一般，初打恁地響，到住時也恁地響。但玉聲住時截然便住，於衆樂之終必以此振之。」賀孫。

始條理是致知，終條理是力行。如中庸説「博學、審問、謹思、明辨」與大學「物格、知至」，這是始條理；如「篤行」與「誠意、正心、修身」以下，這是終條理。賀孫。

問「始終條理」。曰：「集義一段便緊要。如這一段未理會也未害。如今樂之始作先撞鐘，是金聲之也。樂終擊磬是玉振之也。始終如此，而中間乃大合樂，六律、五聲、八音一齊莫不備舉。孟子以此譬孔子。如『伯夷聖之清，伊尹聖之任，柳下惠聖之和』，都如樂器有一件相似。是金聲底從頭到尾只是金聲，是玉聲底從頭到尾只是玉聲，是絲竹聲底從頭到尾只是絲竹之聲。」賀孫。

問「始終條理」。答曰：「條理，條目件項也。始終條理本是一件事，但是上一截者爲始，下一截者爲終。始是知，終是行。」節。

「金聲玉振」。金聲有洪殺，始震終細。玉聲則始終如一，叩之，其聲詘然而止。僩。

倪寬：〔四〇〕「金聲者，考其條貫之是非；玉振者，斷而歸一。」節。

「仁不可爲衆也」，毛公注云〔四一〕「盛德不可爲衆」。「鳶飛戾天」，注亦曰「言其上下察也」。此語必別有個同出處。如「金聲玉振」，倪寬〔四二〕云「天子建中和之極，兼總條貫，金聲而玉振之」，必亦〔四三〕是古語。󱁨。〔四四〕

敬之問「智譬則巧，聖譬則力」一章云：〔四五〕「此一章，智却重。」曰：「以緩急論則智居先，若把輕重論則聖爲重。且如今有一等資質好底人忠信篤實，却於道理上未甚通曉得〔四六〕。又有一樣資質淺薄底人，却自會曉得道理。這須是還資質忠厚底人做重始得。」賀孫。

問「聖知」。先生曰：「知是知得到，聖是行得到。」蓋卿。

問「巧力」。答曰：「伯夷、伊尹、柳下惠力已至，但射不親。孔子則既聖且智，巧力兼全。故孔子箭箭中的，三子者皆中垜也。」大雅。

黄子功問：「『其至爾力也，其中非爾力也』，還是三子只有力無智否？」曰：「不是無智。知處偏故至處亦偏。如孔子則箭箭中紅心，三子則每人各中一邊。緣他當初見得偏，故至處亦偏。」問：「如此則三子不可謂之聖。」曰：「不可謂之聖之大成，畢竟那清是聖之清，和是聖之和，雖使聖人清和，亦不過如此。顏子則巧處功夫已至，點點皆可中，但只是力不至耳。使顏子力至，便與孔子一般。」文蔚。

問：「『集大成』章。以智比聖，智固未可以言聖，然孟子以智譬巧，以聖譬力，力既不及於巧，則是聖必由於智也明矣。而尹和靖乃曰：『「始條理者」猶可以用智，「終條理」則智不容於其間矣。』則是以聖智淺深而言，與孟子之意似相戾矣。惟伊川引易『知至至之，知終終之』，其意若曰：『夫子所以能集三子而大成者，由其始焉知之之深也。』蓋知之至，行之必至。三子之智，始焉知之未盡，故其後行之雖各極其至，終未免各失於一偏。非終條理者未到，以其始條理者已差之矣。不知伊川之意是如此否？」曰：「甚好。金聲者，洪纖高下有許多節目；玉振者，其始末如一。倪寬［四七］亦引金聲、玉振，欲天子自致其知。是時未有孟子之書，此必古曲中有此語，非孟子知德之奧，焉能語此！」謨。去僞同。［四八］

或問：「『玉振金聲』，伊川以喻始終。或者之意，以此有變有不變。其說孰是？」曰：「二說相關，不可偏廢。金聲固是喻其始，然始則有變；玉振固是喻其終，至終則無變也。」謨。去僞同。［四九］

北宮錡問曰周室班爵禄也[五〇]章

問：「孟子所答周室班爵禄，與周禮王制不同。不知孰是？[五一]」曰：「此也難考。然畢竟周禮底是。蓋周禮是個全書，經聖人手作，必不會差。孟子之時，典籍已散亡，想見没理會。何以言之？太公所封，『東至于海，西至于河，南至于穆陵，北至于無棣』。穆陵今近徐州。無棣，今棣州也。這中間多少闊，豈止百里！孟子説『太公之封於齊也，地方百里[五二]而儉於百里』，恐也不然。」又問：「天子六卿，諸侯大國三卿，次國二卿，小國孤卿。一國之土地爲卿、大夫、士分了，國君所得殊不多。」曰：「『君十卿禄』，禄者，猶今之俸禄，蓋君所自謂爲私用者。[五三]至於貢賦賓客，朝覲祭饗，交聘往來，又别有財儲爲公用，非所謂禄也。如今之太守既有料錢，至於貢賦公用，又自别有錢也。」僩。

問：「百畝之田可食九人，其次八人、七人，又其次六人、五人。此等差别是地有肥瘠耶，抑糞灌之不同耶？」曰：「皆人力之不同耳，然亦大約如此。緣有此五等之禄，故百畝所食有此五等。」問：「府、史、胥、徒，不知皆民爲之，抑别募游手爲之？」曰：「不可曉。想只是民爲之。然府、史、胥、徒各自有禄以代耕，則又似别募游手矣。以周禮考之，人數極多，亦安得許多閑禄給之耶？某嘗疑周禮一書亦是起草，未曾得行。何以知之？[五四]蓋左氏所紀當時官號職位甚詳，而未嘗及於府、史、胥、徒，則疑其方出於周公草定之本而未經施行也。使其有之，人數極多，何不略見於他書？如至没要緊職事亦破人甚多，不知何故。但嘗觀自漢以來及前代題名碑，所帶人從胥吏亦甚多，又不知如何。皆不可曉。」僩。

孟子論三代制度多與周禮不合。蓋孟子後出，不及見王制之詳，只是大綱約度而説。廣。

萬章問曰敢問交際何心也〔五五〕章

「殷受夏，周受殷，所不辭也」。言受天下而不辭，則舜受天下不爲泰。「於今爲烈」，是暴烈之「烈」，如「宣王承厲王之烈」。人傑。

「爲之兆也」。兆是事之端，猶縫罅也。僩。

問：「孔子『於季威子，見行可之仕』。孔子仕於定公，而言威子，何也？」曰：「當時威子執國柄，定公亦自做主不起。孔子之相，皆由威子。受女樂，孔子便行矣。」如陳常弑齊君，孔子沐浴而告魯公，又告桓子，事勢可見。問：「墮三都，季氏何以不怨？」曰：「季氏是時自不奈陪臣何，故假孔子之力以去之。及既墮三都而三威之勢遂衰，所以威子甚悔，臨死謂康子曰：『使仲尼之去，而魯不終治者，由我故也。』正如五代羅紹威不奈魏博牙軍何，假朱温之勢以除之。既除牙軍，而魏博之勢大弱，紹威大悔，正此類。孔子是時也失了這機會，不曾做得成。」僩。

孟子曰仕非爲貧也章[五六]

説「位卑而言高，罪也」，曰：「此只是説爲貧而仕。聖賢在當時只要在下位，不當言責之地，亦是聖賢打乖處。若是合言處便須當説，非是教人都不得言耳。若『立乎人之本朝而道不行』則耻矣，故『辭尊居卑，辭富居貧』。」僩。

「『位卑而言高，罪也』。以君臣之分言之固是如此。然時可以言而言，亦豈得謂之出位？」曰：「前世固有草茅韋布之士獻言者，然皆有所因，皆有次第，未有無故忽然犯分而言者。縱言之，亦不見聽，徒取辱爾！若是明君，自無壅蔽之患，有言亦見聽。不然，豈可不循分而徒取失言之辱哉！如史記説商鞅、范雎之事，彼雖小人，然言皆有序，不肯妄發。商鞅初説孝公以帝道，次以王道，而後及於霸道。彼非能爲帝王之事也，特借是爲漸進之媒，而後吐露其胸中之所欲言。先説得孝公動了，然後方深説。范雎欲奪穰侯之位以擅權，未敢便深説穰侯之惡，故先言外事以探其君，曰：『穰侯越韓魏而取齊之剛壽，非計也。』昭王信之，然後漸漸深説。彼小人之言尚有次序如此，則君子之言豈可妄發也！某嘗説賈誼固有才，文章亦雄偉，只是言語急迫失進言之序者[五七]，有甚事都一齊説了，宜乎絳、灌之徒不説，而文帝謙讓未遑也。且如一間破屋，教自家修，須有先後緩急之序，不成一齊拆下，雜然並修。看他會做事底人便别，如韓信、鄧禹、諸葛孔明輩，無不有一定之規模漸漸做將去，所以所爲皆卓然有成。這樣人方是有定力，會做事。如賈誼胸次終是鬧，着事不得，有些子在心中盡要道[五八]出來，只管跳躑，爆趠不已。如乘生駒相似，制御他未下。所以言語無序而不能有所爲也。易曰『艮其輔，言有序，悔亡』，聖人之意可見矣。」僩。

萬章問曰不見諸侯章[五九]

至問：「『孟子不見諸侯』處論難甚詳，其綱領在『義路也，禮門也。惟君子能由是路出入是門也』。」曰：「此是大綱說義路、禮門，他其中毫釐必辨。如『往役，義也；往見，不義也』，『周之則受，賜之則不受』，此等是事鼎肉；『使己僕僕亟拜』，此等是論禮毫釐纖悉。孟子是義精，所以不放過。義是一柄利刃，凡事到面前，便割成兩片。所謂之集義者，蓋毫釐微細處各有義，孟子於此直是不肯放過。又曰『精義入神以致用』也，所以要得『精義入神』者，蓋欲『以致用也』。」[六〇]

至之問：「孟子所以出處、去就、辭受，都從『禮門也，義路也，惟君子能由是路出入是門也』做出。」曰：「固是不出此二者。然所謂義，所謂禮，裏面煞有節目。[六一]如云[六二]『往役，義也；往見，不義也』、『周之則受，賜之則不受』之類，便都是義之節目。如云『廩人繼粟，庖人繼肉，不以君命將之』之類，都是禮之節目，此便是禮。『以君命將之，使己僕僕爾亟拜也』便不是禮。又如『於齊，王餽兼金一百鎰〔六三〕而不受；於宋，餽五十鎰而受；於薛，餽七十鎰而受』，這個則都有義。〔六四〕君子於細微曲折一一都要合義，所以易中説『精義入神，以致用也』。義至於精則應事接物之間無一非義，不問小事大事千變萬化，改頭換面出來，自家應副他如利刀快劍相似，迎刃而解，件件剖作兩片去。孟子平日受用便是得這個氣力，今觀其所言所行，無不是這個物事。初見梁惠王，劈初頭便劈作兩邊去。」賀孫。〔六五〕

晦庵先生朱文公語類卷第五十九

孟子九

告子上下[一]

性猶杞柳章

栝棬，想如今卷杉合子模樣。杞柳只是而今做合箱底柳，北人以此爲箭，謂之柳箭，即蒲柳也。義剛。

告子章，宜玩味。可學。[二]

孟子與告子論杞柳、栝棬[三]處，大概只是[四]杞柳、栝棬不可比性與仁義。杞柳必矯揉而爲栝棬，性非矯揉而爲仁義。孟子辯告子數處皆是辯倒着告子便休，不曾説盡道理。節。

至[五]問：「告子謂『以人性爲仁義，猶以杞柳爲栝棬』者[六]，何也？」曰：「告子只是認

氣爲性，見得性有不善，須拗他方善。此惟是程先生斷得定，所謂『性即理也』。」〔七〕

生之謂性章〔八〕

生之謂氣，生之理謂性。處謙。

性，孟子所言理，告子所言氣。〔九〕

因説「生之謂性」，某既知其説非是便當曳翻看何〔一〇〕爲是，即道理易見也。閎祖。

問告子言〔一一〕「生之謂性」。答曰：「他合下便是〔一二〕錯了。他只是説生處，精神魂魄，凡動用處是也。正如禪家説：『如何是佛？』曰：『見性成佛。』『如何是性？』『作用是性。』蓋謂目之視，耳之聽，手之捉執，足之運奔，皆性也。説來説去，只説得個形而下者。故孟子闢之曰：『「生之謂性」也，猶白之謂白歟？』又闢之曰：『犬之性猶牛之性，牛之性猶人之性歟？』三節語猶戲謔。然只得告子不知所答便休了，竟亦不曾説得性之本體是如何。」或問董仲舒言「性者生之質也」。答曰：「其言亦然。」大雅。

飛卿問：「『生之謂性』莫止是以知覺運動爲性否？」曰：「便是。此正與『食色性也』同意。孟子當時辯得不恁地平鋪就他蔽處撥啓他，却一向窮詰他，止從那一角頭攻將去，所以如今難理會。若要解，然〔一三〕用添言語。犬、牛、人，謂其得於天者未嘗不同。惟是〔一四〕人得是理之全，至於物，止得其偏。今欲去犬牛身上全討仁義，便不得。告子止是不曾分曉道這子細，到這裏說不得。却道天下是有許多般性，牛自是牛之性，馬自是馬之性，犬自是犬之性，則又不是。」又曰：「所以謂『性即理』，便見得惟人得是理之全，物得是理之偏。告子止把生爲性，更不說及理。孟子却以理言性，所以見人物之辨。」賀孫。

問「生之謂性」。曰：「告子只說那生來底便是性。手足運行，耳目視聽，與夫心有知覺之類也〔一五〕。却不知生便屬氣稟〔一六〕而言，人物便有不同處。說〔一七〕『理之謂性』則可，然理之在人在物，亦不可做一等說。」植。

釋氏專以作用爲性。如□□〔一八〕國王問□□〔一九〕尊者曰：「如何是佛？」曰：「見性爲佛。」曰：「如何是性？」曰：「作用爲性。」曰：「如何是作用？」曰云云。禪家又有黠〔二〇〕者云：「當時〔二一〕尊者答國王時，國王何不問尊者云『未作用時性在甚處』。」㽦。〔二二〕

「作用是性：在目曰見，在耳曰聞，在鼻齅香，在口談論，在手執捉，在足運奔」，即告子「生之謂性」之說也。且如手執捉，若執刀胡亂殺人，亦可爲性乎！龜山舉龐居士云「神通妙用，運水般柴」以比「徐行後長」，亦坐此病。不知「徐行後長」乃謂之弟，「疾行先長」則爲不弟。如曰運水般柴即是妙用，則徐行、疾行皆可謂之弟耶！閎祖。〔二三〕

問釋氏「作用是性」。曰：「便只是這性，他說得也是。孟子曰『形色，天性也。』惟聖人然後可以踐形』，便是此性。如口會説話，説話底是誰？目能視，視底是誰？耳能聽，聽底是誰？便是這個。其言曰『在眼曰見，在耳曰聞，在鼻齅香，在口舌〔二四〕談論，在手執捉，在足運奔。徧現俱該法界，收攝在一微塵。識者知是佛性，不識唤作精魂』，他説得也好。」又舉：「楞嚴經波斯國王見恒河水一段云云。所以禪家説『直指人心，見性成佛』，他只要你見得，言下便悟，做處便徹，見得無不是此性。也説『存養心性』，養得來光明寂照，無所不遍、無所不通。唐張拙詩云『光明寂照遍河沙，凡聖含靈共我家』云云。又曰『實際理地不受一塵，佛事門中不舍一法』，他個本自説得是，所養者也是，只是差處便在這裏，吾儒所養者是仁、義、禮、智，他所養者只是視、聽、言、動。儒者則全體中自有許多道理，各自有分別、有是非，降衷秉彜，無不各具此理。他則〔二五〕只見得個渾淪底物事，無分別、無是非，横底也是，竪底也是，直底也是，曲底也是，非理而視也是此性，以理而視也是此性。少間用處都差，所以七顛八倒，無有是處。吾儒則只是一個真實〔二六〕道理，他也説我這個是真實底道理。如云『惟此一事實，餘二則非真』，只是他説得一邊，只認得那人心，無所謂道心，無所謂仁義禮智、惻隱羞惡、辭遜是非，所事〔二七〕處只在此。吾儒則自『天命之謂性，率性之謂道』，以至至誠盡人物之性，贊天地之化育，識得這道理無所不周、無所不遍。他也説『我這個無所不周、無所不遍』，然眼前君臣、父子、兄弟、夫婦上便不能周遍了，更説甚周遍！他説『治生産業，皆與實相不相違背』云云，如善財童子五十三參，以至神鬼、神仙、士農、工商、技藝都在他性中。他説得來極闊，只是其實行不得。只是諱其所短，强如此籠罩去。他舊時瞿曇説得本不如此廣闊，後來禪家自覺其陋，又翻轉窠臼，只説『直指人心，見性成佛』。」僩。〔二八〕

「昨夜説『作用是性』，因思此語亦自好。雖云釋氏之學是如此，他却是真個見得、真個養得。如云説話底是誰？説話底是這性；目視底是誰？視底也是這性；聽底是誰？聽底也是這性。鼻之聞香、口之知味，無非是這個性。他凡一語默、一動息無不見得此性，養得此性。」或問：「他雖見得，如何能養？」曰：「見得後常常得在這裏不走作便是養。今儒者口中雖常説性是理，不止於作用，然却不曾做他樣存得養得。只是説得如此，元不曾用功，心與身元不曾〔二九〕相管攝，只是心粗。若自早至暮，此心常常照管，甚麽樣〔三〇〕次第！這個道理在在處處發見，無所不有，只是你不曾存得養得。佛氏所以行六七百年，其教愈盛者，只〔三一〕緣他也依傍這個〔三二〕道理，所以做得盛。他却常在這身上，他得這些子却來欺負你秀才，是你秀才無一人做得似他。今要做，無他，只就〔三三〕四端廣充得便是。孟子説『存心養性』，其要只在此。『凡有四端於我者，知皆廣而充之矣，若火之始然、泉之始達』，學者只要守得這個，如惻隱、羞惡、辭遜、是非。若常存得這惻隱之心，便養得這惻隱之性，若合當愛處，自家却不起愛人之心，便傷害了那惻隱之性。如事當羞惡，自家不羞惡，便是傷害了那羞惡之性。辭遜、是非皆然。

『人能充無欲害人之心而仁不可勝用矣，人能充無受爾汝之實無所往而不爲義也』，只要就這裏存得、養得。所以説『利與善之間』只争這些子，只是絲髮之間。如人静坐，忽然一念之發，只這個便是道理，便有個是與非、邪與正。其發之正者理也，雜而不正者邪也。在在處處無非發見處，只要常存得當〔三四〕養得耳。」僩。〔三五〕

「告子説『生之謂性』，二程都説他説得是，只下面接得不是。若如此説，却如釋氏言『作用處〔三六〕是性』，乃是説氣質之性，非性善之性。」文蔚問：「『形色天性』如何？」曰：「此主下文『惟聖人可以踐形』而言。」因問：「孔子言『性相近也，習相遠也』，亦是言氣質之性？」王德修曰：「據某所見，此是孔子爲陽貨而説。人讀論語多被『子曰』字隔，上下便不接續。」曰：「若如此説，亦是説氣質之性。」文蔚。

犬牛稟氣不同，其性亦不同。節。

孟子答告子「生之謂性」與孟季子「敬叔父乎，敬弟乎」兩段語，終覺得未盡。却是少些子直指人心、見性成佛底語，空如許撈攘重複，不足以折之也。只有「長者義乎，長之者義乎」此二語折得他親切。僩。

節〔三七〕問：「犬牛之性與人之性不同，天下如何解有許多性？」答曰：「人則有孝悌忠信，犬牛還能事親孝、事君忠也無？」問：「濂溪作太極圖，自太極以至萬物化生只是一個圖子，何嘗有異？」曰：「人、物不［三八］同，氣禀有異故不同。」問：「『是萬爲一，一實萬分』又將如何說？」曰：「只是一個，只是氣質不同。」問：「中庸說『能盡其性則能盡人之性，能盡人之性則能盡物之性』，何故却將人、物衮作一片說？」曰：「他說『能盡其性則重聲言「則」字。［三九］能盡人之性，能盡人之性則重聲言「則」［四〇］字。能盡物之性』，初未嘗一片說。」節。

食色性也章

衆朋友說「食色性也」。先生問：「告子以知覺處爲性，如何與『彼長而我長之』相干？」皆未及對。先生曰：「告子只知得人心，却不知有道心。他覺那趨利避害、飢寒飽煖等處，而不知辨別那利害等處正是本然之性。所以道『彼長而我長之』，蓋謂我無長彼之心，由彼長故不得不長之，所以指義爲外也。」義剛。

李時可問「仁内義外」。曰：「告子此說固不是。然近年有欲破其說者又更不是。謂義專在内只發於我之先見者便是，如『夏日飲水，冬日飲湯』之類是已。若在外面商量，如此便不是義，乃是『義襲』。其說如此。然不知飲水飲湯固是内也。如先酌鄉人與敬弟之類，若不問人，怎生得知？今固有人素知敬父兄，而不知鄉人之在所當先者；亦有人平日知弟之爲卑，而不知其爲尸之時乃祖宗神靈之所依不可不敬者。若不因講問商量，何緣會自從裏面發出？其說乃與佛氏『不得擬議，不得思量，直下便是』之説相似，此大害理。又説『義襲』二字全不是如此，都把文義説錯了。只細看孟子之説便自可見。」時舉。

問：「告子已不知性，如何知得仁爲内？」曰：「他便以其主於愛者爲仁，故曰内；以其制是非者爲義，故曰外。」又問：「他説義，固不是。説仁，莫亦不是？」曰：「固然。」可學。

「白馬之白也，無以異於白人之白也」。看來孟子此語答之亦未盡。謂白馬、白人不異亦豈可也！畢竟「彼白而我白之」，我以爲白，則亦出於吾心之分別矣。僩。

性無善無不善章

告子曰：「性無善無不善也。」或曰：「性可以爲善，可以爲不善。」或曰：「有性善，有性不善。」此三者雖同爲説氣質之性，然兩或之説猶知分別善惡，使其知以性而兼言之則無病矣。惟告子「無善無不善」之説最無狀，他就無善無惡之名，渾然無所分別，雖爲惡爲罪總不妨也。與今世之不擇善惡而顛倒是非稱爲本性者，何以異哉！僩。

告子説「性無善無不善」，非惟無善，並不善亦無之。謂性中無惡則可，謂無善則性是何物？節。

「性無善無不善」，告子意〔四一〕謂這性是不受善、不受惡底物事。〔四二〕他説「食色性也」，便見得他只是道〔四三〕手能持、足能履、目能視、耳能聽便是性。「在〔四四〕目曰視，在耳曰聞，在手執捉，在足運奔」，便是他意思。〔四五〕

「乃若其情則可以爲善矣」。性無定形，不可言。孟子亦說「天下之言性者則故而已矣」。情者，性之所發。節。

問「乃若其情」。曰：「性不可說，情却可說。所以告子問性，孟子却答他情。蓋謂情可爲善，則性無有不善。所謂『四端』者皆情也。仁是性，惻隱是情也。惻隱是仁發出來底端芽，如一個穀種相似，穀之生道〔四六〕是性，發爲萌芽是情也。所謂性只是那仁義禮知四者而已。四件無不善，發出來則有不善，何故？殘忍便是那惻隱反底，冒昧是那羞惡反底。」植。

德粹問：「『孟子道性善』，又曰『若其情，可以爲善』，是如何？」曰：「且道性、情、才三者是一物，是三物？」德粹云：「性是性善，情是反於性，才是才料。」曰：「情不是反於性，乃性之發處。性如水也，情如水之流也。情既發則有善有不善，在人如何耳。才則可爲善者也，彼其性既善，則其才亦可以爲善。今乃至於爲不善，是非才如此，乃自家使得才如此，故曰『非才之罪』。」某問：「下云惻隱、羞惡、辭遜、是非之心，亦是情否？」曰：「是情。」舜功問：「才是能爲此者，如今人曰才能？」曰：「然。李翺復性則是，云『滅情以復性』則非。情如何可滅！此乃釋氏之說，陷於其中不自知。不知當時曾把與韓退之看否？」可學。

孟子論才亦善者，是説本來善底才。淳。

問：「孟子言情、才皆善，如何？」曰：「情本自善，其發也未有染污，何嘗不善。才只是資質，亦無不善。譬物之白者，未染時只是白也。」德明。

砥〔四七〕問：「孟子論才專言善，何也？」曰：「才本是善，但爲氣所染，故有善、不善，亦是人不能盡其才。人皆有許多才，聖人却做許多事，我不能做得些子出。故孟子謂：『或相倍蓰而無算者，不能盡其才者也。』」履之。〔四八〕

問：「能爲善是〔四九〕才。」曰：「能爲善而本善者是才。若云能爲善便是才，則爲〔五〇〕惡亦是才也。」人傑。〔五一〕

或問：「『不能盡其才』之意如何？」曰：「才是能去恁地做底。性本是好，發於情也只是好，到得動用去做也只是好。『不能盡其才』，是發得略好，便自阻隔了，不順他道理做去。若盡其才，如盡惻隱之才則必當至於『博施濟衆』，盡羞惡之才則必當至於『一介不以與人，一介不以取諸人。禄之千乘弗顧，繫馬千駟弗受〔五二〕』。這是本來自合恁地滔滔做去，止緣人爲私意阻隔，多是略有些發動後便遏折了。天便似天子，命便似將告勑付與自家，性便似自家所受之職事。如縣尉職事便在捕盜，主簿職事便在掌簿書。情便似去親臨這職事。才便似去動作行移，做許多工夫。邵康節擊壤集序云：『性者，道之形體也；心者，性之郛郭也；身者，心之區宇也；物者，身之舟車也。』」賀孫。

孟子言「人之才初無不善」，伊川言「人才所遇之，有善有不善也」。道夫。

士毅問：「孟子言才與程子異，莫是孟子只將元本好處説否？」先生曰：「孟子言才正如言性，不曾説得殺，故引出荀揚來。到程張説出『氣』字，然後説殺了。」士毅。〔五三〕

先生言：「孟子論才是本然者，不如程子之備。」蜚卿曰：「然則才亦禀於天乎？」曰：「皆天所爲，但與〔五四〕氣分爲兩路。」又問：「『程子謂「才禀於氣」』，如何？」曰：「氣亦天也。」道夫曰：「理純而氣則雜。」曰：「然。理精一，故純；氣粗，故雜。」道夫。

問孟、程所論才同異。先生曰：「才只一般能爲之謂才。」問：「先生集解説『才』字云：〔五五〕『孟子專指其出於性者言之，程子兼指其禀於氣者言之。』又是如何？」曰：「固是。要之，才只是一個才，才之初亦無不善。緣他氣禀有善惡，故其才亦有善惡。孟子自其同者言之，故以爲出於性；程子自其異者言之，故以爲禀於氣。大抵孟子多是專以性言，故以爲性善，才亦無不善。到周子、程子、張子，方始説到氣上。要之，須兼是二者言之方備。只緣孟子不曾説到氣上，覺得此段話無結殺，故有後來荀揚許多議論出。韓文公亦見得有〔五六〕不同處，然亦不知是氣禀之異不妨有百千般樣不同，故不敢大段説開，只説『性有三品』。不知氣禀不同，豈三品所能盡耶！」廣。

孟子説才，皆是指其資質可以爲善處。伊川所謂「才禀於氣，氣清則才清，氣濁則才濁」，此與孟子説才小異，而語意尤密，不可不考。「乃若其情」，「非才之罪也」，蓋[五七]以「若」訓順者，未是。猶言如論其情，非才之罪也。蓋謂情之發有不中節處，不必以爲才之罪爾。退之論才之品有三，性之品有五，其説勝荀揚諸公多矣。説性之品便以仁、義、禮、智言之，此尤當理。説才之品，若如此推究則有千百種之多，姑言其大概如此，正是氣質之説，但少一個氣字耳。伊川謂「論氣不論性，不明；論性不論氣，不備」，正謂如此。如性習遠近之類不以氣質言之，不可。正是二程先生發出此理，濂溪論太極便有此意。漢魏以來忽生文中子，已不多得。至唐有退之，所至尤高。大抵義理之在天地間，初無泯滅。今世無人曉此道理，他時必有曉得底人。大率如此。[五八]謨。[五九]

凡有一物必有一個則，如「羹之有菜者用梜」。祖道。[六〇]

富歲子弟多賴章

「心之所同然者，謂理也，義也」。孟子此章自「富歲子弟多賴」之下，逐旋譬喻至「理也義也」[六一]，意[六二]謂人性本善，其不善者，陷溺之爾。「同然」之「然」如「然否」之「然」，[六三]蓋自口之同嗜、耳之同聽而言，謂人心豈無同以爲然者乎？人□以爲同然者，[六四]只是理義而已，故「理義悅心，猶芻豢之悅口」。㽦。

節〔六五〕問：「『理義悅我之心』，理義是何物？」答曰：「此說理義之在事者。」節。

黃先之問：「心之所以同然者何也？謂理也，義也。聖人先得我心之所同然耳。」先生問：「諸公且道是如何？」所應皆不切。先生曰：「若恁地看文字，某決定道都不曾將身去體看。孟子這一段前面說許多，只是引喻理義是人所同有。那許多既都相似，這個如何會不相似。理只是事物當然底道理，義是事之合宜處。程先生曰：『在物爲理，處物爲義。』這心下看甚麽道理都有之。如此做，人人都道是好；纔不恁地做，人人都道不好。如割股以救母固不是王道之中，然人人都道是好，人人皆知愛其親，這豈不是理義之心人皆有之。諸公適來都說不切，當這〔六六〕都是不曾體之於身，只略說得通便道是了。」賀孫。

器之問：「『理義之悅我心，猶芻豢之悅我口』，顏子『欲罷不能』便是此意否？」曰：「顏子固是如此。然孟子所說甚〔六七〕是爲衆人說，當就人心同處看。我恁地他人也恁地，只就粗淺處看自分曉，却有受用。若必討個顏子來證如此，只是顏子會恁地，多少年來更無人會恁地。看得細了，却無受用。」寓。

器之問：「義理〔六八〕人心之同然，以顏子之樂見悅意。」曰：「不要高看，只就眼前看便都是義理，都是衆人公共物事。且如某歸家來，見說某人做得好便歡喜，某人做得不好便意思不樂。見説人做官做得如何，見説好底自〔六九〕是快活，見説不好底自是使人意思不好。豈獨自家心下如此，别人都〔七〇〕如此。這只緣人心都有這個義理，都好善，都惡不善。」賀孫。

牛山之木嘗美矣〔七一〕章

賀孫〔七二〕問「牛山之木」一章。曰：「『日夜之所息，平旦之氣』。〔七三〕『日夜之所息』底〔七四〕良心，『平旦之氣』自是氣，是兩件物事。夜氣如雨露之潤，良心如萌櫱之生。人之良心雖是有梏亡，而彼未嘗不生。梏如被他禁械在那裏，更不容他轉動。亡如將自家物失去了。」又曰：「『日夜之所息』却是心。夜氣清，不與物接。平旦之時即此良心發處。惟其所發者少，而旦晝之所梏亡者展轉反覆，是以『夜氣不足以存』矣。如睡一覺起來，依前無狀。」又曰：「良心當初本有十分，被他展轉梏亡，則他長一分，自家止有九分；明日他又進一分，自家又退，止有八分。他日會進，自家日會退。此章極精微，非孟子做不得許多文章。别人縱有此意，亦形容不得。老蘇門只就孟子學作文，不理會他道理，然其文亦實是好。」賀孫。

「平旦之氣」，清明之氣也。須從牛山之木看來。泳。〔七五〕

夜氣存則清過這邊來。閎祖。

吴仁父〔七六〕問「平旦之氣」。曰：「心之存亡〔七七〕係乎氣之清不清。氣清則良心方存立得，良心既存立得，則事物之來方不惑，如『先立乎其大者，則小者弗能奪也』。」又曰：「大者既立則外物不能奪。」又問：「『平旦之氣』何故如此？」曰：「歇得這些時後氣便清，良心便長。及旦晝則氣便濁，良心便著不得。如日月何嘗不在天上？却被些雲遮了，便不明。」吴知先問：「夜氣如何存？」曰：「孟子不曾教人存夜氣，只是説歇得些時氣便清。」又曰：「他前面説許多，這裏只是教人操存其心。」又曰：「若存得此心則氣常時清，不特平旦時清；若不存得此心，雖歇得些時，氣亦不清，良心亦不長。」又曰：「睡夢裏亦七撈八攘。如井水，不打他便清，只管去打便濁了。」節。

問：「『夜氣』一章又説心，又説氣，是如何？」曰：「本是多説心。若氣清則心得所養，自然存得清氣；濁則心失所養，便自濁了。」賀孫。

敬子問：「旦晝不梏亡，則是[七八]養得這夜氣清明？」曰：「不是靠氣爲主，蓋[七九]要此氣去養那仁義之心。如水之養魚，水多則魚鮮，水涸則魚病。養得這氣則仁義之心亦好，氣少則仁義之心亦微矣。」僩。

問「夜氣」一節。曰：「今人只説夜氣，不知道這却[八〇]是因説良心未[八一]得這夜氣來涵養，自因説心[八二]又便被他旦晝所爲梏亡之。旦晝所爲，交衮得没理會。到那夜氣涵養得[八三]時，清明如一個寶珠相似，在清水裏轉明徹，頓[八四]在濁水中尋不見了。」又曰：「旦晝所爲壞了清明之氣。夜氣微了，旦晝之氣越盛。一〔八五〕個會微。消磨得盡了，便與禽獸不遠。」植。

「夜氣所存如何？」〔八六〕答云：「孟子此段首尾止爲良心設爾。人多將夜氣便做良心説了，非也。孟子曰〔八七〕『夜氣不足以存』，蓋言夜氣至清，足以存得此良心爾。平旦之氣亦清，亦足以存吾良心，故其好惡之公猶與人相近，但此心存得不多時也，至『旦暮〔八八〕之所爲則梏亡之矣』。所謂梏者，人多謂梏亡其夜氣，亦非也。謂旦晝之爲，能梏亡其良心也。」謨。

問「夜氣」一段。〔八九〕先生曰：「夜氣是母，所息者是子。蓋所息者本自微了，旦晝只管梏亡。今日梏一分，明日梏一分，所謂『梏之反覆』，而所息者泯。夜氣亦不足以存，若能存，便是息得仁義之良心。」又曰：「夜氣只是不與物接時。」植。

器之問：「孟子『平旦之氣』甚微小，如何涵〔九〇〕養得完全？」曰：「不能存得夜氣，皆是旦晝所爲壞了。所謂『好惡與人相近者幾希』，今只要得去這好惡上理會。日用間於這上見得分曉有得力處，方〔九一〕與你存。夜氣上却未有工夫，只是去『旦』、『晝』理會，這兩字是個大關鍵，這裏有工夫。日間進得一分道理，夜氣便添得一分。到第二日更進得一分道理，夜氣便添得二分。第三日更進得一分道理，夜氣便添得三分。日間只管進，夜間只管添，添來添去，這氣便盛。恰似使錢相似，日間使百錢，使去九十錢，留得這十錢這裏。第二日百錢中使去九十錢，又積得二十錢。第三日如此，又積得三十錢。積來積去，被自家積得多了，人家便從容。日間悠悠地過，無工夫，不長進，夜間便減了一分氣。第二日無工夫，夜間又減了二分氣。第三日如此，又減了三分氣。如此梏亡轉深，夜氣轉虧損了。夜氣既虧，愈無根腳，日間愈見作壞。這處便是『梏之反覆，其爲[九二]禽獸不遠矣』。亦似使錢，一日使一百，却侵了一百十錢，所有底便自減了，只有九十。第二日侵了百二十，所留底又減了，只有八十。使來使去轉多，這裏底日日都消磨盡了。」因舉老子言：「『治人事天莫若嗇。夫惟嗇是謂早復，早復謂之重積德，重積德則無不克』。大意也與孟子意相似。但他是就養精神處説，其意自別。平旦之氣便是旦晝做工夫底樣子，日用間只要此心在這裏。」寓。

再三説孟子[九三]「夜氣」一章，曰：「氣清則心清。『其日夜之所息，平旦之氣』，蓋是靜時有這好處發見。緣人有不好處多，所以纔有好處便被那不好處勝了，不容他好處滋長。然孟子此説只爲常人言之，其實此理日間亦有發見時，不止夜與平旦。所以孟子收拾在『操則存，舍則亡』上，蓋與[九四]此心操之則存也。」人傑。

問孟子[九五]「夜氣」一章。曰：「氣只是這個氣，日裏也生，夜間也生。只是日間生底爲物欲梏之，隨手又耗散了。夜間生底則聚得在那裏不曾耗散，所以養得那良心。且如日間目視耳聽，口裏説話，手足運動，若不曾操存得，無非是耗散底時節。夜間則停留得在那裏。如水之流，夜間則聞得許多水住在這裏，這一池水便滿。次日又放乾了，到夜裏又聚得些小。若從平旦起時便接續操存而不放，則此氣常生而不已。若日間不存得此心，夜間雖聚得些小，又不足以勝其旦晝之梏亡，少間這氣都乾耗了，便不足以存其仁義之心。如個船閣在乾燥處轉動不得了。心如個寶珠，氣如水。若水清則寶珠在那裏也瑩徹光明，若水濁則和那寶珠也昏濁了。」又曰：「『夜氣不足以存』，非如公說心不存與氣不存，是此氣不足以存其仁義之心。伊川云『夜氣所存，良知良能也』，這『存』字是個保養護衛底意。」又曰：「此段專是主仁義之心說，所以如[九六]『此豈山之性也哉』下，便接云『雖存乎人者，豈無仁義之心哉』。」又曰：「此章不消論其他，緊要處只在『操則存』上。」僩。

問：「兩日作工夫如何？」某答略如舊所對。先生[九七]曰：「『夜氣』章如何？」答以：「萌蘖生上便見得無止息本初之理。若完全底人，此氣無時不清明。却有一等日間營營梏亡了，至夜中靜時猶可收拾。若於此更不清明，則是真禽獸也。」先生曰：「今用何時氣？」答云：「總是一氣。若就孟子所說，用平旦氣。」先生曰：「『夜氣不足以存』，先儒解多未是。『不足以存』，不足以存此心耳，非謂存夜氣也。此心虛明廣大，却被他梏亡。日間梏亡既甚，則夜一霎時靜亦不存，可見其都壞了。」可學。

吴孟仁父[九八]問「平旦之氣」。先生曰：「氣清則能存固有之良心。如旦晝之所爲，有以汩亂其氣，則良心爲之不存矣。然暮夜止息，稍不紛擾，則良心又復生長。譬如一井水，終日攪擾〔九九〕動便渾了那水，至夜稍歇則便有清水出矣。所謂『夜氣不足以存』者，便是攪動得太甚，則雖有止息時，此水亦不能清矣。」銖。〔一〇〇〕

「平旦之氣」。只是夜間息得許多時節，不與事物接，纔惺來便有得這些自然清明之氣，此心自恁地虛靜。少間纔與物接，依舊又汩没了。只管汩没多，雖夜間休息，是氣亦不復存。所以有終身昏沉，展轉流蕩，危而不復者。賀孫。

「人心於應事時，只如那無事時方好。」又舉孟子「夜氣」一章云：「氣清則心清。『其日夜之所息』是指善心滋長處言之。人之善心雖已放失，然其日夜之間亦必有所滋長。又得夜氣澄靜以存養之，故平旦氣清時，其好惡亦得其同然之理。則其〔一〇一〕『旦晝之所爲，有梏亡之矣』，此言人纔有此義〔一〇二〕心便有不善底心來勝了，不容他那善底滋長耳。」又曰：「今且看那平旦之氣，自別。」廣云：「如童蒙誦書，到氣昏時，雖讀數百遍，愈更〔一〇三〕念不得。及到明早，又却自念得。此亦可見平旦之氣之清也。」曰：「此亦只就氣上説，故孟子末後收歸心上去。」曰：「『操則存，舍則亡』。蓋人心能操則常存，豈特夜半、平旦？」又云：「惻隱、羞惡是已發處，人須是於未發時有工夫始得。」廣。

因論夜氣存養之説，曰：「某嘗見一種人汲汲營利求官職，不知是勾當甚事。後來思量孟子說：『所欲有甚於生者，所惡有甚於死者，非獨賢者有是心也，人皆有之，賢者能勿喪耳。』他元來亦有此心，只是他自失了，今却别是一種心，所以不見義理。」文蔚云：「他雖是如此，想羞惡之心亦須萌動，亦自見得不是，但不能勝利欲之心耳。」曰：「只是如此濟甚事？今夜愧耻，明日便不做方是。若愧耻後又却依舊自做，何濟於事！」文蔚。

「『牛山之木』，譬人之良心，句句相對，極分明。天地生生之理本自不息，惟旦晝之所爲有所梏亡。然雖有所梏亡，而夜氣之所息，平旦之氣息然[一〇四]有所生長，自此漸能存養則良心漸復。惟其於梏亡之餘，雖略略生長得些了[一〇五]，至日用間依舊汩於物欲，又依然壞了，則是『梏之反覆』。雖夜間休息，其氣只恁地昏，亦不足以存此良心。故下面又說：『苟得其養，無物不長；苟失其養，無物不消。』見得雖梏亡之餘，有以養之則仁義之心即存。緣是此心本不是外面取來，乃是與生俱生。下又說存養之要，舉孔子之言『操則存，舍則亡』，見此良心，其存亡只在眇忽之間，纔操便在這裏，纔舍便失去。若能知得常操之而勿放，則良心常存，夜之所息益有所養，夜之所養愈深，則旦晝之所爲無非良心之發見矣。」又云：「氣與理本相依。旦晝之所爲不害其理，則夜氣之所養益厚；夜之所息既有助於理，則旦晝之所爲益無不常[一〇六]矣。日間梏亡者寡，則夜氣自然清明虛靜，至平旦亦然，至旦晝應事接物時亦莫不然。」賀孫。

劉用之問「夜氣」之說。曰：「他大意只在『操則存，舍則亡』兩句上。心一放時便是斧斤之戕、牛羊之牧，一收斂在此，便是日夜之息、雨露之潤。他要人於旦晝時不爲事物所汩。」文蔚。

器之問：「『平旦之氣』，其初生甚微，如何道理能養得長？」曰：「亦只逐日漸漸積累，工夫都在『旦晝之所爲』。今日長得一分，夜氣便養得一分。明日又長得一分，明夜又養得兩分，便是兩日事。日日積累，歲月既久，自是不可禦。今若壞了一分，夜氣漸薄，明日又壞，便壞成兩分，漸漸消，只管無。故曰：『旦晝之所爲，有梏亡之矣。梏之反覆，夜氣不足以存。』到消得多，夜氣益薄，雖息一夜，也存不得。又以愛惜錢物爲喻，逐日省節，積累自多。」賀孫。〔一〇七〕

器遠問：「『平旦之氣』，緣氣弱，易爲事物所勝，如何？」曰：「這也別無道理，只是漸漸生崖〔一〇八〕將去，自有力。這處只是志不果。」復說：「第一義方如違個，只有個進步崖將去底道理，〔一〇九〕這只是有這義〔一一〇〕。若於此不見得義〔一一一〕，便說今日做不得〔一一二〕且待來日，這事做不得且備員做些子，這都是〔一一三〕第二、第三義。」賀孫。

問：「『平旦之氣』少頃便爲事物所奪，氣稟之弱如何以〔一一四〕得存？」先生云：「這個不容說，只是自去照顧，久後自慣，便自然別。」卓。

問「夜氣」。答曰：「夜氣靜。人心每日梏於事物，斲喪戕賊，所餘無幾，唯夜氣靜，庶可以少存耳。至夜氣之靜而猶不足以存，則去禽獸不遠，言人理都喪也。前輩皆無明說。某因將孟子反覆熟讀，每一段三五十過，至此方看得出。後看程子却說：『夜氣之所存者，良知良能也。』

與臆見合。以此知觀書不可苟，須熟讀深思，道理自見。」大雅。

景紹問「夜氣」、「平旦之氣」。曰：「這一段，其所主却在心。某嘗謂只有伊川説『夜氣之所存者，良知也，良能也』。諸家解注，惟此説爲當。仁義之心，人所固有，但放而不知求，則天之所以與我者始有所汩没矣。是雖如此，然其日夜之所休息，於〔一一五〕平旦其氣清明，不爲利欲所昏，則本心好惡猶有與人相近處。至『其旦晝之所爲，又有以梏亡之』。梏之反覆』，則雖有這些夜氣，亦不足以存養其良心。反覆只是循環。『夜氣不足以存』，則雖有人之形，其實與禽獸不遠。故下文復云『苟得其養，無物不養〔一一六〕；苟失其養，無物不消』，良心之消長只在得其養與失其養爾。『牛山之木嘗美矣』，是喻人仁義之心。『郊於大國，斧斤伐之』，猶人之放其良心。『日夜之所息，雨露之所潤，非無萌蘖之生』，便是『平旦之氣，其好惡與人相近』處。旦晝之梏亡，則又所謂『牛羊又從而牧之』，雖芽蘖之萌，亦是戕賊無餘矣。」道夫問：「此莫是心爲氣所動否？」曰：「然。」〔一一七〕

暢録夜氣一章好。可學。〔一一八〕

問：「『操則存』章，〔一一九〕其〔一二〇〕注云『出〔一二一〕無定時，亦無定處』。既云操則常存，則疑若有一定之所矣。」曰：「『無定所』〔一二二〕此四句但言本心神明不測，不存即亡，不出即入，本無定所。如今處處常要操存，安得有定所！某常説『操則存』、『克己復禮』、『敬以直内』

等語，不須講量，不須論辨，只去操存、克復便了。只今眼下便是用功處，何待擬議思量！與辨論是非、講究道理不同，若此等處只下着頭做便是，不待問人。」僩。

「操則存，舍則亡」，只是人能持此心則心在，若舍之便如去失了。求放心不是別有一物在外，旋去收拾回來。只是此心頻要省察，纔覺不在便收之爾。〔一二三〕如復卦所謂『出入無疾』，出只是指外而言，入只是指內而言，皆不出乎一卦。孟子謂『出入無時』，心豈有出入，只要人操而存之耳。明道云『聖賢千言萬語，只要人收已放之心』，釋氏謂『一大藏教只是一個注腳』。所謂『聖賢千言萬語』，亦只是一個注腳而已。」謨。

砥〔一二四〕問「操則存」。曰：「心不是死物，須把做活〔一二五〕看。不爾則〔一二六〕釋氏入定、坐禪。操存者，只是於應事接物之時事事中理便是存。若處事不是當便〔一二七〕心不在。若只管兀然守在這裏，驀忽有事至于吾前，操底便散了，却是『舍則亡』也。」仲思問：「於未應接之時如何？」曰：「未應接之時只是戒謹恐懼而已。」又問：「若戒謹恐懼，便是把持。」曰：「也是〔一二八〕持。不但是破捉在這裏，〔一二九〕只要提教他醒便是操，不是塊然自守。」履之。

操存舍亡只在瞬息之間，不可不常常着精采也。又曰：「孟子『求放心』語已是寬，若『居處恭，執事敬』二語，更無餘欠。」賀孫。

求放、操存皆兼動靜而言，非塊然默守之謂。道夫。

「操則存」須於難易間驗之。若見易爲力則真能操也。難則是别以一物，操之未真也。伯羽。

「操則存，舍則亡，出入無時，莫知其鄉，惟心之謂與」，「爲仁由己，而由人乎哉」，這個只在我，非他人所能與也。非禮勿視聽言動，勿與不勿在我而已。今一個無狀底人忽然有覺，曰：「我做得無狀了！」便是此心存處。孟子言「求其放心」，亦説得慢了。賀孫。〔一三〇〕

「操則存，舍則亡，出入無時，莫知其鄉」。更不知去操舍上做工夫，只在出入上做工夫。湯泳。〔一三一〕

孟子言操舍存亡，都不言所以操存求放之法，只操之、求之便是。知言問「以放心求心如何」，問得來好。他答不得，只舉齊王見牛事。殊不知只覺這〔一三二〕我這心放了底便是心，何待見牛時方求得！伯羽。彪居正問：「五峰胡仁仲曰『人之所以不仁者，以放其良心也』。以放心求心可乎？」答曰：「齊王見牛而不忍殺，此良心之苗裔，因利欲之間而見者也。一有見焉，操而存之，存而養之，養而充之，以至于大，大而不已，與天同矣。此心在人，其發見之端不同，要在識之而已。」〔一三三〕

「入」不是已放之心入來。升卿。

因操舍而有存亡出入。僩。

道夫言：「往嘗與子昂論心無出入。只〔一三四〕謂心大無外固無出入。道夫因思心之所以存亡者，以放下與操之之故，非真有出入也。」曰：「言有出入也是一個意思，言無出入也是一個意思。但今以夫子之言求之，他分明道『出入無時』。且看自家今汩汩没没在這裏，非出入而何？惟其神明不測所以有出入，惟其能出入所以神明不測。」道夫。

或問：「『出入無時』非真有出入，只是以操舍言。」曰：「出入便是存亡。操便存，舍便亡。」又曰：「有人言有〔一三五〕出入，説得是好。某看來亦〔一三六〕只是他偶然天資粹美，不曾大段流動走作，所以自不見得無〔一三七〕出入。要之，心是有出入。此亦只是〔一三八〕可以施之〔一三九〕於他一身，不可爲衆人言。衆人是有出入，聖賢立教通爲衆言，不爲一人言。」賀孫。

「『操則存，舍則亡』。程子以爲操之之道惟在『敬以直内』而已，如今做工夫却只是這一事最緊要。這『主一無適』底道理却是一個大底，其他道理總包在裏面，其他道理已具。所謂窮理亦止是自此推之，不是從外面去尋討。一似有個大底物事，包得百來個小底物事，既存得這大底，其他小底只是逐一爲他點過，看他如何模樣、如何安頓。如今做工夫只是這個最緊要。若是閑時不能操而存之，這個道理自是間斷。及臨事方要窮理，從那裏捉起！惟是平時常操得存，自然熟了，將這個去窮理，自是分明。事已，此心依前自在。」又云：「雖是識得個大底都包得，然中間小底又須着逐一點掇過。」賀孫。〔一四〇〕

問：「范淳夫女讀孟子，據伊川所説孟子，却是轉語。」曰：「是此女自見得如此。」

可學。[一四一]

伯豐問范淳夫之女說心。先生云：「此是此女資質美，心定後見得他心無出入，故如此說。孟子却說得大，爲常人言之。」人傑。[一四二]

伯豐問：「淳夫女子『雖不識孟子，却識心』，如何？」曰：「試且看程子當初如何說？」及再問，方曰：「人心自是有出入，然亦有資稟好底，自然純粹。想此女子自覺得他個心常湛然無出入，故如此說，只是他一個如此。然孟子之說却大，乃是爲天下人說。蓋心是個走作底物。伊川之意只謂女子識心，却不是孟子所用[一四三]夫子之言耳。」㽦。

范淳夫之女讀孟子，[一四四]謂：「心豈有出入？」伊川聞之，[一四五]曰：「此女雖不識孟子，却能識心。」此一段說正要人看。孟子舉孔子之言曰「出入無時，莫知其鄉」，此別有說。伊川言純夫[一四六]女「却能識心」。心却易識，只是不識孟子之意。謨。去僞同。[一四七]

生我所欲章[一四八]

問「舍生取義」。曰：「此不論物之輕重，只論義之所安耳。」時舉。

上蔡謂：「義重於生則舍生取義，生重於義則舍義取生。」此說不然。義無可舍之理，當死而死，義在於死；不當死而死，義在於不死，無往而非義也。閎祖。

「義在於生則舍死而取生，義在於死則舍生而死。上蔡謂：『義重於生則舍生而取義，生重於義則當舍義而取生。』既曰『義在於生』，又豈可言『舍義取生』乎。」蜚卿問：「生，人心；義，道心乎？」曰：「欲生惡死，人心也。惟義所在，道心也。權輕重却又是義。明道云『義無對』，或曰『義與利對』。」道夫問：「若曰『義者利之和』，則義依舊無對。」曰：「正是恁地。」道夫。

仁人心也章

問：「『仁，人心也；義，人路也』，路是設譬喻，仁却是直指人心否？」曰：「『路』字非譬喻。恐人難曉，故謂此爲人之路，在所必行爾。」謨。

或問「仁，人心也；義，人路也」。答曰：「此猶人之行路爾。心即人之有知識者，路即賢愚之所共由者。孟子恐人不識仁義，故以此喻之。然極論要歸只是心爾。若於此心常得其正則仁在其中，故自『舍正路而不由，放其心而不知求』以下一句〔一四九〕説從心上去。」大雅。

余景思問仁之與心。曰：「『仁』字是虛，『心』字是實。如水之必有冷，『冷』字是虛，『水』字是實。心之於仁亦猶水之冷、火之熱。學者須當於此心未發時加涵養之功，則所謂惻隱、羞惡、辭遜、是非發而必中。方其未發之時〔一五〇〕，此心之體寂然不動，無可分別，且只恁混沌養將去。若必察其所謂四者之端，則既思便是已發。」道夫。〔一五一〕

致之[一五二]問「仁，人心也」。答[一五三]曰：「仁是無形迹底物事，孟子恐人理會不得，便說道只人心便是。知[一五四]不是把仁來形容人心，乃是把人心來指示仁也。所謂『放其心而不知求』，蓋存得此心便是仁，若此心放了，又更理會甚仁！今人之心靜時昏、動時擾亂，便皆是放了。」[一五五]

「飛卿聞[一五六]孟子說『求放心』從『仁，人心也』說將來。莫是收此心便是仁，存得此心可以存仁[一五七]否？」曰：「也只是存得此心可以存此仁。若只收此心，更無動用生意，又濟得甚麼！所以明道又云『自能尋向上去』。這是已得此心方可做去，不是道只塊然守得這心便了。」

問：「放心還當將放了心這重新收來[一五八]，還只存此心便是不放？」曰：「不[一五九]是將已縱出了底依舊收將轉來。如『七日來復』，終不是已往之陽重新將來復生。舊底已自過去了，這裏自然生出來。這一章意思最好，須將來日用之間常常體認看。這個初無形影，忽然而存，忽然而亡。『誠無爲，幾善惡』，通書說此一段尤好。『誠無爲』只是常存得這個實理在這裏，惟是當[一六〇]存得實理在這裏，方始見得，或[一六一]方始識得善惡。若此心放而不存，一向反覆顛錯了，如何別認得善惡？以此知這道理雖然說得有許多頭項，看得熟了都自相貫通。聖賢當初也不是有意說許多頭項，只因事而言。」賀孫。

「放心」，不獨是走作喚做放，纔昏睡去也則是放。恪。[一六二]

觸物而放去是出。在此安坐，不知不覺被他放去也是出。故學先求放心。升卿。

收放心只是收物欲之心。如理義之心即良心，切不須收。須就這上看教熟，見得天理人欲分明。從周。

「學問之道無他，求其放心而已」。不是學問之道只有求放心一事，乃是學問之道皆所以求放心。如聖賢一言一語都是道理。賀孫。

「文字極難理會。孟子要略內說放心處又未是。前夜方思量得出，學問之道皆所以求放心，不是學問只有求放心一事。程先生說得如此，自家自看不出。」問賀孫：「曉得否？」答云：「如程先生[一六三]說『吾作字甚敬，只此便是學』，這也可以收放心，非是要字好也。」曰：「然。如洒掃應對，博學、審問、慎思、明辨，皆所以求放心。」賀孫。

問：「程子說聖人千言萬語云云，此下學上達工夫也。某[一六四]切謂心若已放了恐未易收拾，不審其義如何？」曰：「孟子謂『出入無時，莫知其鄉』，心豈有出入！出只指外而言，入只指內而言，只是要人操而存之耳。非是如物之散失而後收之也。」晦夫。

「求放心」，[一六五]明道曰：「聖賢千言萬語，只是教人將已放底心反復入身來。[一六六]」伊川曰：「心本善，流入於不善。」須是[一六七]理會伊川此語。若不知心本善，只管去把定這個心教在裏，只可靜坐，或如釋氏有體無用，應事接物不得。流入不善[一六八]是失其本心，如「向謂〔一六九〕身死而不受，今爲妻妾之奉爲之」，若此類是失其本心。又如心有忿懥、恐懼、好樂、憂患，則不得其正。〔一七〇〕賀孫。按，他本「須是」以下四十六字作「乃放也。四端備於吾心，心有然後能廣而充之，心放則顛冥莫覺」。又「不得其正」下有「心不在焉亦是放，二說未常相礙」幾字。〔一七一〕

明道先生說「聖賢千言萬語」〔一七二〕，只是大概說如此。若「已放之心」，這個心已放去了，如何會收得轉來！只是莫令此心逐物去，則此心便在這裏。不是如一件物事放去了又收回來。且如渾水自流過去了，如何會收得轉！後來自是新底水。周先生曰「誠心，復其不善之動而已」，只是不善之動消於外，則善便實於內。「操則存，舍則亡」，只是操則此心便存。孟子曰「人有雞犬放則知求之，有放心而不知求」，可謂善喻。然雞犬猶有放失求而不得者。若心，則求着便在這裏。只是知求則心便在此，未有求而不可得者。〔一七三〕賀孫。

明道云：「聖賢千言萬語，只是教人〔一七四〕收已放底〔一七五〕心反復入身來，自能尋向上去，下學而上達也。」伊川云：「人心本善，流而爲惡，乃放也。」初看亦自疑此兩處。諸公道如何？須看得此兩處自不相礙乃可。二先生之言本不相礙，只是一時語，體用未甚完備。大意以爲此心無不善，止緣放了。苟纔自知其已放則放底便斷，心便在此。心之善如惻隱、羞惡、恭敬、是非之端，自然全得也。伊川所謂「人心本善」，便正與明道相合。惟明道語未明白，故或者錯看，謂是收拾放心，遂如釋氏守個空寂。不知其意謂收放心則〔一七六〕存得善端，漸能廣而充之〔一七七〕，非如釋氏徒守空寂，有體無用。且如一向縱他去，與事物相靡相刃，則所謂惻隱、羞惡、恭敬、是非之善端，何緣存得？賀孫。

上有「學問」二字在，不只是「求放心」便休。節。

節〔一七八〕問：「孟子只說學問之道在求放心而已，不曾欲他爲。」曰：「上面煞有事在，注下說得分明，公但去看。」又曰：「說得太緊切則便有病。孟子此說太緊切，便有病。」節。

孟子言「求放心」。你今只理會這物事常常在時，私欲自無着處。且須持敬。祖道。

黎季成〔一七九〕問「放心」。曰：「如『求其放心』、『主一之謂敬』之類，不待商量便合做起，若放遲霎時則失之。如辨明是非、經書有疑之類，則當商量。」蓋卿。

因說：〔一八〇〕「『學問之道無他，求其放心而已』。舊看此只云但求其放心，心正則自定，近看儘有道理。須是看此心果如何，須是心中明盡萬理方可，不然，只欲空守此心，如何用得！如平常一件事合放重，今乃放輕，此心不樂，放重則心樂。此可見此處乃與大學致知、格物、正心、誠意相表裏。」某〔一八一〕謂：「若不於窮理上作工夫，遽謂心正乃是告子不動心，如何守得？」曰：「然。」又問：「舊看『放心』一段，第一次看只是〔一八二〕謂不過求放心而已。第二次看，切〔一八三〕謂放心既求，儘當窮理。今聞此說，乃知前日第二說已是隔作兩段。須是窮理而後得〔一八四〕放心，不是求放心而後窮理。」曰：「然。」可學。

雞犬有時爲人所殺，難尋。心纔求便得較易。節。〔一八五〕

放心只是知得便不放。如雞犬之放，或有隔一宿求不得底，或有被人殺終身求不得底。如心，則纔知是放，則此心便在這裏。五峰有一段說得甚長，然說得不是。他說齊王見牛爲求放心。如終身不見此牛，不成此心便常不見？只消說知其爲放，而求之則不放矣。「而求之」三字亦剩了。從周。公晦同。〔一八六〕

「求放心」，只覺道：「我這心如何放了！」只此念纔起，此言未出口時便在這裏。不用擬議別去求之，但常省之而勿失耳。伯羽。

問：〔一八七〕「人心纔覺時便住〔一八八〕。」「孟子說『求放心』，『求』字已是透了〔一八九〕。」元秉。〔一九〇〕

又曰：〔一九一〕「知得心放，此心便在這裏，更何用求？適見道人題壁云『苦海無邊，回頭是岸』，說得極好。」〔一九二〕

「求放心」非以一心求一心，只求底便是已收之心。「操則存」非以一心操一心，只操底便是已存之心。心雖放千百里之遠，只一收便在此，他本無去來也。伯羽。

孟子言〔一九三〕「人有雞犬放則知求之，至於心放而不求〔一九四〕」。某以爲，雞犬放則有未必可求者，惟是心纔求則便在，未有求而不可得者。道夫。

或問：「求放心，愈求則愈昏亂，如何？」曰：「即求者便是賢心也，知求則心在矣。今以已在之心復求心，即是有兩心矣。雖曰譬之雞犬，雞犬却須尋求乃得。此心不待宛轉尋求，即覺其失，覺處即心，何更求爲？自此更求，自然愈失。此用力甚不多，但只要常知提惺爾。惺則自然光明，不假把捉。今言『操之則存』，又豈在用把捉！他〔一九五〕亦只是〔一九六〕欲常常惺覺，莫令放失便是。此事用力極不多，只是些子力爾。然功成後却應事接物，觀書察理，事事賴他。如推車子，初推却用些力，車既行後，自家却賴他以行。」大雅。

學須先以求放心爲本。致知是他去致，格物是他去格，正心是他去正，無忿懥等事。誠意是他自省悟，勿夾帶虛僞。修身是他爲之主，不使好惡有偏。伯羽。

大概人只要求個放心，日夕常照管令在。力量既〔一九七〕充，自然應接從容。敬仲。〔一九八〕

「學問之道無他，求其放心而已」。諸公爲學且須於此着切用工夫。且學問固亦多端矣，而孟子直以爲無他。蓋身如一屋子，心如一家主。有此家主然後能洒掃門户，整頓事務。若是無主，則此屋不過一荒屋爾，實何用焉？且如中庸言學、問、思、辨四者甚切，然而放心不收則以何者而學、問、思、辨哉！此事甚要。諸公每日若有文字思量未透，即可存着此事。若無文字思量即收斂此心，不容一物，乃是用功也。處謙。

「福州陳烈，少年讀書不上，因見孟子『求放心』一段，遂閉門默坐半月，出來遂無書不讀。

亦是有力量人，但失之恠耳。」因曰：「令[一九九]人有養生之具，一失之便知求之。心却是與我同生者，因甚失而不求？」或云：「不知其失耳。」曰：「今聖賢分明説向你，教你求又不求，何也？孟子於此段再三提起説，其諄諄之意，豈爲[二〇〇]苟然哉？今初求須猛勇作力，如煎藥，初用猛火，既沸之後，方用慢火養之，久之須自熟也。」大雅。

孟子曰「求其放心而已矣」。當於未放之前看如何，已放之後看如何，復得了又看是如何。作二[二〇一]節看後自然習熟，此心不至於放。季札。賜同。[二〇二]

「求放心」，初用求，後來不用[二〇三]。所以病翁説「既復其初，無復之者」。文蔚。

孟子説「放心」自是一段，連帶正説「舍生取義」，故結云「是之謂失其本心」。可學。[二〇四]

人之於身也兼所愛[二〇五]章

孟子文義自分曉，只是熟讀，教他道理常在目前胸中流轉始得。又云：「『飲食之人，無有失也，則口腹豈適爲尺寸之膚哉！』此數句被恁地説得倒了倒音「到」。[二〇六]，也自難曉。意謂使飲食之人真個無所失，則口腹之養本無害。然人屑屑理會口腹，則必有所失無疑。是以當知養其大體，而口腹底他自會去討喫，不到得餓了也。」賀孫。

鈞[二〇七]是人也章

「從其大體，耳目之官不思則蔽於物」。心之官則思，所以從其大體。泳。[二〇八]

問「物交物」。曰：「上個『物』字主外物言，下個『物』字主耳目言。孟子說得此一段好，要子細看。耳目謂之物者，以其不能思。心能思，所以謂之大體。」問：「『官』字如何？」曰：「官是主。心主思，故曰『先立乎其大者』。昔汪尚書見焦先生，問爲學如何，焦先生只說一句『先立乎其大者』。」祖道。

問：「『耳目之官[二〇九]不思而蔽於物』，蔽是遮蔽否？」曰：「然。」又問：「如目之視色，從他去時便是爲他所蔽。若能思，則視其所當視，不視其所不當視，則不爲他所蔽矣。」曰：「然。若不思，則耳目亦只是一物，故曰『物交物，則引之而已矣』。」廣。

耳目之官不能思，故蔽於物。耳目，一物也；外物，一物也。以外物而交乎耳目之物，自然[二一〇]是被他引去也。唯「心之官則思」，故「思則得之，不思則不得」，惟在人思不思之間耳。然此物乃天之與我者，所謂大者也。君子當於思處用工，能不妄思，是能「先立其大者」也，「立」字下得有力。夫然後耳目之官小者弗能奪也，是安得不爲大人哉！大雅。

且[二一一]耳目亦物也，不能思而交於外物，只管引將去。心之官固是主於思，然須是思方得。若不思，却倒把不是做是，是底却做不是。心雖主於思，又須着思方得其所思。若不思，則邪思雜慮便順他做去，却害事。賀孫。

「心之官則思」，固是元有此思。只恃其有此恁地〔二一二〕，如何却不得？須是去思方得之，不思則不得也。此最要緊。下云「先立乎其大者」，即此思也。心元有思，須是人自主張起來。賀孫。

「此天之所以與我者」，古本此皆作「比」，趙岐注亦作「比方」。天之與我者則心爲大，耳目爲小，其義則一般。但孟子文恐不如此。「比」字不似「此」字較好。廣。

「孟子説『先立乎其大者，則其小者弗能奪也』，此語最有力，且看他下一個『立』字。昔汪尚書問焦先生爲學之道，焦只説一句曰『先立乎其大者』。以此觀之，他之學亦自有要。卓然竪起自心〔二一三〕便是立，所謂『敬以直内』也。故孟子又説：『學問之道無他，求其放心而已矣。』求放心，非是心放出去又討一個心去求他。如人睡着覺來，睡是他自睡，覺是他自覺，只是要常惺惺。」趙昌父云：「學者只緣斷續處多。」曰：「只要學一個不斷續。」文蔚。

「先立乎大者，則小者不能奪」。今忘前失後，心不主宰，被物引將去，致得膠擾，所以窮他理不得。德明。

問：「孟子解〔二一四〕所載范浚心銘，不知范曾從誰學？」曰：「不曾從人，但他自見得到，説得此件物事如此好。向見呂伯恭甚忽之，問：『須得〔二一五〕取他銘則甚？』某〔二一六〕曰：『但見他説得好，故取之。』曰：『似恁説話，人也多説得到。』某〔二一七〕曰：『正爲少見有人能説得如此者，此意蓋有在也。』」廣。

有天爵者章

問「修其天爵而人爵從之」。曰：「『從』不必作『聽從』之『從』，只修天爵，人爵自從後面來，如『祿在其中矣』之意。修其天爵自有個得爵〔二一八〕底道理，與邀〔二一九〕求者氣象大故相遠。」去僞。

黄先之問盡心。曰：「盡心是竭盡此心，今人做事那曾做得盡？只盡得四五分心便道了。若是盡心，只是一心爲之，更無偏旁奇底。心如惡惡臭，如好好色，必定是如此。如云『盡心力爲之』。」又問修天爵從之章。〔二二〇〕曰：「那般處也自分曉，但要自家〔二二一〕去自體認那個是内，那個是外。自家是向那邊去。那邊是是，那邊是不是。須要實見得如此。」賀孫問：「古人尚修天爵以要人爵，今人皆廢天爵以要人爵。」曰：「便是如此。」賀孫。

仁之勝不仁也章

「仁之勝不仁也，猶水勝火」。以理言之，則正之勝邪、天理之勝人欲甚易，而邪之勝正、人欲之勝天理甚難。以事言之，則正之勝邪、天理之勝人欲甚難，而邪之勝正、人欲之勝天理而〔二二二〕甚易。蓋纔是蹉失一兩件事，便被邪來勝將去。若以正勝邪，則須是做得十分工夫方勝得他，然猶自恐相〔二二三〕勝他未盡在。止〔二二四〕如人身正氣稍不足，邪便得以干之矣。僩。

五穀者〔二二五〕種之美者章

夫仁，亦在乎熟之而已矣。文蔚。〔二二六〕

「苟爲不熟，不如稊稗」，「君子之志於道也，不成章不達」。如今學者要緊也成得一個坯模定了。出治工夫却在人，只是成得一個坯模了，到做出治工夫却最難，正是天理人欲相勝之地。自家這裏勝得一分，他那個便退一分；自家這裏退了一分，他那個便進一分。如漢楚相持於成皋、滎陽〔二二七〕，只爭這些子。賀孫。

一日，舉孟子「五穀者，種之美者也，苟爲不熟，不如稊稗」，誨諸生曰：「和尚聞〔二二八〕話只是一言兩句。稊，稗之熟者也。儒有明經者，通徹了，〔二二九〕不用費辭，亦一言兩句，義理便明白。否則却是『五穀不熟，不如稊稗』者也〔二三〇〕。」謨。

禮與食孰重章〔二三一〕

「親迎則不得妻，不親迎則得妻」，如古者國有凶荒，則殺禮而多昏，周禮荒政十二條中亦有此法。蓋貧窮不能備親迎之禮，法許如此。僩。

人皆可以爲堯舜章〔二三二〕

「堯舜之道，孝弟而已矣」，這只是對那不孝、不弟底説。孝弟便是堯舜之道，不孝、不弟便是桀紂。僩。

孟子道「人皆可以爲堯舜」，何曾便道是堯舜更不假修爲！且如銀坑有鑛，謂鑛非銀，不可。然必謂之銀，不可。須用烹煉，然後成銀。椿。

「歸而求之，有餘師」，須是做工夫。若茫茫恁地，只是如此。如前夜説讀書正是要自理會。且〔二三三〕如在這裏如此讀書，若歸去也須如此讀書。看孟子此一段發意如此大，却在疾行、徐行上面。要知工夫須是自理會，只在此，〔二三四〕不是别人干預得底事。賀孫。

魯欲使慎子爲將軍章

毅然問：「孟子説齊魯皆封百里，而先生向説齊魯始封七百里者，何邪？」曰：「此等處皆難考。如齊『東至于海，西至于河，南至于穆陵，北至于無棣』，魯跨許宋之境，皆不可謂非五七百里之闊。」淳問：「王制與孟子同，而周禮『諸公之地封疆方五百里，諸侯方四百里，伯三百里，子二百里，男百里』。鄭氏以王制爲夏商制，謂夏商中國方五[二三五]千里，周公斥而大之，中國方七千里，所以不同。」曰：「鄭氏只文字上説得好看，然甚不曉事情。且如百里之國，周人欲增到五百里，須併四個百里國地方做得一國，其所併四國又當別裂地以封之。如此，則天下諸侯東遷西移，改正[二三六]宗廟社稷，皆爲之騷動矣。若如此趲去，不數大國便無地可容了，許多國何以處之？恐不其然。切意其初只方百里，後來吞并，遂漸漸大。如『禹會諸侯於塗山，執玉帛者萬國』，到周時只有千八百國。自非吞併，如何不見許多國？武王時諸國地已大，武王亦不奈何，只得就而封之。當時封許多功臣百姓[二三七]之國，緣當初『滅國者五十』，得許多空地可封，不然則周公、太公亦自無安頓處。若割取諸國之地，則寧不謀反如漢晁錯之時乎？然則孟子百里之説，亦只是大綱如此説，不是實攷得見古制。」淳。

「古者制國，土地亦廣，非如孟子百里之説。如管仲責楚[二三八]，説齊地『東至于海，西至于河，南至穆陵，北至無棣』，土地儘闊。禹會塗山，『執玉帛者萬國』。後來更相吞噬，到周初只有千八百國，是不及五分之一矣，想得所[二三九]來儘大。周封新國若只用百里之地介在其間，豈不爲大國所吞！亦緣是『誅紂伐奄，滅國者五十』，得許多土地，方封許多人。」問：「周禮所載諸公之國方五百里，諸侯之國方四百里云云者，是否？」曰：「看來怕是如此。孟子時去周初已六七百年，既無載籍可考，見不得端的。如『五十而貢，七十而助』，此說自是難行。」問：「王制疏載周初封建只是百里，後來滅國漸廣，方添封至數百里。」曰：「此說非是。諸國公[二四〇]地先來定了，若後來旋添，便須移動了幾國徙去別處方得，豈不勞擾！」僩。

舜發於畎畝章

問：「自『舜發於畎畝之中』至『孫叔敖舉於海』，明道謂[二四一]『若要熟，也須從這裏過。』人須從經困貧[二四二]艱苦中做來方堅牢。」曰：「若不從這裏過也不識所以堅牢者，正緣不曾親歷了，不識。似一條路，須每日從上面往來，行得熟了，方認得許多險阻去處。若素不曾行，忽然一旦撞行將去，少間定墮坑落塹去也。」僩。

明道曰：「自『舜發於畎畝之中』云云，若要熟，也須從這裏過。」只是要事事經歷過。賀孫。

「動心忍性」者，動其仁義禮智之心，忍其聲色臭味之性。銖。

「困心衡慮，徵色發聲」，謂人之有過而能改者如此。「困心衡慮」者，覺[二四三]其有過微[二四四]；「徵色發聲」者，其過形於外。人傑。

教亦多術矣章

「予不屑之教誨也者」，趙氏曰：「屑，潔也。」考孟子「不屑就」與「不屑不潔」之言，「屑」字皆當作「潔」字解。所謂「不屑之教誨者」，當謂不以其人爲潔而教誨之。如「坐而言，不應，隱几而卧」之類。大抵解經不可便亂說，當觀前後字義也。人傑。

晦庵先生朱文公語類卷第六十

孟子十

盡心上

盡其心者章

「盡其心者，知其性也」，「者」字不可不子細看。人能盡其心者由於[一]知其性，知性却在先。文蔚。

李問「盡其心者，知其性也」。先生曰：「此句文勢與『得其民者，得其心也』相似。」雉。

人彼[二]往説先盡其心而後知性，[三]心性本不可分，況其語脈是「盡其心者，知其性」。心只是包着這道理，盡知得其性知[四]道理便是盡其心者[五]。只[六]要理會盡心，不知如何地盡。僩。

「盡其心者，知其性也」。所以能盡其心者，由先能知其性，知性則知天矣。知性知天則能盡其心矣，不知性不能以盡其心。「格物而後知至」。道夫。

盡其心者由知其性也。先知得性之理，然後明得此心。知性猶格物，盡心猶知至。德明。

知性者，物格也；盡心者，知至也。「物」字對「性」字，「知」字對「心」字。節。

知性然後能盡心，知〔七〕知然後能盡。未有先盡而後方能知者，蓋先知得性之理〔八〕然後見得盡。節。

王德修問「盡心然後知性」。先生答曰：「以某觀之，性情與心固是一理，然命之以心，却似包着這性情在裏面。故孟氏語意却似説盡其心者，以其知性故也。此意横渠得之〔九〕，故説『心統性情者也』，看得精。邵堯夫亦云：『性者，道之形體；心者，性之郛郭；身者，心之區宇；物者，身之舟車。』語極有理。」大雅云：「横渠言『心禦見聞，不弘於性』，則又是心小性大也。」曰：「『禦』字不可作『止』字與『當』字〔一〇〕解，禦有梏之意。云心梏於見聞則〔一一〕反不弘於性耳。」大雅。

問：「横渠謂：『心能盡性，「人能弘道」也；性不知檢其心，「非道弘人」也。』如孟子集解中説〔一二〕：『盡其心者，知其性也。』先生謂：『盡其心者，必其能知性者也。知性是物格之事，盡心是知至之事。』如何？」曰：「心與性只一般，知與盡不同，所謂知便是心了。」問：「知是心之神明，似與四端所謂智不同？」曰：「此『知』字〔一三〕又大。然孔子多説仁、智，如『元亨利貞』，元便是仁，貞便是智。四端，仁智最大。無貞則元無起處，無智則如何是仁？易曰『大明終始』，有終便有始。智之所以爲大者，以其有知也。」廣。

説盡心，云：「這裏〔一四〕理會得，那事又理會不得，理會得東邊又不理會得西邊。只是從來不曾盡這心，但臨事恁地胡亂做〔一五〕將去。此心本來無有些子不備，無有些子不該。須是盡識得許多道理，無些子窒礙，方是盡心。人〔一六〕人有個心，只是不曾使得他盡，只恁地苟簡鹵莽，便道是了。」賀孫。

盡心以見言，盡性以養言。德明。

賀孫〔一七〕問：「蔡季通〔一八〕説『盡心』，謂『聖人此心纔見得盡，則所行無有不盡。故程子曰「聖人無俟於力行」』。」曰：「固是聖人有這般所在。然所以爲聖人，也只説『好問，默而識之；好古，敏以求之』，那曾説知了便了！」又曰：「盡心如明鏡，無些子蔽翳。只看鏡子若有些少照不見處，便是本身有些塵污。如今人做事有些子偶〔一九〕突窒礙，便只是自家見不盡。此心本來虚靈，萬理具備，事事物物皆所當知。今人多是氣質偏了，又爲物欲所蔽，故昏而不能盡知，故〔二〇〕聖賢所以貴於窮理。」又曰：「萬理雖具於吾心，還使教他知始得。今人有個心在這裏，只是不曾使教〔二一〕他去知許多道理。少間遇事做得一邊，又不知那一邊，見得東，遺却西。少間只成私意，皆不能盡道理。盡得此心者洞然光明，事事物物無有不合道理。」又曰：「學問之所以傳不傳者，亦是能盡心與不能盡心。」問：「若曾子易簀之事，此時若不能正，也只是不盡得心。」曰：「然。曾子既見得這[二二]道理，自然便改了。若不便改了，這心下便闕了些。當時季孫之賜，曾子如何失點檢去上睡，是不是了？童子既説起，須着改始得。若不説，不及改也不妨，纔説便着改。」賀孫。

問：「盡心莫是見得心體盡？或只是如盡性[二三]之類否？」曰：「皆是。」德明。

過[二四]問：「先生所解『盡其心者，知其性也』，正如云『得其民者，得其心也』話[二五]意同。」先生曰：「固自分曉。尋此樣子亦好。」後見信州教授林德久未甚信此説，過欲因以其易曉者譬之，如欲盡其爲教授者，必知其職業乃能盡也。曰：[二六]「『盡[二七]其心』，恰如教授在此方理會得每日職業，其理曉然，猶以無便未能及此。[二八]」過。

問「盡心者知至也」。曰：「知得到時必盡我這心去做。且[二九]如事君必要極於忠，爲子必要極於孝，不是備禮如此。既知得到這處，若於心有些子未盡處便打不過，便不是[三〇]。」賀孫。[三一]

問：「盡心只是知得盡，未説及行否？」曰：「某初間亦把做只是知得盡，如大學『知至』一般，未説及行。後來子細看，如大學『誠意』字模樣，是真個恁地盡。『如惡惡臭，如好好色』，知至亦須兼誠意乃盡。如知得七分，自家去做只着得五分心力，便是未盡。有時放緩又不做了。如知得十分真切，自家須着過二十分心力實去恁地做，便是盡。『盡其心者，知其性也』，知性，所以盡〔三二〕心。」淳。〔三三〕

「某前以孟子『盡心』爲如大學『知至』，今思之，恐當作『誠意』〔三四〕說。蓋孟子當時特地説個『盡心』，然須用功。所謂盡心者，言心之所存更無一毫不盡，好善便『如好好色』，惡惡便『如惡惡臭』，徹底如此，没些虚僞不實。」童云：「如所謂『盡心力而爲〔三五〕』之『盡』否？」曰：「然。」伯羽。〔三六〕

「盡心」、「知性」、「知天」，工夫在知性上。盡心只是誠意，知性却是窮理。心有未盡便有空闕，如十分只盡得七八分，便是空闕了二三分。須是「如惡惡臭，如好好色」，孝便極其孝，仁便極其仁。性即理，理即天。我既知得此理，則所謂盡心者自是不容已。如此説却不重疊，既能盡心知性則留〔三七〕中已是瑩白净潔。却只要時時省察，恐有污壞，故終之以存養之事。謨。

盡心者，發必自慊而無有外之心，即大學意誠之事也。〔三八〕

敬之〔三九〕問「盡心」、「知性」。曰：「性是吾心之實理，若不知得却盡個甚麽？」又問「知其性則知天矣」。曰：〔四〇〕「『性』以賦於我之分而言，『天』以公共道理〔四一〕而言。天便脱模是一個大底人，人便是一個小底天，吾之仁、義、禮、智即是天之元、亨、利、貞，凡吾之所有者，皆

自彼而來也。故知吾性則自然知天矣。」〔四二〕時舉。南升同。〔四三〕

曰：〔四四〕「『盡心』如何盡得？不可盡者心之事，可盡者心之理。理既盡之後，謂如一物初不曾識，來到面前便識得此物。盡吾心之理，盡心之理便是『知性』、『知天』。」去僞。〔四五〕

「盡心」謂事物之理皆知之而無不盡，「知性」謂知君臣、父子、兄弟、夫婦、朋友各循其理，「知天」則知此理之自然。〔四六〕盡己之性如在君臣則義、在父子則親、在兄弟則愛之類，己無一之不盡。盡人之性如黎民時雍，各得其所，盡物之性如鳥獸草木，咸若如此，則可以「贊天地之化育」，皆是實事，非私心之倣像也。人傑。〔四七〕

或問存心。曰：「存心只是知有此身。謂如對客，但知道我此身在此對客。」公晦。〔四八〕

問存心。先生曰：「非是活捉一物來存着。孔子云『居處恭，執事敬，與人忠』，便是存心之法，而今與人説話覺得不是便莫説，做事覺得不是便莫做，只此便是存心之法。」賜。

孟子説「存其心」雖是緊切，却似添事。蓋聖人只爲學者立下規矩，守得規矩定便心也自定。如言「居處恭，執事敬，與人忠」，人能如是存守，則心有不存者乎！今又説「存其心」，則與此爲四矣。如此處，要人理會。升卿。

仲思問「存心」、「養性」先後。曰：「先存心而後養性。養性云者，養而勿失之謂。性不可言存。」

「存心養性，所以事天也」。[四九]曰：「存之養之便是事，心性處[五〇]便是天，故曰『所以事天也』。」德明。

問「存心養性以事天」。曰「天教你『父子有親』，你便用『父子有親』；天教你『君臣有義』，你便用『君臣有義』。不然便是違天矣。古人語言下得字都不苟，如『存其心，養其性』，若作『養其心，存其性』便不得。」問：「如何是『天者理之所從出』？」曰：「天便是那太虛，但能盡心、知性，則天便不外是矣。性便有那天。」問：「『四十而不惑，五十而知天命』，不惑謂知事物當然之理，知天命謂知事物之所以然，便是『知性』、『知天』[五一]之說否？」曰：「然。他那裏自看得個血脈相牽連，要自子細看得[五二]。龜山之說極好。龜山問學者曰：『人何故有惻隱之心？』學者曰：『出於自然。』龜山曰：『安得自然如此！若體究此理，知其所從來，則仁之道不遠矣。』便是此說。」僩。

盡心、知性、知天，此是致知；存心、養性、事天，此是力行。泳。[五三]

「知[五四]性」是知得性中物事。既知得，須盡知得方始是盡心。下面「存其心，養其性」方始是做工夫處。如大學說「物格而後知至」。物格者，物理之極處無不到，知性也；知至者，吾心之所知無不盡，盡心也。至於「知至而後意誠」，誠則「存其心，養其性」也。聖人說知必說行，不可勝數。泳。

盡心、知性，以前看得「知」字放輕。今觀之，却是「知」字重，「盡」字輕。知性則心盡矣，存養有行底意思。可學。

問盡心、盡性。曰：「盡心云者，知之至也；盡性云者，行之極也。盡心則知性、知天，以其知之已至也。若存心、養性，則是致其盡性之功也。」人傑。

飛卿問：「盡心、存心，盡莫是極至地位，存莫是初存得這心否？」曰：「盡心也未説極至，只是凡事便須理會教十分周足，無少闕漏處，方是盡。存也非獨是初工夫，初間固是操守存在這裏，到存得熟後也只是存。這『存』字無終始，只在這裏。」賀孫。

「夭壽不貳」，不以生死爲吾心之悦戚也。人傑。

問：「『立命』是竪立得這天之所命，不以私意參雜倒了天之正命否？」曰：「然。」問：「『莫非命也』，此一句是總説氣禀之命，與『天命謂性』之『命』同否？」曰：「孟子之意未説到氣禀，孟子自來不甚説氣禀。看來此句只是説人物之生，吉凶禍福皆天所命，人但順受其正。若桎梏而死與立乎巖墻之下而死，便是你自取，不干天事，未説到氣禀在。」僩。

既[五五]不以夭壽貳其心又須修身以俟，方始立得這命。自家有百年在世，百年之中須事事教是當；自家有一日在世，一日之内也須教事事要是當始得。若既不以夭壽動其心，一向胡亂做，又不可。如今[五六]佛氏以絶滅爲事，亦可謂之「夭壽不貳」。然「修身以俟」一段全不曾理會可以做底事，皆無頭腦，無君無父，亂人之大倫。賀孫。

敬之問「夭壽不貳」章[五七]。曰：「『貳』[五八]是不疑他。若一日未死，一日要是當；百年未死，百年要是當，這便是『立命』。『夭壽不貳』便是知性知天之力，『修身以俟』便是存心養性之功。[五九]」問[六〇]「『莫非命也，順受其正』。[六一]」曰：「前面事都見未[六二]得。若出門吉凶禍福皆不可知，但有正有[六三]不正。自家只既[六四]受他正底，自家身分無過，恁地死了，便是正命。若立巖墻之下與桎梏而死，便不是正命。[六五]」直卿因[六六]說：「先生向時[六七]譬喻，如[六八]受差遣，三年滿罷，便是君命之正，若歲月間以罪去，也是命，便不是正底命。」先生云：「若自家無罪，或歲月間去，又不可不謂之正命。[六九]『孟子之言命與今世俗之言命者正相反。[七〇]孟子謂『知命者不立巖墻之下』，今人却道我命若未死，縱立巖墻之下也不到壓殺[七一]。」曰：「莫非命者是活絡在這裏看他如何來？若先說道我自有命，雖立巖墻之下也不妨，即是先指定一個命，如此[七二]便是紂說『我生不有命在天』相似也[七三]！」時舉。南升同。[七四]

問：「『由氣化有道之名』是自陰陽言？」曰：「方見其有許多節次。」可學。

「橫渠[七五]『合虛與氣有性之名，合性與知覺有心之名』，如何？[七六]」曰：「虛只是說理。橫渠之言大率有未瑩處。有心則自有知覺，又何合性與知覺之有！」蓋卿。

問張子云[七七]「由太虛」云云。曰：「本只是一個太虛，漸漸細分，說得密耳。且太虛便是這四者之總體，而不雜乎四者而言。『由氣化有道之名』，氣化是那陰陽造化，寒暑晝夜、雨露霜雪、山川木石、金水火土，皆是只這個，便是那太虛，只是便雜却氣化說。雖雜氣化而實不離乎太虛，未說到人物各具當然之理處。」問：「太虛便是太極圖上面底圓圈，氣化便是圓圈裏陰靜陽動否？」曰：「然。」又曰：「『合虛與氣有性之名』，有這氣，道理便隨在裏面，無此氣，則道理無安頓處。如水中月，須是有此水，方映得那天上月，若無此水，終無此月也。心之知覺又是那氣之虛靈底，聰明視聽、作爲運用，皆是有這知覺方運用得這道理。所以横渠說：『「人能弘道」是心能盡性，「非道弘人」是性不知檢心。』又邵子曰：『心者，性之郛郭。』此等語皆秦漢以下人道不到。」又問：「人與鳥獸固有知覺，但知覺有通塞，草木亦有知覺否？」曰：「亦有。如一盆花，得些水澆灌便敷榮，若摧抑他便枯悴。謂之無知覺，可乎？周茂叔窗前草不除去，云『與自家意思一般』，便是有知覺。只是鳥獸底知覺不如人底，草木底知覺又不如鳥獸底。又如大黄喫着便會瀉，附子喫着便會熱。只是他知覺只從這一路去。」又問：「腐敗之物亦有否？」曰：「亦有。如火燒成灰，將來泡湯喫，也⿰火僉苦。」因笑曰：「頃信州諸公正說草木無性，今夜又說草木無心矣。」僩。[七八]

先生問：「『合虛與氣而[七九]有性之名』，如何看？」廣云：「虛只是理，有是理斯有是氣。」曰：「如何説『合』字？」廣云：「恐是據人物而言。」曰：「有是物則有是理與氣，故有性之名。若無是物，則不見理之所寓。『由太虛有天之名』，只是據理而言。『由氣化有道之名』，由氣之化各有生長消息底道理，故有道之名。既已成物，則物各有理，故曰『合虛與氣則[八〇]有性之名』。」廣。

「由太虛有天之名」，都是個自然底。「由氣化有道之名」，是虛底物在實上見，無形底物因有形而見。所謂道者，如天道、地道、人道、父子之道、君臣之道[八一]是也。「合虛與氣有性之名」，是自然中包得許多物事。賜。[八二]

「由太虛有天之名」，這全説理。「由氣化有道之名」，這説着事物上。如「率性之謂道」，性只是理，率性方見得個[八三]道，這説着事物上。如君臣、父子之道，有那君臣、父子，方見這個道理。「合虛」字便説理，「合虛與氣」，所以有人。[八四]植。

問：「知覺是氣之陽明否？」曰：「『由太虛有天之名，合虛與氣有性之名』，是[八五]『天命之謂性』，管此兩句。『由氣化有道之名』，是『率性之謂道』，管此一句。『合性與知覺有心之名』，此又是『天命之[八六]謂性』，這下管此一句。」賜。

問：「當無事時，虛明不昧，此是氣。其中自然動處莫是性否？」曰：「虛明不昧，此理具乎其中，無少虧欠。感物而動便是情。橫渠説得好。『由太虛有天之名，由氣化有道之名』，此是總說。『合虛與氣有性之名，合性與知覺有心之名』，此是就人上說。」賜。

問：「氣化何以謂之道？」曰：「天地間豈有一物不由其道者？」問：「合虛與氣何以有性？」曰：「此語詳看亦得其意，然亦有未盡處。言〔八七〕『虛即是性，氣即是人』，以氣之虛明則性〔八八〕寓於中，故『合虛與氣有性之名』。雖說略盡，而終有二意。」劉問：「如此則莫是性離於道邪？」曰：「非此之謂。到這處則有是名，在人如何看，然豈有性離於道之理！」一之。〔八九〕

伊川云「盡心然後知性」，此不然。「盡」字大，「知」字零星。〔九〇〕若未知性便要盡心，則懸空無下手處。惟就知性上積累將去，自然盡心。正卿。〔九一〕

「盡心知性，不假存養，其惟聖人乎！佛本不假於存養，豈竊希聖人之事乎？」曰：「盡、知、存、養，吾儒、釋氏相似而不同。只是他所存、所養、所知、所盡處，道理皆不是。如吾儒盡心，只是盡君臣、父子等心便見有是理。性即是理也。如釋氏所謂盡心、知性，皆歸於空虛。其所存養却是閉眉合眼，全不理會道理。」謨。去僞同。〔九二〕

「『盡其心者知其性』，〔九三〕伊川云：『心具天德。心有未盡處，便是天德未能盡。』切當熟玩〔九四〕其言，意者在天爲命，在人爲性，性無形質而舍之於心。故一心之中天德具足，盡此心則知性知天矣。游氏以『心無餘蘊』爲盡心，謝氏以『擴充得去』爲盡心，皆此意也。然橫渠、范侍講之說則又不然。范謂：『窮理者，孟子之所謂盡心也。』橫渠曰：『大其心則能體天下之物。

物有不盡[九五]則心爲有外。』不知體物、窮理[九六]之説亦信然否？如下一段言『存心養性，所以事天也』，游氏言之詳矣。其言曰：『「存其心」，[九七]閑邪以存其誠也；「養其性」，[九八]守静以復其本也。存養如此，則可以事天矣。』此言事天，亦伊川所謂奉順之意，其説恐不出乎此。但不知存養之説，謂存此以養彼耶？亦既存本心，又當養其性耶？」答曰：「諸家解説『盡心』二字，少有發明得『盡』字出來者。伊川最説得完全，然亦不曾子細問[九九]説『盡』字。大抵『盡其心』只是窮盡其在心之理耳，窮得此又却不能窮得彼，便不可唤做盡心。范侍講言窮理，却是言盡心以前底事。謝上蔡言充廣得去，却言盡心以後事。若横渠『大其心則能體天下之物』之説，此只是言人心要廣大耳，亦不知未能盡得此心之理，如何便能盡其心得？兼『大其心』亦做盡心説不得。游氏『守静以復其本』，此語有病。守静之説近於佛名[一〇〇]，吾聖人却無此説。其言『知天爲智之盡，事天爲仁之至』，此却説得好。事天只是奉順之而已，非有他也。所謂存心、養性非二事，存心所以養性也。」謨。去僞，人傑同。[一〇一]

問上蔡盡心、知性[一〇二]。曰：「説盡心不著。」可學。

問：「先生盡心説曰『心者，天理在人之全體』，又曰『性者，天理之全體』，此何以别？」曰：「分説時且恁地。若將心與性合作一處[一〇三]，須有别。」淳。

莫非命也章

「盡其道而死者」，順理而吉者也；「桎梏死者」，逆理而凶者也。以非義而死者固所自取，是亦前定，蓋其所稟之惡氣有以致之也。人傑。

問：「『桎梏死者，非正命也』，雖謂非正，然亦以命言。此乃自取，如何謂之命？」曰：「亦是自作而天殺之，但非正命耳。使文王死於羑里、孔子死於桓魋，却是命。」可學。

敬之問「莫非命也」。曰：「在天言之皆是正命。在人言之便有正有不正，如順其道而死者是正命，桎梏死者便是不正之命。〔一〇四〕」問：「有當然而或不然、不當然而或然者，如何？」曰：「如孔孟老死不遇，須喚做不正之命始得。在孔孟言之亦是正命，然在天之命却自有差。」恪。

問：「『莫非命也』，命是指氣言之否？」曰：「然。若在我無以致之，則命之壽夭皆是合當如此者。如顏子之夭、伯牛之疾是也。」廣。

因問「惠迪吉，從逆凶」之意。〔一〇五〕曰：「若是『惠迪吉，從逆凶』，自天觀之也得其正命，自人得之也得其正命。若惠迪而不吉，則自天觀之，却是失其正命。如孔孟之聖賢而不見用於世，而聖賢亦莫不順受其正，這是於聖賢分上已得其正命。若就天觀之，彼以順感，而此以逆應，則是天自失其正命。」賀孫。

「莫非命也，順受其正」。直卿云：「如受得一邑之宰，教做三年，這是命。到做得一年被罪〔一〇六〕罷去，這〔一〇七〕也是命。」先生曰：「亦〔一〇八〕有不以罪而枉被〔一〇九〕罷者，亦是命。有罪而被罷者非正命，無罪而被罷者是正命也。」賀孫。

孟子說命，至「盡心」章方說得盡。庚。〔一一〇〕

萬物皆備於我矣章

黄先之問「萬物皆備於我」。曰：「如今人所以害事處只是這私意難除，纔有些私意隔着了，便只見許多般。」賀孫。

「萬物皆備於我」，須反身而實有之，無虧無欠，方能快活。若反身而不誠，雖是本來自足之物，然物自物，何干我事！履孫。〔一一一〕

所謂「萬物皆備於我」，在學者也知得此理是備於我，只是未能「反身而誠」。若勉强行恕，拗轉這道理來便是恕。所謂勉强者猶未能恕，必待勉强而後能也。所謂恕者也只是去得私意盡了，這道理便真實備於我，無欠闕。僩。

子武問「萬物皆備於我」章。曰：「這章是兩截工夫。『反身而誠』，蓋知之已至而自然循理，所以樂。『强恕而行』是知之未至，且恁地〔一一二〕把捉勉强做去，少間到純熟處便是仁。」木之。

道夫〔一一三〕問：「『萬物皆備於我』，下文既云『樂莫大焉』，何故復云『强恕』？」曰：「四句二段皆是蒙上面一句。」問：「『反身而誠，樂莫大焉』是大賢以上事，『强恕求仁』是學者身分上事否？」曰：「然。」問：「大賢以上是知與行俱到，大賢以下是知與行相資發否？」曰：「然。」頃之，復曰：「『反身而誠』只是個真知，真實知得，則滔滔行將去，見得萬物與我爲一，自然其樂無涯。所以伊川云『異日見卓爾有立於前，然後不知手之舞、足之蹈』，正此意也。」道夫。

問：「伊川説『萬物皆備於我』，謂『物亦然，皆從這裏出』者〔一一四〕，如何？」曰：「未須問此，枉用工夫，且於事上逐件看〔一一五〕。凡接物遇事，見得一個是處，積習久自然貫通，便真個見得理一。禪者云『如桶底脱相似』，可謂大悟。到底不曾曉得，纔遇事又却迷去。」德明。〔一一六〕

或問：「明道説：『學者須先識仁，仁者渾然與物同體。孟子言「萬物皆備於我」，反身而誠則爲大樂。若反身未誠，則猶是二物有對，又安得樂？訂頑意思乃備言此體。』夫訂頑一篇，正横渠作也，其説『萬物皆備於我』一段，宜與明道意合。今觀其説似不如此，其言曰：〔一一七〕『「萬物皆備於我」，言萬事皆有素於我也。「反身而誠」，謂行無不慊於心，則「樂莫大焉」。』如明道之説，則物只是物，更不須作事，字説且與〔一一八〕下文『求仁』之説意思貫串。横渠解『反身而誠』爲行無不慊之義，又似來不得。不唯以物爲事，如下文『强恕而行，求仁莫近焉』，如何通貫得爲一意？」答曰：「横渠之説亦好。『反身而誠』，實也。謂實有此理更無不慊處，則仰不愧，俯不怍，『樂莫大焉』。『强恕而行』即是推此理以及人也。我誠有此理，在人亦各有此理，能使人有此理亦如我焉，則近於仁矣。如明道這般説話極好，只是説得太廣，學者難入。」謨。人傑、去僞同。〔一一九〕

「萬物皆備於我矣。反身而誠，樂莫大焉」。萬物不是萬物之迹，只是萬物之理皆備於我。如萬物莫不有君臣之義，自家這裏也有；萬物莫不有父子之親，自家這裏也有；萬物莫不有兄弟之愛，自家這裏也有；萬物莫不有夫婦之别，自家這裏也有。是這道理本來皆備於吾身，反之於吾身，於君臣必盡其義，於父子必盡其親，於兄弟必盡其愛，於夫婦必盡其别。莫不各盡其當然之實理，而無一毫之不盡，則仰不愧，俯不怍，自然是快活。若是反之於身有些子未盡，有些子不實，則中心愧怍，不能以自安，如何得會樂？横渠曰：「『萬物皆備於我矣』，言萬物皆素定於我也。行有不慊於心則餒矣，故『反身而誠，樂莫大焉』。」若不是實做工夫到這裏，如何見得恁地？賀孫。

「萬物皆備於我」，横渠一段將來説得甚實。所謂萬事皆在我者，便只是君臣本來有義，父子本來有親，夫婦本來有别之類，皆是本來在我者。若事君有不足於敬、事親有不足於孝，以至夫婦無别、兄弟不友、朋友不信，便是我不能盡之。反身則是不誠，其苦有不可言者，安得所謂樂！若如今世人説，却是無實事。若〔一二〇〕如禪家之語，只虛空打個筋斗，却無著力處。㽦。

問：「『樂莫大焉』，莫是見得『萬物皆備於我』所以樂否？」曰：「誠是實有此理。檢點自家身命果無欠闕，事君真個忠，事父真個孝，仰不愧於天，俯不怍於人，其樂孰大於此！横渠謂『反身而誠』則不慊於心，此説極有理。」謨。去僞同。〔一二一〕

問「萬物皆備於我」。曰：「未當如此。須從『孟子見梁惠王』看起，却漸漸進步。如看論語，豈可只理會『吾道一以貫之』一句？須先自學而篇漸漸浸灌，到純熟處，其間義理却自然出。」季札。

「反身而誠」，孟子之意主於「誠」字，言反身而實有是理也。爲父而實有慈，爲子而實有孝，豈不快活？若反身不誠是無此理，既無此理，但有恐懼而已，豈得樂哉！道夫。〔一二二〕

或問：「『反身而誠』，是要就身上知得許多道理否？」曰：「是這知見得最爲要緊。」賀孫。

「反身而誠」，見得本具是理，而今亦不曾虧欠了它底。恪。

「反身而誠」則恕從這裏流出，不用勉强。未到恁田地，須是勉强。此因林伯松問「强恕」説。淳。

敬之説：「强恕，只事事要廣充教是當。雖是自家元未免有些病痛，今且着事事勉强做去。」曰：「未至於『反身而誠，樂莫大焉』處，且逐事要推己及人，庶幾心公理得。此處好更子細看。」賀孫。

問「强恕而行」。曰：「此是其人元不曾恕在。故當凡事勉强，推己及人。若『反身而誠』，則無待於勉强矣。」又問：「莫須卓然立志方得？」曰：「也不須如此，飢時便討飯喫。〔一一三〕初頭硬要做一餉，少時却只恁消殺了，到没意思。」元秉。〔一一四〕

强是勉强而行，恕是推己及物。强恕而行是要求至於誠。去僞。謨同。

「强恕而行，求仁莫近」，不可將「恕」字低看了。求仁莫近於恕，「恕」字甚緊。蓋卿。

行之而不著焉章

「習矣而不察」，「習」字重，「察」字輕。可學。

著，曉也；察，識也。方其行之而不曉其所當然，既習矣而猶不識其所以然。人傑。

「行之而不著焉」，行之而不明其當然也；「習矣而不察焉」，習之而不知其所以然也。祖道。〔一一五〕

方行之際則明其當然之理，是行之而著；既行之後則識其所以然，是習矣而察。初間是照管向前去，後來是回顧後面看所行之道理如何。如人喫飯，方喫時知得飯當喫，既喫後則知飯之飽如此。僩。

待文王而後興章

「待文王而後興者，凡民也。若夫豪傑之士，雖無文王猶興」。豪傑質美，生下來便見這道理，何用費力？今人至於沉迷而不反，而聖人爲之屢言之方始肯求，已是下愚了。況又不知求之，則終於爲禽獸而已。蓋人爲萬物之靈，自是與物異。若迷其靈而昏之，則是與禽獸何別。大雅。

霸者之民驩虞如也〔一二六〕章

自「王者之民皞皞如也」而下〔一二七〕「豈曰小補之哉」，皆説王者功用如此。人傑。

又謂：「『所過者化，所存者神』，〔一二八〕『所過者化』只是身所經歷處，如舜耕歷山、陶河濱者是也，略略做這裏過便自感化，不待久留，言其化之速也。」謙之云：「『所存者神』，是心中要恁地便恁地否？」曰：「是。『上下與天地同流，豈曰小補之哉』，只〔一二九〕是逐片逐些子補綴。『上下與天地同流』，重新鑄一番過相似。」恪。

問：「集注云：『所存主處，便神妙不測，所經歷處皆化。』如此，即是民化之也，非所謂〔一三〇〕『大而化之』之『化』。」曰：「作『大化』之『化』有病，則是過了者化物，未過時却凝滯於此。只是所經歷處纔霑著些便化也。雷一震而萬物俱生動，霜一降而萬物皆成實，無不化者。書曰『俾予從欲以治，四方風動』，亦是此意。『所存主處，便神妙不測』，『立之斯立，道之斯行，綏之斯來，動之斯和』，莫知其所以然而然也。」問：「『同流』是與天地同其神化否？」曰：「此難言，各有一分去聲。在裏。」曰：「是個參贊意否？」曰：「亦不是參贊。」德明。

「所過者化，所存者神」。伊川解革卦，言「所過變化，事理炳著」。「所過」謂身所經歷處也。文蔚。

存神、過化，程說甚精，正得孟子本意。「過」是身所經歷處無不感動，如「黎民於變」便是也[一三一]。「存」是存主處，不是主宰，是存這事，這事便來應。二程看文字最精密，如中庸說，門人多不能曉其意。淳。[一三二]

如[一三三]「所過者化」，程子經歷之設[一三四]甚好，蓋不獨是所居久處只曾經涉處便皆化。「所存者神」，存是自家主意處。便不測亦是人見其如此。㽦。

黃子功問：「『所過者化，所存者神』，[一三五]伊川說過是經歷處。[一三六]」答曰：「只是過處人便化，更不待久。」問「所存者神」。曰：「此纔有所存彼便應，言感應之遠[一三七]也，所以荀子云『仁人之兵，所過者化，所存者神』。只是『簞食壺漿以迎王師』處，便是神。」子功曰：「如『舞干羽于兩階，七旬有苗格』，亦是此理。」曰：「然。」文蔚。

問：「伊川云〔一三八〕『經歷處則無不化』。不經歷處如何？」曰：「此言經歷處便化，如在鄉則一鄉化，在天下則天下化。過者，言其感人之速如此，只被後來人説得太重了。『所存者神』，吾心之所存處便成就如神耳，如書云『從欲以治，四方風動』之意。化是人化也，神是事之成就如神也。」謨。去僞、人傑略同。〔一三九〕

問：「過化、存神有先後否？」曰：「初無先後。便如横渠之説，亦無先後。」去僞。謨録同。〔一四〇〕

過化、存神，舊説所應之事過而不留，便能「所存者神」，神即神妙不測。故上蔡云：「『所過者化』故『所存者神』，『所存者神』故『所過者化』。」鄉里李紘才云：「譬如一面鏡，先來照者既去不見了，則後來者又可以照。若先底只在，則不復能照矣。」將做一事説，亦自好，但據孟子本文，則只是身所經歷處便化，心所存主處便神，如「綏斯來，動斯和」。又荀子亦言「仁人之兵，所過者化，所存者神」，似是見成言語，如「金聲玉振」之類，故孟子、荀子〔一四一〕皆用之。荀卿非孟子，必不肯用其語也。公晦。

問：「尋常人説，皆云『所過者化』便能『所存者神』。」曰：「他是就心説。據孟子意乃是就事説。」問：「注引舜事，如何？」曰：「舜在下，只得如此。及見用，則賓四門之屬皆是化。聖人豈能家至户曉，蓋在吾化中者皆是過。」問：「『存神』與『過化』如何别？」曰：「過化言所過即化，存神便有響應意思。」問：「上蔡云：『「所過者化」便「所存者神」，「所存者神」便「所過者化」。』」曰：「此是就心説。事來不留於心便是存神，存神便能過化。橫渠云『性性爲能存神，物物爲能過化』，亦是此説。」可學。

人之所不學而能者章

至之問：「『無他，〔一四二〕達之天下也』，方爲仁義。」曰：「『親親，仁也；敬長，義也』，不待達之天下方始謂爲仁義。『無他，達之天下』，只説達之天下，無别道理。」賀孫。

舜之居深山之中章

道夫〔一四三〕問：「『舜聞善言見善行，若決江河，沛然而莫能禦』，其未有所聞見時，氣象如何？」曰：「湛然而已。其理充塞具備，一有所觸，便沛然而不可禦。」問：「學者未有聞見之時，莫須用持守而不可放逸否？」曰：「纔知持守，已自〔一四四〕聞善言、見善行了。」道夫。

無爲其所不爲章

敬之問「無爲其所不爲，無欲其所不欲」。答曰：「人心至靈，其所不當爲、不當欲之事，何嘗不知。但初間自知了，到計較利害却自以爲不妨，便自冒昧爲之、欲之耳。今既知其所不當爲、所〔一四五〕不當欲者，便要來這裏截斷，斷然不爲、不欲，故曰『如此而已矣』。」恪。

人之有德慧術知章

或問德慧、術知。曰：「德慧純粹，術知聰明。須有朴實工夫方磨得出。」履孫。

廣土衆民章

敬之問：「『君子所性，雖大行不加焉，雖窮居不損焉』。君子但當自盡吾心之天理，雖達而在上，做出事業功名，亦只似雲浮於太虛之中，於我何有哉？」曰：「『中天下而立，定四海之民』，固是人所欲。與其處畎畝之中，孰若進而得行其道，使天下皆被其澤？要得出行其道者亦是人之所欲，但其用其舍，於我性分之內本不相關。進而大行，退而窮居，於我性分之內無所加損。」賀孫。

敬之問「君子所性」。曰：「此是説生來承受之性。『仁義禮智根於心』，便見得四端着在心上，相離不得。纔有些子私意便劃斷了那根，便無生意。譬如木根，着在土上方會生，其色也睟然，都從那根上發出來。且『性』字從『心』，便見得先有這心，便有許多物在其中。」恪。

淳〔一四六〕問：「『仁義禮智根於心』，何謂根？」曰：「養得到、見得明，便自然生根，此是人功夫做來。」淳。

又〔一四七〕曰：「雖是自家合下都有這個物，若有些子私欲夾雜在其中，便把好底和根都剗去了。」賀孫。

孔子登東山而小魯章

「『遊於聖人之門者難爲言』。學而不從這裏，則所爲雖善，要爲好事，終是有不是處。」因言：「舊見劉子澄作某處學記，其中有雖不能爲向上事，亦可以做向下一等之意，大概是要退，如此便不得。」人傑。

至之問「孔子登東山而小魯」一節。先生曰：「此一章如詩之有比興。比者，但比之以他物而不説其事如何；興，則引物以發其意而終説破其事也。如『孔子登東山而小魯』至『遊於聖人之門者難爲言』，此興也。『觀水有術，必觀其瀾』至『容光必照焉』，此比也。『流水之爲物也』至『不成章不達』，此又是興也。比者，如『鶴鳴于九皐』之類；興者，如『他人有心，予忖度之』，上引『毚兔』、『柔木』之類是也。『流水之爲物也，不盈科不行；君子之志於道也，不成章不達』，蓋人之爲學，須是務實，乃能有進。若這裏工夫欠了分毫，定是要透過那裏不得。」時舉。

問：「『必觀其瀾』，是因其瀾處便見其本耶？抑觀其瀾，知其有本了，又須窮其本之所自來?」曰:「若論水之有原本,則觀其流必知其有原。然流處便是那原本,更去那裏别討個〔一四八〕本?只那瀾便是那本了。若非本,何處有那流?若説觀其瀾又須觀其本,則孟子何不曰『必觀其本』?他説『觀其瀾』便是就瀾處便見其本。」僩。

雞鳴而起章

用之問:「舜『孳孳爲善』,『未接物時,只主於敬便是爲善』。以此觀之,聖人之道不是默然無言。聖人之心『純亦不已』,雖無事時也常有個主宰在這裏。固不是放肆,亦不是如槁木死灰。」曰:「這便也〔一四九〕如夜來説『只是有操而已』一段。如今且須常存個誠敬做主,學問方有所歸着。如有個〔一五〇〕屋舍了,零零碎碎方有頓處。不然,却似無家舍人,雖有千萬之寶,亦無安頓處。今日放在東邊草裏,明日放在西邊草裏,終非己物。」賀孫。

敬之問:「『利與善之間也』,這個利非是有心於爲利。只是〔一五一〕見理不明,纔差些便入那邊去。」曰:「然。纔差向利邊去,只見利之爲美。」賀孫。

「利與善之間」,不是冷水便是熱湯,無那中間温入聲。〔一五二〕吞入聲。〔一五三〕煖處也。僩。

「利善若只是利善,則易理會。今人所爲處都是利,只管硬差排道是善。今人直是差處多。只一條大路,其餘千差萬别,皆是利〔一五四〕路。」因舉張子韶小説云云。賀孫。

「利與善之間」。若纔有心要人知，要人道好，要以此求利禄，皆爲利也。這個極多般様，雖所爲皆善，但有一毫欣慕外物之心，便是利了。如一塊潔白物事，上面只着一點黑，便不得爲白矣。又如好底物事，如腦子之屬，上面只着一點糞穢，便都壞了，不得爲香矣。若是糞穢上面假饒着一堆腦麝，亦不濟事。做善須是做到極盡處，方唤做善。僩。

楊子取爲我章

道夫〔一五五〕問：「楊墨固是皆不得中。至子莫又要安排尋〔一五六〕討個中執之。」曰：「子莫見楊墨皆偏在一處，要就二者之中而執之，正是安排尋討也。原其意思固好，只是見得不分明，依舊不是。且如『三過其門而不入』，在禹稷之時則可，在顔子則不可。『居陋巷』，在顔子之時則是中，在禹稷之時則非中矣。『居陋巷』則似楊氏，『三過其門而不入』則似墨氏。要之，禹稷似兼愛而非兼愛，顔子似爲我而非爲我。」道夫云：「某〔一五七〕常記先生云：『「中」，一名而函二義。這個「中」要與喜怒哀樂未發之「中」異，與中庸〔一五八〕之「中」同。』」曰：「然。」道夫。

堯舜性之也章

「堯舜性之也」，「性」字似「稟」字。「湯武身之也」，是將這道理做成這個渾身，將這渾身做出這道理。「五伯假之也。久假而不歸，惡知其非有也」，舊時看此句甚費思量。有數樣說，今所留子說[一五九]也自倒斷不下。僩。

「湯武反之」，其反之雖同，然細看來武王終是疏略，成湯却孜孜向進。如其伐桀，所以稱桀之罪只平說過，又放桀之後「惟有慚德」。武王數紂至於極其過惡，於此可見矣。人傑。[一六〇]

或問：「『仁，人心也』。若假借爲之，焉能有諸己哉？而孟子却云五霸『久假而不歸，烏知其非有』，何也？」曰：「此最難說。前輩多有辨之者，然卒不得其說。『惡知』二字爲五霸設也，如云五霸自不知也。五霸久假而不歸，安知其亦非己有也。」去僞。議同。[一六一]

湯武固皆反之，但細觀其書，湯反之工[一六二]恐更精密。又如湯誓與牧誓數桀、紂之罪，詞氣亦不同。史記但書湯放桀而死，書武王則云[一六三]遂斬紂頭懸之白旗。又曰湯「有慚德」，如武王，恐亦未必有此意也。元秉。[一六四]

問：「『久假不歸，惡知其非有』。舊解苟[一六五]謂使其能久假而不歸，烏知終非其有？」曰：「諸家多如此說，遂引惹得司馬溫公、東坡來闢孟子。」問：「假之之事，如責楚包茅不貢，與夫初歸[一六六]三命之類否？」曰：「他從頭都是，無一事不是。如齊桓尚自白直，恁地假將去。至晉文公做了千般蹺欹，所以夫子有正、譎之論。博議說譎、正處甚好，但說得來連自家都不好了。」又曰：「假之非利之之比。若要識得假與利，只看真與不真、切與不切。『如好好色，如惡惡臭』，正是利之之事也。」道夫云：「『安仁』便是『性之』，『利仁』便是『反之』，『假之』之規模自與此別。」曰：「不干涉。如『勉强而行』亦非此比。安、利、勉强皆是真切，但有熟不熟耳。」頃之，歎曰：「天下事誰不恁地！且如漢祖三軍縞素爲義帝發喪，他何嘗知所謂君臣之義所當然者！但受教三老，假此以爲名目〔一六七〕而濟其欲爾。」問：「如夫子稱管仲『如其仁』，也是從『假』字上説來否？」曰：「他只是言其有仁之功，未説到那『假』字上在。且如孺子入井，有一人取得出來，人且稱其仁，亦未説到那『納交、要譽、惡其聲而然』。」道夫問：「如此説，則『如』字如何解？」曰：「此直深許其爲仁耳。人多説是許其似仁而非仁，以文勢觀之，恐不恁地，只是許其仁耳。」道夫云：「『假之之事，真所謂『幽沉仁義』，非獨爲害當時，又且流毒後世。』」曰：「此孟子所以不道桓文而卑管晏也。且如興滅繼絶，誅殘禁暴，懷諸侯而尊周室，百般好事他都做，只是無惻怛之誠心。他本欲他事之行，又恰有這題目入得，故不得不舉行。」道夫云：「此邵子所以有『功之首，罪之魁』之論。」曰：「他合下便是恁地。」道夫。

士何事章〔一六八〕

王子墊問士尚志一段，中間反覆説「仁義」二字，都有意，須思量得。僩。

舜爲天子章[一六九]

舜爲天子，皋陶爲士，瞽瞍殺人。此亦言舜之心耳，非謂必有是事也。文蔚。[一七〇]

問：「瞽瞍殺人，在皋陶則只知有法而不知有天子之父，在舜則只知有父而不知有天下。此只是聖賢之心坦然直截當事理[一七一]，不要旁[一七二]生枝節否？抑別有意耶？[一七三]」曰：「別亦無意，孟子只是言聖賢之心合下是如此權制，[一七四]有未暇論然到極不得已處，亦須變而通之。蓋法者天下公共，在皋陶亦只得執之而已。若人心不許舜棄天下而去，則便是天也。皋陶亦安能違天？蓋法與理便即是人心[一七五]，亦須是合下有如此底心方能爲是權制。今人於事合下無如此底心，其初便從權制去，則不可。」淳。

「桃應之問，孟子之對，楊氏有『議貴』之説，如何？」曰：「使舜爲天子，欲[一七六]免瞽瞍，則生議貴之法矣。」人傑。

孟子自范之齊章

問：「孟子言『居移氣，養移體』後，却只論居不論養，豈非居能移人之氣，亦如養之能移人之體乎？」曰：「有是居則有是養。居公卿則自有公卿底奉養，居貧賤則自有居貧賤底奉養。

言居則養在其中。」去僞。

形色天性章

至之問「形色，天性也〔一七七〕」。曰：「有這形便自有這色，所以下文只說『踐形』，蓋色便在形裏面。色，猶言容貌也。」時舉問：「『形』、『色』自是兩字否？」曰：「固是。」時舉。問：「『形色天性』，〔一七八〕『色』字如何？」曰：「『色』，只是〔一七九〕有形便有色，如『動容周旋中禮』，則色自正。如祭祀則必有敬之色，臨喪則必有哀之色，故下文只言『踐形』。」僩。

形色上便有天性。視便有視之理，聽便有聽之理。閎祖。

敬之問「形色天性」。答曰：「凡一嚬一笑、一語一默，無非天理。惟聖人爲能盡之也。」時舉。〔一八〇〕

「惟聖人可以踐形」。非踐履之謂，蓋言聖人所爲便踏着個〔一八一〕形色之性耳。道夫。

「踐形」，是有這個物事，脚實踏着，不闕了他個。有是形便有是理，盡得這個理，便是踐得這個形。耳目本有這個聰明，若不盡其聰明時，即〔一八二〕便是闕了這個形，不曾踐得。恪。

「孟子『形色天性也』，却云唯聖人然後可以踐形，而獨不云色，何也？」〔一八三〕曰：「有此形則有此色，如鳥獸之形自有鳥獸顏色，草木之形自有草木顏色。言形則色在其中矣。」謨。人

傑同。〔一八四〕

盡性，性有仁，須盡得仁；有義，須盡得義，無一些欠闕方是盡。踐形，人有形，形必有性。耳，形也，必盡其聰然後能踐耳之形；目，形也，必盡其明然後能踐目之形。踐形，如「踐言」之「踐」。伊川云「踐形是充人之形」，盡性、踐形只是一事。閎祖。

「形色天性也」。聖人然後可以踐形。〔一八五〕人之有形有色，無不各有自然之理，所謂天性也。惟聖人能盡其性，故即形即色，無非自然之理。所以人皆有是形，而必聖人然後可以踐其形而無歉也。「踐」如「踐言」之「踐」，伊川以爲「充人之形」是也。人傑。

飛卿問：「既是聖人，如何却方可以踐形？」曰：「踐如掩覆得過底模樣，如伊川説充其形已，自是説得好了。形只是這形體，色如『臨喪則有哀色，介胄則有不可犯之色』之類。天之生人，人之得於天，其具耳目口鼻者，莫不皆有此理。耳便必當無有不聰，目便必當無有不明，口便必能盡别天下之味，鼻便必能盡别天下之臭，聖人與常人都一般。惟衆人有氣禀之雜、物欲之累，雖同是耳也而不足於聰，雖同是目也而不足於明，雖同是口也而不足以别味，雖同是鼻也而不足以别臭。是雖有是形，惟其不足，故不能充踐此形。惟聖人，耳則十分聰而無一毫之不聰，目則十分明而無一毫之不明，以至於口鼻莫不皆然。惟聖人如此，方可以踐此形；惟衆人如彼，自不可以踐此形。」賀孫。

君子所以教者五章

或問：「『君子之所以教者』，諸先生説得如何？」曰：「諸先生不曾説得分明。曾子學到孔子田地，故孔子與他説一貫之道，此所謂『知時雨化之者也』。時雨云者，不先不後，適當其時而已。成德，如顔淵、閔子騫者是也。達財，如冉有、季路是也。答問，如孟子與公孫丑、萬章之徒是也。有私淑艾者，橫渠謂『正己而物正』，非然也。此五者，一節輕似一節。『大人正己而物正』，大小大事不應安排在答問之下。以某觀之，此言爲不曾親聖人者設也。彼雖不曾承聖人之誨，私得於善治孔子之道者，亦足以發也，故又在答問之下。」去僞。

君子引而不發章〔一八六〕

「引而不發」。引，引弓也；發，發矢也。躍如，如踴躍而出，猶言「活潑潑地」也。人傑。躍如，是道理活潑潑底發出在面前，如由中躍出。升卿。

「君子引而不發，躍如也」。須知得是引個甚麽？是怎生地不發？又是甚麽物事躍在面前？須是聳起這心與他看，教此心精一，無些子夾雜，方見得他那精微妙處。又曰：「道理散在天下事物之間，聖賢也不是不説，然也全説不得，自是那妙處不容説。然雖不説，只纔挑動那頭了時，那個物事自跌落在面前。如張弓十分滿而不發箭，雖不發箭，然已知得真個是中這物事了。須是精一其心，無些子他慮夾雜方看得出。」僩。

「『引而不發，躍如也』與『舉一隅不以三隅反』同意否？」曰：「這般有問答處儘好看，這見得恁地問便恁地答，最是酬酢處見意思，且自去看。」賀孫。〔一八七〕

或問：「范謂：『君子之射，引而不發以待彀與的之相偶。心欲必中，故躍如也。』此說如何？」曰：「范氏此說最好笑！豈有君子之射常引而不發者乎！只管引而不發，却成甚射也！『引而不發』之語，只緣上文說射，故有此語。此只是言君子之教人，但開其端以示人而已，其中自有個躍如底道理。學者須是識得這個道理，方知君子教人爲甚忠。故下云『中道而立，能者從之』。」從周。人傑、謨同。〔一八八〕

知者無不知也章〔一八九〕

問：「『知者無不知也，當務之爲急；仁者無不愛也，急親賢之爲務』。〔一九〇〕且〔一九一〕如舜舉皋陶，湯舉伊尹，所謂親賢者，乃治天下者不易之務。若當務之急，是隨其時勢之不同。堯之曆象、治水，舜之舉相、去凶，湯之伐夏、救民，皆所務之急者。」曰：「也是如此。然當務之急，如所謂『勞心者治人，勞力者治於人。堯舜之治天下，豈無所用其心？亦不用於耕耳』。又如夫子言『務民之義』，應係所當爲者，皆是也。」輔漢卿〔一九二〕問：「『不能三年之喪而緦小功之察，放飯流歠而問無齒決，是之謂不知務』，却止説智，不説仁？」曰：「便是併與仁説。所謂『急親賢之爲務』，豈不爲仁乎？」先生因是〔一九三〕推言：「學者亦有常務。如孟子論今樂古樂，則與民同樂乃樂之本，學者所當知也。若欲明其聲音節奏，特樂之一事耳。又如修緝禮書，亦是學者之一事，學者須要窮其源本，放得大水下來則如海潮之至，大船小船莫不浮泛者，上面無水來，則大船小船都動不得。如講學既能得其大者，則小小文義自是該通。若只於淺處用功，則必不免沉滯之患矣。」人傑。

「知者無不知也」。問：「知在先否？」曰：「也是如此，亦不學如此。固是用知得審。若知不審，以賢爲否，以否爲賢，少間那仁上便安頓不着。」僩。

正淳問：「『急先務』一段何如？」曰：「人人各有當務之急。『或勞心，或勞力，勞心者治人，勞力者治於人』，此各有所急也。『堯以不得舜爲己憂，舜以不得禹、皐陶爲己憂』，此聖人之所急也。『上好禮則民莫敢不敬，上好義則民莫敢不服，上好信則民莫敢不用情』。若學圃、學稼則是不急。今人讀書中亦自有合着急處，若是稍慢處理會未得也且放過不妨，緊要處須着理會。」又問：「『急親賢也，急先務也』，治天下莫過於親賢，知却隨時因事爲之，故不指言。如舜之舉相、去凶，是舜之先務，禹之治水，是禹之先務，何如？」曰：「大略是如此。下文云『此之謂不知務』，須是凡事都有輕重緩急。如眼下修緝禮書固是合理會，若只知有這個都困了，也不得。又須知自有要緊處乃是當務，又如孟子答『今之樂，猶古之樂』，這裏且要得他與百姓同樂是緊急。若就這裏便與理會今樂若〔一九四〕古樂，便是不知務。」賀孫。〔一九五〕

晦庵先生朱文公語類卷第六十一

孟子十一

盡心下

盡信書不如無書[一]章

「血流漂杵」，[二]孟子説「盡信書不如無書」者，只緣當時恁地戰鬬殘戮，恐當時人以此爲口實，故説此。然「血流漂杵」，看上文自説「前徒倒戈，攻其後以北」，「血流漂杵」[三]不是武王殺他，乃紂之人自蹂踐相殺。荀子云：「所以殺之者，非周人也，商人也。」賀孫。

舜之飯糗茹草章

或問：「『二女果』，趙氏以『果』爲『侍』，有所據否？」曰：「某嘗推究此。廣韻從『女』從

『果』者亦曰『侍也』。」去僞。

好名之人章

「好名之人能讓千乘之國，苟非其人，簞食豆羹見於色」，[四]蓋能[五]讓千乘之國，惟賢人能之，然好名之人亦有時而能之。然若不是真個能讓之人，則於小處不覺發見矣。蓋好名之人本非真能讓國也，徒出一時之慕名而勉强爲之耳。然這邊雖能讓千乘之國，那邊簞食豆羹必見於色。東坡所謂「人能碎千金之璧，而不能不失聲於破釜」，正此意也。「苟非其人」，其人指真能讓國者，非指好名之人也。僩。

徐孟寶問「好名之人能讓千乘之國」。答曰：「會得東坡説『能碎千金之璧，不能不失聲於破釜』否？」徐[六]云：「如此，則『能讓千乘之國』只是好名，至『簞食豆羹見於色』却是實情也。」曰：「然。」徐[七]云：「如此説時，好名大故未是好事在。」曰：「只李守約之祖光祖删定，曾如此説來。某嘗把此一段對『向爲身死而不受』一段爲義。蓋前段是好名之心勝，大處打得過，小處漏綻也。動於萬鍾者是小處遮掩得過，大處發露也。」大雅。

民爲貴章

「『旱乾水溢則變置社稷』，〔八〕伊川云：『勾龍配食於社，棄配食於稷。始以其有功於水土，故祀之。今以其水旱，故易之。』夫勾龍與棄，誠有功於水土者也。後世祀之，不忘本爾。旱乾水溢，數存乎天，以是變置，彼何罪焉？〔九〕二神之功，萬世所賴；旱乾水溢，一時之災。以一時之災而遽忘萬世之功，可乎？二神，天下之通祀者也。此國水旱，此國廢之，詎能使他國之皆不祀耶？一國之不祀而他國祀之，猶無廢也。伊川乃如此言，果可盡信否？〔一〇〕」曰：「『變置社稷』，非謂〔一一〕易其人而祀之，如伊川之說也，蓋言遷社稷壇場於他處耳。」謨。

仁也者人也章

或問「仁者，人也」。曰：「仁是仁，不可說。故以人爲說者，是就人性上說。」節。

「仁者，人也」。人之所以爲人者，以其有此而已。一心之間渾然天理，動容周旋，造次顛沛，不可違也。一違則私欲間乎其間，爲不仁矣。雖曰二物其實一理，蓋仁即心也，不是心外別有仁也。椿。

「仁者，人也。合而言之，道也」，此是說此仁是人底道理，就人身上體認出來。又就人身上説，合而言之便是道也。僩。

「仁者，人也」，非是以人訓仁。且如君臣之義，君臣便是人，義便是仁；盡君臣之義即是道，所謂「合而言之」者也。賀孫。〔一二〕

或問：「『仁者人也，合而言之，道也』，如何？」先生云：〔一三〕「人之所以得名，以其仁也。言仁而不言人，則不見理之所寓，言人而不言仁，則人不過是一塊血肉耳。必合而言之方見得道理出來。」因言：「『仁』字最難形容，是個柔軟有知覺、相酬接之意，此須是自去體認，『切問而近思，仁在其中矣』。」〔一四〕

問：「孟子曰『仁也者，人也』一章，〔一五〕先生謂外國本下更有『云云』者，何所據？」曰：「向見尤延之説高麗本如此。」廣。

問：「仁與道如何分別？」曰：「道是統言，仁是一事。如『道路』之『道』，千枝百派皆有一路去。故中庸分道德曰父子、君臣以下爲天下之達道，智仁勇爲天下之達德。君有君之道，臣有臣之道。德便是個行道底。故爲君主於仁，爲臣主於敬。仁〔一六〕可喚做德，不可喚做道。」寓。〔一七〕

淳〔一八〕問「仁也者，人也」。曰：「此『仁』字不是别物，即是這人底道理。將這仁與人合便是道，程子謂此猶『率性之謂道』也，如中庸『仁者人也』是對『義者宜也』，意又不同。『人』字是以人身言之，『仁』字有生意，是言人之生道也。中庸說『仁』字又密，上言『修身以道，修道以仁』，便說『仁者人也』，是切己言之。孟子是統而言之。」徐問禮記「仁者右也，道者左也；仁者人也，道者義也」。曰：「這般話理會作甚！」淳。

貉稽曰稽大不理於口〔一九〕章

或問：「孟子曰：『「憂心悄悄，愠于群小」，孔子也；「肆不殄厥愠，亦不隕厥問」，文王也。』〔二〇〕夫〔二一〕『肆不殄厥愠，亦不隕厥問』，此大雅緜之八章所以言文王者如此，〔二二〕孟子以是稱文王無足怪者〔二三〕。若〔二四〕『憂心悄悄，愠于群小』，此則衛邶柏舟之詩也，〔二五〕何與孔子？而孟子〔二六〕以此稱孔子，何也？」曰：「此不必疑。如見毁於叔孫，幾害於桓魋，皆『愠于群小』也。辭則衛詩，意似孔子之事，故孟子以此言孔子。至於緜詩『肆不殄厥愠』之語，注謂說文王。以詩考之，上文正說太王，下文豈得便言文王如此？意其間須有闕文。若以爲太王事，則下文〔二七〕却有『虞芮質厥成』之語。某嘗作詩解，至此亦曾有說。」謨。去僞同。〔二八〕

口之於味也章

徐震問：「『口之於味』以至『四肢之於安佚』，是性否？」曰：「豈不是性？然以此求性不可，故[二九]『君子不謂性也』。」人傑。

敬之問：「『有命焉，君子不謂性也』，『有命焉』乃是聖人要人全其正性。」曰：「不然。此分明說『君子不謂性』，這『性』字便不全是就理上說。夫口之欲食，目之欲色，耳之欲聲，鼻之欲臭，四肢之欲安逸，如何自會恁地？這固是天理之自然。然理附於氣，這許多却從血氣軀殼上發出來。故君子不當以此爲主，而以天命之理爲主，都不把那個當事，但看這裏合如何。『有命焉，有性焉』，此『命』字與『性』字是就理上說。『性也，君子不謂性也；命也，君子不謂命也』，此『性』字與『命』字是就氣上說。」賀孫。

「仁之於父子，義之於君臣，禮之於賓主，智之於賢者，聖人之於天道，命也；有性焉，君子不謂命也。」此「命」字有兩說，一以所稟言之，一以所值言之。集注之說是以所稟言之。清而厚則仁之於父子也至，若瞽瞍之於舜，則薄於仁矣；義之於君臣也盡，若桀紂之於逢干，則薄於義矣。禮薄而至於賓主之失其歡，智薄而至於賢者之不能盡知其極。至於聖人之於天道，有「性之、反之」之不同。如堯舜之盛德固備於天道，若「禹入聖域而不優」，則亦其稟之有未純處，是皆所謂命也。人傑。

或問：「『聖人之於天道』，文勢與上文一否？」曰：「與上文一。『堯舜性之』，則盡矣；『湯武身之』，則未也。」履孫。

「性也，有命焉，君子不謂性。命也，有性焉，君子不謂命」，是因甚有兩樣？闔祖。

「性也，有命焉」，「性」字兼氣稟而言。「命也，有性焉」，此「性」字專言其理。伯羽。

「口之於味，〔三〇〕性也，有命焉」，此「性」是氣稟之性，「命」則是限制人心者。「仁之於父子，〔三一〕命也，有性焉」，此「命」是氣稟有清濁，「性」則是道心者。公晦。

直卿云：「孟子『論性命』章，〔三二〕兩『性』字、兩『命』字都不同。上面『性』字是人心，下面『性』字是道心。上面『命』字是氣，論貧富貴賤；下面『命』字是理，論智愚賢不肖。」正。〔三三〕

問：〔三四〕「『君子不謂性命』章，前段說性是物欲之性，命是命分；後段說性是仁、義、禮、智之性，命是稟賦之命。似各不同。」曰：「只是一般。此亦不難解，有甚麼玄妙？只將自家身看便見。且如嗜芻豢而厭藜藿，是性如此，然芻豢分無可得，只得且喫藜藿。如父子有親，有相愛底，亦有不相愛底，有相愛深底，亦有相愛淺底，此便是命。然在我有薄處便當勉强以至其厚，然〔三五〕在彼有薄處吾當致厚以感他厚〔三六〕。如瞽瞍之頑，舜便能使『烝烝乂，不格姦』。」

胡〔三七〕問：「瞽瞍之惡彰彰於天下後世，舜何以謂之『大孝』？」曰：「公且自與他畫策。瞽瞍頑嚚，天知地聞，舜如何掩得！且説今遇瞽瞍之父，公便要如何？」安卿。〔三八〕

或問「命」字之義。曰：「命謂天之付與，所謂天令。之所謂命有兩般：〔三九〕有以氣言者，厚薄清濁之〔四〇〕不同也，如所謂『道之將行、將廢，命也』、『君子不謂命』〔四一〕是也；有以理言者，天道流行，付與在人則爲仁、義、禮、智之性，如所謂『五十而知天命』、『天命之謂性』是也。二者皆天所付與，故皆曰命。」又問：「孟子謂『性也，有命焉』，此『性』所指謂何？」曰：「此『性』字指氣質而言，如『性相近』之類。此『命』字却合理與氣而言，蓋五者之欲固是人性，然有命分，既不可謂我性之所有而必求得之，又不可謂我分可以得而必極其欲。如貧賤不能如願，此固分也；富貴之極可以無所不爲，然亦有限制裁節，又當安之於理。如紂之酒池肉林，却是富貴之極而不知限節之意，若以其分言之固無不可爲，但道理却恁地不得。今人只説得一邊，不知合而言之未嘗不同也。『命也，有性焉』，此『命』字專指氣而言，此『性』字却指理而言。如舜遇瞽瞍固是所遇氣數，然舜惟盡事親之道期於底豫，此所謂盡性。大凡清濁厚薄之稟皆命也，所造之有淺有深，所遇之有應有不應，皆厚薄清濁之分不同。且如聖人之於天道，如堯舜則是性之，湯武則是身之，禹則『入聖域而不優』，此是合下所稟有清濁，而所造有淺深不同。如夫子之聖而不得位以行其道，文王之囚羑里，〔四二〕此是合下來所稟有厚薄而所遇有應不應，但其命雖如此，又有性焉，故當盡性。大抵孟子此語是各就其所重言之，所以伸此而抑彼，如論語所説審富貴而安貧賤之意，蓋〔四三〕張子所謂『養則自〔四四〕命於天，道則責成於己』是也。」又曰：〔四五〕「自要看得活。道理不是死底物，在人自着力也。」〔四六〕銖。

或問「君子不謂性命」。曰：「論來『口之於味，目之於色，耳之於聲，鼻之於臭，四肢之於安佚』，固是性，然亦便是合下賦予之命。『仁之於父子，義之於君臣，禮之於賓主，智之於賢者，聖人之於天道』，固是命，然亦便是各得其所受之理便是性。孟子恐人只見得一邊，故就其所主而言。舜禹相授受，只説『人心惟危，道心惟微』。論來只有一個心，那得有兩樣？只就他所主而言，那個便唤做『人心』，那個便唤做『道心』。人心如『口之於味，目之於色，耳之於聲，鼻之於臭，四肢之於安佚』，若以爲性所當然，一向惟意所欲却不可。蓋有命存焉，須着安於定分，不敢少過始得。道心如『仁之於父子，義之於君臣，禮之於賓主，智之於賢者，聖人之於天道』，若以爲命已前定，任其如何更不盡心，却不可。蓋有性存焉，須着盡此心以求合乎理始得。」又曰：「『口之於味，目之於色，耳之於聲，鼻之於臭，四肢之於安佚』，這雖説道性，其實這已不是性之本原。惟性中有此理，故口必欲味，耳必欲聲，目必欲色，鼻必欲臭，四支必欲安佚，自然發出如此。若本無此理，口自不欲味，耳自不欲聲，目自不欲色，鼻自不欲臭，四支自不欲安佚。」賀孫。

「『君子不謂性命』一章，只要遏人欲、長天理。前章〔四七〕人以爲性我所有，須要必得；後章〔四八〕人以爲命則在天，多委之而不修。所以孟子到人説性處却曰『有命』，人説命處却曰『有性』。」或曰：「先生嘗言『前章〔四九〕要輕看，後章〔五〇〕要重看』。」曰：「固有此理，想曾言之。」謨。

問：「『智之於賢者，聖人之於天道』，集注尚存兩説。」曰：「兩説皆通，前章又似周密。」

問：「賢者必智，何爲却有淺深？天道必在聖人，何爲却有厚薄？」曰：「聖賢固有等差。如湯武之於堯舜，武王之於文王，便自可見。」謨。

或問：「孟子言『君子不謂性命』，[五一]伊川曰：『口、目、鼻、耳、四支之欲，性也。然有分焉，不可謂我須要得，是有命也。』又曰：『「仁之於父子」止「聖人之於天道」，謂之命者以其稟受有厚薄故也。然其性善可學而盡，故謂之性與。』天[五二]人之分量固有厚薄，所以其口、目、耳、鼻、四支之欲不可以言性，伊川前説是矣。若夫[五三]仁、義、禮、智、天道，此天之所以命於人，所謂『本然之性』者是[五四]也。今曰命有厚薄，則是本然之性有兩般也，豈其然乎？[五五]若曰伊川以厚薄言人氣質稟受於陰陽五行者如此，孟子不應言命。若以氣質厚薄之[五六]命，則是天之降才爲有殊矣。某又嘗疑此一節[五七]如言仁則曰『仁之於父子』，如[五八]言義則曰『義之於君臣』，言禮、言智亦然。至言天道，則曰『聖人之於天道』，文勢至是當少變邪，抑所以變者[五九]自有意邪？」曰：「孟子言『降才』且如此説。若命則誠有兩般，以由[六〇]稟受有厚薄也，又不可謂稟受爲非命也。大抵天命流行，物各有得，不謂之命不可也。命，如人有貧富貴賤，豈不是有厚薄？『知之於賢者』則有小大，『聖人之於天道』亦有盡不盡處。只如『堯舜性之』則是盡得天道，『湯武身之』則是於天道未能盡也。此固是命，然不可不求之於性。」人傑。[六一]

問：「『智之於賢者』，或云『吾既有智，則賢者必見知[六二]』，此説如何？」曰：「如此解，以論[六三]勢倒而不順。須從横渠云[六四]『晏嬰之智而不知仲尼，豈非命歟』。然此『命』字恐作兩段[六五]看，若作所禀之命，則是嬰禀得智之淺者；若作命分之命，則晏子偶然蔽於此，遂不識夫子。此是作兩般看。」賜。

劉問：「孟子『性也，有命焉，有性焉』，看得[六六]將性、命做兩件。子思『天命之謂性』又合性命爲一。如何？」曰：「須隨聖賢文意看。孟子所謂命是兼氣禀而言，子思專以天所賦而言。」又問：「易言『窮理盡性，以至於命』，如何？」先生不答。少頃，曰：「不要如此看文字。游定夫初見伊川，問『陰陽不測之謂神』。伊川曰：『賢是疑了問，只揀難底問？』後來人便道游將難底問。大意要且將聖賢言語次第看，看得分曉，自然知得。伊川易傳序云：『求言必自近。易於近者，非知言者也。』此伊川喫緊爲人處。」寓。

或問「聖人之於天道」一段，以示諸友。祖道曰：「伯豐舉錢文季之説，大概言命處只將所爲[六七]禀之命，莫是偏了？」曰：「此説亦是。如集注中舉横渠説云，以晏子之賢而不識孔子，豈非命也？已有此意了。如伯豐見識所立，亦甚難得。」祖道。

樂正子何人也章[六八]

「可欲之謂善」。可欲只是説這人可愛也。淳。

善人只是渾全一個好人，都是「可欲」，更無些可嫌處。審如是言，則「可欲」云者，惟已到善人地位者乃可當。學者必須於「善」字上求用功處，但莫做可憎可惡便了。人傑。〔六九〕

問「可欲之善」。曰：「爲君仁、爲臣敬、爲父慈、爲子孝是也。外是而求則非。」大雅。

時舉〔七〇〕問：「『可欲之謂善』，若作人去欲他，恐與『有諸己之謂信』不相協。蓋『有諸己』是說樂正子身上事，『可欲』却做人說，恐未安。」曰：「此便是他有可欲處人便欲之〔七一〕，豈不是渠身上事耶？與下句非不相協。」時舉。

問「可欲之謂善，有諸己之謂信，充實之謂美」。曰：「善人只是個〔七二〕資質好底人，孔子所謂『不踐跡，亦不入於室』者是也。是個都無惡底人，亦不知得如何是善，只是自是個好人而已。『有諸己之謂信』便〔七三〕是都知得了，實是如此做。此是就心上說，心裏都理會得。『充實之謂美』是就行上說，事事都行得盡，充滿積實，美在其中而無待於外。如公等說話，都是去外面旋討個善來栽培放這裏，都是有待於外。如仁，我本有這仁却不曾知得，却去旋討個仁來注解了方曉得這是仁，方堅執之而不失。如義，我元有這義却不曾知得，却旋去討個義來注解了方曉得這是義，堅守之而勿失。這都是有待於外。無待於外底，他善都在裏面流出來，韓文公所謂『足乎己，無待於外之謂德』是也。有待於外底，如伊川所謂『富人多寶，貧子惜〔七四〕看』之喻是也。」又曰：「『可欲之謂善』，如人有百萬貫錢，世界他都不知得，只認有女〔七五〕使，有屋住，有飯喫，有衣着而已。『有諸己之謂信』，則知得我有許多田地，有許多步畝，有許多金銀珠玉，是如何營運，是從那裏來，盡知得了。」僩。

古人用「聖」字有兩樣。「大而化之之謂聖」是一般。如「知仁聖義」之「聖」又是一般〔七六〕，此只是〔七七〕通明亦謂之聖。學蒙。〔七八〕

問「可欲之謂善」至「聖而不可知之謂神」。曰：「善，渾全底好人，無可惡之惡，有可喜可欲之善。『有諸己之謂信』，謂〔七九〕真個有此善。若不有諸己則若存若亡，如此則〔八〇〕不可謂之信。自此而下，雖一節深如一節，却易理會。『充實』謂積累之〔八一〕，『光輝』謂發見於外。『化』則化其大之之迹之謂聖〔八二〕，『聖而不可知』處便是神也。所以明道言『仲尼無迹，顏子微有迹，孟子其迹著』。」或問顏子之微有迹處。答云：「如『願無伐善，無施勞』皆是。若孔子有迹，只是人捉摸不着。」去僞。謨同。〔八三〕

「樂正子，二之中」，是知好善而未能有諸己，故有從子敖之失。人傑。〔八四〕

「可欲之謂善」。人之所同愛而目爲好人者，謂之善人。蓋善者人所同欲，惡者人所同惡。其爲人也，有可欲而無可惡，則可謂之善人也。橫渠曰：「志仁無惡之謂善，誠善於身之謂信。」人傑。〔八五〕

問「可欲之謂善」。曰：「橫渠說，善人者志於仁而無惡。蓋可欲底便是善，可惡底便是惡。

若是好善又好惡，却如何得有諸己？此語脈爾，不必深求，只是指人說。〔八六〕」又問：「如〔八七〕至『大而化之』，皆是指人否？」〔八八〕曰：「固是自善信推將去，〔八九〕然須是有個善方推得。譬如合一藥，須先有真藥材，然後和合羅碾得來成藥。若是藥材不具〔九〇〕，雖百物羅碾，畢竟不是。〔九一〕」僴。

道理本平易，多被人說得深了。如「可欲之謂善，有諸己之謂信」，只是統善人信人。人傑。〔九二〕

程子曰：「乾，聖人之分也，可欲之善屬焉；坤，賢人之分也，有諸己之信屬焉。一個是自然，一個是做工夫積習而至。」又曰：「善、信、美、大、聖、神，是六等人。『可欲之謂善』是說資稟好，『可欲』是別人以爲可欲，『有諸己之謂信』是說學。」又曰：「『直方大』，直方然後大。積習而至然後能『不習無不利』。」閎祖。

「伊川云『「大而化之」只是理與己一』，横渠云『大成性之謂聖』，先生云『化其大之迹之謂聖』，三者恐是一意。」曰：「然。」人傑。〔九三〕

或問：「『可欲之謂善』。伊川云『善與「元者善之長」同理』，又曰『善便有個元底意思』。横渠云『求仁必求於未惻隱之前，明善必明於可欲之際』。二先生言善皆是極本窮源之論，發明『善』字而已，至於『可欲』之義，則未有說也。近世學者多要於『可欲』上留意。有曰：『一性之真，其未發也，無思無爲，難以欲言。無欲則無可無不可，及其感而遂通，則雖聖人未免有欲，有欲則可不可形焉。可者，天理也；不可者，人欲也。可者欲之而不可者不欲，非善己乎？』不知此說是否？」曰：「不須如此說。善人只是渾全一個好人，都可愛可欲，更無些憎嫌處。」問：「審如是言，[九四]則『可欲』又自[九五]惟已到善人地位者乃可常[九六]之。若學者可欲爲善，當如何用工？」曰：「『可欲』只是都無可憎惡處。學者必欲於『善』字上求用工處，但莫做可憎可惡事便了。」金録止此。[九七]問：「『充實之謂美』，『充實而有光輝之謂大』，[九八]某竊謂[九九]充實云者，如[一〇〇]信有是善而已。今乃充而實之，非美乎？易曰『美在其中，而暢於四肢』，此之謂也。『充實而有光輝』云者，和順積於中，英華發於外，故此有所形見，彼有所觀覩，非大乎？孟子曰『大人正己而物正』，此之謂也。橫渠謂『充内形外之謂美，塞乎天地之間則有光輝之意』，不知此說然乎？」曰：「橫渠之言非是。」又問：「『大而化之之謂聖，聖而不可知之謂神』，非是聖上別有一般神人，但聖人有不可知處便是神也。』又以上竿弄瓶、習化其高[一〇一]爲喻，則其說亦既明矣。但『大而化之之聖』，此句各有一說，未知其意同否？伊川曰：『「大而化之」只是理與己一。其未化者，如人操尺度量物，用之尚不免有差。至於「化」，則己便是尺度，尺度便是己。』橫渠云『大成[一〇二]謂之聖』，近又聞先生云『化其大之迹之謂聖』，竊嘗玩味三者之言，恐是一意，不知是否？」先生曰：「然。」謨。去僞同。[一〇三]

逃墨必歸於楊章

或問：「孟子云『逃墨必歸於楊，逃楊必歸於儒』，蓋謂墨氏不及楊氏遠矣。韓子却云『孔墨必相爲用』，如此，墨氏之學比之楊朱又在可取。」曰：「昌黎之言有甚憑樣？且如原道一篇雖則大意好，終是疏。其引大學只到『誠意』處便住了。正如子由古史引孟子，自『在下位不獲乎上』，只到『反諸身不誠』處便住。又如温公作通鑑，引孟子『立天下之正位，行天下之大道』，却去了『居天下之廣居』，皆是掐却一個頭。三事正相類也。」文蔚。

盆成括仕於齊章

盆成括恃才妄作，謂不循理了，便〔一〇四〕要胡做。僩。

人皆有所不忍章

道夫〔一〇五〕問：「『人皆有所不忍，人皆有所不爲』一章，〔一〇六〕前面雙關説仁義，後面却專説義，如何？」曰：「前一截是衆人所共曉，到這後又較細密難曉，故詳説之。」又問：「莫有淺深否？」曰：「後面也是説得漸漸較密。」道夫。

問〔一〇七〕「充無受爾汝之實」。曰「『惡不仁者，其爲仁矣不使不仁者加乎其身』，惡不仁而不能不使不仁加乎其身，〔一〇八〕便是不能『充無受爾汝之實』。」夔孫。〔一〇九〕

問：「『人能充無受爾汝之實，無所往而不爲義也〔一一〇〕』，集注云：『實，誠也。人不肯受爾汝之實者，羞惡之誠心。』須是自治其身無不謹，然後無爾汝之稱否？」曰：「這些子注中解得不分曉。記得舊時解得好，却因後來改來改去，不分曉了。看來『實』字對『名』字説，不欲人以爾汝之稱加諸我，是惡爾汝之名也。然反之於身而去其無可爾汝之行，是能充其無受爾汝之實也。若我身有未是處，則雖惡人以爾汝相稱，亦自有所愧矣。」又問：「『士未可以言而言是以言餂之也，可以言而不言是以不言餂之也』，『餂者，探取意』，〔一一一〕猶言探試之『探』否？」曰：「餂是鉤致之意。如本不必説，自家却强説幾句要去動人，要去悦人，是『以言餂之也』。如合當與他説却不説，須故爲要難，要使他來問我，『是以不言餂之也』。」又問：「政使當言而言，苟有悦人之意，是亦穿窬之類否？」曰：「固是。這穿窬之心便是那受爾汝之實。」又問：「此章首言仁義，而後專言義者，何也？」曰：「仁只是一路，不過只是個不忍之心，苟能充此心便了。義却道〔一一二〕項多。」又問：「『人能充，無穿窬之心』，是就至粗處説？『未可以言而言』與『可以言而不言』，是説入至細處否？」曰：「然。『能充無受爾汝之實』處工夫却甚大了，到這田地時工夫大段周密了。所以説『無所往而不爲義也』。使行己有一毫未盡，便不能『無受爾汝之實』矣。

達者，推也，是展開〔一一三〕去充填滿也，填塞教滿。」又曰：「此段最好看。」僩。

言近而指遠章

時可問：「『君子之言也，不下帶而道存焉』。『不下帶』或作心說。」曰：「所謂心者，是指個潛天潛地底說，還只是中間一塊肉底是？若作心說，恐未是。」時舉。

堯舜性者也章

「堯舜性者也」，〔一一四〕注云「無意而安行，性也」。「性」下合添「之者」二字。僩。

聖人是人與法爲一，己與天爲一。學者是人未與法爲一，己未與天爲一，固須「行法以俟命」也。道夫。

説大人則藐之章

敬之問「説大人則藐之」章。答曰：「這爲世上有人把大人許多崇高富貴當事，有言不敢出口，故孟子云爾。集注説自分明。論語説『畏大人』，此却説『藐大人』。大人固當畏，而所謂『藐』者乃不是藐他，只是藐他許多『堂高數仞，榱題數尺』之類。」賀孫。

養心莫善於寡欲章

「養心莫善於寡欲」，〔一一五〕注〔一一六〕云「多而不節，未有不失其本心者」，「多」字對「寡」字說。纔要多些子便是欲。僩。

敬之問：「『養心莫善於寡欲』，養心也只是中虛。」曰：「固是。若眼前事事要時這心便一齊是〔一一七〕出了。未是說無，只減少便可漸存得此心。若事事貪，要這個又要那個，未必便說到邪僻不好底物事，只是眼前底事，纔多欲便將本心都紛雜了。且如秀才要讀書，要讀這一件又要讀那一件，又要學寫字又要學作詩，這心一齊都出外去。所以伊川教人直是都不去他用其心，也不要人學寫字，也不要人學作文章。這不是僻，道理是合如此。人只有一個心，如何分做許多去！若只管去閑處用了心，到得合用處，於這本來底都不得力。且看從古作爲文章之士可以傳之不朽者，今看來那個唤做知道？也是元〔一一八〕初心下只趍向那邊，都走做外去了。只是要得寡欲存這心，最是難。以湯武聖人，孟子猶說『湯武反之也』。反，復也，反復得這本心。如『不邇聲色，不殖貨利』，只爲要存此心。觀旅獒之書，一個犬〔一一九〕，受了有甚大事？而反覆切諫以此見欲之可畏無小大，皆不可忽。」賀孫。

敬之問「寡欲」。曰：「未說到事，只是纔有意在上面便是欲，便是動自家心。東坡云『君子可以寓意於物，不可以留意於物』，這説得不是。纔説寓意便不得。人好寫字，見壁間有碑軸便須要看別是非；好畫，見掛畫軸便須要識美惡。這都是欲，這皆足以爲心病。某前日病中閑坐無可看，偶中堂掛幾軸畫，纔開眼便要看〔一二〇〕，心下便走出來在那上。因思與其將心在他上，何似閑著眼坐得此心寧靜？」子善問：「如夏葛冬裘，渴飲飢食，此理所當然。纔是葛必欲精細，食必求飽美，這便是欲。」曰：「孟子説『寡欲』，如今且要得寡漸至於無。」賀孫。

曾晳嗜羊棗章

羊棗只是北邊小棗，如羊矢大者。〔一二一〕

孔子在陳章

飛卿問：「孔子在陳，何故只思狂士，不説猸者？」曰：「猸底已自不濟事，狂底却有個軀殼可以鞭策。『斐』只是自有文采，詩云『有斐君子』、『萋兮斐兮』。『成章』是自有個次第，自成個模樣。」賀孫問：「集注謂『文理成就而著見』，是只就他意趍自成個模樣處説？」又云：「『志大而略於細』，是就他志高遠而欠實做工夫説，是如此〔一二二〕否？」曰：「然。猸者只是自守得些便道是了，所謂『言必信，行必果』者是也。」賀孫。〔一二三〕

狂者，知之過；　狷者，行之過。僩。〔一二四〕

問「鄉原」之義。曰：「『原』字與『愿』字同義。以其務爲謹愿，不欲忤俗以取容，專務徇俗欲使人無所非刺，既不肯做狂，又不肯做狷，一心只要得人説好，更不理會自己所見所得與夫理之是非。彼狂者嘐嘐然以古人爲志，雖行之未至而所知亦甚遠矣。狷者便只是有志力行，不爲不善。二者皆能不顧流俗汚世之是非，雖是不得中道，却都自是爲己，不爲他人。彼鄉原便反非笑之，曰『何以是嘐嘐也？言不顧行，行不顧言，則言古之人』，此是鄉原笑狂者也。『行何爲踽踽涼涼？生斯世也，爲斯世也，善斯可矣』，此是鄉原笑狷者也。彼其實所向則是『閹然媚於世』而已。孔子以他心一向外馳，更不反己，故以爲德之賊。而孟子又以爲不可與入堯舜之道。」又問：「孔門狂者如琴張、曾皙輩是也。如子路、子夏輩，亦可謂之狷者乎？」曰：「孔門亦有狂不成狂、狷不成狷如冉求之類是也。至於曾皙，誠狂者也，只爭一撮地便流爲莊周之徒。」大雅。

問：「集義『反經』之説如何？」曰：「經便是大經，君臣、父子、夫婦、兄弟、朋友五者。若便集義，且先復此大經，天下事未有出此五者。其間却煞有曲折，如大學亦先指此五者爲言，使大綱既正，則其他節目皆可舉，若不先此大綱，則其他細碎工夫如何做！謂如造屋先有柱脚，然後窗牖有安頓處。」〔一二五〕

李問「鄉原德之賊」。曰：「最是孟子説得數句好，『生斯世也，爲斯性〔一二六〕也，善斯可矣』，此是鄉原本情。」雉。〔一二七〕

敬之問：「『經正則庶民興』，這個『經正』還當只是躬行亦及政事否？」曰：「這個不通分做兩件説。如堯舜雖是端拱無爲，只政事使從這裏做出那曾恁地便了。有禹湯之德便有禹湯之業，有伊周之德便有伊周之業。終不如萬石君不言而躬行，凡事一切不理會。有一家便當理會一家之事，有一國便當理會一國之事。」又曰：「孟子當楊墨塞道，其害非細。孟子若不明白説破，只理會躬行教他自化，如何得化！」賀孫問：「此即大學『明德』『新民』之至否？」曰：「然。新民必本於明德，而明德所以爲新民也。」賀孫。

堯舜至於湯章

問「然而無有乎爾，則亦無有乎爾」。曰：「惟三山林少穎向某説得最好，『若禹皋陶則見而知之，湯則聞而知之』，蓋曰若非前面見而知得，後之人亦〔一二八〕何聞而知之也。孟子去孔子之世如此其未遠，近聖人之居如此其近，然而已無有見而知之者，則五百歲之後，又豈復有聞而知之者乎！」去僞。謨、人傑同。〔一二九〕

晦庵先生朱文公語類卷第六十二

中庸一

綱領

中庸一書枝枝相對，葉葉相當，不知怎生做得一個文字齊整。公晦。

中庸，初學者未當理會。升卿。

中庸之書難看。中間說鬼說神，都無理會。學者須是見得個道理了方可看此書，將來印證。賜。[一]

問中庸。曰：「而今都難恁理會。某說個讀書之序須是且着力去看大學，又着力去看論語，又着力去看孟子。看得三書了，這中庸半截都了，不用問人，只略略恁看過。不可掉了易底却先去攻那難底。中庸多說無形影，如鬼神、如『天地參』等類說得高。說下學處少，說上達處多。若且理會文義則可矣。」問：「中庸精粗本末無不兼備否？」曰：「固是如此。然未到精粗本末無不備處。」淳。

游丈開問：「中庸編集得如何？」曰：「便是難説。緣前輩諸公説得多了，其間儘有差舛處，又不欲盡駁難它底，所以難下手，不比大學都未曾有人説。」雉。

先生以中庸或問見授，云：「亦有未滿意處，如評論程子、諸子説處，尚多觕。」畚。

至〔二〕問中庸名篇之義，曰：〔三〕「中者，不偏不倚、無過不及之名。兼此二義，包括方盡。就道理上看固是有未發之中，就經文上看亦先言『喜怒哀樂未發之謂中』，又言『君子之中庸也，君子而時中』。」先生曰：「它所以名篇者，本是取『時中』之『中』，然所以能時中者，蓋有那未發之中在。所以先開説未發之中，然後又説『君子之時中』。」至。〔四〕

「『中庸』之『中』，本是説〔五〕無過無不及之『中』，大旨在『時中』上。若推其本，則自『喜怒哀樂未發之中』而爲『時中』之『中』。未發之中是體，『時中』之『中』是用，『中』字兼中和言之。」黄直卿〔六〕云：「如『仁義』二字，若兼義，則仁是體，義是用；若獨説仁，則義、禮、智皆在其中，自兼體用言之。」蓋卿。

「『中庸』之『中』，是兼以其〔七〕『發而中節，無過不及』者得名，故周子曰『惟中者，和也，中節也，天下之達道也』。若不識得此理，則周子之言更解不得，所以伊川謂『中者，天下之正道』，中庸章句以『中庸』之『中』實兼『中和』之義，論語集注以『中者，不偏不倚，無過不及之名』，皆此意也。」人傑。

至之問：「『中』含二義，有未發之中，有隨時之中。」曰：「中庸一書本只是說隨時之中，然本其所以有此隨時之中，乃是緣[八]有那未發之中，後面方說『時中』去。」至之又問：「『隨時之中，猶日中之中』，何意？」曰：「本意只是說昨日看得是中，今日看得又不是中。然譬喻不相似，亦未穩在。」直卿云：「在中之中與在事之中只是一事。此是體，彼是尾。」按：至之録自「又問」以下別爲一條而少異。曰：「又問『隨時取中』與『日中之中』。先生曰：『此句未穩，當時立意只是說昨日見得中底，今日見得又不中，然譬喻亦不相似。』」[九]公晦。[一〇]

問：「明道以『不易』爲庸，先生以『常』爲庸，二說不同？」曰：「言『常』則『不易』在其中矣，惟其常也所以不易。但『不易』二字則是事之已然者。自後觀之，則見此理之不可易。若庸則日用常行者便是。」[一一]

或問：「『中庸』二字，伊川以庸爲定理，先生易以爲平常。據『中』之一字大段精微，若以平常釋『庸』字，則兩字大不相粘。」曰：「若看得不相粘，便是相粘了。如今說這物白，這物黑，便是相粘了。」廣因云：「若不相粘，則自不須相對言得。」曰：「便是此理難說。前日與季通說話終日，惜乎不來聽。東之與西、上之與下，以至於寒暑、晝夜、生死，皆是相反而相對也。天地間物未嘗無相對者，故程先生嘗曰：『天地萬物之理無獨，必有對，皆自然而然，非有安排也。

每中夜以思，不知手之舞之，足之蹈之也。』看得來真個好笑！」廣。

「惟其平常，故不可易，若非常，則不得久矣。譬如飲食，知五穀是常，自不可易。若是珍羞異味不常得之物，則暫一食之可也，焉能久乎！庸固是定理，若以爲定理則却不見那平常底意思。今以平常言，則不易之定理自在其中矣。」廣因舉釋子偈有云：「世間萬事不如常，又不驚人又久長。」曰：「便是它那道理也有極相似處，只是說得來别。故某於中庸章句序中着語云『至老佛之徒出，則彌近理而大亂真矣』，須是看得他那『彌近理而大亂真』處始得。」廣云：「程子『自私』二字恐得其要領，但人看得此二字淺近了。」曰：「便是向日王順伯曾有書與陸子静辨此二字云：『佛氏割截身體猶自不顧，如何却謂之自私得！』」味道因舉明道答横渠書云：「大抵人患在自私而用智。」曰：「此却是說大凡人之任私意耳。」因舉下文「豁然而大公，物來而順應」，曰：「此亦是對說。『豁然而大公』便是不自私，『物來而順應』便是不用智。後面說治怒處曰：『但於怒時遽忘其怒，反觀理之是非，則於道思過半矣。』『忘其怒』便是大公，『反觀理之是非』便是順應，都是對說。蓋其理自如此。」廣因云：「太極一判，便有陰陽相對。」曰：「然。」廣。

「惟其平常，故不可易，如飲食之有五穀，衣服之有布帛。若是奇羞異味、錦綺組繡，不久便須厭了。庸固是定理，若直解爲定，[一二]又却不見得平常意思。今以平常言，然定理自在其中矣。」公晦問：「『中庸』二字，舊說依程子『不偏不易』之語。今說得是不偏不倚、無過不及而平常之理。似以不偏不倚、無過不及説中庸，〔一三〕乃是精密切至之語；而以平常説庸，恰似不相黏着。」曰：「此其所以黏着。蓋緣處得極精極密只是如此平常，若有些子吒異便不是極精極密，便不是中庸。凡事無不相反以相成，東便與西對，南便與北對，無一事一物不然。明道所以云『天下之物無獨必有對，終夜思之，不知手之舞之，足之蹈之』，直是可觀，事事如此。」賀孫。〔一四〕

問：「中庸不是截然爲二，庸只是中底常然而不易否？」曰：「是。」淳。

問：「明道云『惟中不足以盡之，故曰「中庸」』，庸乃中之常理，中自已盡矣。」曰：「中亦要得常，此是一經一緯，不可闕。」可學。

蜚卿問：「『中庸之爲德』，程云『不偏之謂「中」，不易之謂「庸」』。」曰：「中則直上直下，庸是平常不差異。中如一物竪置之，常如一物横置之。唯中而後常，不中則不能常。」因問曰：「不惟不中則不能常，然不常亦不能爲中。」曰：「亦是如此。中而後常，此以自然之理而言；常而後能有中，此以人而言。」問：「龜山言『高明則中庸也。高明者中庸之體，中庸者高明之用』，不知將體用對説如何？」曰：「只就『中庸』字中〔一五〕上説，自分曉，不須如此説亦可。」又舉荆公「高明處己，中庸處人」之語爲非是。因言：「龜山有功於學者。然就它説，據它自有做工夫處。高明，釋氏誠有之，只緣其無『道中庸』一截。又一般人宗族稱其孝，鄉黨稱其弟，考十項事其八九可稱。若一向拘攣，又做得甚事！要知高明、中庸〔一六〕二者皆不可廢。」禹。

或問：「中與誠意如何？」曰：「中是道理之模樣，誠是道理之實處，中即誠矣。」又問：「智、仁、勇於誠如何？」曰：「智、仁、勇是做底事，誠是行此三者都要實。」又問「中庸」。曰：「中、庸只是一事，就那頭看是中，就這頭看是庸。譬如山與嶺只是一物，方其山即是謂之山，行着嶺路則謂之嶺，非二物也。〔一七〕中、庸只是一個道理，以其不偏不倚，故謂之『中』，以其不差異可常行，故謂之『庸』。未有中而不庸者，亦未有庸而不中者。惟中故平常。堯授舜，舜授禹，都是當其時合如此做，做得來恰好，所謂中也。中即平常也，不如此便非中，便不是平常。以至湯武之事亦然。又如當盛夏極暑時須用飲冷，就凉處衣葛揮扇，此便是中，便是平常。當隆冬盛寒時須用飲湯，就密室重裘擁火，此便是中，便是平常。若極暑時重裘擁火，盛寒時衣葛揮扇，便是差異，便是失其中矣。」廣。

有中必有庸，有庸必有中，兩個少不得。賜。

中必有庸，庸必有中，能究此而後可以發諸運用。季札。

中庸該得中和之義。庸是見於事，和是發於心。庸該得和。僩。

問：「『中庸』二字孰重？」曰：「庸是定理，有中而後有庸。」問：「或問中言『中立而無依，則必至於倚』，如何是無依？」曰：「中立最難。譬如一物植立於此，中間無所依着，久之必倒

去。」問：「若要植立得住，須用強矯？」曰：「大故要強立。」謙。〔一八〕

章句序

因鄭子上書來問「人心」、「道心」，先生曰：「此心之靈，其覺於理者道心也，其覺於欲者人心也。」可學竊尋中庸序，以人心出於形氣，道心本於性命。蓋覺於理謂性命，覺於欲謂形氣云云。可學近觀中庸序所謂「道心常爲一身之主，而人心每聽命焉」，又知前日之失。向來專以人可以有道心而不可以有人心，今方知其不然。人心出於形氣，如何去得！然人於性命之理不明而專爲形氣所使，則流於人欲矣。如其達性命之理，則雖人心之用而無非道心，孟子所以指形色爲天性者以此。若不明踐形之義，則與告子「食色」之言又何以異？「操之則存，捨之則亡」，心安有存亡？此正人心、道心交界之辨，而孟子特指以示學者。可學以爲必有道心而後可以用人心，而於人心之中又當識道心。若專用人心而不知道心，則固流入於放僻邪侈之域；若只守道心而欲屏去人心，則是判性命爲二物，而所謂道心者，空虛無有，將流於釋老之學，而非虞書之所指者。未知然否。大雅云：「前輩多云，道心是天性之心，人心是人欲之心。今如此交互取之，當否？」答曰：「既是人心如此不好，則須絕滅此身而後道〔一九〕心始明。且舜何不先說道心，後說人心？」大雅云：「如此則人心生於血氣，道心本於天理。人心可以爲善，可以爲不善，而道心則全是天理矣。」答曰：「人心是此身有知覺有嗜欲者，如所謂『我欲仁』、『從心所欲』、『性之欲也，感於物而動』，此豈能無？但爲物誘而至於陷溺則爲害爾。故聖人以爲此人心有知覺嗜欲，然無所主宰則流而忘反，不可據以爲安，故曰危。道心則是義理之心，可以爲人心之主宰，而人心據以爲準者也。且以飲食言之，凡饑渴而欲得飲食以充其飽且足者，皆人心也。然必有義理存焉，有可以食，有不可以食。如子路食於孔悝之類，此不可食者。又如父之慈其子，子之孝其父，常人亦能之，此道心之正也。苟父一虐其子，則子必狠然以悖其父，此人心之所以危也。惟舜則不然，雖其父欲殺之，而舜之孝則未嘗替，此道心也。故當使人心每聽道心之區處方可。然此道心却雜出於人心之間，微而難見，故必須精之一之而後中可執。然此又非有兩心也，只是義理與人欲之辨爾。陸子静亦自説得是，云：『舜若以人心爲全不好，則須説不好使人去之。今止説危者，不可據以爲安耳。言精者，欲其精察而不爲所雜也。』此言亦自是。今鄭子上之言都是，但於道心下却一向説是個空虚無有之物，將流爲釋老之學。然則彼釋迦是空虚之魁，饑能不欲食乎？寒能不假衣乎？能令無生人之所欲者乎？雖欲滅之，終是[二〇]不可得而滅也。」大雅。

蔡季通[二一]以書問中庸序所云「道[二二]心形氣」。先生曰：「形氣非皆不善，只是靠不得。季通云『形氣亦皆有善』，不知形氣之有善皆自道心出。由道心則形氣善，不由道心，一付於形氣則爲惡。形氣猶船也，道心猶柂也。船無柂，縱之行，有時入於波濤，有時入於安流，不可一定。惟有柂〔二三〕以運之，則雖入波濤無害。故曰『天生烝民，有物有則』。物乃形氣，則乃理也。渠云『天地中也，萬物過不及』，亦不是。萬物豈無中？渠又云『浩然之氣，天地之正氣也』，此乃伊川說，然皆爲養氣言。養得則爲浩然之氣，不養則爲惡氣，卒走理不得。且如今人〔二四〕說夜氣是甚大事，專靠夜氣濟得甚事！」可學云：「以前看夜氣多略了『足以』兩字，故然。」先生曰：「只是一理。存是存此，養是養此，識得更無走作。」舜功問：「天理人欲，畢竟須爲分別，勿令交關。」先生曰：「五峰云『性猶水，善猶水之下乎；情猶瀾也，欲猶水之波浪也』。浪波與瀾只爭大小，欲豈可帶於情！」某問：「五峰云『天理人欲，同行而異情』却是。」先生曰：「是。同行者，謂二人同行於天理中，一人日從天理，一人專徇人欲，是異情。下云『同體而異用』則大錯。」因舉知言多有不是處。「『性無善惡』，此乃欲尊性，不知却鶻突了它。胡氏論性大抵如此，自文定以下皆然。如曰『性，善惡也。性、情、才相接』，此乃說著氣，非說著性。向呂伯恭初讀知言以爲只有二段是，其後却云『極妙，過於正蒙』。」可學。

問：「人心道心，〔二五〕既云上智，何以更有人心？」曰：「掐着痛，抓著痒，此非人心而何？人自有人心、道心，一個生於血氣，一個生於理〔二六〕。飢寒痛痒，此人心也；惻隱、羞惡、是非、辭遜，此道心也。雖上智亦同，一則危殆而難安，一則微眇而難見。『必使道心常爲一身之主，而人心每聽命焉』乃善也。」僩。

章句

問明道云〔二七〕中庸「始言一理，中散爲萬事，末復合爲一理」云云。曰：「如何説曉得一理了，萬事都在裏面？天下萬事萬物都要你逐一理會過方得。所謂『中散爲萬事』便是中庸。近世如龜山之論便是如此，以爲『反身而誠』，則天下萬物之理皆備於我。萬物之理須要〔二八〕你逐一去〔二九〕理會過方可，如何會反身而誠了，天下萬物之理便自然備於我？成個甚麽？」又曰：「所謂『中散爲萬事』，便是中庸中所説許多事，如智、仁、勇許多爲學底道理，與『爲天下國家有九經』，與祭祀鬼神許多事。聖人經書所以好看，中間無些子罅隙，句句是實理，無些子空闕處。」僩。

「中庸始合爲一理，天命之謂性。末後〔三〇〕復合爲一理。無聲無臭。」「始合而開〔三一〕也有漸，末後開而復合，其合也亦有漸。」賜。〔三二〕

第一章

「天命之謂性」是專言理，雖氣亦包在其中，然説理意較多。若云兼言氣，便説「率性之謂道」不去。如太極雖不離乎陰陽，而亦不雜乎陰陽。道夫。

用之問：「『天命之謂性』，以其流行而付與萬物者謂之命，以人物禀受者而[三三]謂之性。然人物禀受，其[三四]具仁、義、禮、知而謂之性，以貧賤壽夭而言謂之命，是人又兼有性命。」曰：「命雖是恁地説，然亦是兼付與而言。」賀孫。

「命」之一字如「天命之[三五]謂性」之「命」，是言所禀之理也。「性也有命焉」之「命」，是言所禀之分有多寡、厚薄之不同也。伯羽。[三六]

「率性之謂道」，「率」字[三七]呼唤字，蓋曰循萬物自然之性之謂道。此「率」字不是用力字，伊川謂「合而言之道也」是此義。僴。

「率」字只是「循」字，循此理便是道。伊川所以謂便是「仁者人也，合而言之道也」。僴。

「率性之謂道」，只是隨性去皆是道。吕氏説以人行道。若然，則未行之前便不是道乎？淳。

安卿問「率性」。曰：「率，非人率之也。伊川解『率』字亦只訓循。到吕與叔説『循性而行，則謂之道』，伊川却便以爲非是，至其言[三八]則曰：『循牛之性則不爲馬之性，循馬之性則不爲牛之性。』乃知循性者[三九]是循其理之自然爾。」伯羽。

問：「『率性通人物而言，則此『性』字似『生之謂性』之『性』，兼氣禀言之否？」曰：「『天命之謂性』，這性亦離氣禀不得。『率，循也』，這[四〇]『循』字是就道上説，不是就行道人上[四一]

説。性善只一般，但人物氣禀有異，不可道物無這[四二]理。性是個渾淪物，道是性中分派條理，隨分派條理去皆是道。如[四三]穿牛鼻，絡馬首，皆是隨它所通處。仁義禮智，物豈不有，但偏耳。隨它性之所通處，道皆無所不在。」曰：「這[四四]『性』字亦是以理言之[四五]否？」曰：「是。」又問：「『鳶有鳶之性，魚有魚之性，其飛其躍，天機自完，便是天理流行發見之妙處，故子思姑舉此一二以明道之無所不在耶？』」曰：「説得是了。[四六]」淳。[四七]

「率性之謂道」，鄭氏以金木水火土從「天命之謂性」説來，要須從性[四八]説來方可。泳。

「天命之謂性，率性之謂道」。性與道相對，則性是體道是用。道[四九]便是在裏面做出底道理。淳。義剛録同。[五〇]

孟子説「性善」全是説理。若中庸「天命之謂性」，已自是兼帶人物而言。「率性之謂道」，性似個[五一]渾淪底物，道是支脈。恁地率人之性則爲人之道，率牛之性則爲牛之道，非謂以人循之。若謂以人循之而後謂之道，則人未循之前謂之無道，可乎？砥。

問「『天命之謂性，率性之謂道』，皆是人物之所同得。天命之性，人受其全則其心具乎仁義禮智之全體。物受其偏，則隨其品類各有得焉，而不能通貫乎全體。『率性之謂道』，若自人而言之，則循其仁義禮智之性而言之，固莫非道；自物而言之，飛潛動植之類各正其性，則亦各循其性於天地之間，莫非道也。如中庸或問所説『馬首之可絡，牛鼻之可穿』等數句，恐説未盡。[五二] 蓋物之自循其性，多有與人初無干涉，多有人所不識之物，無不各循其性於天地之間，此莫非道也。如或問中所説恐包未盡。」曰：「説話難。若説得闊，則人將來又只認『目之於色，耳之於聲，鼻之於臭，四肢之於安佚』等做性，却不認『仁之於父子，義之於君臣，禮之於賓主，智之於賢者，聖人之於天道』底是性。」因言：「解經立言須要得實。如前輩説『伊尹耕於有莘之野以樂堯舜之道』，是飢食渴飲、夏葛冬裘爲樂堯舜之道。若如此説，則全身已浸在堯舜之道中，何用更説『豈如[五三]吾身親見之哉』？如前輩説『文武之道未墜於地』，以爲文武之道常昭然在日用之間，一似常有一物昭然在目前，不會擷下去一般，此皆是説得不實。所謂[五四]『未墜於地』者，只言周衰之時文武之典章，人尚傳誦得在，未至淪没。」先生既而又曰：「某曉得公説底。蓋馬首可絡，牛鼻可穿，皆是就人看物處説，聖人『修道[五五]之謂教』皆就這樣處。如適間所説，却也見得一個大體。」至。方子録云：「『「率性之謂道」，或問中言「馬首之可絡，牛鼻之可穿」，都是説從[五六]以人看物底。若論飛潛動植，各正其性，與人不相干涉者，何莫非道？恐如此看方是。』先生曰：『物物固皆是道。如螻蟻之微，甚時胎，甚時卵，亦是道。但立言甚難，須是説得實。如龜山説「堯舜之道」，只夏葛冬裘、飢食渴飲處便是。如此則全身浸在堯舜之道裏，又何必言「豈若吾身親見之哉」？』黄丈云：『若如此説，則人心、道心皆是道去。』先生曰：『相似「目之於色，耳之於聲，鼻之於臭，四肢之於安佚，性也」底，却認做道；「仁之於父子，義之於君臣，禮之於賓主，智之於賢者，有性焉」底，却認不得。如「文武之道未墜於地，在人」，李光祖乃曰「日用之間昭然在是」，如此則只是説古今公[五七]底，何必指文武？孔子蓋是言周家典章文物未至淪没，非是指前聖人之道、古今共底言也。[五八]』久之，復曰：『至之却亦看得一個大體。』」蓋卿録[五九]同。

問：「『天命之謂性，率性之謂道』，伊川謂通人物而言。如此却與告子所謂人物之性同。」先生曰：「據伊川之意，人與物之本性同，及至稟賦則異。蓋本性理也，而稟賦之性則氣也。性本自然，及至生賦，無氣則乘載不去，故必頓此性於氣上而後可以生。及至已生，則物自稟物之氣，人自稟人之氣。氣最難看。而其可驗者，如四時之間寒暑得宜，此氣之正。當寒而暑，當暑而寒，乃氣不得正。氣正則爲善，氣不正則爲不善。又如同是此人，有至昏愚者，是其稟得此濁氣太深。」又問明道云「論性不論氣，不備；論氣不論性，不明」。先生曰：「論性不論氣，孟子也，不備但少欠耳。論氣不論性，荀楊也，不明則大害事。」可學問：「孟子何不言氣？」曰：「孟子只是教人勇於爲善，前更無阻礙。自學者而言則不可不去其窒礙。正如將百萬之兵，前有數萬兵，韓白爲之不過鼓勇而進，至它人則須先去此礙後可。」吴宜之問：「學者治此氣正如人之治病。」曰：「亦不同。須是明天理，天理明則自去。通書『剛柔』一段亦須著且先易其惡，既易其惡，則致其中在人。」問：「惡安得謂之剛？」曰：「此本是剛出來。」語畢，先生又曰：「『生之謂性』，伊川以爲生質之性，然告子此語亦未是。」再三請益，曰：「且就伊川此意理會，亦自好。」可學。

問：「『率性之謂道』通人物而言，則『修道之謂教』亦通人物。如『服牛乘馬』，『不殺胎，不妖夭〔六〇〕』，『斧斤以時入山林』，此是聖人教化不特在人倫上，品節防範而及於物否？」曰：「也是如此，所以謂之『盡物之性』。但於人較詳，於物較略；人上較多，物上較少。」砥。

問：「集解中以『天命之謂性，率性之謂道』通人物而言。『修道之謂教』是專就人事上言否？」曰：「道理固是如此。然『修道之謂教』就物上亦有個品節。先王所以咸若草木鳥獸使庶類蕃殖，如周禮掌獸、掌山澤各有官，如周公驅虎豹犀象龍蛇，如『草木零落然後入山林，昆蟲未蟄不以火田』之類，各有個品節，使萬物各得其所，亦所謂教也。」德明。

問「修道之謂教」。答云：「游楊說好，謂修者只是品節之也。明道之說自各有意。」謨。去僞錄同。〔六一〕

問：「『修道之謂教』是聖賢之垂教，如『自誠明，謂之性』，『自明誠，謂之教』，是生知學知否？」曰：〔六二〕「此『性』字却是『性之』也，『教』是學知。〔六三〕此二字却是轉一轉說，與首章『天命之謂性，修道之謂教』之〔六四〕義不同」。㽦。〔六五〕

「修道之謂教」一句，如今人要合後面「自明誠」謂之教却說作自修。蓋「天命謂性」之「性」與「自誠明」之性，「修道謂教」之「教」與「自明誠」之教，各自不同。誠明之性，「堯舜性之」之「性」；明誠之教，由教而入者也。可學。〔六六〕

問：「中庸舊本不曾解『可離非道』一句。今先生説云『瞬息不存便是邪妄』，方悟本章可離與不可離，道與非道，各相對待而言。離了仁便不仁，離了義便不義。公私善利皆然。向來從龜山説，只是[六七]道自不可離，而先生舊亦不曾爲學者説破。」曰：「向來亦是看得太高。」[六八]德明。

劉黻[六九]問：「中庸曰『道不可須臾離』，伊川却云『存無不在道之心便是助長』，何也？」曰：「中庸所言是日用常行合做底道理，如『爲人君止於仁，爲人臣止於敬，爲人子止於孝，爲人父止於慈，與國人交止於信』，皆是不可已者。伊川此言是爲闢釋氏而發。蓋釋氏不理會常行之道，只要空守着這一個物事便唤做道，與中庸自不同。」説畢又曰：「闢異端説話未要理會，且理會取自家事。自家事既明，那個自然見得。」與立。

楊通老問：「中庸或問引楊氏所謂『無適非道』之云，則善矣，然其言似亦有所未盡。蓋衣食作息，視聽舉履，皆物也。其所以如此之義理準則，乃道也。」曰：「衣食動作只是物，物之理乃道也。將物便唤做道則不可。且如這個倚子有四隻脚，可以坐，此倚之理也。若除去一隻脚，坐不得，便失其倚之理矣。『形而上爲道，形而下爲器』，就[七〇]這形而下之器之中便有那形而上之道，若便將形而下之器作形而上之道則不可。且如這個扇子，此物也，便有個扇子底道理。扇子是如此做，合當如此用，此便是形而上之理。天地中間，上是天，下是地，中間有許多日月星辰、山川草木、人物禽獸，此皆形而下之器也。然這形而下之器之中便各自有個道理，此便是形而上之道。所謂格物便是要你[七一]就這形而下之器，窮得那形而上之道理而已，如何便將形而下之器作形而上之道理得！飢而食，渴而飲，『日出而作，日入而息』，其所以食飲[七二]作息者皆道之所在也，若便謂食飲作息者是道則不可，與龐居士『神通妙用，運水般柴』之頌一般，亦是此病。如『徐行後長』與『疾行先長』，都一般是行。只是徐行後長方是道，若疾行先長便不是道，豈可説只認行底便是道！『神通妙用，運水般柴』，須是運得水是[七三]，般得柴是，方是神通妙用。若運得不是，般得不是，如何是神通妙用！佛家所謂『作用是性』便是如此。它都不理會是和非，只認得那衣食作息、視聽舉履便是道。説我這個會説話底，會作用底，叫着便應底，便是神通[七四]，更不問道理如何。儒家則須是就這上尋討個道理方是道。禪者[七五]云『赤肉團上有一無位真人，在汝等諸人面門上出入』云云。他便是只認得這個，把來作弄。」或問：「告子之學便是如此？」曰：「佛家底又高。告子底死殺了，不如佛家底活。而今學者就故紙上理會也解説得去，只是都無那快活和樂底意思，便是和這佛家底也不曾見得。似它佛家者雖是無道理，然它却一生受用，一生快活，便是它就這形而下者之中理會得似那形而上者。而今學者看來，須是先曉得這一層，却去理會那上面一層方好。而今都是和這下面一層也不曾見得，所以和那上面一層也理會不得。」又曰：「天地中間，物物上有這個道理，雖至没緊要底物事，也有這道理。蓋『天命之謂性』，這道理却無形無影〔七六〕安頓處。只那日用事物上，道理在〔七七〕上面。這兩個元不相離，凡有一物便有一理，所以君子貴『博學於文』。看來博學似個没緊要物事，然那許多道理便都在這上，都從那源頭處〔七八〕來。所以無精粗小大，都一齊用理會過，蓋非外物也。都一齊理會方無所不盡，方周遍無疏闕處。」又曰：「『道不可須臾離，可離非道也』。所謂不可離者謂道也，若便以日用之間舉止動作便是道，則無所適而非道，無時而非道，然則君子何用恐懼戒謹？何用更學道爲？爲其不可離，所以須是依道而行。如人説話，不成便以説話者爲道，須是有個仁義禮智始得。若便以舉止動作爲道，何用更説不可離得？」又曰：「大學所以説格物，却不説窮理。蓋説窮理則似懸空無捉摸處，只説格物，則只就那形而下之器上，便尋那形而上之道，便見得這個元不相離，所以只説『格物』。『天生烝民，有物有則』，所謂道者是如此，何嘗説物便是則！龜山便只指那物做則，只是就這物上分精粗爲物則。如云目是物也，目之視乃則也；耳物也，耳之聽乃則也。殊不知目視耳聽依舊是物，其視之明、聽之聰方是則也。龜山又云：『伊尹之耕於莘野，此農夫田父之所日用者，而樂在是。』如此則世間伊尹甚多矣。龜山説話大概有此病。」僩。

「戒謹不睹，恐懼不聞」，即是道不可須臾離處。履孫。

問：「『戒謹其所不睹，恐懼其所不聞』，〔七九〕日用間如何是不聞不見處？人之耳目聞見常自若，莫只是念慮未起、未有意於聞見便是[八〇]否？」曰：「所不聞不[八一]見不是合眼掩耳，便[八二]是喜怒哀樂未發時，只是凡事[八三]皆未萌芽，自家便先恁地戒謹恐懼，常要提起此心使[八四]在這裏，便是防於未然、不見是圖底意思。」徐問：「講求義理時此心如何？」曰：「思慮是心之發了。伊川所[八五]謂：『存養於喜怒哀樂未發之前則可，求中於喜怒哀樂未發之前則不可。』」淳。「寓問：[八六]『講求義理便是此心在否？』曰：『講求義理屬思慮，心自動是已發之心。』」徐寓録。[八七]

劉黻問：「『戒謹乎其所不睹，恐懼乎其所不聞』，[八八]不知無事時如何戒謹恐懼？若只管如此，又恐執持太過，若不如此，又恐都忘了。中庸之言必有深旨，幸先生發明之。[八九]」曰：「也有甚麽矜持？只不要昏了，它便是戒謹[九〇]恐懼。」與立。

李丈[九一]説廖倅惠書有云「無時不戒謹恐懼則天理無時而不流行，有時而不戒謹恐懼則天理有時而不流行」。[九二]先生曰：「不如此也不得。然也不須[九三]戒謹恐懼説得太重，[九四]只是常常提撕，認得那個[九五]物事，常常存得不失了[九六]。今人只見它説得此四個字重，便作臨事驚恐看了。『如臨深淵，如履薄冰』，曾子也只是順這道理，常常恁地把捉去。[九七]若不用戒謹恐懼而此理常流通者，惟天地與聖人耳。聖人『不勉而中，不思而得，從容中道』，亦只是此心常存、理常明，故能如此。賢人所以異於聖人，衆人所以異於賢人，亦只争這些子境界存與不存而已。嘗謂人無有極則處，便是堯、舜、周、孔不成聖人也。[九八]説我是從容

中道，不要去戒謹恐懼。它那工夫亦自未嘗得息。〔九九〕淳。〔一〇〇〕

「戒謹乎其所不睹，恐懼乎其所不聞」，這處難言。大段着意又却生病，只恁地略約住。道着戒謹恐懼已是剩語，然又不得不如此説。賀孫。

再論李先生之學常在目前。先生曰：「只是『君子戒謹所不睹，恐懼所不聞』，便自然常存。顏子非禮勿視聽言動，正是如此。」德明。〔一〇一〕

「戒謹恐懼是未發，然只做未發也不得，便是所以養其未發。只是聳然提起在這裏，這個未發底便常在，何曾發？」或問：「恐懼是已思否？」曰：「思又明〔一〇二〕，思是思索了。戒謹恐懼正是防閑其未發。」或問：「即是持敬否？」曰：「亦是。伊川曰『敬不是中，只敬而無失即所以中』，『敬而無失』便是常敬，這中底便常在。」淳。

問：「戒謹恐懼，以此涵養固善。然推之於事，所謂『開物成務之幾』又當如何？」曰：「此却在博文。此事獨脚做不得，須是讀書窮理。」又曰：「只是源頭正，發處自正。只是這路子上來往。」德明。

問：「中庸所謂『戒謹恐懼』，大學所謂『格物致知』，皆是爲學知、利行以下底説否？」曰：「固然。然聖人亦未嘗不戒謹恐懼。『惟聖罔念作狂，惟狂克念作聖』，但聖人所謂念者自然之念，狂者之念則勉强之念耳。」寓。〔一〇三〕

所謂「不睹不聞」者，乃是從那盡處説來，非謂於所睹所聞處不謹也。如曰「道在瓦礫」，便不成不在金玉！寓。義剛録同。〔一〇四〕

用之問：「戒懼不睹不聞是起頭處，至『莫見乎隱，莫顯乎微』又用緊一緊。」曰：「不可如此説。戒謹恐懼是普説，言道理偪塞都是，無時而不戒謹恐懼。到得隱微之間人所易忽，又更用謹，這個却是唤起説。戒懼無個起頭處，只是普遍都用如此〔一〇五〕。如卓子有四角頭，一齊用著工夫更無空闕處，若説是起頭又遺了尾頭，説是尾頭又遺了起頭，若説屬中間又遺了兩頭。不用如此説。只是無時而不戒謹恐懼，只自做工夫便自見得。曾子曰『戰戰兢兢，如臨深淵，如履薄冰』，不成到臨死之時方如此戰戰兢兢。它是一生戰戰兢兢，到那死時方了。」僩。

問：「伊川謂〔一〇六〕鬼神憑依語言爲『莫見乎隱，莫顯乎微』，如何？」曰：「隱微之事在人心，不可得而知，却被它説出來，豈非『莫見乎隱，莫顯乎微』？蓋鬼神只是氣，心中實有是事，則感於氣者自然發見，昭著如此。」文蔚問：「今人隱微之中有不善者甚多，豈能一一如此？」曰：「此亦非常之事，所謂事之變者。」文蔚曰：「且如人主積累愆咎，感召不祥，致有日月薄蝕、山崩水竭、水旱凶荒之變，便只是如〔一〇七〕此類否？」曰：「固是如此。」文蔚。

黄灝謂：「戒懼是統體做工夫，謹獨是又於其中緊切處加功夫，猶一經一緯而成帛。」先生以爲然。僩。

如一片水忽有一點動處，先戒謹又謹獨。[一〇八]

問：「『謹獨』是念慮初萌處否？」曰：「此是通説，不止念慮初萌，只自家自知處。如小可没要緊處只胡[一〇九]去便是不謹。謹獨是己思慮已有些小事已接物了。『戒謹乎其所不睹，恐懼乎其所不聞』，是未有事時。在『相在爾室尚不愧於屋漏』、『不動而敬，不言而信』之時，『謹獨』便已有形迹了。『潛雖伏矣，亦孔之炤』，詩人言語只是大綱説。子思又就裏面剔出這話來教人，又較緊密。大抵前聖所説底，後人只管就裏面發得精細。如程子、横渠所説多有孔孟所未説底。伏羲畫卦只就陰陽以下，孔子又就陰陽上發出太極，康節又道『須信畫前元有易』，濂溪太極圖又有許多詳備。」問：「氣化形化，男女之生在[一一〇]氣化否？」曰：「凝結成[一一一]男女，因甚得如此？都是陰陽。[一一二]」問：「天地未判得[一一三]時，下面許多都已有否？」曰：「事物雖未有，其理則具。」寓。[一一四]

問：「『不聞不睹』與『謹獨』如何？」曰：「『獨』字又有個形迹在這裏，可『謹』、『不聞不見』全然無形迹，暗昧不可得知。只於此時便戒謹了，更不敢。」卓。[一一五]

問：「『不睹不聞』與『謹獨』何别？」曰：「上一節説存天理之本然，下一節説遏人欲於將萌。」又問：「能存天理了，則下面謹獨似多了一截。」曰：「雖是存得天理，臨發時也須點檢，這便是它密處。若只説存天理了，更不謹獨，却是只用致中不用致和了。」又問：「致中是未動之前，然謂之戒懼却是動了。」曰：「公莫看得戒謹恐懼太重了，此只是略省一省，不是恁驚惶震懼。〔一一六〕略〔一一七〕略收拾來便在這裏，伊川所謂『道個「敬」字也不大段用得力』。孟子曰『操則存』，操亦不是着力把持，只是操一操便在這裏。如人之氣，呼〔一一八〕便出，吸便入。」賜。

問：「『戒謹不睹，恐懼不聞』與『謹獨』雖不同，若下工夫皆是敬否？」曰：「敬只是常惺惺法。所謂靜中有個覺處，只是常惺惺在這裏，靜不是睡着了。」賀孫。

問：「『戒謹不睹，恐懼不聞』與『謹獨』兩段事，廣思之便是『惟精惟一』底工夫。戒謹恐懼，持守而不失便是惟一底工夫。謹獨則於善惡之幾，察之愈精愈密便是惟精底工夫。但中庸論『道不可離』，則先其戒謹而後其謹獨；舜論人心、道心，則先其惟精而後其惟一。」曰：「兩事皆少不得『惟精惟一』底工夫。不睹不聞時固當持守，然不可不察；謹獨時固當致察，然不可不持守。」廣。〔一一九〕又曰：〔一二〇〕「『戒謹不睹，恐懼不聞』如言『聽於無聲，視於無形』，是防之於未然以全其體。『謹獨』是察之於將然以審其幾。」端蒙。〔一二一〕

問「戒謹不睹，恐懼不聞」與「謹獨」，輔漢卿曾問是「惟精惟一」工夫。〔一二二〕曰：「不必分『惟精惟一』於兩段上，但凡事察之貴精，守之貴一。如『戒謹恐懼』是事之未形處，『謹獨』是幾之將然處，不可不精察而謹守之也。」人傑。〔一二三〕

謹獨已見於用，孔子言語只是混合說。子思恐人不曉，又爲之分別。大凡古人說話一節開一節。如伏羲易只就陰陽以下，至孔子又推本於太極，然止〔一二四〕曰「易有太極」而已。至濂溪乃畫出一圖，邵康節〔一二五〕又論畫前之易。可學。〔一二六〕

問：「『謹獨』章『迹雖未形，幾則已動。人雖不知，己獨知之』，上兩句是程子意，下兩句得〔一二七〕是游氏意，先生則合而論之，是否？」曰：「然。兩事只是一理。幾既動則己必知之，己既知則人必知之。故程子論楊震四知曰『天知、地知只是一個知』。」廣。

問：「『莫見乎隱，莫顯乎微，故君子必謹其獨也』，解云〔一二八〕『迹雖未形，幾已先動』。看『莫見』、『莫顯』則已是先形了，如何却說『迹未形』、『幾先動』？」曰：「『莫見乎隱，莫顯乎微』，這是大綱說。」賀孫。

「呂子約書來，只管〔一二九〕爭『「莫見乎隱，莫顯乎微」，只管衮作一段看』。某答它書，江西諸人將去看，頗以其說爲然。彭子壽却看得好，云：『前段「不可須臾離」且是大體說，到謹獨處尤見於接物得力。』」先生又云：「呂家之學重於守舊，更不論理。」德明問：「『道不可須臾離，可離非道』是言道之體段如此，『莫見乎隱，莫顯乎微』亦然。下面君子戒謹恐懼，君子必謹其獨方是做工夫。皆以『是故』二字發之，如何衮作一段看？」曰：「『道不可須臾離』言道之至廣至大者，『莫見乎隱，莫顯乎微』言道之至精至極者。」德明。

問：「『戒謹乎其所不睹，恐懼乎其所不聞』，或問中引『聽於無聲，視於無形』，如何？」

曰：「不呼喚時不見，時常準備着。」德明指坐閤問曰：「此處便是耳目所睹聞，隔窗便是不睹也。」曰：「不然。只謂照管所不到、念慮所不及處。正如防賊相似，須盡塞其來路。」次日再問：「『不睹不聞』，終未瑩。」曰：「此須意會。如或問中引『不見是圖』，既是不見，安得有圖？只是要於未有兆朕、無可睹聞時先戒懼取。」又曰：「『不睹不聞』是提其大綱説，『謹獨』乃審其微細。方不聞不睹之時，不惟人所不知，自家亦未有所知。若所謂『獨』，即人所不知而己所獨知，極是要戒懼。自來人説『不睹不聞』與『謹獨』只是一意無分別，便不是。」德明。

問：「『道也者不可須臾離也』以下是存養工夫，『莫見乎隱』以下是檢察工夫否？」曰：「説『道不可須臾離』，是説不可不存，『是故』以下却是教人恐懼戒謹做存養工夫，説『莫見乎隱，莫顯乎微』，是説不可不謹意。『故君子』以下却是教人謹獨，察其私意起處防之。只看兩個『故』字，便是方説入身上來做工夫也。聖人教人只此兩端。」大雅。

「戒謹不睹，恐懼不聞」非謂於睹聞之時不戒懼也，言雖不睹不聞之際亦致其謹，則睹聞之際其謹可知。此乃統同説，承上「道不可須臾離」則是無時不戒懼也。然下文謹獨既專就已發上説，則此段正是未發時工夫，只得説「不睹不聞」也。「莫見乎隱，莫顯乎微，故君子必謹其獨」，上既統同説了，此又就中有一念萌動處，雖至隱微，人所不知而己所獨知，尤當致謹。如一片止水中間忽有一點動處，此最緊要着工夫處。閎祖。

人傑〔一三〇〕問：「中庸工夫只在『戒謹恐懼』與『謹獨』，但二者工夫其腦頭又在道不可離處。若能識得全體大用皆具於心，則二者工夫不待勉强，自然進進不已矣。」曰：「便是有個腦頭〔一三一〕。如『天命之謂性，率性之謂道，修道之謂教』，古人因甚冠之章首？蓋腦頭〔一三二〕如此。若識得此理，則便是勉强，亦有個着落矣。」又問：「『費隱』一章云『夫婦之愚可以與知能行，及其至也，雖聖人有所不知不能』，先生嘗云此處難看。近思之，頗看得透。侯氏說夫子問禮、問官，與夫〔一三三〕夫子不得位、堯舜病博施，爲不知不能之事，說得亦粗。止是尋得一二事如此，元不曾說着『及〔一三四〕至也』之意。此是聖人看得徹底，故於此理亦有未肯自居處。如『所求乎子以事父未能』之類，真是聖人有未能處。又如說『默而識之，學而不厭，誨人不倦，何有於我哉』，是聖人不敢自以爲知。『出則事公卿，入則事父兄，喪事不敢不勉，不爲酒困，何有於我哉』，此是聖人不敢以爲能處。」先生曰：「夫婦之與知能行是萬分中有一分，聖人不知不能是萬分中欠得一分。」又問：「以實事言之亦有可言者，但恐非立教之道。」先生問：「如何？」人傑〔一三五〕云：「夫子謂『事君盡禮，人以爲諂』，相定公時甚好，及其受女樂則不免於行，是事君之道猶有未孚於人者。又如原壤登木而歌，『夫子爲弗聞也者而過之』，待之自好。及其夷俟則以杖叩脛，近於太過。」先生曰：「這裏說得却差。如原壤之歌乃是大惡，若要理會，不可但已，且只得休。至於夷俟之時，不可教誨，故直責之，復叩其脛，自當如此。若如正淳說，是〔一三六〕不要管它，却非朋友之道矣。」人傑。

問：「未發之中寂然不動，如何見得是中？」曰：「已發之中即時中也，中節之謂也，却易見。未發更如何分別？其〔一三七〕舊有一説，謂已發之中是已施去者，未發是方來不窮者。意思大故猛。要之，却是伊川説『未發是在中之義』最好。」大雅。

問：「伊川言『喜怒哀樂未發謂之中，是言在中之義』〔一三八〕，如何？」曰：「是言在裏面底道理，非以『在中』釋『中』字。」問：「伊川又云『只喜怒哀樂不發便是』，如何説『不發』？」曰：「是言不曾發時。」

問：「惻隱羞惡、喜怒哀樂固是心之發，曉然易見處。如未惻隱羞惡、喜怒哀樂之前，便是寂然而靜時，然豈得皆塊然如槁木？其耳目亦必有自然之聞見，其手足亦必有自然之舉動，不審此時唤作如何。」〔一三九〕曰：「喜怒哀樂未發只是這心未發耳。其手足運動自是形體如此。」淳。〔一四〇〕按，徐寓録同而略，今附於下，云：「喜怒哀樂，問：『未發之前其手足亦又有自然之舉動，不知此處是已發未發？』先生曰：『喜怒哀樂未發只是這心之未發，其形體之行動則自若。』」〔一四一〕

心無間於已發、未發。徹頭徹尾都是，那處截做已發、未發！如放僻邪侈，此心亦在，不可謂非心。淳。〔一四二〕

問：「中庸或問曰『若未發時純一無僞，又不足以名之』，此是無形影不可見否？」曰：「未發時僞不僞皆不可見。不特赤子如此，大人亦如此。」淳曰：「只是大人有主宰，赤子則未有主宰。」曰：「然。」淳。

問：「中庸或問說，未發時耳目當益精明而不可亂。如平常著衣喫飯是已發，是未發？」曰：「只有〔一四三〕所主著便是發。如著衣喫飯，亦有些事了。只有所思量要恁地，便是已發。」淳。〔一四四〕

因論呂與叔說「中」字大本差了。先生曰：「它底固不是，自家亦要見得它不是處。」文蔚曰：「喜怒哀樂未發之中，乃『在中』之『中』〔一四五〕義。他引虞書『允執厥中』之『中』，是不知『無過、不及之中』與『在中』之義本自不同。又以爲『赤子之心』，又以爲『心爲甚』，不知中乃喜怒哀樂未發而赤子之心已發。『心爲甚』，孟子蓋謂心欲審之意。〔一四六〕即此便是差了。」曰：「如今點檢它過處都是，自家却自要識中。」文蔚曰：「伊川云『涵養於喜怒哀樂未發之前，則發自中節矣』。今學者能戒謹恐懼於不睹不聞之中，而謹獨於隱微之際，則中可得矣。」曰：「固是如此，亦要識得。且如今在此坐，卓然端正，不倒東，不倒〔一四七〕西，便是中底氣象。然人說中亦只是大綱如此說，比之大段不中者，亦可謂之中，非能極其中。如人射箭，期於中紅心，射在帖上亦可爲〔一四八〕中，終不若它射中紅心者。至如和，亦有大綱喚做和者，比之大段乖戾者，謂之和則可，非能極其和。且如喜怒，合喜三分自家喜了四分，合怒三分自家怒了四分，便非和矣。」文蔚。

呂氏「未發之前心體昭昭具在」，説得亦好。〔一四九〕淳。

問：「呂與叔云『未發之前心體昭昭具在，已發乃心之用』，南軒辨『昭昭』爲『已發』，恐太過否？」曰：「這辨得亦没意思〔一五〇〕。敬夫太聰明，看道理不子細。伊川初謂『凡言心者皆指已發而言』，呂氏只是辨此一句。伊川後來又救前説曰：『「凡言心者皆指已發而言」，此語固未當。心一也，有指體而言者，「寂然不動」是也；有指用而言者，「感而遂通」是也。惟觀其所見如何。』此語甚圓，無病。大抵聖賢之言多〔一五一〕略發個萌芽，更在後人推究，〔一五二〕觸而長之〔一五三〕，然亦須得聖賢本意。不得聖賢〔一五四〕本意，則從那處推得出來？」問：「心本是個動物，不審未發之前全是寂然而靜，還是靜中有動否〔一五五〕？」曰：「不是靜中有動意。周子謂『靜無而動有』，靜不是無，以其未形而謂之無，非因動而後有，以其可見而謂之有爾。橫渠『心統性情』之説甚善。性只〔一五六〕是靜，情只〔一五七〕是動。心則兼動靜而言，或指體，或指用，隨人所看。方其靜時，動之理只具〔一五八〕在。伊川謂：『當中時耳無聞、目無見，然見聞之理在始得。及動時又只是這靜底。』」淳舉伊川以動之端爲天地之心。先生曰：「動亦不是天地之心，只是見天地之心。如十月豈得無天地之心？天地之心流行只自若。『元亨利貞』，元是萌芽初出時，亨是長枝葉時，利是成遂時，貞是結實歸宿處。下梢若無這歸宿處便也無這元了，惟有這歸宿處元又從此起。元了又貞，貞了又元，萬古只如此，循環無窮，所謂『維天之命，於穆不已』，説已盡了。十月萬物收斂，寂無蹤跡，到一陽動處，生物之心始可見。」曰：「一陽之復，在人言之只是善端萌處否？」曰：「以善言之，是善端方萌處。以惡言之，昏迷中有悔悟向善意便是復，如睡到忽然醒覺處，亦是復底氣象。又如人之沉滯，道不得行，到極處忽少亨達，雖未大行，已有可行之兆亦是復。這道理千變萬化，隨所在無不渾淪。」淳。

共父問「喜怒哀樂未發謂之中，發而皆中節謂之和」。曰：「『中』字是狀性之體。性具於心，發而中節，則是性自心中發出來也，是之謂情。」時舉。〔一五九〕

問：「或問中『坤卦純陰，不爲無陽』之説如何？」曰：「雖十月爲坤，十一月爲復，然自小雪後，其下面一畫便有三十分之一分陽生，至冬至方足得一爻成爾。故十月謂之『陽月』，蓋嫌於無陽也。自姤至坤亦然。」曰：「然則陽必竟有盡時矣。」曰：「剥盡於上，則復生於下，其間不容息也。」廣。

未發之前萬理備具。纔涉思即是已發動，而應事接物，雖萬變不同能省察得皆合於理處。蓋是吾心本具此理，皆是合做底事，不容外面旋安排也。今説爲臣必忠、爲子必孝之類，皆是已發。然所以合做此事，實且〔一六〇〕此理，乃未發也。人傑。

答徐彦章問「中和」，云：「喜怒哀樂未發，如處室中，東西南北未有定向，所謂中也。及其既發，如已出門，東者不復能西，南者不復能北。然各因其事，無所乖逆，所謂和也。」升卿。

中，性之德；　和，情之德。〔一六一〕

道夫〔一六二〕問：「喜怒哀樂之未發，不偏不倚，固其寂然之本體。及其酬酢萬變亦在是焉，故曰『天下之大本』。發而皆中節，則事得其宜，不相凌奪，固感而遂通之和也。然十中其九，一不中節則爲不和，便自有礙，不可謂之達道矣。」曰：「然。」又問：「於學者如何皆得中節？」曰：「學者安得便一一恁地！也須且逐件使之中節方得。此所以貴於『博學，審問，謹思，明辨』。無一事之不學，無一時之〔一六三〕不學，無一處而不學，各求其中節，此所以爲難也。」道夫。

自「喜怒哀樂未發謂之中」至「天地位焉，萬物育焉」，道怎生恁〔一六四〕地？這〔一六五〕個事影見，纔有那事便有那個事影見？這個本自虛靈，常在這裏。「喜怒哀樂未發謂之中，發而皆中節謂之和」，須恁地方能中節。若只恁地黑淬淬地在這裏，如何要得發必中節。賀孫。

中和亦是承上兩節說。〔一六六〕

「致中和」，所謂致和者，謂凡事皆欲中節。若致中工夫如何到〔一六七〕？其始也不能一一，常在『一』字上立地〔一六八〕，須有偏過四旁時，但只〔一六九〕純熟，自別。孟子所謂「存心養性」，以〔一七〇〕其「放心」、「操則存」，此等處乃致中也，至於充廣其仁義之心等處，乃致和也。人傑。

問：「未發之中是渾淪底，發而中節是渾淪底散開。『致中和』注云：『致者，推而至其極。』『致中和』，想也别無用工夫處，只是上戒謹恐懼乎不睹不聞與謹其獨，便是致中和底工夫否？」曰：「『致中和』只是無些子偏倚，無些子乖戾。若大段用倚靠，大段有乖戾底，固不是；若〔一七一〕有些子倚靠，有些子乖戾，亦未爲是。須無些子倚靠，無些子乖戾，方是『致中和』。」至。

周樸純仁問「致中和」字。曰：「『致』字是只管挨排去之義。且如此煖閤，人皆以火爐爲中，亦未〔一七二〕是要須去火爐中尋個至中處方是的當。又如射箭，纔上紅心便道是中，亦未是。須是射着〔一七三〕紅心之中方是。如『致知』之『致』，亦同此義。『致』字工夫極精密也。」自修。

問：「『致中和，天地位焉，萬物育焉』。只君君臣臣、父父子子之分定，便是天地位否？」曰：「有地不得其平、天不得其成時。」問：「如此，則須專在〔一七四〕人主身上説方有此功用？」曰：「規模自是如此。然人各隨一個地位去做，不道人主致中和，士大夫便不致中和。」學之爲王者事。

問：「向見南軒上殿文字，多是要扶持人主心術。」曰：「也要在下人心術是當方可扶持得。」問：「今日士風如此，何時是太平？」曰：「即這身心亦未見有太平之時。」三公燮理陰陽須是先有個胸中是〔一七五〕得。德明。〔一七六〕

「天地位，萬物育」便是「裁成輔相」、「以左右民」底工夫。若不能「致中和」，則山崩川竭者有矣，天地安得而位！胎夭失所者有矣，萬物何自[一七七]而育！升卿。

問：「『天地位，萬物育』，此是『裁成輔相』功用否？」曰：「是，此是就有位者言之。」淳。[一七八]

「致中和，天地位焉，萬物育焉」，此爲在上聖人而設。人傑。[一七九]

元思問：「『致中和，天地位，萬物育』，此指在上者而言。孔子如何？」曰：「孔子已到此地位。」可學。

問：「『致中和，天地位，萬物育』，此以有位者言。如一介之士如何得如此？」曰：「若致得一身中和便充塞一身，致得一家中和便充塞一家，若致得天下中和便充塞天下。有此理便有此事，有此事便有此理。如『一日克己復禮，天下歸仁』，如何一日克己於家，便得天下歸仁[一八〇]？爲有此理故也。」賜。

問：「『靜而[一八一]無一息之不中，則陰陽動静各止其所，而天地於此乎位矣』，不知[一八二]言陰陽動静何也？」曰：「天高地下，萬物散殊，各有定所，此未與[一八三]物相感也，和則交感而萬物育矣。」問：「未能致中和則天地不得而位，只是日食星隕、地震山崩之類否？」曰：「天變見乎上，地變動乎下，便是天地不位。」德明。

問：「或問中有曰：[一八四]『善惡感通之理，亦及其力之所至而止耳。彼達而在上者既曰有以病之，則夫災異之變又豈窮，而在下者所能救也哉？』如此，則前所謂『力』者是力分之『力』也。」曰：「然。」又問：「『但能致中和於一身，則天下雖亂而吾身之天地萬物不害爲安泰』。且以孔子之事言之，如何是天地萬物安泰處？」曰：「在聖人之身，則天地萬物自然安泰。」曰：「此莫是以理言之否？」曰：「然。一家一國莫不如是。」廣。

晦庵先生朱文公語類卷第六十三

中庸二

第二章

或問子思稱夫子爲仲尼先生。云：「古人未嘗諱其字。明道嘗云：『予年十四五，從周茂叔。』本朝先輩尚如此。伊川亦嘗呼明道表德。如唐人尚不諱其名，杜甫詩云『白也詩無敵』，李白詩云『飯顆山前〔一〕逢杜甫』。」卓。

或問：「『君子之中庸也，君子而時中』，上『君子』莫是指人而言，下『君子』莫是言中時，『中』莫是言『庸』否？」曰：「『君子』只是説個好人，『時中』只是説做得個恰好底事。」又〔二〕問：「『道不遠人，人之爲道而遠人，非所以〔三〕爲道』，莫是一章之綱目否？」曰：「是如此。所以下面三節又只是解此三句。」義剛。

「君子而時中」與易傳中所謂「中重於正，正者未必中」之意同。正者且是分別個善惡，中則是恰好處。夔孫。

問：「或問：『「君子之中庸也，君子而時中」，以其有君子之德又能隨時以取中也；「小人之中庸也，小人而無忌憚也」，以其有小人之心而又無所忌憚也。』[四]如何是『君子之德』與『小人之心』？」曰：「爲善者君子之德，爲惡者小人之心。君子而處不得中者有之，小人而不至於無忌憚者亦有之。惟其反中庸，則方是其無忌憚也。」廣。

第四章第三章無[五]

賢者過之，只知就其所長處着力做去，而不知擇乎中庸爾。銖。[六]

第八章第五至第七章無[七]

「舜其大知」，知而不過兼行説，「仁在其中」。回「擇乎中庸」，兼知説。「索隱行怪」不能擇，不知。「半塗而廢」不能執。不仁。「依乎中庸」，擇。「不見知而不悔」。執。

舜固是聰明睿知，然又能「好問而好察邇言，樂取諸人以爲善」，併合將來所以謂之大智。若只據一己所有，便有窮盡。廣。賀孫録[八]同。

問「隱惡而揚善」。曰：「其言之善者播揚之，不善者隱而不宣，則善者愈樂告以善，而不善者亦無所愧而不復言也。若其言不善，我又揚之於人，説它底不是，則其愧耻不復敢以言來告矣。此其求善之心廣大如此，人安得不盡以其言來告？而吾亦安有不盡聞之言乎？蓋舜本自知，能合天下之智爲一人之智，而不自用其智，此其智之所以愈大。若愚者既愚矣，又不能求人之智而自任其愚，此其所以愈愚。惟其智也，所以能因其智以求人之智而智愈大；惟其愚也，故自用其愚而不復求人之智而愈愚也。」僩。

「執其兩端」之「執」，如俗語謂把其兩頭。節。

兩端如厚薄輕重。「執其兩端，用其中於民」，非謂只於二者之間取中。當厚而厚即厚上是中，當薄而薄即薄上是中。輕重亦然。閎祖。

兩端未是不中。且如賞一人，或謂當重，或謂當輕，於此執此兩説[九]而求其恰好道理而用之。若以兩端爲不中則是無商量了，何用更説「執兩端」！義剛。

問：「『執兩端而量度以取中』，當厚則厚，當薄則薄，爲中否？」曰：「舊見欽夫亦要恁地説。某謂此句只是將兩端來量度，取一個合[一〇]好處。如此人合與之百錢，若與之二百錢則過厚[一一]，與之五十則少，只是百錢便恰好。若常[一二]厚則厚，自有恰好處，上面更過厚則不中。而今這裏便説當厚則厚爲中，却是躐等之言[一三]。」或問：「程伊川[一四]曰『執謂執持使不得行』，如何？某説此『執』字只是把此兩端來量度取中。」曰：「此『執』字只是把來量度。」至。

問中庸集注〔一五〕云「兩端是衆論不同之極致」。曰：「兩端是兩端盡處。如要賞一人，或言萬金，或言千金，或言百金，或言十金。自家須從十金審量至萬金，酌中看當賞他幾金。」賜。

問章句云：「『兩端是衆論不同之極致』。蓋凡物皆有兩端，如小大厚薄之類。於善之中又執其兩端而量度以取中，所謂衆論不同都是善一邊底。」曰：「惡底已自隱而不宣了，當時所以説衆論不同之極致，蓋緣上文有『好問好察邇言』。」至。〔一六〕

陳才卿〔一七〕問：「『兩端謂衆論不同之極致』，且如衆論有十分厚者，有十〔一八〕分薄者，取極厚極薄之二説而中折之，則此爲中矣。」曰：「不然，此乃『子莫執中』也，安得謂之中？兩端只是個『起止』二字，猶云起這頭至那頭也。自極厚以至極薄，自極大以至極小，自極重以至極輕，於此厚薄、大小、輕重之中，擇其説之是者而用之，是乃所謂中也。若但以極厚極薄爲兩端，而中折其中間以爲中，則其中間如何見得便是中？蓋或極厚者説得是則用極厚之説，極薄之説是則用極薄之説，厚薄之中者説得是則用厚薄之中者之説。至於輕重、大小，莫不皆然。蓋惟其説之是者用之，不是棄其兩頭不用，而但取兩頭之中者以用之也。且如人有功當賞，或説合賞萬金，或説合賞千金，或有説合賞百金，或又有説合賞十金。萬金者，其至厚也；十金，其至薄也。則把其兩頭自至厚以至至薄，而精權其輕重之中。若合賞萬金便賞萬金，合賞十金也只得賞十金，合賞千金便賞千金，合賞百金便賞百金。不是棄萬金、十金至厚至薄之説，而折取其中以賞之也。若但欲去其兩頭而只取中間，則或這頭重那頭輕，這頭偏多那頭偏少，是乃所謂不中矣，安得謂之中！」才卿云：「或問中却説『當衆論不同之際，未知其孰爲過、孰爲不及而孰爲中也。故必兼總衆説，以執其不同之極處而半折之，然後可以見夫上一端之爲過，下一端之爲不及，兩[一九]者之間之爲中』。如先生今説，則或問『半折』之説亦當改。」曰：「便是某之説未精。以此見作文字難。意中見得了了，及至筆下依舊不分明，只差些子便意思都錯了。合改云『故必兼總衆説以執其不同之極處而審度之，然後可以識夫中之所在，而上一端之爲過，下一端之爲不及』云云。如此語方無病。」或曰：「孔子所謂『我叩其兩端』與此同否？」曰：「然。竭其兩端是自精至粗，自大至小，自上至下，都與它説，無一毫之不盡。舜之『執兩端』，是取之於人者自精至粗，自大至小，總括包盡，無一善之或遺。」僩。[二〇]

「執其兩端」是摺轉來取中。節。[二一]

第九章

問：「『天下國家可均』，此三者莫是智、仁、勇之事否？」曰：「它雖不曾分，看來也是智、仁、勇之事，只是不合中庸。若合中庸，便盡得智、仁、勇。且如顔子瞻前忽後，亦是未到中庸處。」問：「卓立處是中庸否？」曰：「此方是見，到從之處方是行。又如『知命』、『耳順』方是見得盡，『從心所欲』方是行得盡。」賜。

公晦問：「『天下國家可均也，爵禄可辭也，白刃可蹈也』，謂資質之近於智而力能勉者，皆足以能之。若中庸，則四邊都無所倚着，浄浄潔潔，不容分毫力。」曰：「中庸便是三者之間，非是别有個道理。只於三者做得那恰好處便是中庸，不然只可謂之三事。」方子。廣録同。[一二二]

徐孟寶問：「中庸如何是不可能？」曰：「只是説中庸之難行也。急些子便是過，慢些子便不及。且如天下國家雖難均，捨得便均得；今按：「捨」字恐誤。爵禄雖難辭，捨得便辭得；蹈白刃亦然。只有中庸却便如此不得，所以難也。」徐曰：「如此也無難。只心無一點私，則事事物物上各有個自然道理便是中庸。以此公心應之，合道理順人情處便是，恐亦無難。」曰：「若如此時，聖人却不必言致知、格物。格物者便是要窮盡物理到個是處，此個道理至難。揚子雲説得是，『窮之益遠，測之益深』，分明是。」徐又曰：「只以至公之心爲大本，却將平日學問積累便是格物。如此不輟，終須自有到處。」曰：「這個如何當得大本！若使如此容易，天下聖賢煞多。只公心不爲不善，此只做得個稍稍賢於人之人而已。聖賢事業大有事在。須是要得此至公之心有歸宿之地，事至物來，應之不錯方是。」徐又曰：「『爲人君止於仁，爲人臣止於敬，爲人子止於孝』至如『止於慈，止於信』，但只言『止』，便是心止宿之地，此又皆是人當爲之事，又如何會錯？」曰：「此處便是錯。要知所以仁、所以敬、所以孝、所以慈、所以信。仁少差便失於姑息，敬少差便失於沽激。毫釐之失，繆以千里，如何不是錯！」大雅。

第十章

問：「『南方之强，君子居之』，此『君子』字稍稍輕否？」曰：「然。」僩。

忍耐得便是「南方之强」。僩。

風俗易變，惟是通衢所在。蓋有四方人雜往來於中，自然易得遷轉〔二三〕。若僻在一隅，則只見得這一窟風俗如此，最難變。如西北之强勁正如此。時因論「南方之强」而言此。義剛。

如和便不流，若是中便〔二四〕不倚，何必更説不倚？後思之，中而不硬健便難獨立，解倒了。若中而獨立，不有所倚，尤見硬健處。〔二五〕義剛。

當初説中立了，又説而不倚。思之，〔二六〕柔弱底中立則必欹倚，若能中立而不倚，方見人硬健處。義剛。

問「中立而不倚」，曰：「只中立便是不倚了。然中立却易得倚，中立而不倚，此其所以爲强。」至。〔二七〕

中立久而終不倚，所以爲强。閎祖。

「强哉矯」，贊歎之辭。古注：「矯，强貌。」人傑。

問：「『和而不流，中立而不倚』，下惠、夷齊正是如此？」曰：「是。」又曰：「柳下惠和而不流處甚分曉，但夷齊如何是它中立而不倚處？」文蔚曰：「武王伐紂，夷齊叩馬而諫，不從便却終身不食周粟，此見得它中立不倚處。」曰：「如此却是倚做一邊去。」文蔚曰：「它雖如此，又却不念舊惡。」曰：「亦不相似。文王善養老，它便盍歸乎來。及至武王伐紂，它又自不從而去，只此便見它中立而不倚處。」文蔚。〔二八〕

問「國有道，不變塞焉；國無道，至死不變」注云云〔二九〕。曰：「國有道則有達之理，故不變其未達之所守。若國無道則有不幸而死之理，故不變其平生之所守。不變其未達之所守易，不變其平生之所守難。」僩。

「國有道，不變塞焉」。〔三〇〕塞，未達也。未達時要行其所學，既達了却變其所學。當不變未達之所守也。泳。

第十一章

問：「漢藝文志引中庸云『索隱行怪，後世有述焉』，『素隱』作『索隱』似亦有理，鈎索隱僻之義。『素』、『索』二字相近，恐作『索』，不可知。」曰：「『素隱』從來解不分曉，作『索隱』讀亦有理。索隱是『知者過之』，行怪是『賢者過之』。」德明。

問：「『索隱』，集注云『深求隱僻之理』，如漢儒災異之類，是否？」曰：「漢儒災異猶自有説得是處。如戰國鄒衍推五德之事，後漢讖緯之書便是隱僻。」賜。

「素隱行怪」不能擇，「半塗而廢」不能執。「依乎中庸」能擇也，「不見知而不悔」能執也。閎祖。

第十二章

「君子之道費而隱」。和亦有費有隱，不當以中爲隱、以和爲費。「得其名」處雖是效，亦是費。「君子之道四」亦是費。節。

問：「形而上下與『費而隱』，如何？」曰：「形而上下者就物上説，『費而隱』者就道上説。」人傑。

夫婦之愚可以與知焉。若據先儒解，當初何不道行道之人，何不道衆人之愚？何爲説夫婦？是必有意。義剛。〔三二〕

問：「『及其至也，聖人有所不知；及其至也，聖人有所不能』，〔三三〕至極之地，聖人終於不知，終於不能，何也？不知是『過此以往未之或知』之理否？」曰：「至，盡也。論道而至於盡處，若有小小閑慢，亦不必知、不必能亦可也。」一之。寓録同。〔三三〕

或問：「『及其至也，聖人有不知不能』之説，如何？」〔三四〕曰：「至者，非極至之『至』。蓋道無不包，若盡論之，聖人豈能纖悉盡知！伊川之説是。」去僞。

一日請食茘子，因論：「興化軍陳紫自蔡端明迄今又二百來年，此種猶在而甘美絶勝，獨無它本。天地間有不可曉處率如此，所謂『及其至也，聖人有所不能知』。要之，它自有個絲脈相通，但人自不知耳。聖人也只知得大綱，到不可知處亦無可奈何，但此等瑣碎不知亦無害爾。」道夫。〔三五〕

「及其至也」，程門諸公都愛説玄妙，游氏便有「七聖皆迷」之説。設如把「至」作精妙説，則下文「語大語小」便如何分？諸公親得程子而師之，都差了。淳。

聖人不能知、不能行者，非至妙處聖人不能知、不能行。天地間固有不緊要底事，聖人不能盡知。緊要底則聖人能知之、能行之。若至妙處聖人不能知、不能行，粗處却能之，非聖人，乃凡人也。故曰「天地之大也，人猶有所憾」。節。

問：「『語小天下莫能破』，是極其小而言之。今以一髮之微尚有可破而爲二者，所謂『莫能破』則足見其小。注中謂『其小無内』，亦是説其至小無去處了。」曰：「然。」至。

又曰：〔三六〕「『莫能破』，只是至小無可下手處，破它不得。」賜。

問：「『其大無外，其小無内』二句是古語，是自做？」曰：「楚詞云『其小無内，其大無垠』。」至。

皆是費，如鳶飛亦是費，魚躍亦是費。而所以爲費者，試討個費來看看。又曰：「鳶飛可見，魚躍可見，而所以飛、所以躍，果何物也？中庸言許多費而不言隱者，隱在費之中。」節。

「鳶飛魚躍」，胡亂提起這兩件上來説。人傑。

問「鳶飛魚躍」之説。曰：「蓋是分明見得道體隨事發見處。察者，著也，非『察察』之『察』。金[三七]録作：「非審察之『察』。」詩中之意本不爲此，中庸只是借此兩句形容道體。詩云『遐不作人』，古注并諸家皆作『遠』字，甚無道理。記注訓『胡』字最妙。」謨。去僞録同。[三八]

鳶飛魚躍，道體隨處發見。謂道體發見者猶是人見得如此，若鳶、魚初不自知。「察」只是著，天地明察亦是著也。君子之道，造端乎夫婦之細微，及其至也，著乎天地。「至」謂量之極至。去僞。

問「鳶飛魚躍」集注云云[三九]。曰：「鳶飛魚躍，費也。必有一個什麽物使得它如此，此便是隱。在人則動静語默無非此理，只從這裏收一收，謂心。這個便在。」賜。

問：「『鳶飛魚躍』如何與它『勿忘』、『勿助長』之意同？」曰：「孟子言『勿忘』、『勿助長』本言得粗。程子却説得細，只[四〇]是用其語句耳。如明道之説却不曾下『勿』字，蓋謂都没耳。其曰『正當處』者謂天理流行處，故謝氏亦以此論曾點事。其所謂『勿忘』、『勿助長』者，亦非立此在四邊做防檢不得犯着，蓋謂俱無此而皆天理之流行耳。欽夫論語中亦[四一]誤認其意，遂曰『不當忘也，不當助長也』。如此則拘束得曾點更不得自在，却不快活也。」伯豐。

漳州王遇[四二]以書問：「中庸語[四三]『鳶飛魚躍』處，明道云：『會得時活潑潑地，不會得只是弄精神。』惟上蔡看破。先生引君臣父子爲言此吾儒之所以異於佛者，如何？」曰：「鳶飛魚躍只是言其發見耳。釋氏亦言發見，但渠言發見却一切混亂。至吾儒須辨其定分，君臣父子皆定分也。鳶必戾於天，魚必躍於淵。」可學。

問：[四四]「鳶有鳶之性，魚有魚之性，其飛其躍，天機自完，便是天理流行發見之妙處，故子思姑舉此一二以明道之無所不在否？」曰：「是。」淳。[四五]

「活潑潑[四六]地」，所謂活者只是不滯於一隅。德明。

問：「語録云：『「鳶飛戾天，魚躍於淵」，此與「必有事焉而勿正心」之意同。』或問中論此云：『程子離人而言，直以此形容天理自然流行之妙。上蔡所謂「察見天理，不用私意」，蓋小失程子之本意。』據上蔡是言學者用功處。『必有事焉而勿正心』之時平鋪放着，無少私意，氣象正如此，所謂『魚川泳而鳥雲飛』也，不審是如此否？」曰：「此意固是，但它説『察』字不是也。」[四七]

問「中庸言『費而隱』」。文蔚謂：「中庸散於萬事即所謂費，惟『誠』之一字足以貫之，即所謂隱。」曰：「不是如此。費中有隱，隱中有費。凡事皆然，非是指誠而言。」文蔚曰：「如天道流行，化育萬物，其中無非實理。洒掃應對，酬酢萬變，莫非誠意寓於其間，是所謂『費而隱』也。」曰：「不然也。鳶飛魚躍，上下昭著，莫非至理，但人視之不見，聽之不聞，夯將出來不得，須是於此自有所見。」因謂明道言此，引孟子「必有事焉而勿正心，勿忘勿助長」爲證。謝上蔡又添入夫子『與點』一事。且謂二人之言各有著落。文蔚曰：「明道之意只説天理自然流行，上蔡則形容曾點見道而樂底意思。」先生默然。又曰：「今且要理會『必有事焉』，將自見得。」又曰：「非是有事於此却見得一個物事在彼，只是『必有事焉』便是本色。」文蔚曰：「於有事之際，其中有不能自已者，即此便是。」曰：「今且虚放在此，未須强説。如虚着一個紅心時，復射一射，久後自中。子思説鳶飛魚躍，今人一等忘却乃是不知它那飛與躍，有事而正焉又是送教它飛、捉教它躍，皆不可。」又曰：「如今人所言皆是説費。隱元説不得。所謂『天有四時，春秋冬夏，風雨霜露，無非教也。地載神氣，神氣風霆，風霆流形，庶物露生，無非教也』，孔子謂『天何言哉？四時行焉，百物生焉』、『吾無行而不與二三子』是也。」文蔚。

問：「『上下察』，是此理流行上下昭著。下面『察乎天地』，是察見天地之理，或是與上句『察』字同意？」曰：「與上句『察』字同意，言其昭著遍滿於天地之間。」至。

問：「『上下察』與『察乎天地』，兩個『察』字同異？」曰：「只一般。此非觀察之『察』，乃

昭著之意，如『文理密察』、『天地明察』之『察』。經中『察』字義多如此。」廣。［四八］

晏亞夫［四九］問：「中庸言『造端乎夫婦』，何也？」曰：「夫婦者，人倫中之至親且密者。夫人所爲，蓋有不可告其父兄而悉以告其妻子者。昔宇文泰遺蘇綽書曰：『吾平生所爲，蓋有妻子所不能知者，公盡知之。』然則男女居室，豈非人之至親且密者歟？苟於是而不能行道，則面前如有物蔽焉，既不能見，且不能行也。所以孔子有言：『人而不爲周南、召南，其猶正墻面而立也歟！』」處謙。

或問：「中庸十二章［五〇］説道之費隱，如是其大且妙，後面却只歸在『造端乎夫婦』上，此中庸之道所以異於佛老之謂道也。」曰：「須更看所謂『優優大哉！禮儀三百，威儀三千』處。聖人之道彌滿充塞，無少空闕處，若於此有一毫之差，便於道體有虧欠也。若佛則只説道道［五一］無不在，無適而非道。政使於禮儀有差錯處亦不妨，故它於此都理會不得。莊子却理會得，又不肯去做。如天下篇首一段皆是説孔子，恰似快刀利劍斫將去，更無些子窒礙，又且句句有着落。如所謂『易以道陰陽，春秋以道名分』，可煞説得好！雖然如此，又却不肯去做。然其才亦儘高，正所謂『知者過之』。」云：「看得莊子比老子，倒無老子許多機械。」曰：「亦有之，但老子則猶自守個規模了去做，到得莊子出來，將他那窠窟盡掀番了，故他自以爲一家。老子極勞攘，莊子較平易。」廣。

公晦問「君子之道費而隱」，云：「許多章都是説費處，却不説隱處。莫所謂隱者只在費中否？」曰：「惟是不説，乃所以見得隱在其中。舊人多分畫將聖人不知不能處做隱，覺得下面都説不去。且如『鳶飛戾天，魚躍於淵』，亦何嘗隱來？」又問：「此章前説得恁地廣大，末梢却説『造端乎夫婦』，乃是指其切實做去，此吾道所以異於禪、佛？」曰：「又須看『經禮三百，威儀三千』。聖人説許多廣大處都收拾做實處來，佛老之學説向高處便無工夫。聖人説個本體如此，待做處事事着實，如禮樂刑政，文爲制度，觸處都是。緣他本體充滿周足，有些子不是，便虧了它底。佛是説做去便是道，道無不存，無適非道，有一二事錯也不妨。」賀孫。

第十三章

「人之爲道而遠人」如「爲仁由己」之「爲」，「不可以爲道」如「克己復禮爲仁」之「爲」。閎祖。

「君子以人治人，改而止」，未改以前却是失人道，既改則便是復得人道了，更何用治它。如水本東流，失其道而西流，從西邊遮障得，歸來東邊便了。夔孫。

時舉[五二]問：「『君子以人治人，改而止』，横渠謂[五三]『以衆人望人則易從』，此語如何？」曰：「此語似亦未穩。」時舉。

問：「『君子以人治人，改而止』。其人有過，既改之後或爲善不已，或止而不進，皆在其人，非君子之所能預否？」曰：「非然也。能改即是善矣，更何待別求善耶？天下只是一個善惡，不善即惡，不惡即善。如何説既能改其惡，更用別討個善？只改底便是善了。這須看它上文，它緊要處全在『道不遠人』一句。言人人有此道，只是人自遠其道，非道遠人也。人人本自有許多道理，只是不曾依得這道理，却做從不是道理處去。今欲治之，不是別討個道理治它，只是將它元自有底道理還以治其人。如人之孝，它本有此孝，它却不曾行得這孝，却亂行從不孝處去。君子治之，非是別討個孝去治它，只是與它説：『你這個不是。你本有此孝，却如何錯行從不孝處去？』其人能改，即是孝矣。不是將它人底道理去治它，又不是分我底道理與它。它本有此道理，我但因其自有者還以治之而已。及我自治其身，亦不是將它人底道理來治我，亦只是將我自思量得底道理自治我之身而已，所以説『執柯伐柯，其則不遠』。『執柯以伐柯』，不用更別去討法則，只你那手中所執者便是則。然『執柯以伐柯，睨而視之，猶以爲遠』。若此個道理人人具有，纔要做底便是，初無彼此之別。放去收回只在這些子間〔五四〕，何用別處討？故中庸一書初間便説『天命之謂性，率性之謂道』。此是如何？只是説人人各具此個道理，無有不足故耳。它從上頭説下來，只是此意。」又曰：「『所求乎子，以事父未能也』，每常人責子必欲其孝於我，然不知我之所以事父者果孝否？以我責子之心而反推己之所以事父，此便是則也。『所求乎臣，以事君未能也』，常人責臣必欲其忠於我，然不知我之事君者盡忠否乎？以我責臣之心而反之於我，則其則在此矣。」又曰：「『所求乎子，以事父未能也』，須要如舜之事父方盡得子之道，若有一毫不盡，便是道理有所欠闕，便非子之道矣。『所求乎臣，以事君未能也』，須要如舜、周公之事君，若有一毫不盡，便非臣之道矣。無不是如此，只緣道理當然，自是住不得。」僩。

夜〔五五〕來說忠恕，論著忠恕名義，自合依子思「忠恕違道不遠」是也。曾子所說却是移上一階，說聖人之忠恕。到程子又移上一階，說天地之忠恕。其實只一個忠恕，須自看教有許多等級分明。僩。〔五六〕

或〔五七〕問：「到得忠恕已是道，如何云『違道不遠』？」曰：「仁是道，忠恕正是學者着力下工夫處。『施諸己而不願，亦勿施於人』，子思之說正爲工夫〔五八〕。『夫子之道，忠恕而已矣』，却不是恁地。曾子只是借這個說『維天之命，於穆不已』。『乾道變化，各正性命』，便是天之忠恕；『純亦不已』、『萬物各得其所』，便是聖人之忠恕；『施諸己而不願，亦勿施諸〔五九〕人』，便是學者之忠恕。」〔六〇〕

蜚卿問：「忠恕即道也，而曰『違道不遠』，何耶？」曰：「道是自然底。人能忠恕，則去道不遠。」道夫。

「施諸己而不願，亦勿施於人」，此與「己所不欲，勿施於人」一般，未是自然，所以「違道不

遠」正是學者事。「我不欲人之加諸我也，吾亦欲無加諸人」，此是成德事。閎祖〔六一〕

求責也，中庸求子以事父處。節。〔六二〕

「行險僥倖」，本是連上文「不願乎其外」說。言强生意智，取所不當得。僩。〔六三〕

第十六章第十四十五章無〔六四〕

侯師聖解中庸「鬼神之爲德」，謂「鬼神爲形而下者，鬼神之德爲形而上者」。且如「中庸之爲德」，不成說中庸爲形而下者，中庸之德爲形而上者。文蔚。

問：「『體物而不可遺』，是有此物便有鬼神，凡天下萬物萬事皆不能外夫鬼神否？」曰：「不是有此物時便有此鬼神，說倒了。乃是有這鬼神了方有此物，及至有此物了又不能違夫鬼神也。『體物而不可遺』，用拽轉看，將鬼神做主，將物做賓，方看得出是鬼神去體那物，鬼神却是主也。」僩。又曰：「有是實理而後有是物，鬼神之德，所以爲物之體而不可遺也。」升卿。〔六五〕

問：「或問中謂：『循其說而體驗之，若有以使人神識飛揚，眩瞀迷惑，無所底止。』所謂『其說』者，莫是指楊先生『非體物不遺者，其孰能察之』之說否？」曰：「然。不知前輩讀書如何也恁鹵莽？據『體物而不遺』一句，乃是論鬼神之德爲萬物之體幹耳。今乃以爲體察之『體』，其可耶？」廣。

問：「『洋洋如在其上，如在其左右』，莫是感格否？〔六六〕」曰：「固是。然亦須自家有以感之始得。上下章自恁地說，忽然中間插入一段鬼神在這裏，也是鳶飛魚躍底意思。所以末梢只說『微之顯，誠之不可掩也如此』。」賜。〔六七〕

「微之顯，誠之不可揜如此夫」，皆實理也。僩。

或問：「中庸十六章初說〔六八〕鬼神『體物而不可遺』，只是就陰陽上說。末後又却以祭祀言之，是如何？」曰：「此是就其親切著見者言之也。若不如此說，則人必將風雷山澤做一般鬼神看，將廟中祭享者又做一般鬼神看。故即其親切著見者言之，欲人會之爲一也。」廣。

問：「『鬼神之德其至〔六九〕矣乎』，此止說噓吸聰明之鬼神。末後却歸向『齊明盛服以承祭祀，洋洋乎如在其上』，是如何？」曰：「惟是齋戒祭祀之時鬼神之理著。若是它人亦是卒〔七〇〕未曉得，它須道風雷山澤之鬼神是一般鬼神，廟中泥塑底又是一般鬼神，只道有兩樣鬼神。所以如此說起，又歸向親切明著處去，庶幾人知得不是二事也。」漢卿問：「鬼神之德如何是良能、功用處？」曰：「論來只是陰陽屈伸之氣，只謂之陰陽亦可也。然必謂之鬼神者，以其良能、功用而言也，今又須從良能、功用上求見鬼神之德始得。前夜因漢卿說個修養，人死時氣衝突，知得焄蒿之意親切，謂其氣襲人，知得悽愴之意分明，漢武李夫人祠云『其風肅然』。今鄉村有臬户還賽祭享時或有肅然如陣風，俗呼爲『旋風』者，即此意也。」因及修養，且言：「萇弘死，藏其血於地，三年化爲碧，此亦是漢卿所説『虎威』之類。」賀孫云：「應人物之死，其魄降於地，皆如此。但或散或微，不似此等之精悍，所謂『伯有用物精多則魂魄强』是也。」曰：「亦是此物稟得魄最盛。又如今醫者定魄藥多用虎睛，助魂藥多用龍骨。魄屬金，金西方，主肺與魄。虎是陰屬之最强者，故其魄最盛。魂屬木，木東方，主肝與魂。龍是陽屬之最盛者，故其魂最强。龍能駕雲飛騰，便是與氣合。虎嘯則風生，便是與魄合。雖是物之最强盛，然皆墮於一偏。惟人獨得其全，便無這般磊磈。」因言：「古時所傳安期生之徒皆是有之。也是被它煉得氣清，皮膚之内骨肉皆已融化爲氣，其氣又極其輕清，所以有『飛昇脱化』之説。然久之漸漸消磨，亦澌盡了。渡江以前，説甚呂洞賓、鍾離權，如今亦不見了。」因言：「鬼火皆是未散之物，如馬血，人戰鬭而死，被兵之地皆有之。某人夜行淮甸間，忽見明滅之火横過來當路頭。其人頗勇，直衝過去，見其皆似人形，髣髴如廟社泥塑未裝飾者。亦未散之氣不足畏。『宰我問神鬼』一章最精密，包括得盡，亦是當時弟子記録得好。」賀孫。

問：「中庸『鬼神』章首尾皆主二氣屈伸往來而言，而中間『洋洋如在其上』乃引『其氣發揚於上，爲昭明，焄蒿、悽愴』，此乃人物之死氣，似與前後意不合，何也？」曰：「死便是屈，感召得來便是伸。」問：「『昭明、焄蒿、悽愴』，這是人之死氣也，〔七一〕此氣會消了？」曰：「是。」問：「伸底只是這既死之氣復來伸否？」曰：「這裏便難恁地說。這伸底又是別新生了。」問：「如何會別生？」曰：「祖宗氣只存在子孫身上，祭祀時只是這氣，便自然又伸。自家極其誠敬，肅然如在其上，是甚物？那得不是伸？此便是神之著也。所以古人燎以求諸陽，灌以求諸陰。謝氏謂『祖考精神便是自家精神』，已説得是。」淳。

問：「章句中所謂『鬼神之爲德』，『猶言性情功效』者，〔七二〕固是有性情便有功效，有功效便有性情。然所謂性情者，莫便是張子所謂『二氣之良能』否？所謂功效者，莫便是程子所謂『天地之功用』否？」曰：「鬼神視之而不見，聽之而不聞，人須是於那良能與功用上認取其德。」廣。

問：「鬼神之德如何？」曰：「自是如此。此言鬼神實然之理，猶言人之德。不可道人自爲一物，其德自爲德。」力行。

因讀「鬼神之德」一章，〔七三〕問：「章句云『猶言性情功效云爾』，〔七四〕性情乃鬼神之情狀，不審所謂功效者何謂？」曰：「能『使天下之人齊明盛服以承祭祀』便是功效。」問：「魂〔七五〕魄守體，有所知否？」曰：「耳目聰明爲魄，安得謂無知？」問：「然則人之死也，魂升魄降，是兩處有知覺也。」曰：「孔子分明言『合鬼與神，教之至也』，當祭之時求諸陽及〔七六〕求諸陰，正爲此。況祭亦有報魄之説。」德明。

問：「『鬼神之爲德』只是言氣與理否？」曰：「猶言性情也。」問：「章句中〔七七〕説『功效』，如何？」曰：「鬼神會做得這般事。」因言：「鬼神有無，聖人未嘗決言之。如言『之死而致死之，不仁；之死而致生之，不知』、『於彼乎，於此乎』之類，與明道語上蔡『恐賢問某尋』之意同。」問：「五廟、七廟遞遷之制，恐是世代浸遠精爽消亡故廟有遷毀。」曰：「雖是如此，然祭者求諸陰，求諸陽，此氣依舊在，如噓吸之則又來。若不如此，則是『之死而致死之』也。蓋其子孫未絕，此氣接續亦未絕。」又曰：「天神、地祇、山川之神，有此物在其氣自在此，故不難曉。惟人已死，其事杳茫，所以難說。」德明。

或問：「『顏子死而不亡』之說，先生既非之矣。然聖人制祭祀之禮所以事鬼神者，恐不止謂但有此理，須有實事？」曰：「若是見理明者，自能知之。明道所謂『若以爲無古人因甚如此說，若以爲有又恐賢問某尋』，其說甚當。」人傑。

問：「侯氏中庸曰：『總攝天地，斡旋造化，闔闢乾坤，動役鬼神，日月由之而晦明，萬物由之而生死〔七八〕者，誠也。』此語何謂？」曰：「這個亦是實有這理便如此。若無這理，便都無天地無物〔七九〕無鬼神了。不是實理，如何『微之顯，誠之不可掩』？」因問：「『鬼神造化之迹』，何謂迹？」曰：「鬼神是天地間造化，只是個〔八〇〕二氣屈伸往來。神是陽，鬼是陰。往者屈，來者伸，便有個迹恁地。」淳因舉謝氏「歸根」之說。先生曰：「『歸根』本是〔八一〕老氏語，必竟無歸這個何曾動？」問：「性只是天地之性。當初亦不是自彼來入此，亦不是自此往歸彼，只是因氣之聚散，見其如此是〔八二〕耳。」曰：「畢竟是無歸。如月影映在這盆水裏，除了這盆水，這影便無了，豈是這飛上天去歸那月裏去？又如這花落便無了，豈是歸去那裏明年復來生這枝上？」問：「人死時這知覺便散否？」曰：「不是散，是盡了，氣盡則知覺亦盡。」問：「世俗所謂物怪神姦之説，則如何斷？」曰：「世俗大抵十分有八分是胡説，二分亦有此理。多有是非命死者，或溺死，或殺死，或暴病卒死，是它氣未盡，故憑依如此，然終久亦必消了。〔八三〕又有是乍死後氣未消盡，是它當初禀得氣盛故如此，然終久亦消了。蓋精與氣合便生人物，『游魂爲變』便無了。如人説神仙，古來神仙皆不見，只是説後來神仙。如左傳伯有爲厲，此鬼今亦不見。」問：「自家道理正，則自不能相干。」曰：「亦須是氣能便〔八四〕配義始得，若氣不能配義，便餒了。」問：「謝氏謂『祖考精神，便是自家精神』，如何？」曰：「此句已是説得好。祖孫只是〔八五〕一氣，極其誠敬自然相感。如這大樹有種子下地，生出又成樹，便即是那大樹也。」淳。

問：「中庸十二章，子思論道之體用。十三章言人之爲道不在乎遠，當即夫衆人之所能知、能行，極乎聖人之所不能知、不能行。第十四章又言人之行道，當隨其所居之分而取足於其身。」曰：「此兩章大綱相似。第十五章又言進道當有序，第十六章方言鬼神之道『費而隱』。蓋論君子之道則即人之所行言之，故但及其費而隱自存。論鬼神之道則本人之所不見不聞而言，故先及其隱而後及於費。」曰：「鬼神之道便是君子之道，非有二也。」〔八六〕

第十七章

節[八七]問：「『因其材而篤焉』，『篤』字何謂？[八八]」曰：「是因材而加厚些子。」節。

漢卿問：「『栽者培之，傾者覆之』，以『氣至滋息，氣反遊散』來説，上言德而受福，而以氣爲言者，何也？」曰：「道理是如此，亦非定定有個物使之然。若是成時自節節恁地長將去，若壞時恰似有個物來推倒了。道理都如此。如詩云『假樂君子，顯顯令德。宜民宜人，受禄於天，保佑命之，自天申之』，董仲舒云『爲政而宜於人，固當受禄於天也』。上面雖是疊將來，此數語却轉得意思好。」賀孫。[八九]

問：「『舜之大德受命』，止是爲善得福而已，中庸却言天之生物栽培傾覆，何也？」[九〇]曰：「只是一理。此亦非是有物使之然，但物之生時自節節長將去，恰似有物扶持他[九一]；及其衰也，則自節節消磨將去，恰似有個物推倒它。理自如此。唯我有受福之理，故天既佑之又申之。董仲舒曰『爲政而宜於民，固當受禄於天』，雖只是疊將來説，然玩味之，覺它説得自有意思。」[九二]又曰：「嘉樂詩下章又却不説其它，但願其子孫之多且賢耳。此意甚好，然此亦其理之常。若堯舜之子不肖，則又非常理也。」廣。[九三]

第十八章

問：「『上祀先公以天子之禮』，先公謂組紺以上。[九四]蓋[九五]古無道[九六]王之禮，至周之武王、周公，以王業肇於太王、王季、文王，故追王三王。至於組紺以上，則止祀以先公之禮，所謂『葬以士，祭以大夫』之義也。」曰：「然。周禮祀先王以衮冕，祀先公以鷩冕，則祀先公依舊止用諸侯之禮，鷩冕，諸侯之服。[九七]但乃是天子祭先公之禮耳。」問：「諸儒之説，以爲武王未誅紂，則稱文王爲『文考』，以明文王在位未嘗稱王之證。及既誅紂，乃稱文考爲『文王』。然既曰『文考』，則其謚定矣，若如其言將稱爲『文公』耶？」曰：「此等事無證佐，皆不可曉，闕之可也。」僩。

問：「中庸解載游氏辨文王不稱王之説，正矣。先生却曰『此事更當考』，是如何？」曰：「説文王不稱王，固好，但書中不合有『惟九年大統未集』一句。不知所謂『九年』自甚時數起？若謂文王固守臣節不稱王，則『三分天下有其二』亦爲不可。又書言『太王肇基王迹』，則到太王時周家已自强盛矣。今史記於梁惠王三十七年書『襄王元年』，而竹書紀年以爲後元年，想得當時文王之事亦類此。故先儒皆以爲自虞芮質成之後爲受命之元年。」廣。

問：「喪祭之禮至周公然後備，夏商而上想甚簡略。」曰：「然。『親親長長』，『貴貴尊賢』。

夏商而上大概只是親親長長之意，到得周來，則又添得許多貴貴底禮數。如『始封之君不臣諸父昆弟，封君之子不臣諸父而臣昆弟』。期之喪，天子諸侯絶，大夫降。然諸侯大夫尊同則亦不絶不降，姊妹嫁諸侯者則亦不絶不降，此皆貴貴之義。上世想皆簡略，未有許多降殺貴貴底禮數。凡此皆天下之大經，前世所未備，到得周公搜剔出來立爲定制，更不可易。」僩。

「『三年之喪，達於天子』，中庸之意只是主爲父母而言，未必及其它者。所以下句云『父母之喪無貴賤，一也』。」因言：「大凡禮制欲行於今，須有一個簡易底道理。若欲盡拘古禮，則繁碎不便於人，自是不可行，不曉它周公當時之意是如何。孔子嘗曰『如用之，則吾從先進』，想亦是厭其繁。」文蔚問：「伯叔父母，古人皆是期喪。今禮又有所謂『百日制，周期服』。然則期年之内當服其服，往往今人於此多簡略。」曰：「居家則可，居官便不可行。所以當時横渠爲見天祺居官，凡祭祀之類盡令天祺代之，他居家服喪服。當時幸而有一天祺居官，故可爲之。萬一無天祺，則又當如何？便是動輒窒礙難行。」文蔚曰：「今不居官之人欲於百日之内略如居父母之喪，期年之内則服其服，如何？」曰：「私居亦可行之。」文蔚。

或問：「『三年之喪達乎天子，父母之喪無貴賤，一也』，吕氏却分作兩段説。」曰：「它只據左氏載周穆后崩、太子壽卒，『叔向曰王一歲而有三年之喪二』一句。大抵左氏所説之禮不可據，往往是叔世之後變亂無理會底禮數。今若引以爲據，多失之。如君舉是也。」味道因舉「先配後祖」之説，先生云：「便是在古，豈有這個禮數？某嘗説左氏只是一個詳練曉事、會做文章底人，却不是儒者。公、穀雖是儒者，又却不曉事，其所説禮多有是處，只是説得忒煞鄭重滯泥，政如世俗所謂山東學究是也。」或云：「若公羊謂孔父『義形於色』，仇牧『不畏强禦』，荀息『不食其言』，此皆斷得好，又却有大段亂道處，是如何？」曰：「便是它不曉事，故不自知其不是，便寫出來。若是左氏便巧，自做道理回互了。」或云：「以祭仲廢君爲行權，衛輒拒父爲尊祖，是它全不識道理也。」曰：「此亦可見它不曉事處。它只知嫡孫可以代祖，却不知子不可以無父先。」

是旦日，吴兄不講禮，先生問何故。曰：「爲祖母承重，方在禫，故不敢講賀禮。」或問：「爲祖母承重有禫制否？」曰：「禮惟於父母與長子有禫，今既承重，則便與父母一般了，當服禫。」

廣。〔九八〕按賀孫録大同，今附於下，云：「正淳問中庸云『三年之喪』，〔九九〕又云父母之喪，吕氏却作兩段〔一〇〇〕。」曰：「吕氏所以如此説者，蓋見左氏載周穆后薨、太子壽卒，謂周『一歲而有三年之喪二焉』。左氏説禮皆是周衰末亂〔一〇一〕不經之禮，〔一〇二〕無足取者。君舉所以説禮多錯者，緣其多本左氏也。」賀孫云：「如『陳鍼子送女，先配後祖』一段，更是分曉〔一〇三〕。古時〔一〇四〕那曾有這般禮數？」曰：「便是他記禮皆差。某嘗言左氏〔一〇五〕儒者，只是個曉事該傳、會做文章之人。若公、穀二子，却是個不曉事底儒者，故其説道理及禮制處不甚差，下得語恁地鄭重。」〔一〇六〕賀孫因舉〔一〇七〕所斷：「孔父謂其〔一〇八〕『義形於色』，仇牧謂其〔一〇九〕『不畏强禦』，荀息謂其〔一一〇〕『不食言』，最是斷得好。」曰：「然。」賀孫又云：「其間有全亂道處，恐是其徒插入，如何？」曰：「是他那不曉事底見識，便寫出來，亦不道是不好。若左氏便巧，便文飾回互了。」或云：「以祭仲廢君爲行權，衛輒拒父爲尊祖，都是〔一一一〕不是。」曰：「是它不曉事底見識。只知道有所謂『嫡孫承重』之義，便道孫可以代祖，而不知子不可以不父其父。嘗謂學記云『多其訊』，注云『訊，猶問也』。公、縠便是『多其訊』。没緊要處也便説道某言者何、某事者何。」〔一一二〕

第十九章

「或問中説廟制處，所謂『高祖』者何也？」曰：「四世祖也。『世』與『大』字古多互用，如太子爲世子、太室爲世室之類。」廣。

林安卿問：「中庸二昭、二穆以次向南，如何？」曰：「太祖居中，坐北而向南。昭穆以次而出向南。某人之説如何，乃是。如疏中謂太祖居中，昭穆左右分去列作一排。若天子七廟，恐太長些〔一一三〕。」又曰：「大率論廟制，劉歆之説頗是。」義剛。

問「中庸集注略載楊氏説：『序事所以辨賢處，以玉幣所以交神明，裸鬯所以求神於幽也。』〔一一四〕豈以天神無聲臭氣類之可感止用玉幣表自家之誠意，而裸鬯交人神則以〔一一五〕人鬼有氣類之可感，故用芬香之酒耶？」曰：「不然。自是天神高而在上，鬱鬯之酒感它不著。蓋灌鬯之酒却瀉入地下去了，所以只可感人鬼而不可以交天神也。」僩。

問：「章句云『酬，導飲也』，〔一一六〕如何是『導飲』？」曰：「主人酌以獻賓，賓酬主人曰酢，主人又自飲而復飲賓曰酬。其主人又自飲者是導賓使飲也。諺云『主人倍食於賓』，疑即此意。但賓受之却不飲，奠於席前，至旅時亦不舉，又自别舉爵，不知如何。」又問：「行旅酬時，祭事已畢否？」曰：「其大節目則已了，亦尚有零碎禮數未竟。」又問：「想必須在飲福受胙之後。」曰：「固是。古人酢賓便是受胙。『胙』與『酢』、『昨』字，古人皆通用。」廣。

「旅酬」者，以其家臣或鄉吏之屬大夫則有御史[一一七]。一人先舉觶獻賓。賓飲畢，即以觶授於執事者，執事者[一一八]則以獻於其長，遞遞相承，獻及於沃盥者而止焉。沃盥，謂執盥洗之事，至賤者也。故曰「旅酬下爲上，所以逮賤也」。廣。

漢卿問「導飲」是如何。先生歷舉儀禮獻酬之禮。旅酬禮，下爲上交勸。先一人如鄉吏之屬升觶，或二人舉觶獻賓。賓不飲，却以獻執事。一[一一九]人受之以獻於長，以次獻，至於沃盥，所謂「逮賤」者也。旅酬後，樂作，獻之俎未徹，賓不敢旅酬。酬酒，賓奠不舉，至旅酬亦不舉。更自有一盞在右，爲旅盞也。受胙者，古者「胙」字與「酢」字通。受胙者，猶神之酢己也。周禮中「胙席」又作「昨昔」之「昨」。謂初未設，只跪拜，後[一二〇]方設席。周禮王享先公亦如之。不言尸飲酢之禮。其時[一二一]祭，每獻酬酢甚詳，不知合享如何。周禮旅酬六尸。古者男女皆有尸，女尸不知起[一二二]於何代。杜佑乃謂古無女尸，女尸乃本夷虜之屬，後來聖人革之。賀孫因舉儀禮士虞禮云：「男，男尸；女，女尸。」是古男女皆有尸也。」先生因舉陶侃廟南昌南康。每年祭祀，堂上設神位，兩箱[一二三]設生人位。凡爲勸首者，至祭時具公服，設馬乘，儀狀甚盛。至於廟，各就兩箱之位。其奉祭者獻飲食，一同神位之禮。又某處擇一鄉長狀貌甚魁偉者爲之，至諸處祭，皆請與同享。此人遇冬春祭多時節，每日大醉也。厭祭是不用尸者。古者必有爲而不用，如祭殤、陰厭、陽厭是也。賀孫。

晦庵先生朱文公語類卷第六十四

中庸三

第二十章

「中庸言[一]『修道以仁』。修道，便是言上文修身之道，自『爲政在人』轉説將來。『修道以仁』，仁是築底處，試商量如何？」伯豐言：「克去己私，復此天理，然後得其修。」先生曰：「固是。然聖賢言『仁』字處，便有個温厚慈祥之意，帶個愛底道理。下文便言『親親爲大』。」䕫。

問：「『修道以仁』，繼之以『仁者人也』，何爲下面又添説義禮？」曰：「仁便有義，如陽便有陰。親親尊賢皆仁之事。親之尊之，其中自有個差等，這便是義與禮。親親，在父子如此，在宗族如彼，所謂『殺』也；尊賢，有當事之者，有當友之者，所謂『等』也。」僩。

節[二]問：「仁亦是道，如何却説『修道以仁』？」曰：「道是泛説，『泛』字，疑是『統』字。仁是切要底。」又問：「如此則這個『仁』字是偏言底？」曰：「『仁者人也，親親爲大』，如此説則此是偏言。」節。

「思修身不可以不事親，思事親不可以不知人，思知人不可以不知天」。〔三〕知天是起頭處，能知天，則知人、事親、修身皆得其理矣。聞見之知與德性之知皆知也，只是要知得到信得及。如君之仁子之孝之類，人所共知而多不能盡者，非真知故也。謨。

問「思修身不可不事親，思事親不可不知人，思知人不可不知天」。曰：「此處却是倒看，根本在修身。然修身得力處却是知天，知天是知至物格，知得個自然道理。學若不知天，便記得此又忘彼，得其一失其二。未知天見事頭緒多，既知天了這裏便都定。這事也定，那事也定。」淳。

問：「諸説皆以生知安行爲仁，學知利行爲知，先生獨反，是何也？」曰：「論語説『仁者安仁，智者利仁』，與中庸説『知仁勇』意思自別。生知安行便是仁在智中，學知利行便是仁在知外。既是生知必能安行，所以謂仁在知中。若是學知便是知得淺些了，須是力行方始至仁處，所以謂仁在智外。譬如卓子，論語説仁便是直脚處，説智便是横擋處；中庸説仁便是横擋處，説智便是直脚處。且將諸公説録出看，這一邊了又看那一邊，便自見得不相疑。〔四〕」問「智〔五〕勇」。曰：「理會得底是智，行得底是仁，着力去做底是勇。」賜。〔六〕

仁則力行工夫多，智則致知工夫多。「好學近乎智，力行近乎仁」，意自可見。德明。〔七〕

「思事親不可不知人」。只如「知人則哲」之「知人」〔八〕，不是思欲事親先要知人，只是思欲事親更要知人。若不好底人與它處，豈不爲親之累？「知天」是知天道。淳〔九〕

知恥，如「舜，人也，我亦人也。舜爲法於天下，可傳於後世，我猶未免爲鄉人也，是則可憂也」。既恥爲鄉人，進學安得不勇！

爲學自是用勇方行得徹，不屈懾。若纔行不徹，便是半塗而廢。所以中庸說「知、仁、勇三者」。勇本是個〔一〇〕没緊要物事，然仁知了，不是勇便行不到頭。僩。

問：「『爲天下有九經』，若論天下之事，固不止此九件，此但舉其可以常行而不易者否？」曰：「此亦大概如此說，然其大者亦不出此。」又問：「呂氏以『有此九者，皆德懷之事而刑不與焉』，豈以爲此可以常行而刑則期於無刑，所以不可常行而不及之歟？」曰：「也不消如此說。若說不及刑，則禮樂亦不及。此只是言其大者，而禮樂刑政固已行乎其間矣。」又問：「養士亦是一大者，不言何也？」曰：「此只是大概說。若如此窮，有甚了期？若論養士，如『忠信重祿』、『尊賢』、『子庶民』，則教民之意固已具其中矣。」僩。

「柔遠」解作「無忘賓旅」。孟子注：「賓客羈旅。」古者爲之授節，如照身、憑子之類，謹〔一一〕時度關皆給之。「因能授任以嘉其善」，謂願留於其國者也。德明。

問「餼廩」。曰：「餼，牲餼也。如今官員請受有生羊肉。廩，即廩給，折送錢之類是也。」賜。

問：「『送往迎來』，集注云『授節以送其往』。」曰：「遠人來，至去時有節以授之，過所在爲照。如漢之出入關者用繻，唐謂之『給過所』。」賜。

豫，先知也，事未至而先知其理之謂豫。「凡事豫則立，不豫則廢」，横渠曰「事豫吾内，求利吾外也」，又曰「精義入神者，豫而已矣」，皆一義也。僩。

或問「言前定則不躓」。曰：「句句着實，不脱空也。今人纔有一句言語不實，便説不去。」賀孫。

「事前定則不困」，閑時不曾做得，臨時自是做不徹，便至於困。「行前定則不疚」，若所行不前定，臨時便易得屈折枉道以從人矣。「道前定則不窮」，這一句又局〔一二〕得大，連那上三句都包在裏面，是有個妙用，千變萬化而不窮之謂。事到面前都理會得，它人處置不得底事自家便處置得，它人理會不得底事自家便理會得。僩。

問：「『誠者天之道，誠之者人之道』，如何？〔一三〕」。曰：「誠是天理之實然，更無纖毫作爲。聖人之生，其稟受渾然，氣質清明純粹，全是此理，更不待修爲而自然與天爲一。若其餘則須是『博學、審問、謹思、明辨、篤行』，如此不已，直待得仁義禮智與夫忠孝之道。日用本分事無非實理，然後爲誠。有一毫見得與天理不相合，便於誠有一毫未至。如程先生説常人之畏虎，不如曾被虎傷者畏之出於誠實，蓋實見得也。今於日用間若不實見得是天理之自然，則終是於誠爲未至也。」大雅。

敬之問：「『誠者，天之道也；思誠者，人之道也』，思誠莫須是明善否？」曰：「明善自是明善，思誠自是思誠。明善是格物、致知，思誠是毋自欺、謹獨。明善固所以思誠，而思誠上面又自有工夫在。誠者都是實理了，思誠者恐有不實處，便思去實它。『誠者，天之道』，天無不實，寒便是寒，暑便是暑，更不待使它恁地。聖人仁便真個是仁，義便真個是義，更無不實處。在常人，說仁時恐猶有不仁處，說義時恐猶有不義處，便須〔一四〕着思有以實之始得。」時舉。〔一五〕

誠是天道，纔人只說得「思誠」。泳。〔一六〕

或問：「明善、擇善，何者爲先？」曰：「譬如十個物事，五個善，五個惡。須揀此是善，此是惡，方分明。」從周。

問：「舜是生知，何〔一七〕謂之『擇善』？」曰：「聖人也須擇，豈是全然〔一八〕無所作爲！它做得更密。生知、安行者只是不似它人勉强耳。堯稽于衆，舜取諸人，豈是信采行將去？某嘗思目〔一九〕見朋友好論聖賢等級，看來都不消得如此，聖人依舊是這道理。如千里馬也須使四脚行，駑駘也是使四脚行，不成說千里馬脚都不用動〔二〇〕便到千里！只是它行得較快耳。」又曰：「聖人說話都只就學知利行上說。」賜。〔二一〕

問：「所引〔二二〕『大學〔二三〕小人之陰惡陽善，而以誠於中者目之』，且有『爲善也誠虛，爲惡也何實如之』[二四]語，何也？」曰：「『小人閑居爲不善』是誠心爲不善也，『掩其不善，而著其善』是爲善不誠也。」因舉往年胡文定嘗説：「朱子發雖修謹，皆是僞爲。」是時范濟美天資豪傑，應云：「子發誠是僞爲，如公輩却是至誠。」文定遂謝曰：「某何敢當『至誠』二字？」濟美却戲云：「子發是僞於爲善，公却是至誠爲惡也。」乃是此意。德明。

或問：「『篤行』是有急切之意否？」曰：「篤，厚也，是心之懇惻。」履孫。

學聚、問辨，明善、擇善，盡心、知性，此皆是知，皆始學之功也。道夫。[二五]

中庸言「謹思之」，思之粗後不及，固是不謹，到思之過時亦是不謹。所以它聖人不説深思，不説别樣思，却説個「謹思」。道夫。

吕氏説「博學、審問、謹思、明辨、篤行」一段煞好，皆是他平日做工夫底。淳。

或問「人一能之己百之，人十能之己千之」[二六]。曰：「此是言下工夫，人做得一分自己做百分。」節。

問：「『博學之』至『明辨之』是致知之事，『篤行』則力行之事否？」曰：「然。」又問：「『有弗學』至『行之弗篤弗措也』，皆是勇之事否？」曰：「此一段却只是虚説，只是應上面『博學之』五句反説起。如云不學則已，學之而有弗能定不休。如云『有不戰，戰必勝矣』之類也。『弗措』也未是勇事，到得後面説『人一己百，人十己千』，方正是説勇處。『雖愚必明』是致知之效，『雖柔必强』是力行之效。」僩。

漢卿問「哀公問政」章。曰：「舊時只零碎解。某自初讀時只覺首段尾與次段首意相接，如云『政也者，蒲盧也。故爲政在人，取人以身；修身以道，修道以仁』，便説『仁者，人也，親親爲大。義者，宜也，尊賢爲大』，都接續説去，遂作一段看始覺貫穿。後因看家語，乃知是本來只一段也。中庸三十三章，其次第甚密，古人著述便是不可及。此只將别人語言鬬湊成篇，本末次第終始總合，如此縝密！」賀孫。〔二七〕

問：「中庸第二十章，初看時覺得渙散，收拾不得。熟讀先生章句，方始見血脈通貫處。」曰：「前輩多是逐段解去。某初讀時但見『思修身』段後便繼以『天下之達道五』，『知此三者』段後便繼以『爲天下國家有九經』，似乎相接續。自此推去，疑只是一章。後又讀家語，方知是孔子一時間所説。」廣云：「豈獨此章？今次讀章句，乃知一篇首尾相貫，只是説一個中庸底道理。」曰：「固是。它古人解做得這樣物事，四散收拾將來。及併合聚，則便有個次序〔二八〕，又直得如此縝密！〔二九〕」廣。

第二十一章

「自誠明」，性之也；「自明誠」，充之也。轉一轉説。「天命之謂性」以下舉體統説。人傑。

「自誠明，謂之性」。誠，實然之理，此堯舜以上事。學者則「自明誠，謂之教」，明此性而求實然之理。經禮三百，曲禮三千，無非使人明此理。此心當提撕喚起，常自念性如何善？因甚不善？人皆可爲堯舜，我因甚做不得？立得此後，觀書亦見理，静坐亦見理，森然於耳目之前。可學。

第二十二章

或問：「如何是『唯天下至誠』？」曰：「『唯天下至誠』，言其心中實是天下至誠，非止一家一國而已。不須説至於實理之極，纔説個『至於』，則是前面有未誠底半截。此是説聖人，不説這個未實底。况聖人亦非向〔三〇〕未實處到這裏方實也。『贊化育，與天地參』是説地頭。」履孫。

問「『惟天下至誠爲能盡人之性〔三一〕』一段。且如性中有這仁，便真個盡得仁底道理，性中有這義，便真個盡得義底道理」云云。曰：「如此説，盡説不著。且如人〔三二〕能盡父子之仁，推而至於宗族亦無有不盡，又推而至於鄉黨亦無不盡，又推而至於一國、至於天下亦無有不盡。若只於父子上盡其仁，不能推之於宗族，便是不能盡其仁。能推之於宗族，而不能推之於鄉黨，亦是不能盡其仁。能推之於鄉黨，而不能推之於一國、天下，亦是不能盡其仁。能推於己而不能推於彼，能盡於甲而不能盡於乙，亦是不能盡。且如十件事，能盡得五件而五件不能盡，亦是不能盡。如兩件事，盡得一件而一件不能盡，亦是不能盡。只這一事上，能盡其初而不能盡其終，亦是不能盡；能盡於早而不能盡於莫，亦是不能盡。就仁上推來是如此，義、禮、智莫不然。然自家一身也如何做得許多事？只是心裏都有這個道理。且如十件事，五件事是自家平生曉得底，或曾做來。那五件平生不曾識也不曾做，卒然至面前，自家雖不曾做，然既有此道理便識得破，都處置得下，無不盡得這個道理。如『能盡人之性』，人之氣禀有多少般樣，或清或濁，或昏或明，或賢或鄙，或壽或夭，隨其所賦，無不可〔三三〕以全其性而盡其宜，更無些子欠闕處。是它元有許多道理，自家一一都要處置教是。如『能盡物之性』，如鳥獸草木有多少般樣，亦莫不有以全其性而遂其宜。所以說『惟天下之至誠，爲能盡人物之性』，蓋聖人通身都是這個真實道理了，拈出來便是道理，東邊拈出東邊也是道理，西邊拈出西邊也是道理。如一斛米初間量有十斗，再量過也有十斗，更無些子少欠。若是不能盡其性，如元有十斗，再量過却只有七八斗，少了三二斗便是不能盡其性。天與你許多道理，本自具足無些子欠闕，只是人自去欠闕了它底。所以中庸難看，便是如此。須是心地大段廣大方看得出，須是大段精微方看得出，精密而廣闊方看得出。」或曰：「中庸之盡性，即孟子所謂盡心否？」曰：「只差些子。」或問差處。曰：「不當如此問。今夜且歸去與衆人商量，曉得個『至誠能盡人物之性』分曉了，却去看盡心，少間差處自見得，不用問。如言黑白，若先識得了，同異處自見。只當問黑白，不當問黑白同異。」久之，又曰：「盡心是就知上説，盡性是就行上説。」或曰：「能盡得真實本然之全體是盡性，能盡得虛靈知覺之妙用是盡心。」曰：「然。盡心就所知上説，盡性就事物上説。事事物物上各要盡得它道理，較零碎，盡心則渾淪。」蓋行處零碎，知處却渾淪。如盡心，纔知些子，全體便都見。又問：「盡心了方能盡性否？」曰：「然。孟子云『盡其心者知其性也，知性則知天』，便是如此。」僩。［三四］

問：「至誠盡人物之性，是曉得盡否？」曰：「非特曉得盡，亦是要處之盡其道。若凡所以養人教人之政，與夫利萬物之政，皆是也。故下文云『贊天地之化育，而與天地參矣』。若只明得盡，如何得與天地參去？這一個是無不得底，故曰『與天地參而爲三矣』。」大雅。

盡人性，盡物性，性只一般，人物氣稟不同。人雖稟得氣濁，善底只在那裏有可開通之理。是以聖人有教化去開通它，使復其善底。物稟得氣偏了，無道理使開通，故無用教化。盡物性只是所以處之各當其理，且隨他所明處使之。它所明處亦只是這個善，聖人便是用它善底。如馬悍者，用鞭策亦乘得［三五］。然物只到得這裏，此亦是教化，是隨它天理流行發見處使之也。如虎狼，便只得陷而殺之，驅而遠之。淳。

盡己之性，如在君臣則義、在父子則親、在兄弟則愛之類，己無一之不盡。盡人之性，如黎民時雍、各得其所，盡物之性，如鳥獸草木，咸若如此，則可以「贊天地之化育」矣，皆是實事，非

私心之倣像也。人傑。〔三六〕

「能盡其性則能盡人之性，能盡人之性則能盡物之性」，只是恁地貫將去，然〔三七〕有個「則」字在。節。

聖人「贊天地之化育」，有〔三八〕不恰好處被聖人做得都好。丹朱不肖，堯則以天下與人。洪水泛濫，舜尋得禹而民得安居。桀、紂暴虐，湯、武起而誅之。

「贊天地之化育」。人在天地中間雖只是一理，然天人所爲各自有分，人做得底却有天做不得底。如天能生物，而耕種必用人；水能潤物，而灌溉必用人；火能熯物，而薪爨必用人。財成輔相須是人做，非贊助而何？程先生言「參贊」之義非謂贊助，此說非是。閎祖。

程子說贊化處，謂「天人所爲各自有分」，說得好！淳。

問「惟天下至誠，惟能盡其性」。答曰：「此已到到處，說著須如此說，又須分許多節次。只聖人之至誠，一齊具備。中庸於此皆分作兩截言。至誠則渾然天成，更無可說。如下文却又云『誠之者人之道』，『其次致曲，曲能有誠』，皆是教人做去。如『至誠無息』一段，諸儒說多不明，却是古注是。此是聖人之至誠，天下久則見其如此，非是聖人如此節次。雖堯舜之德，亦久方著於天下。」問：「贊化育，常人如何爲得？」曰：「常人雖不爲得，亦各有之。」曰：「此事惟君相可爲。」曰：「固然。以下亦有其分，如作邑而禱雨之類皆是。」可學。

問：「中庸兩處説『天下之至誠』，而其結語一則曰『贊天地之化育』，一則曰『知天地之化育』。『贊』與『知』兩字如何分？」曰：「前一段是從裏面説出，後段是從下而説上，如『修道之謂教』也。『立天下之本〔三九〕』是静而無一息之不中。知化者則知天理之流行。」廣。按集賀孫録同，〔四〇〕云：「或問：『贊天地之化育與知天地之化育，〔四一〕何如？』曰：『「盡其性」者是從裏面説將出，故能盡其性，則能盡人物之性以贊天地之化育也。「經綸天下之大經」者是從下面説上去，如「修道之教」是也。「立天下之大本」是静而無一息之不中處。知化育則知天理之流行矣。〔四二〕』」

第二十三章

問「致曲」。曰：「須件件致去，如孝，如悌，如仁義，須件件致得到誠處始得。」賜。

問：「『致曲』是就偏曲處致力否？」曰：「如程子説『或孝或弟，或仁或義』，所偏發處推致之，各造其極也。」問：「如此，恐將來只就所偏處成就。」曰：「不然。或仁或義，或孝或弟，更互而發，便就此做致曲工夫。」德明。

問：「『其次致曲』與易中『納約自牖』之意亦略相類。『納約自牖』是因人之明而導之，『致曲』是因己之明而推之。是如此否？」曰：「正〔四三〕是如此。」時舉。

問：「『其次致曲』，注所謂『善端發見之偏』，如何？」曰：「人所稟各有偏善，或稟得剛强，或稟得和柔，各有一偏之善。若就它身上更求其它好處，又不能如此。所以就其善端之偏而推極其全。惻隱、羞惡、是非、辭遜四端隨人所稟，發出來各有偏重處，是一偏之善。」寓。

問：「前夜與直卿論『致曲』一段，或問中舉孟子四端『擴而充之』，直卿以爲未安。既是四端，安得謂之『曲』？」曰：「四端先後互發，豈不是曲？孟子云『知皆擴而充之』則自可見。若謂只有此一曲則是夷惠之偏，如何得該偏？聖人具全體，一齊該了，然而當用時亦只是發一端。不似如用仁則義、禮、智如何上來得？」問：「聖人用時雖發一端，然其餘只平鋪在，要用即用。顏子以下人有先後間斷之異，須待擴而後充。」曰：「然。」又問：「顏曾以下皆是致曲？」曰：「顏子體段已具，曾子却是致曲，一一推之，至答一貫之時，則渾合矣。」問：「所以必致曲者，只是爲氣稟隔必待因事逐旋發見？」曰：「然。」又問：「程子說『致曲』云『於偏勝處發』似未安，如此則專主一偏矣。」曰：「此說甚可疑。須於事上論，不當於人上論。」可學。

劉潛夫問「其次〔四四〕致曲」。曰：「只爲氣質不同，故發見有偏。如至誠盡性則全體著見，次於此者未免爲氣質所隔。只如人氣質温厚，其發見者必多與〔四五〕仁，仁多便侵却那義底分數；氣質剛毅，其發見者必多與〔四六〕義，義多便侵却那仁底分數。」因指面前燈籠曰：「且如此燈，乃本性也，未有不光明者。氣質不同，便如燈籠用厚紙糊，燈便不甚明；用薄紙糊，燈便明似紙厚者；用紗糊，其燈又明矣。撤去籠則燈之全體著見，其理正如此也。」文蔚。

曲是氣稟之偏，如稟得木氣多便温厚慈祥，從仁上去發便不見了發强剛毅。就上推長充擴，推而至於極便是致。氣稟篤於孝便從孝上致曲，使吾之德渾然是孝而無分毫不孝底事。至於動人而變化之，則與至誠之所就者無殊。升卿。

元德問「其次致曲，曲能有誠」。曰：「凡事皆當推致其理，所謂『致曲』也。如事父母便來這裏推致其孝，事君便推致其忠，交朋友便推致其信。凡事推致便能有誠。曲不是全體，只是一曲。纔遇着曲處，便與它推致。〔四七〕」時舉。

問：「『致曲』莫是就其所長上推致否？」曰：「不只是所長，謂就事上事事推致。且如事父母，便就這上致其孝，處兄弟，便致其友弟〔四八〕，交朋友，便致其信，此所謂『致曲』也。能如此推致則能誠矣。曲不是全體，只是一面〔四九〕曲。」洽。

林子武問「曲能有誠」。曰：「若此句屬上句意則曲是誠有誠，若是屬下句意讀則曲若能有誠則云云。」又問：「此有二意，不知孰穩？」曰：「曲也是誠有誠，但要之不若屬下意底爲善。」又問「誠者自成，道者自道」。曰：「自成是就理説，自道是就我説。有這實理所以有。」〔五〇〕問「其次〔五一〕致曲」。曰：「伊川先生説得好，將曲專做好處，所以云『或仁或義，或孝或弟』，就此等處推致其極。」又問：「先生或問却作『隨其所稟之厚薄』，而以伊川之言爲未盡，不可專就偏厚處説者，如何？」曰：「不知舊時何故如此説。」或曰：「所稟自應有厚薄，或厚於仁，薄於義；

然也有這般處。然或厚於義，薄於仁。須是推致它恰好，則亦不害爲有〔五二〕厚薄矣。」曰：「然，也有這般處。然觀其下文『曲能有誠』一句，則專是主好說。蓋上章言『盡性』，則統體都是誠了。所謂『誠』字，連那『盡性』都包在裏面，合下便就那根頭一盡都盡，更無纖毫欠闕處。『其次致曲』則未能如此，須是事事上推致其誠，逐旋做將去，以至於盡性也。『曲能有誠』一句，猶言若曲處能盡其誠，則『誠則形，形則著』云云也。蓋曲處若不能有其誠，則其善端之發見者或存或亡，終不能實有諸己。故須就此一偏發見處便推致之，使有誠則不失也。」又問：「『明、動、變、化』，伊川以『君子所過者化』解『動』字，是和那『變化』二字都說在裏面否？」曰：「動是方感動〔五三〕。變則已改其舊俗，然尚有痕瑕在。化則都消化了，無復痕迹矣。」僩。

「明則動，動則變，變則化」。動與變化皆主乎外而言之。人傑。

第二十五章第二十四章無〔五四〕

問：「『誠者自成』便是『鬼神體物而不可遺』，『而道自道』便是『道不可離』。如何？」曰：「也是如此。『誠者物之終始』，說得來好。」廣。

問：「『道自道也』，『道』也只作人解，則文義無窒礙。」先生曰：「『物』字正是兼人物而言，若專說人，則所該有不盡矣。」僩。〔五五〕

問「誠者自成也，而道自道也」。曰：「誠者，是個自然成就底道理，不是人去做作安排底物事。道自道者，道却是個無情底道理，却須是人自去行始得。這兩句只是一樣，而義各不同。何以見之？下面便分説了。」又曰：「誠者自成，如這個草樹所以有許多根株枝葉條榦者，便是它實有。所以有許多根株枝葉條榦，這個便是自成，是你自實有底。如人便有耳目鼻口手足百骸，都是你自實有底。道雖是自然底道理，然却須你自去做始得。」僩。

「『誠者自成也，而道自道也』。上句是孤立懸空説這一句，四旁都無所倚靠。蓋有是實理則有是天，有是實理則有是地。如無是實理，則便没這天也没這地。凡物都是如此，故云『誠者自成』蓋本來自成此物，到得『道自道』便是有這道在這裏，人若不自去行，便也空了。」賀孫問：「既説『物之所以自成』，下文又云『誠以心言』，莫是心者物之所存主處否？」曰：「『誠以心言』者是就一物上説。凡物必有是心，有是心然後有是事。下面説『誠者物之終始』，是解『誠者自成』一句。『不誠無物』已是説着『自道』一句了。蓋人則有不誠，而理則無不誠者。恁地看，覺得前後文意相應。」賀孫。

某[五六]問：「『誠者自成也，而道自道也』，兩句語勢相似，而先生之解不同，上句工夫在『誠』字上，下句工夫在『行』字上。」先生曰：「亦微不同。『自成』若只做『自道』解亦得。」某因言：「妄意謂此兩句只是説個爲己不但[五七]爲人，其後却説不獨是自成，亦可以成物。」先生未答，久之，復曰：「某舊説誠有病。蓋誠與道皆泊在『誠之爲貴』上了，後面却便是説個合内外底道理。若如舊説，則誠與道成兩物也。」義剛。

「誠者自成也」，下文云「誠者物之終始，不誠無物」，此二句便解上一句。實有此理，故有是人；實有此理，故有是事。賜。〔五八〕

問：「『誠者物之終始』，而命之曰〔五九〕道。」答〔六〇〕曰：「誠是實理，徹上徹下只是這個。生物都從那上做來，萬物流形天地之間，都是那底做。五峰云『誠者命之道，中者性之道，仁者心之道』，此數句説得密，如何大本處却含糊了！以性爲無善惡，天理人欲都混了，故把作同體。」或問：「『同行』語如何？」曰：「此却是只就事言之。」黄直卿〔六一〕曰：「它既以性無善惡，何故云『中者性之道』？」曰：「它也把中做無善惡。」淳。〔六二〕

蜚卿嘗言：「『誠』字甚大，學者未容驟語。」道夫以爲：「『誠者物之終始』，始學之士所當盡心。而聖人之所以爲聖人者亦不過如此，正所謂徹上徹下之理也。」一日，以語曹丈進叔。曹曰：「如何？」答曰：「誠者，實然之理而已。」曹曰：「也説實然之理未得。誠固實，便將實來做誠却不是。」因具以告先生。曰：「也未可恁地執定説了。誠有主事而言者，有主理而言者。蓋『不誠無物』是事之實然，至於參贊化育，則便是實然之理。」道夫。

「誠者物之終始」猶言「體物而不可遺」，此是相表裏之句。「物之終始」，謂從頭起到結

尾〔六三〕，更〔六四〕是有物底地頭。〔六五〕方子。〔六六〕

「誠者，物之終始」以理而言，「不誠無物」上人而言。〔六七〕以人而言〔六八〕則有空闕，有空闕則如無物相似。節。

正淳問：「『誠者物之終始，不誠無物』，此兩句是泛説。『故君子誠之爲貴』，此却説從人上去。先生於『不誠無物』一句亦以人言，何也？」曰：「『誠者物之終始』，此固泛説。若是『不誠無物』，這個『不』字是誰不它？須是有個人不它方得。」賀孫。〔六九〕

「誠者，物之終始」，物之終始皆此理也，以此而始，以此而終。物，事也，亦是萬物。「不誠無物」以在人者言之，謂無是誠則無是物。如視不明則不能見是物，聽不聰則不能聞是物，謂之無物亦可。又如鬼怪妖邪之物，吾以爲無便無，亦是。〔七〇〕德明。

或問：「『誠者物之終始，不誠無物』，是故君子誠之爲貴。」曰：〔七一〕「『誠者物之終始』，來處是誠，去處亦是誠。誠則有物，不誠則無物。且如而今對人説話，若句句説實，皆自心中流出，這便是有物。若是脱空誑誕〔七二〕，不説實話，雖有兩人相對説話，如無物也。且如草木自萌芽發生以至枯死朽腐歸土，皆是有此實理方有此物。若無此理，安得有此物！」僩。卓録同。〔七三〕

「誠者物之終始，不誠無物」。如讀書，半版以前心在書上，則此半版有終有始。半版以後心不在焉，則如不讀矣。閎祖。

「誠者物之終始，不誠無物」。誠者，事之終始。不誠如不曾做得事相似。且如讀書，一遍至三遍無心讀，四遍至七遍方有心讀，八遍又無心，則是三遍以下與八遍如不曾讀相似。節。

問：「『誠者物之終始，不誠無物』，是實者[七四]是理而後有是物否？」曰：「且看它聖人説底正文語脈，蓋『誠者物之終始』却是事物之實理，始終無有間斷，自開闢以來以至人物消盡只是如此。在人之心，苟誠實無僞，則徹頭徹尾無非此理。一有間斷，則就間斷處即非誠矣。如聖人至誠，便是自始生至没身首尾是誠。顔子不違仁，便是自三月之初爲誠之始，三月之末爲誠之終，三月以後便不能不間斷矣。『日月至焉』只就至焉時便爲終始，至焉之外即間斷而無誠，無誠即無物矣。不誠則『心不在焉，視不見，聽不聞』，是雖謂之無耳目可也。且如『禘自既灌而往不欲觀』，是方灌時誠意存焉，即有其祭祀之事物，戾[七五]及其誠意一散，則雖有升降威儀，已非所以爲祭祀之事物矣。」大雅。[七六]

「『誠者物之終始，不誠無物』。做萬物看亦得，就事物上看亦得。物以誠爲體，故不誠則無此物。終始是徹頭徹尾底意。」問：「或問中云『自其間斷之後，雖有其事，皆無實之可言』，何如？」曰：「此是説『不誠無物』。如人做事，未做得一半便棄了，即一半便不成。」問楊氏云「四時之運已即成物之功廢」。先生曰：「只爲有這些子，如無這些子，其機關都死了。」再問：「爲其『至誠無息』，所以『四時行，百物生』更無已時。此所以『維天之命，於穆不已』也。」先生曰：「然。」德明。

問「不誠無物」。曰：「誠，實也。且如人爲孝，若是不誠，恰似不曾，誠便是事底骨子。」文蔚。

不誠，雖有物猶無物。如禘自既灌而往者[七七]，誠意一散，如不祭一般。閎祖。[七八]

「不誠無物」，人心無形影，惟誠時方有這物事。今人做事，若初間有誠意，到半截後意思懶散，漫做將去，便只是前半截有物，後半截無了。[七九]傳。[八〇]

問「不誠無物」。曰：「實有此理便實有此事。且如今日向人説我在東却走在西，説在這一邊却自在那一邊，便都成妄誕了。」榦。

「誠者，物之終始」指實理而言，「君子誠之爲貴」指實心而言。僩。

「誠者非自成己而已」，此「自成」字與前面不同。蓋怕人只説「自成」，故言「非自成己，乃所以成物」，成[八一]己便以仁言，成物便以知言。故[八二]成己、成物固無内外之殊，但必先成己然後能成物，此道之所以當自行也。夔孫。

「成己，仁也」，是體；「成物，知也」，是用。「學不厭，知也」，是體；「教不倦，仁也」，是用。閎祖。

問：「『成己，仁也；　成物，知也』，成物如何説知？」曰：「須是知運用方成得物。」問：「『時措之宜』是顔稷閉户纓冠之義否？」曰：「亦有此意。須是仁知具、内外合，然後有個『時措之宜』。」又云：「如平康無事時是一般處置，倉卒緩急時又有一樣處置。」德明。

問：「『成己，仁也；　成物，智也』。以某觀之，成己却是智，成物却是仁。」曰：「顔子克己復禮爲仁，非成己而何？智周乎萬物而道濟天下，非成物而何？」僩。〔八三〕

第二十六章

問：「『至誠無息，不息則久，〔八四〕久則徵』，徵是徵驗發見於外否？」曰：「除是久然後有徵驗，只一日兩日工夫，如何有徵驗！」德明。

再〔八五〕問「悠久、博厚、高明」。曰：「此是言聖人功業，自『徵則悠久〔八六〕』至『博厚、高明、無疆』，皆是功業著見如此。故鄭氏云『聖人之德，著於四方』。又『致曲』章『明則動』，諸説多就性分上理會，惟伊川云『「明則動」是誠能動人也』。」又説：「『著則明』，如見面盎背是著若明則人所共見，如『令聞廣譽施於身』之類。」德明。

問：「『至誠無息』一章，自是聖人與天爲一處，廣大淵微，學者至此不免有望洋之歎。」曰：「亦不須如此。豈可便道自家終不到那田地，只是分別義理令分明，旋做將去。」問：「『悠遠、博厚、高明』，章句中取鄭氏説，謂『聖人之德，著於四方』。豈以聖人之誠自近而遠，自微而著，如書稱堯『光被四表，格於上下』者乎？」曰：「亦須看它一個氣象，自『至誠不〔八七〕息，不息則久』，積之自然如此。」德明。

「至誠無息」一段，鄭氏曰「言至誠之德著於四方」，是也。諸家多將做進德次第説。只一個「至誠」已該了，豈復更有許多節次，不須説入裏面來。古注有不可易處，如「非天子不議禮」一段，鄭氏曰「言作禮樂者，必聖人在天子之位」，甚簡當。〔八八〕

問：「中庸二十六章中〔八九〕『博厚、高明、悠久』六字，先生解云『所積者廣博而深厚，所〔九〇〕發者高大而光明』，是逐字解。至『悠久』二字，却只做一個説了。據下文『天地之道，博也，厚也，高也，明也，悠也，久也』，則『悠』與『久』字其義恐亦各别？」先生良久曰：「悠，長也。悠是自今觀後，見其無終窮之意。久是就它骨子裏説鎮常如此之意。」翌早又云：「昨夜思量下得兩句『悠是據始以要終，久是隨處而常在』。」廣。

呂氏説「有如是廣博則〔九一〕不得不高，有如是深厚則〔九二〕不得不明」，此兩句甚善。章句中雖是用它意，然當初只欲辭簡，故反不似它説得分曉。譬如爲臺觀，須是大做根基方始上面可以高大。又如萬物精氣蓄於下者深厚，則其發越於外者自然光明。廣。

或問「今夫〔九三〕天昭昭之多」。曰：「昭昭，小明也。管中所見之天也是天，恁地大底也是天。」節。

第二十七章

「大哉聖人之道」，此一段有大處做大處，有細密處做細密處，有渾淪處做渾淪處。公晦。〔九四〕

或問「聖人之道，發育萬物，峻極於天」，曰：「即春生夏長、秋收冬藏，便是聖人之道，不成須要聖人使它發育，方是聖人之道。『峻極於天』只是充塞天地底意思。」〔九五〕

「禮儀三百，威儀三千，優優大哉」皆是天道流行，發見爲用處。祖道。

「優優大哉！禮儀三百，威儀三千」，一事不可欠闕，纔闕一事，便是於全體處有虧也。佛釋之學只説道無不存、無適非道，只此便了，若有一二事闕着，説也不妨〔九六〕。人傑。

「經禮三百」便是儀禮中士冠、諸侯冠、天子冠禮之類。此是大節，有三百條。如始加、再加、三加，又如甚〔九七〕「坐如尸，立如齊」之類，皆是其中之小目，便有三千條。或有變禮，亦是小目。呂與叔云「經便是常行底，緯便是變底」，恐不然。經中自有常、有變，緯中亦自有常、有變。〔九八〕

問「苟不至德，至道不凝焉」。曰：「至德固是誠，但此章却漾了誠不説，若牽來説又亂了。

蓋它此處且是要説道非德不凝，而下文遂言修德事。」或問：「『大德必得其位，必得其禄，必得其壽』。堯舜不聞子孫之盛，孔子不享禄位之榮，何也？」曰：「此是[九九]或非常理。今所説乃是[一〇〇]常理也。」因言：「董仲舒云『固當受禄於天』，雖上面疊説將來不好，只轉此句，意思儘佳。」賀孫。

「『德性』猶言義理之性？」曰：「然。」閎祖。處謙録同。[一〇一]

不「尊德性」則懈怠弛侵[一〇二]矣，學問何從而進？升卿。

問：「『尊德性而道問學』，[一〇三]如何是『德性』？如何可尊？」曰：「玩味得，却來商量。」祖道。

聖人將那廣大底收拾向實處來，教人從實處做將去。老佛之學則説向高遠處去，故都無工夫了。聖人雖説本體如此，及做時須事事着實。如禮樂刑政，文爲制度，觸處都是。體用動静，互換無端，都無少許空闕處。若於此有一毫之差，則便於本體有虧欠處也。「洋洋乎，禮儀三百，威儀三千」，「洋洋」是流動充滿之意。廣。

廣大似所謂理一精微，似所謂分殊。升卿。[一〇四]

「致廣大」，謂心胸開闊，無此疆彼界之殊。「極高明」，謂無一毫人欲之私以累於己，纔汩於人欲便卑污矣。賀孫。

問：「『極〔一〇五〕高明』是以理言，『道〔一〇六〕中庸』是以事言否？」曰：「不是理與事。『極高明』是言心，『道中庸』是言學底事。立心超乎萬物之表而不爲物所累，是高明；及行事則恁地細密無過不及，是中庸。」〔一〇七〕

問：「『致廣大』，章句以爲『不以一毫私意自蔽』。『極高明』是『不以一毫私欲自累』。豈以上面已説『尊德性』是『所以存心而極乎道體之大』，故於此略言之歟？」曰：「也只得如此説。此心本廣大，若有一毫私意蔽之便狹小了；此心本高明，若以一毫私欲累之便卑污了。若能不以一毫私意自蔽，則其心開闊，都無此疆彼界底意思，自然能『致廣大』。惟不以一毫私欲自累則其心峻潔，決無污下昏冥底意思，自然能『極高明』。」因舉張子言曰：「陽明勝則德性用，陰濁勝則物欲行。」〔一〇八〕義剛〔一〇九〕

問：「『廣大高明』，〔一一〇〕注云：『不以一毫私意自蔽，不以一毫私欲自累。』意是心之所發處言，欲是指物之所接處言否？」曰：「某本意解『廣大高明』不在接物與未接物上，且看何處見得高明廣大氣象。此二句全在自蔽與自累上。蓋爲私意所蔽時，這廣大便被它隔了，所以不廣大。爲私欲所累時沉墜在物欲之下，故卑污而無所謂高明矣。」義剛。

「温故而知新」，温故有七分工夫，知新有三分工夫。其實温故則自然知新，上下五句皆然。人傑。

「敦厚」者，本自厚，就上更加增益底功。升卿。

「敦厚以崇禮」，厚是資質恁地朴實，敦是愈加它重厚，此是培其基本。賜。〔一一一〕

「温故」只是存得這道理在，便是「尊德性」。「敦厚」只是個朴實頭，亦是「尊德性」。閎祖。

問：「『温故而知新，敦厚以崇禮』，『而』與『以』字義如何？」曰：「温故自知新者，『而』，順詞也。敦厚者又須當崇禮是〔一一三〕得。『以』者，反説上去也。世固有一種人，天資純厚而不曾去學禮而不知禮者。」廣。處謙録同。〔一一二〕

問：「德性、問學，廣大、精微，高明、中庸，據或問中所論皆具大小二意。如温故，恐做不得大看？」曰：「就知新言之，便是新來方理會得那枝分節解底，舊來已見得大體，與它温尋去，亦有大小之意。『敦厚以崇禮』，謂質厚之人又能崇禮，如云『質直而好義』。」問：「高明、中庸，龜山每譏王氏心迹之判。」曰：「王氏處己處人之説固不是，然高明、中庸亦須有個分別。」德明。

「居〔一一四〕上不驕，爲下不倍。國有道，其言足以興；國無道，其默足以容」。舉此數事，言大小精粗一齊理會過，貫徹了後盛德之效自然如此。閎祖。

「尊德性而道問學」一句是綱領。此五句，上截皆是大綱工夫，下截皆是細密工夫。「尊德性」故能「致廣大、極高明、温故、敦厚」，「温故」是温故〔一一五〕習此，「敦厚」是篤實此。「道問

學」故能「盡精微、道中庸、知新、崇禮」。閎祖。〔一一六〕

節〔一一七〕問：「『尊德性而道問學』，何謂尊？」曰：「只是把做一件物事，尊崇抬夯它。」「何謂道？」曰：「只是行，如去做它相似。這十件相類。『尊德性、致廣大、極高明、温故、敦厚』，只是『尊德性』；『盡精微、道中庸、知新、崇禮』，便是『道問學』。如程伊川〔一一八〕言『涵養須用敬，進學則在致知』，道問學而不尊德性則云云，尊德性而不道問學則云云。」節。

問：「『尊德性而道問學』，行意在先；『擇善而固執之〔一一九〕』，知意又在先。如何？」曰：「此便是互相爲用處。『大哉聖人之道！洋洋乎發育萬物，峻極於天』，是言道體之大處。『禮儀三百，威儀三千』，是言道之細處。只章首便分兩節來，故下文五句又相因。『尊德性』至『敦厚』，此上一截便是渾淪處；『道問學』至『崇禮』，此下一截便是詳密處。道體之大處直是難守，細處又難窮究。若有上面一截而無下面一截，只管道是我渾淪，更不務致知，如此則茫然無覺。若有下面一截而無上面一截，只管要纖悉皆知，更不去行，如此則又空無所寄。如有一般人實是敦厚淳樸，然或箕踞不以爲非，便是不崇禮。若只去理會禮文而不敦厚，則又無以居之。所以『忠信之人可〔一二〇〕學禮』，便是『敦厚以崇禮』。」淳。

問中庸二十七章。〔一二一〕廣謂：「『洋洋乎發育萬物，峻極於天』，此是指道體之形於氣化者言之。『優優大哉！禮儀三百，威儀三千』，此是指道體之形於人事者言之。雖其大無外，其小無内，然必待人然後行。」曰：「如此說也得，只說道自能如此也得。須看那『優優大哉』底意思。蓋三千、三百之儀，聖人之道無不充足，其中略無些子空闕處，此便是『語小，天下莫能破』也。」廣云：「此段中間說許多存心與致知底工夫了，末後却只說『居上不驕，爲下不倍。國有道，其言足以興；國無道，其默足以容』，此所以爲中庸之道。」曰：「固是。更須看中間五句，逐句兼小大言之，此〔一二二〕章首兩句相應，工夫兩下皆要到。『尊德性而道問學』，此句又是總說。」又問：「二十九章『君子之道本諸身』以下，廣看得第一第二句是以人己對言，第三第六句是以古今對言，第四第五句是以隱顯對言，不知是否？」曰：「也是如此。『考諸三王而不繆，百世以俟聖人而不惑』，猶釋子所謂以過去未來言也。後面說知天知人處，雖只舉後世與鬼神言，其實是總結四句之義也。中庸自首章以下多是對說將來，不知它古人如何做得這樣文字，直是恁地整齊！」因言：「某舊年讀中庸都心煩，看不得，且是不知是誰做。若以爲子思做，又却時復有個『子曰』字，更没理會處。〔一二三〕蓋某僻性，讀書須先理會得這樣分曉了，方去涵泳它義理。後來讀得熟後，方見得是子思參取夫子之說著爲此書。自是沉潛反覆，遂漸得其旨趣，定得今章句一篇。其擺布得來直恁麽細密！又如太極圖，〔一二四〕若不分出許多節次來，後人如何看得？但未知後來讀者知其用功如是之至否？」〔一二五〕廣。〔一二六〕

第二十八章

問：「中庸『非天子不議禮，不制度，不考文』，注云：『文，書名也。』何以謂之『書名』？」曰：「如『大』字喚做『大』字，『上』字喚做『上』字，『下』字喚做『下』字，此之謂書名，是那字底名。」又問數處小節。曰：「不必泥此等處。道理不在這樣處，便縱饒有道理，寧有幾何！如看此兩段，須先識取聖人個〔一二七〕功用之大、氣象規模廣闊處。『非天子不議禮，不制度，不考文』，只看此數句是甚麼樣氣象。若使有王者受命而得天下，改正朔，易服色，殊徽號，天下事一齊被他改換一番。其切近處，則自它一念之微而無毫釐之差。其功用之大，則天地萬物一齊被它剪截裁成過，截然而不可犯。須先看取它這樣大意思方有益。而今區區執泥於一二没緊要字之問，果有何益！」又曰：「『考文』者，古者人不甚識字，字易得差，所以每歲一番，使大行人之屬巡行天下，考過這字是正與不正。這般事有十來件，每歲如此考過，都匝了，則三歲天子又自巡狩一番。須看它這般做作處。」僩。

第二十九章

問：「『建諸天地而不悖』，以上下文例之，此天地似乎是形氣之天地。蓋建諸天地之間而其道不悖於我也。」曰：「此天地只是道耳，謂吾建於此而與道不相悖也。」時舉。

問「『質諸鬼神而無疑』，只是『龜從，筮從』、『與鬼神合其吉凶』否？」曰：「亦是。然不專在此，只是合鬼神之理。」問：「『君子之道本諸身』，章句中云『其道即議禮、制度、考文之事』，如何？」曰：「君子指在上之人。上章言『雖有其德，苟無其位，不敢作禮樂』，就那身上説只做得那般事者。」德明。

第三十章

文蔚〔一二八〕問：「『下襲水土』，是因土地之宜否？」曰：「是所謂『安土敦乎仁故能愛』，無往而不安。」文蔚。

大德是敦那化底，小德是流出那敦化底出來。這便如忠恕，忠便是做那恕底，恕便是流出那忠來底。如中和，中便是「大德敦化」，和便是「小德川流」。自古亘今都只是這一個道理。「天高地下，萬物散殊，而禮制行矣；流而不息，合同而化，而樂興焉」，聖人做出許多文章制度禮樂，顛來倒去都只是這一個道理做出來。以至聖人之所以爲聖，賢人之所以爲賢，皆只是這一個道理。人若是理會得那源頭只是這一個物事，許多頭項都有個〔一二九〕歸着，如天下雨，一點一點都著在地上。僩。

第三十一章

問：「『至誠』、『至聖』如何分？」曰：「『至聖』、『至誠』只是以表裏言。至聖是其德之發見乎外者，故人見之，但見其『溥博如天，淵泉如淵，見而民莫不敬，言而民莫不信』，至『凡有血氣者莫不尊親』，此其見於外者如此。至誠則是那裏面骨子，『經綸大經』、『立大本』、『知化育』，此三句便是骨子，那個聰明睿知却是這裏發出去。至誠處非聖人不自知，至聖則外人只見得到這處。」自「溥博如天」至「莫不尊親」處。或曰：「『至誠』、『至聖』亦可以體用言否？」曰：「體用也不相似，只是說得表裏。」僩。

陳安卿[一三〇]問：「『仁義禮智』之『智』與聰明睿知想是兩樣。禮智是自然之性能辨是非者，睿知是說聖人聰明之德無所不能者。」曰：「便只是這個[一三一]物事。禮智是通上下而言，睿知是擴充[一三二]得較大。爐中底便是那禮智，如睿知則是那照天燭地底。『睿知聰明，[一三三]足有臨也』，某初曉那『臨』字不得。後思之，大概是有過人處方服得人。且如臨十人須是强得那十人方得，至於百人、千人、萬人皆然。若臨天下，便須强得天下方得，所以道是『亶聰明，作元后』，又[一三四]曰『聰明文思』，又曰『聰明時憲』，便是大故底[一三五]要那聰明。」義剛。

問：「『文理密察』，龜山解云『「理於義」也』。」曰：「便是怕如此，説這一句了未得，又添一句，都不可曉。此是聖人於至纖至悉〔一三六〕無不詳〔一三七〕審。且如一物初破作兩片，又破作四片，若未恰好又破作八片，只管詳密。文是文章，如物之文鏤。理是條理。每事詳密審察，故曰『足以有別』。」德明。

聰察便是知，强毅便是勇。季札。

「溥博淵泉」。溥，周遍。博，宏大。淵，深沉。泉便有個發達不已底意。道夫。

問：「上章言『溥博如天，淵泉如淵』，下章只言『其淵其天』，章句中云『不但如之而已』，如何？」曰：「此亦不是兩人事。上章是以聖言之，聖人德業著見於世，其盛大自如此。下章以誠言之，是就實理上説，『其淵其天』，實理自是如此。」德明。

第三十二章

魏材仲問「惟天下至誠爲能經綸」以下。曰：「從上文來，經綸合是用，立本合是體。」問：「『知天地之化』是與天地合否？」曰：「然。」又問：「四『强哉矯』欲駢合爲一。」曰：「不然。」大雅云：「此是説强底體段，若做强底工夫，則須自學問思辨始。」曰：「固是。智、仁、勇，須是智能知，仁能守，斯可言勇。不然則恃個甚！」大雅。

林正卿問「焉有所倚」。曰：「堂堂然流出來，焉有倚靠？」節。

「夫焉有所倚」，聖人自是無所倚，若是學者須是靠定一個物事做骨子方得。聖人自然如此，它纔發出來，便「經綸天下之大經，立天下之大本」。僩。

問「『惟天下至誠爲能經綸天下之大經』一章，鄭氏注云『唯聖人乃能知聖人』，恐上面聖人是人，下面聖人只是聖人之道耳。」曰：「亦是人也。惟有其人而後至誠之道乃始實見耳。」時舉。

第三十三章

問絅衣之制。曰：「古注以爲襌衣，所以襲錦衣者。」又問「襌」與「單」字同異。曰：「同。沈存中謂絅與檾同，是用檾麻織疏布爲之，不知是否。」廣。

問：「『衣錦尚絅』章，首段雖是再敘初學入德之要，然也只是説個存養致知底工夫，但到此説得來尤密。思量來『衣錦尚絅』之意大段好，如今學者不長進，都緣不知此理，須是『闇然而日章』。」曰：「中庸後面愈説得向裏來，凡八引詩，一步退似一步，都用那般『不言、不動、不顯、不大』底字，直説到『無聲無臭』則至矣。」廣。〔一三八〕

漢卿問「衣錦尚褧」章。曰：「自此凡七引詩，一步退一步，極至於『無聲無臭』而後已。」賀孫云：「到此方還得它本體。」曰：「然。」又曰：「漢卿看文字忒快，如今理會得了更要熟讀方有汁水。某初看中庸都理會不得，又是子思之言，又有子曰，不知是誰做，只管讀來讀去，方見得許多章段分明。後來人看不知如前人恁地用心否？且如周子太極圖，經許多人不與它思量出，自某逐一與它思索，方見得它如此精密。」賀孫。〔一三九〕

問「知風之自」。曰：「凡事自有個來處，所以與『微之顯』厮對着。只如今日做一件事是也是你心下正，一事不是也是你心下元不正。推此類以往，可見。」大雅。

林子武〔一四〇〕說「衣錦」章。先生曰：「只是收斂向內，工夫漸密便見〔一四一〕得近之可遠。『風之自，微之顯』，按，〔一四二〕黃録無近之以下十字。君子之道固是不暴著于外。然曰『惡其文之著』，亦不是無文也，自有文在裏。淡則可厭，簡則不文，温則不理。而今却不厭而文且理，只緣有錦在裏。若上面着布衫，裏面着布襖，便是內外黑窣窣地。明道謂『中庸始言一理，中散爲萬事，末復合爲一理』，雖曰『合爲一理』，然自〔一四三〕有萬物住〔一四四〕在。如云『不動而敬，不言而信』，也是自有敬信在。極而至於『無聲無臭』，然自有『上天之載』在。蓋是其中自有，不是都無也。」黃録此下有云：〔一四五〕「且〔一四六〕天下只是這道理走不得。如佛老雖滅人倫，然在〔一四七〕他却拜其師爲父，以其弟子爲子，長者謂之師兄，少者謂之師弟，只是護得個假底。」賀孫。〔一四八〕義剛録同。〔一四九〕

先生檢中庸諸先生「知風之自」說，〔一五〇〕令看孰是。伯豐以吕氏略本，正淳以游氏說對。曰：「游氏便移來『知遠之近』上說，亦得。吕氏雖近之，然却是『作用是性』之意，於學無所統攝。此三句，『知遠之近』是以己對物言之，知在彼之言〔一五一〕是非，由在我之得失；如『行有不得，反求諸己』。『知風之自』是知其身之得失，由乎心之邪正；『知微之顯』又專指心説就裏來。大抵游氏説話全無氣力，説得徒膀浪，都説不殺，無所謂『聽其言也厲』氣象。」僩。

「潛雖伏矣」便覺有善有惡，須用察。「相在爾室」只是教做存養工夫。大雅。

李丈問：「中庸末章引詩『不顯』之義，只是形容前面『戒謹不睹，恐懼不聞』，而極其盛以言之否？」曰：「是也。此所引與詩正文之義同。」淳。〔一五二〕

中庸末章，恐是説只要收斂近裏如此，則工夫細密。而今人只是不收向裏，做時心便粗了。然而細密中却自有光明發出來。中庸一篇，始只是一，中間却事事有，末後却復歸結於一。義剛。

「不大聲以色」只是説至德自無聲色。今人説篤恭了便不用刑政，不用禮樂，豈有此理！古人未嘗不用禮樂刑政，但自有德以感人，不專靠它刑政爾。正卿。〔一五三〕

問：「卒章引詩『不大聲以色』，云『聲色之於化民，末也』。又推至『德輶如毛』而曰『毛猶有倫』，直至『無聲無臭』，然後爲『至矣』。此意如何？」曰：「此章到『篤恭而天下平』，已是極至結局處。所謂『不顯維德』者，幽深玄遠，無可得而形容。雖『不大聲以色』，『德輶如毛』，皆不足以形容。直是『無聲無臭』，到無迹之可尋然後已。它人孰不恭敬，又不能平天下。聖人篤恭，天下便平，都不可測了。」問：「『不顯維德』，按詩中例是言『豈不顯』也。今借引此詩便真作『不顯』說，如何？」曰：「是個幽深玄遠意，是不顯中之顯。此段自『衣錦尚絅』、『闇然日章』，漸漸收領〔一五四〕到後面，一段密似一段，直到聖而不可知處，曰『無聲無臭，至矣』。」德明。

因問孔子「空空」、顏子「屢空」與中庸所謂「無聲無臭」之理。曰：「以某觀論語之意，自是孔子叩鄙夫，鄙夫空空，非是孔子空空。顏子簞瓢屢空自對子貢貨殖而言，始自文選中說顏子屢空，空心受道，故疏論語者亦有此說。要之，亦不至如今日學者直是懸空說入玄妙處去也。中庸『無聲無臭』本是說天道。彼其所引詩，詩中自說須是『儀刑文王』，然後『萬邦作孚』，詩人意初不在『無聲無臭』上也。中庸引之結中庸之義。嘗細推之，蓋其意自言謹獨以修德。至詩曰『不顯維德，百辟其刑之』，乃『篤恭而天下平』也。後面節節贊歎其德如此，故至『予懷明德』以至『「德輶如毛」，毛猶有倫，「上天之載，無聲無臭」，至矣』，蓋言天德之至而微妙之極，難爲形容如此。今〔一五五〕爲學之始，未知所有而遽欲一蹴至此，吾見其倒置而終身迷亂矣。」〔一五六〕

公晦問「無聲無臭」與老子所謂「玄之又玄」、莊子所謂「冥冥默默」之意〔一五七〕。先生不答。良久，曰：「此自分明，可子細看。」廣云：「此須看得那不顯底與明著底〔一五八〕方可。」曰：「此須是自見得。」廣因曰：「前日與公晦論程子『鳶飛魚躍，活潑潑地』。公晦問：『畢竟此理是如何？』廣云：『今言道無不在，無適而非道，固是。只是說得死搭搭地。若說「鳶飛戾天，魚躍於淵」與「必有事焉而勿正心，勿忘，勿助長」，則活潑潑地。』」曰：「也只說得到這裏，由人自看。且如孔子説『天何言哉？四時行焉，百物生焉』，如今只看『天何言哉』一句耶？唯復是看『四時行焉，百物生焉』兩句耶？」又曰：「『天有四時，春秋冬夏。風雨霜露，無非教也。地載神氣，神氣風霆，風霆流形，庶物露生，無非教也。』聖人説得如是實。」廣。〔一五九〕

公晦問：「中庸末章説及本體微妙處，與老子所謂『玄之又玄』、莊子所謂『冥冥默默』之意同。不知老莊是否？」先生不答。良久，曰：「此自分明，可且自看。某從前趂口答將去，諸公便更不思量。」臨歸，又請教。先生曰：「開闊中又着細密，寬緩中又着謹嚴，這是人自去做。夜來所説『無聲無臭』亦不離這個。自『不顯維德』引至這上，豈特老莊説得恁地？佛家也説得相似，只是它個虛大。凡看文字要急迫亦不得，有疑處且漸漸思量。若一下便要理會得，如何會見得意思出！」賀孫。

晦庵先生朱文公語類卷第六十五

易一

綱領上之上

陰陽

陰陽只是一氣，陽之退便是陰之生，不是陽退了又別有個陰生。淳。

陰陽做一個看亦得，做兩個看亦得。做兩個看，是「分陰分陽，兩儀立焉」；做一個看，只是一個消長。〔一〕

陰陽各有清濁偏正。僩。

陰陽之理有會處，有分處，事皆如此。今浙中學者只說合處、混一處，都不理會分處。去僞。

陰陽有個流行底，有個定位底。「一動一静，互爲其根」便是流行底，寒暑往來是也；「分陰分陽，兩儀立焉」便是定位底，天地上下四方是也。「易」有兩義：一是變易，便是流行底；一是交易，便是對峙[二]底。如[三]魂魄，以二氣言，陽是魂，陰是魄；以一氣言則伸爲魂，屈爲魄。恪。按黄義剛録同。[四]

天地間道理有局定底，有流行底。淵。

陰陽，論推行底只是一個，對峙底則是兩個。如日月、水火之類，皆[五]是兩個。推行底，如一動一静，互爲其根；對峙底，如分陰分陽，兩儀立焉。[六]方子。

唤[七]做一氣，固是如此。然看他日月男女牝牡處，便見周先生所以説「一動一静，互爲其根」，此是説那個對立底無一物無陰陽，[八]如至微之物也有個背面。若説流行處，却只是一氣。淵。[九]

氣無始無終，且從元處接起，元之前又是貞了。如子時是今日，子之前又是昨日之亥，無空缺時。有個局定底，有個推行底，天地間理都如此。四方是局定底，四時是推行底。[一〇]方子。[一一]

陽氣只是六層，只管上去。上盡後下面空缺處便是陰。方子。

天[一二]地間只是一個氣，自今年冬至到明年冬至是他氣[一三]周匝底[一四]。把來折做兩截時，前面底便是陽，後面底便是陰。又折做兩截也如此，便是天地[一五]四時。天地間只有六層陽氣，到地面〔一六〕時地下便冷了。只是這六位陽長到底，那第一位極了，〔一七〕無去處，上面即〔一八〕是漸次消去〔一九〕。上面消去〔二〇〕些個時下面便生了些個，那便是陰。只〔二一〕是個噓吸，噓是陽，吸是陰。〔二二〕淵。〔二三〕

徐元震問：「自十一月至正月方三陽，是陽氣自地上而升否？」曰：「然。只是陽氣既升之後看看欲絶，便有陰生，陰氣將盡便有陽生，其已升之氣便散矣。所謂消是理，其來無窮。〔二四〕」又問：「雷出地奮，豫之後，六陽一半在地下，是天與地平分否？」曰：「若謂平分則天却包着地在，此不必論。」因舉康節漁樵問對之説甚好。𦲿。

陰陽有以動静言者，有以善惡言者。如「乾元資始，坤元資生」，則獨陽不生，獨陰不成，造化周流，須是並用。如「履霜堅冰至」，則一陰之生便如一歲〔二五〕。這道理在人如何看，直看是一般道理，横看是一般道理，所以謂之「易」。道夫。

天地間無兩立之理，非陰勝陽即陽勝陰，無物不然。寒暑〔二六〕、君子小人、天理人欲。道夫。

陰陽不可分先後説，只要人去其中自主静。陰爲主，陽爲客。僩。

無一物無陰陽。方子。〔二七〕

都是陰陽，無物不是陰陽。淳。

無一物不有陰陽乾坤。至於至微至細、草木禽獸，亦有牡牝陰陽。康節云「坤無一，故無首；乾無十，故無後」，所以坤常是得一半。砥。

天地之間無往而非陰陽，一動一静，一語一默，皆是陰陽之理。至如摇扇便屬陽，住扇便屬陰，莫不有陰陽之理。「繼之者善」是陽，「成之者性」是陰。陰陽只是此陰陽，但言之不同。如二氣迭運，此兩相爲用不能相無者也。至以陽爲君子，陰爲小人，則又自夫剛柔善惡而推之以言其德之異爾。「繼之者善」是已發之理，「感之者性」是未發之理。自其接續流行而言故謂之已發，以賦受成性而言則謂之未發。及其在人則未發者固是性，而其所發亦只是善。凡此等處皆須各隨文義所在變通而觀之，纔拘泥便相梗説不行。譬如觀山，所謂「横看成嶺側成峰」也。謨。

「易」字義只是陰陽。閎祖。

易只是個陰陽。莊生曰「易以道陰陽」，亦不爲無見。如奇耦、剛柔便只是陰陽做了易。等而下之，如醫技養生家之説，皆不離陰陽二者。魏伯陽參同契，恐希夷之學有些自其源流。㽦。

楊至之〔二八〕曰：「正義謂：『「易」者，變化之總號，代换之殊稱，乃陰陽二氣生生不息之理。』竊見此數語亦説得好。」先生曰：「某以爲『易』字有二義：有變易，有交易。先天圖一邊本都是陽，一邊本都是陰，陽中有陰，陰中有陽，便是陽往交易陰，陰來交易陽，兩邊各各相對。其實非此往彼來，只是其象如此。然聖人當初亦不恁地思量，只是畫一個陽、一個陰，每個使[二九]生兩個。就一個陽上又生一個陽、一個陰，就一個陰上又生一個陰、一個陽。只管恁地去。自一爲二，二爲四，四爲八，八爲十六，十六爲三十二，三十二爲六十四。既成個物事便自然如此齊整，皆是天地本然之妙元如此，但略假聖人手畫出來。如乾一索而得震，再索而得坎，三索而得艮；坤一索而得巽，再索而得離，三索而得兑。初間畫卦時也不是恁地，只是畫成八個卦後便見有此象耳。」義剛。陳淳録同。[三〇]

龜山過黄亭詹季魯家。季魯問易。龜山取一張紙畫個圖子，用墨塗其半，云：「這便是易。」此説極好。易只是一陰一陽做出許多般樣。淵。甘節同。[三一]

「諸公且試看天地之間别有甚事？只是『陰』與『陽』兩個字，看是甚麽物事都離不得。只就身上體看，纔開眼，不是陰便是陽，密拶拶在這裏，都不着得别物事。不是仁便是義，不是剛便是柔。只自家要做向前便是陽，纔收退便是陰意思。纔動便是陽，纔静便是陰。未消别看，只是一動一静便是陰陽。伏羲只因此畫卦以示人，若只就一陰一陽又不足以該衆理，於是錯綜爲六十四卦、三百八十四爻。初只是許多卦爻，後來聖人又繫許多辭在下。如他書則元有這事方説出這個道理。易則未曾有此事，先假託都説在這裏。如書便有個堯舜，有個禹、湯、文、武、周公出來做許多事便説許多事。今易則元未曾有，聖人預先説出，得人占考，大事小事無一能外於此。聖人大抵多是垂戒。」又云：「雖是一陰一陽，易中之辭大抵陽吉而陰凶。間亦有陽凶而陰吉者，何故？蓋有當爲有不當爲。若當爲而不爲，不當爲而爲之，雖陽亦凶。」又云：「聖人因卦爻以垂戒，多是利於正，未有不正而利者。如云『夕惕若厲，无咎』，若占得這爻必是朝兢夕惕、戒謹恐懼，可以无咎。若自家不曾如此，便自有咎。」又云：「『直方大，不習無不利』，若占得這爻須是將自身己體看是直、是方、是大，去做某事必得其利。若自家未是直、不曾方、不曾大，則無所往而得其利，此是本爻辭如此。到孔子又自添説了，如云『敬以直內，義以方外』本來只是卜筮，聖人爲之辭以曉人，便説許多道理在上。今學易，非必待遇事而占方有所戒，只平居玩味，看他所説道理於自家所處地位合是如何，故云『居則觀其象而玩其辭，動則觀其變而玩其占』。孔子所謂『學易』，正是平日常常學之。想見聖人之所謂讀異乎人之所謂讀，想見胸中洞然，於易之理無纖毫蔽處，故云『可以無大過』。」又曰：「聖人繫許多辭包盡天下之理。止緣萬事不離乎陰陽，故因陰陽中而推説萬事之理。今要占考，雖小小事都有。如占得『不利有攸往』便是不可出路，『利涉大川』便是可以乘舟。此類不一。」賀孫問：「乾卦文言聖人所以重疊四截説在此，見聖人學易只管體出許多意思。又恐人曉不得，故説以示教。」曰：「大意只管怕人曉不得，故重疊説在這[三二]裏，大抵多一般，如云『陽在下也』，又云『下也』。」賀孫問：「聖人所以因陰陽説出許多道理，而所説之理皆不離乎陰陽者，蓋緣所以爲陰陽者元本於實然之理。」曰：「陰陽是氣，纔有此理便有此氣，纔有此氣便有此理。天下萬物萬化，何者不出於此理？何者不出於陰陽？」賀孫問：「此程先生所以説道『天下無性外之物』。」曰：「如云『天地間只是個感應』，又如云『誠者物之終始，不誠無物』。」賀孫。

程子言「易中只是言反復、往來、上下」，這只是一個道理。陰陽之道，一進一退，一長一消，反復、往來、上下，於此見之。道夫。

易中説到那陽處便扶助推移他，到陰處便抑遏壅絶他。淵。

數

問理與數。先生曰：「有是理便有是氣，有是氣便有是數，蓋數乃是分界限處。」又曰：「『天一地二，天三地四，天五地六，天七地八，天九地十』，是自然如此，走不得。如水數六，雪花便六出，不是安排做底。」又曰：「古者用龜爲卜，龜背上紋，中間有五個，兩邊有八個，後有二十四個，亦是自然如此。」夔孫。

石子餘問易數。答曰：「都不要説聖人之畫數何以如此。譬之草木，皆是自然恁地生，不待安排。數亦是天地間自然底物事，纔説道聖人要如何便不是了。」植。

某嘗問蔡季通［三三］：「康節之數，伏羲也曾理會否？」曰：「伏羲須理會過。」某以爲不然。伏羲只是據他見得一個道理恁地便畫出幾畫，他也那裏知得疊出來恁地巧？此伏羲所以爲聖。

若他也恁地逐一推排，便不是伏羲天然意思。史記曰「伏羲至淳厚，作易八卦」，那裏恁地巧推排！賀孫。按，後劉砥先天圖一段，亦與此意同。

大凡易數皆六十：三十六對二十四，三十二對二十八，皆六十也。以十甲十二辰亦湊到六十也，鍾律以五聲十二律亦積爲六十也。以此知天地之數皆至六十爲節。大雅。

河圖洛書

先生謂甘叔懷曰：「曾看河圖洛書數否？無事時好看。雖未是要切處，然玩此時且得自家心流轉得動。」廣。

河圖常數，洛書變數。淵。節録同。〔三四〕

明堂篇説其制度有「二九四七五三六一八」，鄭氏〔三五〕注云「法龜文」也。此又九數之爲洛書驗也。〔三六〕廣。〔三七〕

河圖中宫，天五乘地十而得。七八九六，因五爲〔三八〕得數。積五奇五偶而爲五十有五。淵。

中數五，衍之而各極其數以至於十者，一個衍成十個，五個便是五十。聖人説這數，不是只説得一路。他説出這個物事，自然有許多樣通透去。如五奇五耦成五十五。又一説，六七八九十因五得數，是也。淵。

河圖五十五是天地自然之數。大衍五十，是聖人去這河圖裏面取那天五地十衍出這個數。不知他是如何。大概河圖是自然底，大衍是用以揲蓍求卦者。淵。

天地生數，到五便住。那一二三四遇着五便成六七八九。五却只自對五成十。淵。一節録同。〔三九〕

一二三四九八七六最妙。一藏九，二藏八，三藏七，四藏六。德功云：「一得九，二得八，三得七，四得六，皆爲十也。觀河圖可見。丙辛合、丁壬合〔四〇〕之類，皆自此推。」德明。

「二始」者，一爲陽始，二爲陰始。「二中」者五六，「二終」者九十。五是〔四一〕十干所始，六是十二律所生。圓者星也。「圓者河圖之數」，言無那四角底其形便圓。以下皆啓蒙圖書。淵。節録同。〔四二〕

「一與六共宗」，蓋是那一在五下便有那六底數。「二與七同位」，是那二在五邊便有七底數。淵。

成數雖陽，固亦本晏作「生」字。之陰也。如子者父之陰，臣者君之陰。節。按晏淵録同。〔四三〕

陰少於陽，氣、理、數皆如此。用全用半，所以不同。淵。

問：「前日承教云：『老陽少陰，少陽老陰，老除了本身一二三四，便是九八七六之數。』今觀啓蒙陽退陰進之説似亦如此。」先生曰：「他進退亦是自然如此，不是人去攢教他進退。以十言之即如前説，大故分曉。若以十五言之，九便對六，七便對八，曉得時也好則劇。」又問：「河圖，此數控定了。」先生曰：「天便〔四四〕只是不會説，倩他聖人出來説。若天地自會説話，想更説得好在。且如河圖、洛書便是天地書出底。」夔孫。

所謂「得五成六」者，一纔勾素〔四五〕着五便是個六。下面都恁地。淵。

老陰老陽所以變者無他，到極處了，無去處便只得變。九上更去不得了，只得變回來做八。六下來便是五生數了，也去不得，所以却去做七。便是五生數了，亦去不得。〔四六〕節。淵同，但無注。〔四七〕

伏羲卦畫先天圖

問：「先生説：『伏羲畫卦皆是自然，不曾用些子心思志〔四八〕慮，只是借伏羲手畫出爾。』唯其出於自然，故以之占筮則靈驗否？」曰：「然。自『太極生兩儀』只管畫去，到得後來更畫不迭。正如磨麪相似，四下都恁地自然撒出來。」廣。

淳問：「先天圖有自然之象數，伏羲當初亦知其然否？」曰：「直圖據見在底畫較自然。圓圖作兩段來拗曲，恁地轉來底是奇，恁地轉去底是偶，有些造作不甚依他元初底。伏羲當初只見太極下面有人陰陽，便知得一生二，二又生四，四又生八，恁地推去做成這物事，不覺成來却如此齊整。淳。〔四九〕

問：「先天圖陰陽自兩邊生，若將坤爲太極，與太極圖不同，如何？」曰：「他自據他意思説，即不曾契勘濂溪底。若論他太極，中間虚者便是。他亦自説『圖從中起』，今不合被横圖在中間塞却。待取出放外，他兩邊生者即是陰根陽，陽根陰。這個有對，從中出即無對。」文蔚。

又説：「康節方圖子，自西北之東南便是自乾以之坤，自東北以之西南便是否以至泰。其間有咸恒損益、既濟未濟，所以又於此八卦見義。蓋爲是自兩角尖射上與乾坤相對，不知得怎生恁地巧。某嘗説伏羲初只是畫出八卦，見不到這裏。蔡季通以爲不然，却説某與太史公一般。某問云：『太史公如何説？』他云：『太史公云「伏羲至淳厚，畫八卦」。』便是某這説。看來也是聖人淳厚，只據見定見得底畫出。如伊川説：『若不因時，則一個聖人出來，許多事便都做了。』」砥。

四象不必説陽向上。更合一畫爲九，方成老陽，到兑便推不去了。兑下一畫却是八卦，不是四象。淵。

陰陽老少以少者爲主。如震是少陽，却奇一耦二。淵。

老陰老陽交而生艮兑，少陰少陽交而生震巽。離坎不交，各得本畫。離坎之交是第二畫，在生四象時交了。老陽過去交陰，老陰過來交陽，便是兑艮第三畫。少陰少陽交便生震巽上第三畫，所以知其如此時他這位次相挨旁。兼山謂聖人不分別陰陽老少，卜史取動爻之後卦，故分別老少。若如此則卦遂無動，占者何所用觀變而玩占？淵。

一卦又各生六十四卦，則本卦爲内卦，所生之卦爲外卦，是個十二爻底卦。淵。

問：「昨日先生説：『程子謂「其體則謂之易」，體猶形體也，乃形而下者。易中只説個陰陽交易而已。』然先生又嘗有言[五〇]曰『在人言之則其體謂之心』。又是如何？」曰：「心只是個動静感應而已，所謂『寂然不動，感而遂通』者是也。看那幾個字便見得。」因言：「易是互相博易之義，觀先天圖便可見。東邊一畫陰便對西邊一畫陽。蓋東一邊本皆是陽，西一邊本皆是陰。東邊陰畫皆是自西邊來，西邊陽畫都是自東邊來。姤在西是東邊五畫陽過，復在東是西邊五畫陰過，互相博易而成。易之變雖多般，然此是第一變。」廣云：「程子所謂『易中只説反復往來上下』者，莫便是指此言之否？」曰：「看得來程子之意又別。邵子所謂易，程子多理會他底不得。蓋他只據理而説，都不曾去問他。」廣。

乾坤相爲陰陽。乾後面一半是陽中之陰，坤前面一半是陰中之陽。方子。

乾巽一邊爲上，震隨坤爲下。伏羲八卦。[五二]淵。

陽上交於陰，陰下交於陽而生四象，便是陰陽又各生兩畫了。陰交剛、陽交柔，便是陰陽又各生兩畫了。就乾兩畫邊看，乾兑是老陽，離震是少陰；就坤兩畫邊看，坤艮是老陰，坎巽是少陽。又各添一畫，則八卦全了。淵。

陰下交生陽，陽上交生陰。陰交陽，剛交柔，是博易之易。這多變是變易之易，所謂「易」者只此便是。那個是易之體，這個〔五二〕是易之用。那是未有這卦底，這是有這卦了底。那個唤做體時是這易從那裏生，這個唤做用時揲蓍取卦便是用處。節。淵同。〔五三〕

驤〔五四〕問：「邵先生説『無極之前』，無極如何説前？」先生曰：「邵子就圖上説循環之意。自姤至坤是陰含陽，自復至乾是陽分陰。復坤之間乃無極，自坤反姤是無極之前。」道夫。〔五五〕

「無極之前」一段。問：「既有前後，須有有無？」曰：「本無間斷。〔五六〕」閎祖。

康節云「動静之間」，是指冬至夏至。閎祖。

淳〔五七〕問：「先天圖説曰：『陽在陰中，陽逆行；陰在陽中，陰逆行。陽在陽中，陰在陰中，皆順行。』何〔五八〕也？」曰：「圖左一邊屬陽，右一邊屬陰。左自震一陽，離兑二陽，乾三陽，爲陽在陽中，順行；右自巽一陰，坎艮二陰，坤三陰，爲陰在陰中，順行。坤無陽，艮坎一陽，巽二陽，爲陽在陰中，逆行；乾無陰，兑離一陰，震二陰，爲陰在陽中，逆行。」按，黄本以上自作一段。〔五九〕問：〔六〇〕「『先天圖，心法也』，『圖皆自中起，萬化萬事生乎心』，何也？」曰：「其中白處者太極也。三十二陰、三十二陽者，兩儀也；十六陰、十六陽者，四象也；八陰、八陽，八卦也。」按，黄本以上又自作一段。〔六二〕問：「『圖雖無文，終日言之，不離乎是』，何也？」

曰：「一日有一日之運，一月有一月之運，一歲有一歲之運。大而天地之終始，小而人物之生死，遠而古今之世變，皆不外乎此，只是一個盈虛消息之理。本是個小底變成大底，到那大處又變成小底。如納甲法，乾納甲，黃本此下有「壬」字。〔六三〕坤納乙，黃本此下有「癸」字。〔六四〕離納己，坎納戊，巽納辛，震納庚，兑納丁，艮納丙，〔六五〕亦是此。又如火珠林，若占一屯卦則初九是庚子，六二是庚寅，六三是庚辰，六四是戊午，九五是戊申，上六是戊戌，亦是此。又如道家以坎離爲真水火，爲六卦之主，而六卦爲坎離之用。自月初三爲震，上弦爲兑，望日爲乾，望後爲巽，下弦爲艮，晦爲坤，亦不外此。」〔六六〕淳。義剛録同，但分作三條。〔六七〕

先天圖更不可易。自復至乾爲陽，自姤至坤爲陰。以乾坤定上下之位〔六八〕、坎離列左右之門爲正。以象言之，天居上，地居下，艮爲山，故居西北；兑爲澤，故居東南；離爲日，故居於東；坎爲月，故居於西；震爲雷，居東北；巽爲風，居西南。方子。

康節「天地定位，否泰反類」詩八句，是説方圖中兩交股底。且如西北角乾，東南角坤，是「天地定位」，便對東南角泰，西南角否。次乾是兑，次坤是艮，便對次否之咸、次泰之損。後四卦亦如是。共十六卦。淵。

康節「乾南坤北，離東坎西」之説，言人立時全見前面，全不見後面，東西只見一半，便似他這個意思。淵。

底。

先天圖直是精微，不起於康節。希夷以前元有，只是秘而不傳。次第是方士輩所相傳授參同契中亦有些意思相似，與曆不相應。季通云「紐捻將來亦相應也。用六日七分」，某却不見康節説用六日七分處。文王卦序亦不相應，他只用義理排將去。如復只用一陽生處，此只是用物，而此也不用生底次第，也不應氣候。揚雄太玄全模放易。他底用三數，易却用四數。他本是模易，故就他模底句上看易，也可略見得易意思。温公集注中可見也。康節云「先天圖心法皆從中起，且如説圓圖」，又云「文王八卦應地之方」，這是見他不用卦生底次第，序四正卦出四角，似那方底意思。這個只且恁地，無大段分曉證左。未甚安。淵。

「易之精微在那『兩儀生四象，四象生八卦』，八卦生六十四卦，萬物萬化皆從這裏流出。緊要處在那復姤邊。復是陽氣發動之初。」因舉康節詩「冬至子之半」。「六十四卦流布一歲之中，離坎震兑巽做得那二十四氣，每卦當六日[六九]四分，乾坤不在四正，此以文王八卦言也。」淵。

先天圖，八卦爲一節，不論月氣先後。閎祖。

先天圖，今所寫者是以一歲之運言之。若大而古今十三萬五千六百年亦只是這圈子，小而一日一時亦只是這圈子。都從復上推起去。公晦。

先天圖，一日有一個恁地道理，一月有一個恁地道理，以至合元、會、運、世，十二萬九千六百歲亦只是這個道理。且以月言之，自乾[七〇]而震，月之始生，初三日也；至兑則月之上弦，初八日也；至乾則月之望，十五日也；至巽則月之始虧，十八日也；至艮則月之下弦，二十三日也；至坤則月之晦，三十日也。廣。

先天圖與納音相應，故季通言與參同契合。以圖觀[七一]之，坤復之間爲晦，震爲初三，一陽生；初八日爲兑，月上弦；十五日爲乾，十八日爲巽，一陰生；二十三日爲艮，月下弦。坎離爲日月，故不用。參同契以坎離爲藥，餘者以爲火候。此圖自陳希夷傳來，如穆李，想只收得，未必能曉。康節自思量出來，故墓誌云云。參同契亦以乾坤坎離爲四正，故其言曰「運轂正軸」。

謨[七二]問：「先天圖卦位，自乾一兑二離三右行，至震四住，揭起巽五作左行，坎六艮七至坤八住，接震四。觀卦氣相接皆是左旋。蓋乾是老陽，接巽末姤卦便是一陰生；坤是老陰，接震末復卦便是一陽生。自復卦一陽生，十一月之卦。[七三]盡震四離三，一十六卦然後得臨卦；十二月之卦。[七四]又盡兑二，凡八卦然後得泰卦；正月卦。[七五]又隔四卦得大壯；二月卦。[七六]又隔大有一卦得夬；三月卦。[七七]夬卦接乾，乾卦接姤。自姤卦一陰生，五月卦。[七八]盡巽五坎六，一十六卦然後得遯卦；六月卦。[七九]又盡艮七，凡八卦然後得否；七月卦。[八〇]又隔四卦得觀；八月卦。[八一]又隔比一卦得剥，九月卦。[八二]剥卦接坤，坤卦接復。周而復始，循環無端。卦氣左旋而一歲十二月之卦皆有其序，但陰陽初生，各歷十六卦而後爲一月，又歷八卦再得一月。至陰陽將極處，只歷四卦爲一月，又歷一卦，遂一併三卦相接。其初如此之疏，其末如此之密，此陰陽羸縮當然之理歟？然此圖於復卦之下書曰『冬至子中』，於姤卦之下書曰『夏至午中』，此固無可疑者。獨於臨卦之下書曰『春分卯中』，則臨卦本爲十二月之卦，而春分合在泰卦之下。於〔八三〕遯卦之下書曰『秋分蜀本脱此十五字。〔八四〕』酉中，則遯卦本爲六月之卦，而秋分合在否卦之下。昨侍坐復庵，聞王講書所説卦氣之論皆世俗淺近之語，初無義理可推。竊意此圖『春分卯中』、『秋分酉中』字，或恐後人誤隨世俗卦氣之論遂差其次，却與文王卦位相合矣。不然，則離兑之間所以爲春、坎艮之間所以爲秋者，必當別有其説？」先生曰：「伏羲易自是伏羲説話，文王易自是文王説話，固不可以交互求合。所看先天卦氣羸縮極子細，某亦嘗如此理會來，尚未得其説。陰陽初生，其氣中〔八五〕固緩，然不應如此之疏，其後又却如此之密。大抵此圖布置皆出乎自然，不應無説，當更共思之。」謨。

學者欲看易。曰：「聖人不曾教學者看易，詩書執禮皆以爲教，獨不及易。至於『假我數年，卒以學易』乃是聖人自説，非學者事。蓋易是個極難理會底物事，非他書之比。如古者先王順詩書禮樂以造士，只是以此四者亦不及於易。蓋易是個卜筮書，藏於太史、太卜以占吉凶，亦未有許多説話。及孔子始取而敷繹，爲十經彖象繫辭文言雜卦之類，方説出道理來。當初只是卜筮之書耳。」僩。〔八六〕

晦庵先生朱文公語類卷第六十六

易二

綱領上之下

卜筮

易本爲卜筮而作。古人淳質，初無文義，故畫卦爻以「開物成務」。故曰：「夫易，何爲而作也？夫易，開物成務，冒天下之道如斯而已矣。」此易之大意如此。謨。

古人淳質，遇事無許多商量，既欲如此，又欲如彼，無所適從。故作易示人以卜筮之事，故能通志、定業、斷疑，所謂「開物成務」者也。人傑。

上古民淳，未有如今士之[一]識理義嶢崎，蠢然而已，事事都曉不得。聖人因做易，教他占，吉則爲，凶則否，所謂「通天下之志，定天下之業，斷天下之疑」者，即此也。及後來理義明，有事則便斷以理義。如舜傳禹曰：「朕志先定，鬼神其必依，龜筮必協從。」已自吉了，更不用重去卜吉也。周公營都，意主在洛矣，所卜「澗水東，瀍水西」只是對洛而言。其他事惟盡人謀，未可曉處方卜。故遷國、立君，大事則卜。洪範「謀及乃心，謀及卿士」，盡人謀然後卜筮以審之。淳。

「且如易之作，本只是爲卜筮。如『極數知來之謂占』、『莫大乎蓍龜』、『是與神物，以前民用』、『動則觀其〔二〕占』等語，皆見得是占筮之意。蓋古人淳質，不似後世人心機巧，事事理會得。古人遇一事理會不下，便須去占，占得乾時，『元亨』便是大亨，『利貞』便是利在於正，便是利意。〔三〕古人便守此占。知其大亨却守其正以俟之，只此便是『開物成務』。若不如此，何緣見得『開物成務』底道理？即此是易之用。人人皆決於此，便是聖人之〔四〕家至户到以教之也。若似後人事事理會得，亦不待占。蓋『元亨』是示其所以爲卦之意，『利貞』便因以爲戒耳。」又曰：「聖人恐人一向只把做占筮看，便以義理説出來。『元亨利貞』，在文王之辭只作二事，止是大亨〔五〕，至孔子方作〔六〕四件。然若是『坤，元亨，利牝馬之貞』，不成把『利』字絶句，後云『主利』，却當如此絶句。至於他卦，却只作『大亨以正』。後人須要把乾坤説大於他卦，畢竟在占法却只是『大亨以正』而已。」僩。

問：「易以卜筮設教。卜筮非日用，如何設教？」曰：「古人未知此理時，事事皆卜筮，故可以設教。後來知此者衆，必大事方卜。」可學。

魏丙材仲問「元亨利貞」之説[七]。先生曰：「易繫云[八]『夫易，開物成務，冒天下之道』，蓋上古之時民淳俗朴，風氣未開，於天下事全未知識。故聖人立龜以與之卜，作易以與之筮，使之趍利避害以成天下之事，故曰『開物成務』。然伏羲之卦又也難理會，故文王從而爲之辭，然於其間又却[九]無非教人之意。如曰『元亨利貞』則雖大亨，然亦利於正。如不貞，雖有大亨之卦，亦不可用。如曰『潛龍勿用』則陽氣在下，故教人以勿用。『童蒙』則又教人以須是如童蒙而求資益於人方吉。凡言吉則不如是，便有個凶在那裏。凡言不好則莫如是，然後有個好在那裏，他只是不曾説出耳。物只是人物，務只是事務，冒只是罩得天下許多道理在裏。自今觀之，也是如何出得他個。」道夫。

易本卜筮之書，後人以爲止於卜筮。至王弼用老莊解，後人便只以爲理而不以爲卜筮，亦非。想當初伏羲畫卦之時，只是陽爲吉、陰爲凶，無文字。某不敢説，竊意如此。後文王見其不可曉，故爲之作彖辭，或占得爻處不可曉，故周公爲之作爻辭，又不可曉，故孔子爲之作十翼，皆解當初之意。今人不看卦爻而看繫辭，是猶不看刑統而看刑統之序例也，安能曉？今人須以卜筮之書看之方得，不然不可看易。嘗見艾軒與南軒爭，而南軒不然其説。南軒亦不曉。節。

八卦之畫本爲占筮。方伏羲畫卦時止有奇偶之畫，何嘗有許多説話！文王重卦作繇辭，周公作爻辭，亦只是爲占筮設。到孔子方始説從義理去。如「乾，元亨利貞；坤，元亨，利牝馬之貞」，與後面「元亨利貞」只一般。元亨謂大亨也，利貞謂利於正也。占得此卦者，則大亨而利於正耳。至孔子乃將乾坤分作四德説，此亦自是孔子意思。伊川先生云：「元亨利貞，在乾坤爲四德，在他卦只作兩事。」不知別有何證據。故學易者須將易各自看，伏羲易自作伏羲易看，是時未有一辭也。文王易自作文王易看〔一〇〕，周公易自作周公易看〔一一〕，孔子易自作孔子易看，必欲牽合作一意看，不得。今學者諱言易本爲占筮作，須要説做爲義理作。若果爲義理，作時何不直述一件文字，如中庸、大學之書言義理以曉人，須得畫八卦則甚？周官唯太卜掌三易之法，而司徒、司樂、師氏、保氏諸子之教國子、庶民，只是教以詩書，教以禮樂，未嘗以易爲教也。廣。

或問：「易解，伊川之外誰説可取？」先生曰：「如易，某便説道聖人只是爲卜筮而作，不解有許多説話。但是此説難向人道，而今〔一二〕人不肯信。向來諸公力來與某辨，某煞費氣力與他分析。而今思之只好不説，只做放那裏，信也得，不信也得，無許多氣力分疏。且聖人要説理，何不就理上直剖判説？何故恁地回互假托，教人不可曉？又何不別作一書？何故要假卜筮來説？又何故説許多『吉凶悔吝』？此只是理會卜筮後，因其中有些子理故從而推明之，所以大象中只是一句兩句子解了。但有文言與繫辭中數段説得較詳，然也只是取可解底來解，如不可曉底也不曾説。而今人只是眼孔小，見他説得恁地便道有那至理，只管要去推求。且孔子當時教人只説『詩、書、執禮』，只説『學詩乎』與『興於詩，立於禮，成於樂』，只説『人而不爲周南召南』、『詩三百，一言以蔽之曰「思無邪」』。元不曾教人去讀易。但有一處説『假我數年，五十以學易，可以無大過矣』，這也只是孔子自恁地説，不曾將這個去教人。如周公做一部周禮，可謂纖悉畢備，而周易却只掌於太卜之官，却不似大司樂教成均之屬重[一三]。緣這個只是理會卜筮，説個陰陽消長，[一四]却有些子理在其中。伏羲當時偶然見得一是陽、二是陰[一五]，從而畫放那裏。當時人一也不識，二也不識，陰也不識，陽也不識。伏羲便與他剔開這一機，然纔有個一二，後來便生出許多象數來。恁地時節他也自遏不住，然當初也只是理會罔罟等事，也不曾有許多嶢崎，如後世經世書之類，而今人便要説伏羲如神明樣無所不曉得[一六]。伏羲也自純朴，也不曾去理會許多事來。自他當時剔開這一個機後，世間生得許多事來，他也自不奈何，他也自不要得恁地。但而今所以難理會時，蓋緣亡了那卜筮之法。如周禮太卜『掌三易之法』，連山歸藏周易，便是别有理會周易之法。而今却只有上下經兩篇，皆不見許多法了，所以難理會。今人却道聖人言理，而其中因有卜筮之説。他説理後，説從那卜筮上來做麽？若有人來與某辯，某只是不答。」次日，義剛問：「先生昨言易只是爲卜筮而作，其説已自甚明白。然先生於先天後天、無極太極之説，却留意甚切，不知如何。」曰：「卜筮之書如火珠林之類，[一七]許多道理依舊在其間。但是因他作這卜筮後，却去推出許多道理來。他當初做時却只是爲卜筮畫在那裏，不是曉盡許多道理後方始畫。這個道理難説。向來張安國兒子來問，某與説云：『要曉時，便只似靈棋課模樣。』有一朋友言：『恐只是以其人未能曉而告之以此説。』某云：『是誠實恁地説。』」良久，曰：「『通其變遂成天下之文，極其數遂定天下之象。』陳安卿〔一八〕問：「先天圖有自然之象數，伏羲當初亦知其然否？」曰：「也不見得如何。但圓圖是有些子造作模樣，如方圖只是據見在底畫，〔一九〕圓圖便是就這中間拗做兩截，〔二〇〕恁地轉來底是奇，恁地轉去底是偶，便有些不甚依他當初畫底。然伏羲當初也只見個〔二一〕太極下面有個〔二二〕陰陽，便知是一生二，二又生四，四又生八，恁地推將去做成這物事。〔二三〕想見伏羲做得這個成時也大故地喜歡。自前不曾見一個物事子〔二四〕恁地齊整。」因言：「夜來有一説，説不曾盡。通書言『聖人之精，畫卦以示；聖人之藴，因卦以發』，精是聖人本意，藴是偏旁帶來道理。如春秋，聖人本意只是載那事，要見世變，『禮樂征伐，自諸侯出』，『臣弑其君，子弑其父』，如此而已。就那事上見得是非美惡曲折，便是因卦以發〔二五〕。如『易有太極，是生兩儀，兩儀生四象，四象生八卦』，這四象生八卦以上便是聖人本意底。如象辭文言繫辭皆是因而發底，不可一例看。今人只把做占去看便活，若是的定把卦爻來作理看恐死了。國初講筵講『飛龍在天，利見大人』，太祖遽云：『此書豈可令凡民見之！』某便道是解易者錯了。這『大人』便是『飛龍』，言人若占得此爻，便利於見那大人，謂如人臣占得此爻，則利於見君而爲吉也。如那『見龍在田，利見大人』，有德者亦謂之大人。言人若尋師，若要見好人時〔二六〕占得此爻則吉。然而此兩個『利見大人』皆言『君德』也者，亦是説有君德而居下者。今却説九二居下位而無應，又如何這個無頭無面？又如何見得應與不應？如何恁地硬説得？若是把做占看時，士農工商事事人用得。這般人占得便把做這般用，那般人占得便把做那般用。若似而今説時，便只是秀才用得，別人都用不得了。今人説道明理，〔二七〕事來，便看道理如何後作區處。古時人蠢蠢然，事都不曉，做得是也不知，做得不是也不知。聖人便作易教人去占，占得恁地便吉，恁地便凶。所謂『通天下之志，定天下之業，斷天下之疑』者，即此是也。而今若把作占説時，吉凶悔吝便在我，看我把作甚麽用皆用得。今若把作文字解，便是硬裝了。」安卿問：「如何恁地？」先生曰：「而今把作理説時，吉凶悔吝皆斷定在九二、六四等身上矣，〔二八〕如此則吉凶悔吝是硬裝了，便只作得一般用了。」黄本止此。〔二九〕林擇之云：「伊川易説得理也太多。」先生曰：「伊川求之太深，嘗説『三百八十四爻，不可只作三百八十四爻解』，其説也好。而今似他解時依舊只作得三百八十四般用。」安卿問：「象象莫也是因爻而推其理否？」曰：「象象文言繫辭皆是因而推明其理。」胡叔器〔三〇〕問：「吉凶是取定於揲蓍否？」曰：「是。」「然則洪範『龜從，筮從』又要卿士、庶民從，如何？」曰：「決大事也不敢不恁地兢謹，如遷國、立君之類不可不恁地。若是其他小事，則亦取必於卜筮而已。然而聖人見得那道理定後常不要卜，且如舜所謂『朕志先定，詢謀僉同，鬼神其依，龜筮協從』。若恁地便是自家所見已決，而卜亦不過如此，故曰『卜不習吉』。且如周公卜宅，云『我卜河朔黎水，我乃卜澗水東，瀍水西，惟洛食〔三一〕』，瀍澗只在洛之旁，這便見得是周公先自要都洛，後但夾將瀍澗來卜，所以每與洛對説。而兩卜所以皆言『惟洛食』，以此見得也是人謀先定後，方以卜來決之。」擇之言：「『筮短龜長，不如從長』，看來龜又較靈。」先生曰：「揲蓍用手，又不似鑽龜較自然。只是將火一鑽便自成文，却就這上面推測。」叔器問：「龜卜之法如何？」曰：「今無所傳，看來只似而今五兆卦。此間人有五兆卦，將五莖茅自竹筒中寫出來，直向上底爲木，横底爲土，向下底爲水，斜向外者爲火，斜向內者爲金。便如文帝兆得大横。横，土也。所以道『予爲天王，夏啓以光』，蓋是得土之象。」義剛。按，陳淳録同而略，今附。云：「擇之問筮短龜長，先生曰：『揲蓍用手，不似備龜又較自然。今人有爲五兆卦者用竹五，莖直上者爲木，向下者爲水，斜向外者爲火，斜向內者爲金，横者爲土。所謂「大横庚庚」者，言占得國之象也。今看易把做占看便活，人人都用得。這般人占得便做這般人用，那般人占得便做那般人用。國初經筵講「飛龍在天，利見大人」，太祖曰：「此書豈可令凡民見之。」不知此「大人」即是那飛龍，人臣占得此爻，則利於見大人之君。又如「見龍在田，利見大人」兩言君德，是有君得而居下位者，若求師親賢而占得此爻，則利見此大人也。作占看則吉凶悔吝都在我爲之，作理説則吉凶悔吝皆斷定在九二、六四等身上矣。彼九二、六四無頭無面，何以見得如此？亦只是士人用得也。』」〔三二〕

「民可使由之，不可使知之」。上古聖人不是著此垂教，只是見得天地萬物〔三三〕變化之理，畫而爲卦，使因卜筮而知所修爲避忌。至周公孔子，一人又説多了一人。某不敢教人看易，爲這物闊大，且不切己，兼其間用字與今人皆不同。如説田獵祭祀，侵伐疾病，皆是古人有此事去卜筮，故爻卜出去。〔三四〕今無此事了都曉不得。砥。〔三五〕

古人凡事必占，如「田獲三禽」則田獵之事亦占也。僩。

又曰：〔三六〕「易只是個卜筮之書。孔子却就這上依傍説些道理教人。雖似〔三七〕孔子也只得隨他那物事説，不敢別生説。」僩。

「看繫辭須先看易。自『大衍之數』以下皆是説卜筮，若不是説卜筮，却是説一無底物。今人誠不知易。」南升〔三八〕云：「今人只見説易爲卜筮作，便群起而爭之，不知聖人乃是因此立教。」先生曰：「聖人丁寧曲折極備。因舉乾〔三九〕「九三良馬逐」。讀易當如筮相似，上達鬼神，下達人道，所謂『冒天下之道』只如此説出模樣，不及作爲而天下之道不能出其中。」南升〔四〇〕云：「今人皆執畫前易，皆一向亂説。」先生曰：「畫前易亦分明。〔四一〕」可學。

易書本原於卜筮。又説：「邵子之學，只把『元、會、運、世』四字貫盡天地萬物。」友仁。

先生論易云：〔四二〕「易本是卜筮之書。若人卜得一爻便要人玩此一爻之義，如『利貞』之類只是正者便利，不正者便不利，不曾説道利不貞者。人若能見得道理已十分明，則亦不須更卜。如舜之命禹曰：『官占，惟先蔽志，昆命于元龜。朕志先定，詢謀僉同，鬼神其依，龜筮協從，卜不習吉。』其，猶將也。言雖未卜而吾志已是先定，詢謀已是僉同，鬼神亦必將依之，龜筮亦必須協從之。所以謂『卜不習吉』者，蓋習，重也。這個道理已是斷然見得如此，必是吉了便自不用卜，若卜則是重矣。」時舉。

劉用之問坤卦「直方大，不習無不利」。曰：「坤是純陰卦，諸爻皆不中正。五雖中，亦以陰居陽。惟六二居中得正，爲坤之最盛者，故以象言之，則有三者之德而不習無不利。占者得之，有是德則吉。易自有一個本意直從中間過，都不着兩邊。須要認得這些小〔四三〕分曉方始橫三豎四説得，今人不曾識得他本意要便〔四四〕橫三豎四説，都無歸着。」文蔚曰：「易本意只是爲占筮。」曰：「便是如此。易當來只是爲占筮而作。文言彖象卻是推説做義理上去，觀乾坤二卦便可見。孔子曰『聖人設卦觀象，繫辭焉而明吉凶』，若不是占筮，如何説『明吉凶』？且如需九三，『需于泥，致寇至』，以其逼近坎險有致寇之象。象曰：『需于泥，災在外也。自我致寇，敬慎不敗也。』孔子雖説推明義理，這般所在又變例推明占筮之意。『需于泥，災在外』，占得此象，雖若不吉，然能敬慎則不敗，又能堅忍以需待，處之得其道，所以不凶。或失其剛健之德，又無堅忍之志，則不能不敗矣。」文蔚曰：「常愛先生易本義云：『伏羲不過驗陰陽消息兩端而已。』只是一陰一陽便分吉凶了，只管就上加去成八卦，以至六十四卦，無非是驗這兩端消息。」先生曰：「易不離陰陽，千變萬化只是這兩個。莊子云『易道陰陽』，他亦自看得好〔四五〕。」文蔚。〔四六〕

乾坤六爻不相似，某常説聖人做這物事不用將個印板子脱出來，一個個得一樣，他各自隨他道理，若個個得一樣，便是揚子雲書了。故説道易難看，蓋緣後世諸儒都將這易做發明天地造化之理。易本不如是，蓋易之作本專爲教人用做卜筮，然而他取象如那「隨之時義，遯之時義」，這般底倒是後來添底，初做卦爻時本不如此，只是因那卦爻中有這個道理故説出來。説出來時本不爲要發明這道理，只是説道理在卦爻中時有這象，人若占得這爻時，便當因這象了。看他下面占底，且如坤六二云「直方大」，坤卦中唯這一爻最精粹，蓋五雖尊位，却是陽爻破了體了，四重陰而不中，三又不正，惟此爻得中正，所以就這説個「直方大」，此是説坤卦之本體。然而本意却是教人知道這爻有這個德，不待習學而無不利人，得這個時若能直能方能大，則亦「不習無不利」，却不是要發明坤道。伊川有這個病，從頭到尾皆然。淵。〔四七〕

晏亞夫問「坤六二，直方大」。先生云：「易不是聖人須要説出六爻如此，只是爲占得此卦合當如此不足以合此卦。黄直卿云『觀象玩辭自不同』，若只推從易爻上去，則是觀象推從人上去，則是玩辭。」蓋卿。〔四八〕

用之問：「易坤六二爻〔四九〕『直方大，不習無不利』。學須用習，然後至於不習。」先生曰：「不是如此。聖人作易只是説卦爻中有此象而已，如坤六二『直方大，不習無不利』，自是他這一爻中有此象。人若占得，便應此事、有此用也，未説到學者須習至於不習。在學者之事固當如此，然聖人作易未有此意在。」用之曰：「然『不習無不利』，此成德之事也。」先生曰：「亦非也。未説到成德之事，只是卦爻中有此象而已。若占得便應此象，都未説成德之事也。某之説易，所以與先儒、世儒之説皆不同，正在於此。學者須曉某之正意，然後方可推説其他道理，某之意思極直，只是一條路徑去。若纔惹着今人便説差着[五〇]了，便非易之本意矣。」[五一]才卿云：「先生解易之本意只是爲卜筮爾。」曰：「然。據某解，一部易只是作卜筮之書。今人説得來太精了，更入粗不得。如某之説雖粗，然卻入得精，精義皆在其中。若曉得某一人説則曉得伏羲、文王之易本是如此[五二]，元未有許多道理在，方不失易之本意。今未曉得聖人作易之本意便先要説道理，縱饒説得好，[五三]只是與易元不相干。聖人分明説昔者聖人之作易，『觀象設卦，繫辭焉以明吉凶』，幾多分曉！某所以説易只是卜筮書者，此類可見。」僩。[五四]

易中言占者有其德則其中[五五]如是，言無其德而得是占者卻是反説。如南蒯得「黃裳元吉」，疑吉矣而蒯果敗者，蓋卦辭明言黃裳則元吉，無黃裳之德則不吉也。又如適所説「直方大，不習無不利」，占者有直方大之德則不習而無不利，占者無此德即雖習而不利也。如奢侈之人而得共儉則吉之占，明不共儉者是占爲不吉也。他皆放此。如此看自然意思活。銖。

論易云：「其他經先因其事，方有其文。如書言堯、舜、禹、成湯、伊尹、武王、周公之事，因有許多事業方説到這裏，若無這事亦不説到此。若易則[五六]是個空底物事，未有是事，預先説是理，故包括得盡許多道理，看人做甚事皆撞着他。」又曰：「『易無思也，無爲也』，易是個無情底物事，故『寂然不動』，占之者吉凶善惡隨事著見乃『感而遂通』。」又云：「易中多言正，如『利正』、『正吉』、『利永貞』之類，皆是要人守正。」又云：「人如占得一爻，須是反觀諸身果盡得這道理否也？坤之六二『直方大，不習無不利』，須看自家能直、能方、能大，方能『不習無不利』。凡皆類此。」又云：「所謂『大過』，如當潛而不潛、當見而不見、當飛而不飛，皆是過。」又曰：「如坤之初六，須知『履霜堅冰』之漸，要人恐懼修省。不知恐懼修省便是過。易大概欲人恐懼修省。」又曰：「文王繫辭本只是與人占底書，至孔子作十翼方説『君子居則觀其象而玩其辭，動則觀其變而玩其占』。」又曰：「夫子讀易與常人不同。是他胸中洞見陰陽剛柔、吉凶消長、進退存亡之理。其贊易即就胸中寫出這道理。」味道問：「聖人於文言，只把做道理説。」先生曰：「有此氣便有此理。」又問：「文言反覆説，如何？」曰：「如言『潛龍勿用，陽在下也』，又『潛龍勿用，下也』，只是一意重疊説。伊川作兩意，未穩。」時舉。

聖人作易本爲欲定天下之志，斷天下之疑而已，不是要因此説道理也。如人占得這爻，便要人知得這爻之象是吉是凶，吉便爲之，凶便不爲。然如此，理卻自在其中矣。如剥之上九「碩果不食，君子得輿，小人剥廬」，其象如此，謂一陽在上，如碩大之果，人不及食而獨留於其上，如君子在上而小人皆載於下，則是君子之得輿也。然小人雖載君子，而乃欲自下而剥之，則是自剥其廬耳。蓋唯君子乃能覆蓋小人，小人必賴君子以保其身。今小人欲剥君子則君子亡，而小人亦無所容其身，如自剥其廬也。且看自古小人欲害君子，到害得盡後國破家亡，其小人曾有存活得者否？故聖人象曰：「『君子得輿』，民所載也。『小人剥廬』，終不可用也。」若人占得此爻，則爲君子之所爲者必吉，而爲小人之所爲者必凶矣。其象如此而理在其中，卻不是因欲説道理而後説象也。時舉。按：潘植録同而有詳略，今附。云：［五七］「『易只是説象，初未有後人所説許多道理堆垛在上面，蓋聖人作易，本爲卜筮設。上自王公而下達于庶人，故曰「以通天下之志，以定天下之業，以斷天下之疑」，但聖人説象則理在其中矣。』因舉剥之上九『碩果不食』，五陰在下，來剥一陽，一陽尚存，如碩大之果不食。『君子得輿』是君子在上，爲小人所載，乃下五陰載上一陽之象。『小人剥廬』者言小人既剥君子，其廬亦將自剥，看古今小人既剥君子而小人亦死亡滅族，豈有存者！聖人之象只如是。後人説易只愛將道理堆垛在上面，聖人本意不解如此。」

先之問易。曰：「坤卦大抵滅乾之半。據某看來，易本是個卜筮之書，聖人因之以明教，因其疑以示訓。如卜得乾卦云『元亨利貞』，本意只説大亨利於正，若不正便會凶。如卜得爻辭如『潛龍勿用』，便教人莫出做事，如卜得『見龍在田』，便教人可以出做事。如説『利見大人』，一個是五在上之人，一個是二在下之人，看是甚麽人卜得。天子自有天子『利見大人』處，大臣自有大臣『利見大人』處，群臣自有群臣『利見大人』處，士庶人自有士庶人『利見大人』處。當時又那曾有某爻與某爻相應？那自是説這道理如此，又何曾有甚麽人對甚麽人説？有甚張三李四？中間都是正吉，不曾有不正而吉。大率是爲君子設，非小人盜賊所得竊取而用。如『黄裳元吉』，須是居中在下方始〔五八〕會大吉，不然則大凶。此書初來只是如此。到後來聖人添許多説話，也只是怕人理會不得，故就上更説許多教分明，大抵只是因是以明教。若能恁地看，都是教戒。恁地看來，見得聖人之心洞然如日星，更無些子屈曲遮蔽，故曰『聖人以通天下之志，以定天下之業，以斷天下之疑』。」賀孫。

又曰：「看他本來裏面都無這許多事，後來人説不得便去白撰個話。若做卜筮看，這説話〔五九〕極是分明。某如今看來直是分明。若聖人有甚麽説話要與人説便分明説了，若不要與人説便不説。不應恁地千般百樣，藏頭伉腦，無形無影，教後人自去多方推測。聖人一個光明盛大之心，必不如此。故曰『君子居則觀其象而玩其辭，動則觀其變而玩其占』者〔六〇〕，這般處自分曉。如今讀書，恁地讀一番過了須是常常將心下温過，所以孔子説『學而時習之』。若只看過便住，自是易得忘記了，故須常常温習，方見滋味。」賀孫。〔六一〕

易本爲卜筮設。如曰「利涉大川」是利於行舟也，「利有攸往」是利於啓行也。易之書大率如此。〔六二〕後世儒者鄙卜筮之説，以爲不足言，而所見太卑者又泥於此而不通。故曰：易者，難讀之書也。不若且從大學做工夫，然後循次讀論、孟、中庸，庶幾切己有益也。蓋卿。

易爻只似而今發課底卦影相似。如云「初九，潛龍勿用」，這只是戒占者之辭。解者遂去這上面生義理，以初九當「潛龍勿用」，九二當「利見大人」，初九是個甚麼？如何會潛？如何會勿用？試討這個人來看。九二爻又是甚麼人？他又如何會「見龍在田，利見大人」？嘗見林艾軒云：「世之發六壬課者，以丙配壬則吉。」蓋火合水也。如卦影云「朱鳥翾翾，歸于海之湄，吉」，這個只是說水火合則吉爾。若使此語出自聖人之口，則解者必去上面說道理，以爲朱鳥如何、海湄如何矣。僩。按，林夔孫録同而略，無「初九」以下，止「利見大人」。〔六三〕

問：「易中也有偶然指定一兩件實事言者，如『亨于岐山』、『利用征伐』、『利遷國』之類是也。」先生云：「是如此。亦有兼譬喻言者，如〔六四〕『利涉大川』則行船之吉占，而濟大難大事亦如之。」賜。〔六五〕

凡占得卦爻，要在互分賓主，各據地位而推。如九五「飛龍在天，利見大人」，若揣自己有大人之德，占得此爻則如聖人作而萬物咸覩，作之者在我而覩之者在彼，我爲主而彼爲賓也。自己無大人之德，占得此爻則利見彼〔六六〕大人，作之者在彼而覩之者在我，我爲賓而彼出〔六七〕爲主也。僩。〔六八〕

易只是古人卜筮之書，如五雖主君位而言，然實不可泥。人傑。

問：「左傳載卜筮，有能先知數世之後之事〔六九〕，有此理否？」曰：「此恐不然。只當時子孫欲僭竊，故爲此以欺上罔下爾。如漢高帝斬〔七〇〕蛇，也只是脱空。陳勝王凡六月便只是他

做不成，故人以爲非；高帝做得成，故人以爲符瑞。」庚。〔七一〕

說卦中說許多卜筮，今人說易卻要掃去卜筮，如何理會得易？每恨不得古人活法，只說得個半死半活底。若更得他那個活法，卻須更看得高妙在。古人必自有活法，且如筮得之卦爻，卻與所占底事不相應時如何？他到這裏又須別有個活底例子括將去，不只恁死殺看〔七二〕。或是用支干相合配處，或是因他物象。揲蓍雖是占筮，只是後人巧去裏面見個小小底道理，旁門曲徑，正理不只如此。淵。

「今之說易者先掊擊了卜筮。如下繫說卜筮，是甚次第！某所恨者，不深曉古人卜筮之法，故今說處多是想象古人如此。若更曉得，須更有奧義可推。」或曰：「布蓍求卦即其法也。」曰：「爻卦與事不相應則推不去，古人於此須有變通。」或以支干推之。方子。

「熟讀六十四卦，則覺得繫辭之語直爲精密，是易之括例。要之，易書是爲卜筮而作。如云『定天下之吉凶，成天下之亹亹者，莫大乎蓍龜』，又云『天生神物，聖人則之』，則專爲卜筮也。」魯可幾曰：「古之卜筮恐不如今日所謂火珠林之類否？」曰：「以某觀之，恐亦自有這法。如左氏所載則支干納音配合之意，似亦不廢。如云『得屯之比』既不用屯之辭，亦不用比之辭，卻自別推一法，恐亦不廢這理也。」道夫。

「以四約之者」，「揲之以四」之義也。以下啓蒙占門。淵。

「五四爲奇」各是一個四也，「九八爲偶」各是兩個四也。淵。按，甘節録同。〔七三〕

因一二三四便見得〔七四〕六七八九在裏面。老陽占了第一位便含個九，少陰占第二位便含個八，少陽、老陰亦如此，〔七五〕數不過十。惟此一義先儒未曾發，先儒但只説得他個〔七六〕中間進退而已。節。〔七七〕按，曼淵録同。〔七八〕

老陰老陽爲乾坤，然而皆變；少陰少陽亦皆爲乾坤，然而皆不變。節。按，曼淵録同。〔七九〕

老陰老陽不專在乾坤上亦有少陰少陽。如乾坤，六爻皆動底是老，六爻皆不動底是少。六卦上亦有老陰老陽。淵。

所以到那三畫變底第三十二卦以後占變卦彖、爻之辭者，無他，到這裏時離他那本卦分數多了。到四畫五畫則更多。淵。

問：「占法，四爻不變，二爻變。占變爻則以上爻爲主；四爻變，二爻不變，占不變爻則以下爻爲主。是如何？」先生云：「變者，下至上而止。不變者，下便是不變之本，故以之爲主。」學蒙。〔八〇〕

問：「卜卦，二爻變則以二變爻占，仍以上爻爲主。四爻變則以之卦二不變爻占，仍以下爻爲主。」曰：「凡變須就其變之極處看，所以以上爻爲主。不變者是其常，只順其先後，所以以下爻爲主。亦如陰陽、老少之義，老者變之極處，少者便只是初。」賀孫。〔八一〕

內卦爲貞，外爲悔。因說：「生物只有初時好，凡物皆然。康節愛說。」僩。

貞悔即「占用二」之謂。貞是在裏面做主宰底，悔是做出了末後闌珊底。貞是頭邊。淵。

問：「『內卦爲貞，外卦爲悔』，貞悔何如？」曰：「此出於洪範。貞，看來是正。悔是過意。凡『悔』字都是過了方悔，這『悔』字是過底意思，亦是多底意思。下三爻便是正卦，上三爻似是過多了，恐是如此。這貞悔亦似今占卜分甚主客。」問：「兩爻變則以兩變爻占，仍以下爻爲主，何也？」曰：「卦是從下生，占事都有一個先後首尾。」賀孫。

陳日善問：「『內卦爲貞，外卦爲悔』是何義？」先生曰：「『貞』訓『正』，問事方正如此。『悔』是事已如此了。凡悔吝者，皆是事過後方有悔吝。內卦之占是事方如此，外卦之占是事之已然者如此。二字又有始終之意。」雉。

貞是事之始，悔是事之終；貞是事之主，悔是事之客；貞是在我底，悔是應人底。三爻變則所主不一，以二卦彖辭占而以本卦爲貞、變卦爲悔。六爻俱不變，則占本卦彖辭而以內卦爲貞、外卦爲悔。凡三爻變者有二十卦，前十卦爲貞，後十卦爲悔。後十卦是變盡了又反來。有圖，見啓蒙。義剛。

胡叔器[八二]問「內卦爲貞，外卦爲悔」。先生曰：「『貞悔』出洪範。貞是正底，便是體；悔是過底，動則有悔。」又問「一貞八悔」。先生曰：「如乾、夬、大有、大壯、小畜、需、大畜、泰，內

一乾，是貞。〔八三〕外八卦是悔。〔八四〕餘放此。」義剛。按，陳淳録同。〔八五〕

問：「卦爻，凡初者多吉，上者多凶。」先生曰：「時運之窮自是如此。內卦爲貞，外卦爲悔。貞是貞正底意，悔是事過有追不及底意。」砥。〔八六〕

占法：陽主貴，陰主富。淵。

悔陽而吝陰。方子。

巽離兑，乾之所索乎坤者；震坎艮，坤之所索乎乾者。本義揲蓍之説恐不須恁地。方子。

凡爻中言人者，必是其人嘗占得此卦。如「大横庚庚」，必請〔八七〕啓未歸時，那〔八八〕曾占得。淵。

易中言「帝乙歸妹」、「箕子明夷」、「高宗伐鬼方」之類，疑皆當時帝乙、高宗、箕子曾占得此爻，故後人因而記之，而聖人以入爻也。如漢書「大横庚庚，余爲天王，夏啓以光」，亦是啓曾占得此爻也。火珠林亦如此。僩。

程昌寓守蔡州，卜遇益之六四，曰「利用爲依，遷國遂退」，保鼎州後平楊么有功。方子。〔八九〕

王子獻卜，遇夬之九二，曰「惕號，莫夜有戎，勿恤，吉」。卜者告之曰：「必夜有驚恐，後有兵權。」未幾果夜遇寇，旋得洪帥。方子。淵録同。〔九〇〕

今人以三錢當揲蓍，不能極其變，此只是以納甲附六爻。納甲乃漢焦贛、京房之學。可學。

火珠林猶是漢人遺法。方子。

「筮短龜長」，近得其說，是筮有個病子〔九二〕。纔一畫定便只有三十二卦，永不到是那三十二卦。又二畫便只有十六卦，又三畫便只有八卦，又四畫便只有四卦，又五畫便只有二卦。這二卦便可以着意揣度了。不似龜，纔鑽拆便無救處，全不可容心。賀孫。

問：「『筮短龜長』，如何？」曰：「筮已費手。」可學。

因言筮卦，先生曰：「卦雖出於自然，然一爻成則止有三十二卦，二爻成則止有十六卦，三爻成則止有八卦，四爻成則止有四卦，五爻成則止有二卦，是人心漸可以測知。不若卜，龜文一兆則吉凶便見，更無移改。所以古人言『筮短龜長』。」廣因言：「浙人多尚龜卜，雖盜賊亦取決於此。」曰：「左傳載臧會卜信與僭，『僭吉』，此其法所以不傳。聖人作易示人以吉凶，卻無此弊。故言『利貞』不言利不貞，『貞吉』不言不貞吉，言『利禦寇』不言利爲寇也。」廣。

易占不用龜而每言蓍龜，皆具此理也。筮即蓍也。「筮短龜長，不如從長」者，謂龜有鑽灼之易而筮有扐揲之煩。龜之卦，一灼便成，亦有自然之意。洪範所謂「卜五占用二」者，卜五即龜，用二即蓍。「曰雨，曰霽，曰蒙，曰驛，曰克」即是五行，雨即水，霽即火，蒙即土，驛是木，克是金。「曰貞，曰悔」即是內、外卦也。謨。

占龜。土兆大橫，木兆直，或曰「火兆直」，只周禮曰「木兆直」。金兆從右邪上，火兆從左邪上，或曰

「木兆從左邪上」。水兆曲。以大小、長短、明暗爲吉凶。或占凶事，又以短小爲吉。又有旋者吉，大横吉。「大横庚庚」，庚庚是豹起恁地庚庚然，不是金兆也。賀孫。

漢卿説鑽龜法云：「先定四嚮，欲求甚紋兆，順則爲吉，逆則爲凶。」正淳云：「先灼火，然後觀火之紋而定其吉凶。」先生曰：「要須先定其四向而後求其合，從逆則凶，如『亦惟洛食』。乃先以墨畫定看食墨如何。『筮短龜長』，古人固重此。洪範謂『龜從筮逆』，若『龜筮共違于人』，則『用静吉，用作凶』。」漢卿云：「今爲賊者多卜龜，以三龜連卜，皆順則往。」賀孫云：「若『石祁子兆，衛人以龜爲有知』，此卻是無知也。」先生曰：「所以古人以易而捨龜，往往以其難信。易則有『貞吉』，無不貞吉；『利禦寇』，不利爲寇。」賀孫。

象

嘗謂伏羲畫八卦只此數畫，該盡天下萬物之理。陽在下爲震，震，動也；在上爲艮，艮，止也。陽在下自動，在上自止。歐公卻説繫辭不是孔子作，所謂「書不盡言，言不盡意」者非。蓋他不曾看「立象以盡意」一句。惟其「言不盡意」，故立象以盡之。學者於言上會得者淺，於象上會得者深。廣。

伊川説象只似譬喻樣説。看得來須有個象如此，只是如今曉他不出。淵。

某嘗作易象說，大率以簡治繁，不以繁御簡。晦夫。

前輩也曾說易之取象似詩之比興。如此卻是虛說，恐不然。如「田有禽」，須是此爻有此象，但今不可考。數，則只是「大衍之數五十」與「天數五，地數五」兩段。「大衍之數」是說蓍，天地之數是說造化生生不窮之理。除此外，都是後來人推說出來底。淵。

以上底推不得，只可從象下面說去。王輔嗣、伊川皆不信象。如今卻不敢如此說，只可說道不及見這個了。且從象以下說象[九二]，免得穿鑿。淵。

問：「易之象似有三樣，有本畫自有之象，如奇畫象陽，偶畫象陰是也；六十四卦之爻，一爻各是一象。有實取諸物之象，如乾坤六子，以天地雷風之類象之是也；有則[九三]是聖人以意自取那象來明是義者，如『白馬翰如』、『載鬼一車』之類是也。實取諸物之象決不可易。聖人始假[九四]是象以明義者，當初若別命一象亦通得，不知是如此否？」先生云：「聖人自取之象也不見得如此，而今且據[九五]因象看義。恁地說則成鑿了。[九六]」學蒙。[九七]

他所以有象底意思不可見，卻只就他那象上推求道理。不可爲求象不得便喚做無。如潛龍便須有那潛龍之象。淵。

取象各不同，有就自己身上取底，有自己當不得這卦爻[九八]卻就那人身上取。如「潛龍勿用」是就占者身上言。到那「見龍」，自家便當不得，須把做在上之大人。九五「飛龍」便是人君，「大人」卻是在下之大人。淵。

易之象理會不得。如「乾爲馬」而乾之卦卻專説龍，如此之類皆不通。恪。

易中取象不如卦德上命字較親切。如蒙「險而止」、復「剛動而上[九九]行」，此皆親切。如「山下出泉」、「地中有雷」，恐是後來又就那上面添出。所以易中取象處亦有難理會也。學蒙。[一〇〇]

「易畢竟是有象，只是今難推。如既濟『高宗伐鬼方』在九三，未濟卻在九四。損『十朋之龜』在六五，益卻在六二，不知其象如何？又如履卦、歸妹卦皆有『跛能履』，皆是艮體，此可見。」問：「諸家易除易傳外，誰爲最近？」曰：「難得。其間有一二節合者卻多，如『渙其群』，伊川解卻成『渙而群』。卻是東坡説得好：群謂小隊，渙去小隊便合於大隊。」問：「孔子專以義理説易，如何？」曰：「自上世傳流至此，象數已分明，不須更説，故孔子只於義理上説。伊川亦從孔子。今人既不知象數，但依孔子説，只是説得半截，不見上面來歷。大抵去古既遠，書多散失。今且以占辭論之，如人占婚姻卻占得一病辭，如何用？似此處，聖人必有書以教之。如周禮中所載，今皆亡矣。」問：「左氏傳卜易與今異？」曰：「亦須有所傳。向見魏公在揆路，敬夫以易卜得睽卦，李壽翁爲占曰：『離爲戈兵，兑爲説。用兵者不成，講和者亦不成。』其後魏公罷相，湯思退亦以和反致虜寇而罷。」問：「康節於易如何？」曰：「他又是一等説話。」問：「渠之學如何？」曰：「專在數上，卻窺見理。」曰：「可用否？」曰：「未知其可用，但與聖人之學自不同。」曰：「今世學者言易，多要入玄妙。卻是遺書中有數處，如『不只是一部易書』之類。今人認此意不着，故多錯了。」曰：「然。」可學。

嘗得郭子和書云，其先人說：「不獨是天地、雷風、水火、山澤謂之象，只是卦畫便是象。」亦說得好。學蒙。

「川壅爲澤」，坎爲川，兑爲澤。澤是水不流底。坎下一畫閉合時便成兑卦，便是川壅爲澤之象。淵。

易象自是一法。如「離爲龜」則損益二卦皆說龜。易象如此者甚多。僩。

凡卦中說龜底，不是正得一個離卦，必是伏個離卦，如「觀我朶頤」是也。「兑爲羊」，大壯卦無兑，恐便是三四五爻有個兑象。這說取象底是不可曉處也多。如乾之六爻，象皆說龍，常〔一〇二〕說到乾卻不爲龍。龍卻是變化不測底物，須着用龍當之。如「夫征不復，婦孕不育」，此卦是取「離爲大腹」之象。本卦雖無離卦，卻是伏得這卦。淵。

或說易象云：「『果行育德』，育德有山之象，果行有水之象。『振民育德』，則振民有風之象，育德有山之象。」先生云：「此說得好。如『風雷，益』，則遷善當如風之速，改過當如雷之決。『山下有澤，損』，則懲忿有摧高之象，窒慾有塞水之象。次第易之卦象都如此，不曾一一推究。」

又云：「遷善工夫較輕，如己之有善，以爲不足而又遷於至善。若夫改過者，非有勇決不能，貴乎其[一〇二]用力也。」人傑。

卦中要看得親切，須是兼象看，但象學[一〇三]不傳了。鄭東卿易專取象，如以鼎爲鼎、革爲爐、小過爲飛鳥者[一〇四]，亦有義理。其他更有好處，亦有杜撰處。砥。[一〇五]

鄭東卿少梅説易象亦有是者。如鼎卦分明是鼎之象。他説革是爐之象，亦恐有此理。「澤中有火，革」，䷰上畫是爐之口，五四三是爐之腹，二是爐之下口，初是爐之底。然亦偶然此兩卦如此耳。廣。

鄭東卿説易亦有好處。如説中孚有卵之象，小過有飛鳥之象。「孚」字從「爪」從「子」，如鳥以爪抱卵也。蓋中孚之象，以卦言之，四陽居外，二陰居内，外實中虚，有卵之象。又言鼎象鼎形，革象風爐，亦是此義。此等處説得有些意思，但易一書盡欲如此牽合附會，少間便疏脱。學者須是先理會得正當道理了，然後於此等些小零碎處收拾以柎[一〇六]資益，不爲無補。若未得正路脈，先去理會這樣處便疏略。僩。按，陳蔚同而略。[一〇七]

程沙隨以井卦有「井谷射鮒」一句，鮒，蝦蟆也，遂説井有蝦蟆之象。「木上有水，井」，䷯云：「上，前兩足也；五，頭也；四，眼也；三與二，身也；初，後兩足也。」其穿鑿一至於此。某嘗謂之曰：「審如此，則此卦當爲『蝦蟆卦』方可，如何卻謂之井卦？」廣。

晦庵先生朱文公語類卷第六十七

易三

綱領下

乾之「元亨利貞」，本是謂筮得此卦則大亨而利於守正，而彖辭文言皆以爲四德。某常疑如此等類皆是别立説以發明一意，至如坤之「利牝馬之貞」，則發得不甚相似矣。道夫。

上古之易方是「利用厚生」，周易始有「正德」意，如「利貞」是教人利於貞正，「貞吉」是教人貞正則吉。至孔子則説得道理又多。閎祖。〔一〕

上古之易只是「利用厚生」，周易始有「正德」意。〔二〕「利貞」、「貞吉」，文王説底方是教人「隨時變易以從道」。道夫。〔三〕

伏羲自是伏羲易，文王自是文王易，孔子自是孔子易。伏羲分卦，乾南坤北。文王卦又不同，故曰周易。「元亨利貞」，文王以前只是大亨而利於正，至〔四〕孔子方解作四德。易只是尚占之書。德明。

須是將伏羲畫底卦做一樣看，文王卦做一樣看。文王、周公説底彖、象做一樣看，孔子説底做一樣看，王輔嗣、伊川説底各做一樣看，方得。[五] 伏羲是未有卦時畫出來，文王是就那見成底卦邊説。「畫前有易」，真個是恁地。這個卦是畫不迭底，那許多都在這裏了，不是畫了一畫又旋思量一畫，纔一畫時畫畫都具。淵。[六]

易只是説個卦象以明吉凶而已，更無他説。如乾有乾之象，坤有坤之象，人占得此卦者則有此用以斷吉凶，那裏説許多道理？今人讀易當自[七]分爲三等，伏羲自是伏羲之易，文王自是文王之易，孔子自是孔子之易。讀伏羲之易，如未有許多彖象文言説話，方見得易之本意只是要作卜筮之[八]用。如伏羲畫八卦，那裏有許多文字言語，只是説八個卦有某象，乾有乾之象而已。其大要不出於陰陽剛柔、吉凶消長之理。然亦未嘗説破，只是使人知卜得此卦如此者吉，彼卦如此者凶。今人未曾明得乾坤之象，便先説乾坤之理，所以説得都無情理爲此也。[九] 及文王周公分爲六十四卦，添入「乾元亨利貞」、「坤元亨利牝馬之貞」，早是非[一〇]伏羲之意，已是文王、周公自説他一般道理了。然猶是就人占處説，如卜得乾卦，則大亨而利於正耳。及孔子繫易作彖象文言，則以「元亨利貞」爲乾之四德，又非文王之易矣。到得孔子盡是説道理。然猶就卜筮上發出許多道理，欲人曉得所以凶、所以吉。卦爻好則吉，卦爻不好則凶。若卦爻大好而自家之福〔一一〕相當，則吉；若〔一二〕卦爻雖吉而自家之德〔一三〕不足以勝之，則雖吉亦凶；若〔一四〕卦爻雖凶而自家之德〔一五〕足以勝之，則雖凶猶吉，反覆都就占筮上發明誨人底道理。如云「需于泥，致寇至」，此卦爻本自不好，而象卻曰「自我致寇，敬慎不敗也」。蓋卦爻雖不好而占之者能敬慎畏防，則亦不至於敗。蓋需者，待也。需有可待之時，以〔一六〕就需之時思患預防而不至於敗也。此則聖人就占處發明誨人之理也。僩。〔一七〕

問易。曰：「聖人作易之初，蓋是仰觀俯察，見得盈乎天地之間無非一陰一陽之理。有是理則有是象；有是象則其數便自在這裏，非特河圖洛書爲然。蓋所謂數者祇是氣之分限節度處，得陽必奇，得陰必偶，凡物皆然，而圖、書爲特巧而著耳。於是聖人因之而畫卦，其始也只是畫一奇以象陽，畫一偶以象陰而已。但纔有兩則便有四，纔有四則便有八，又從而再倍之便是十六。蓋自其無朕之中而無窮之數已具，不待安排而其勢有不容已者。卦畫既立，便有吉凶在裏，蓋是陰陽往來交錯於其間，其時則有消長之不同，長者便爲主，消者便爲客。事則有當否之或異，當者便爲善，否者便爲惡。即其主客善惡之辨而吉凶見矣，故曰『八卦定吉凶』。吉凶既決定而不差，則以之立事而大業自此生矣。此聖人作易教民占筮，而以開天下之愚、以定天下之志、以成天下之事者如此。但自伏羲而上，但有此六畫而未有文字可傳，到得文王、周公乃繫之以辭，故曰『聖人設卦觀象，繫辭焉而明吉凶』。蓋是卦之未畫也，因觀天地自然之法象而畫。

及其既畫也，一卦自有一卦之象，象謂有個形似也，故聖人即其象而命之名。以爻之進退而言，則如剝、復之類，以其形之肖似而言，則如鼎、井之類，此是伏羲即卦體之全而立個名如此。及文王觀卦體之象而爲之彖辭，周公視卦爻之變而爲之爻辭，而吉凶之象益著矣。大率天下之道只是善惡而已，但所居之位不同，所處之時既異，而其幾甚微。只爲天下之人不能曉會，所以聖人因此占筮之法以曉人，使人居則觀象玩辭，動則觀變玩占，不迷於是非得失之塗，所以是書夏商周皆用之。其所言雖不同，其辭雖不可盡見，然皆太卜之官掌之以爲占筮之用。有所謂『繇辭』者，左氏所載尤可見古人用易處。蓋其所謂『象』者，皆是假此衆人共曉之物以形容此事之理，使人知所取舍而已。故自伏羲而文王、周公，雖自略而詳，所謂占筮之用則一。蓋即那占筮之中而所以處置，是事之理便在那裏了。故其法若粗淺而隨人賢愚，皆得其用。蓋文王雖是有定象、有定辭，皆是虛説此個地頭合是如此處置，初不黏着物上，故一卦一爻足以包無窮之事，不可只以一事指定説。他裏面也有指一事説處，如『利建侯』、『利用祭祀』之類，其他皆不是指一事説。此所以見易之爲用無所不該、無所不遍，但看人如何用之耳。到得夫子方始純以理言，雖未必是羲文本意，而事上説理亦是如此，但不可便以夫子之説爲文王之説。」又曰：「易是個有道理底卦影。易以占筮作，許多理□□□曰「用」字，無「許多」二字，而「理」上有「道」字。〔一八〕便也在裏，但是未便説到這處。如楚詞以神爲君，以林無此字。〔一九〕祀之者爲臣，以寓林作「見」。〔二〇〕其敬事林作「奉」。〔二一〕不可忘之意，林此處有「他意」二字。〔二二〕固是說君臣。林此處有「但假托事神而說」一句。〔二三〕但是林無此二字，有「今也須」三字。〔二四〕先且爲他林無此字。〔二五〕說事神，然後及他事君，意趣始得。林無此三字，有「處」字。〔二六〕今人解說，便林無此四字，有「解者」二字。〔二七〕直去解作事君底意思，也不喚做不是。林自「底」以下九字但曰「未爲不是」。〔二八〕他意林無此二字。〔二九〕但須是〔三〇〕先與林無「與」字，有「爲他」二字。〔三一〕結了那林無「那」字，有「事神」二字。〔三二〕一重了，方可及這裏，方得本末周備。林自「了」以下至此皆無，但曰「方及那處」。〔三三〕易便是如此。今人心性褊急，更不待先說他本意，便將道林無「道」字。〔三四〕理來衮說了。自「易以占筮」止此，與林録同。〔三五〕易如一個鏡相似，看甚物來都能照得。如所謂『潛龍』，只是有個潛龍之象，自天子至於庶人，看甚人求〔三六〕都便〔三七〕得。孔子說作『龍德而隱，不易乎世，不成乎名，遯世無悶，不見是而無悶，樂則行之，憂則違之，確乎其不可拔，潛龍也〔三八〕』，便是就事上指殺說了〔三九〕。然會看底，雖孔子說也活也無不通；不會看底，雖文王周公說底也死了。須知得他是假託說，是包含說。假託謂不惹着那事，包含是說個影象在這裏無所不包。」又曰：「卦雖八，而數須是十。八是陰陽數，十是五行數。一陰一陽便是二，以二乘二便是四，以四乘四便是八。五行本只是五而有十者，蓋是一個便包兩個，如木便包甲乙，火便包丙丁，土便包戊己，金便包庚辛，水便包壬癸，所以爲十。象辭，文王作；爻辭，周公作，是先儒從來恁地說，且得依他。謂爻辭爲周公者，蓋其中有說文王，不應是文王

自說也。」賀孫。按「易以占筮作」以下，下至「袞說了」，與林夔孫同。[四〇]

孔子之易非文王之易，文王之易非伏羲之易，伊川易傳又自是程氏之易也。故學者且依古易次第先讀本爻，則自見本旨矣。方子。

凡人看易須是[四一]將伏羲畫卦、文王重卦、周公爻辭、孔子繫辭及程氏傳各自看，不要相亂惑，無抵牾處也。處謙。[四二]

又曰：「文王之心已自不如伏羲寬闊，急要說出來。孔子之心不如文王之心寬大，又急要說出道理來。所以本意浸失，都不顧元初聖人畫卦之意，只認各人說自家[四三]一副當道理而已[四四]。及至伊川之易[四五]又說[四六]他一樣，微似孔子之易而又甚焉。其所以說易之說，[四七]自伏羲至伊川自成四橫[四八]。某所以不敢從。而原易之所以作而爲之說，爲此也。」

用之云：「聖人作易，只是明個陰陽剛柔、吉凶消長之理而已。」先生曰：「雖是如此，然伏羲作易只是畫八卦如此，也何嘗明說陰陽剛柔吉凶之理？然其中則具此道理。想得個古人教人也不甚說，只是說個方法如此，使人依而行之。如此則吉，如此則凶，伏羲八卦那裏有許多言語在？某之此說據某所見如此。東坡解易自云『有易以來，未有此書』，又不知後人以爲如何。」[四九]僩。[五〇]

邵子易數[五一]

康節易數出於希夷。他在静中推見得天地萬物之理如此，又與他數合，所以自樂。今道藏中有此卦數。謂魏伯陽參同契。魏，東漢時[五二]人。德明。

王天悦雪夜見康節於山中，猶見其儼然危坐。蓋其心地虚明，所以推得天地萬物之理。其數以陰陽剛柔四者爲準，四分爲八，八分爲十六，只管推之無窮。有太陽、太陰、少陽、少陰、太剛、太柔、少剛、少柔。今人推他數不行，所以無他胸中。德明。

康節也則是一生二，二生四，四生八。淵。

問「康節云『天根月窟閑來往，三十六宮都是春』，蓋云天理流行，而已常周旋乎其間。天根月窟是個總會處，如『大明終始，時乘六龍』之意否？」先生曰：「是。」砥。[五三]

聖人説數説得疏，到康節説得密了。他也從一陰一陽起頭。他卻做陰、陽、太、少，乾之四象；剛、柔、太、少，坤之四象。又是那八卦。他説這易，將那「元亨利貞」全靠着那數。三百八十四爻管定那許多數，説得太密了。易中只有個奇耦之數是自然底，「大衍之數」卻是用以揲蓍底。康節盡歸之數，所以二程不肯問他學。若是聖人用數，不過如「大衍之數」便是。他須要先揲蓍以求那數，起那卦，數是恁地起，卦是恁地求。不似康節坐地默想推將去，便道某年某月某

日當有某事。聖人決不恁地！淵。池本注云：「此條有謨可詳之。」〔五四〕

「聖人數説〔五五〕，説得簡略高遠疏闊。易中只有個奇耦之數天一地二。〔五六〕是自然底數也，大衍之數是揲蓍底數也，惟此二者而已。康節卻盡歸之數，切恐聖人必不爲也。」因言：「或指一樹問康節曰：『此樹有數可推否？』康節曰：『亦可推也，但須待其動爾。』頃之，一葉落，便從此推去，此樹甚年生，甚年當死。凡起數，静則推不得，須動方推得起。」方子。〔五七〕

用之〔五八〕云：「康節説易極好〔五九〕，見得透徹。」先生曰：「然伊川不服他，常忽其説。〔六〇〕嘗有一柬〔六一〕與横渠云：『康節〔六二〕説易好聽。今夜試來聽他説看。』某嘗言〔六三〕，此理〔六四〕便是伊川不及孔子處。只觀孔子便不如此。」〔六五〕用之云：〔六六〕「康節心胸如此快活，如此廣大，人如何似他？〔六七〕」先生曰：「他〔六八〕甚麽樣做工夫！」僩。〔六九〕

程子易傳

已前人〔七〇〕解易多只説象數，自程門以後，人方都作道理説了。砥。〔七一〕

伊川先生晚年所見甚實，更無一句懸空説底話。今觀易傳可見，何嘗有一句不着實！大雅。

伯恭謂「易傳理到語精，平易的當，立言無毫髮遺恨」，此乃名言。今作文字不能得如此，自是牽强處多。一本云：「『自然』，無『自是』以下一句。〔七二〕閎祖。

「易傳明白，無難看。但伊川以天下許多道理散入六十四卦中，若作易看即無意味，唯將來作事看，即句句字字有用處。」問胡文定春秋。曰：「他所説盡是正理，但不知聖人當初是恁地不是恁地？今皆見不得。所以某於春秋不敢措一辭，正謂不敢臆度爾。」道夫。

易傳，須先讀他書理會得義理了，方有個入路見其精密處。蓋其所言義理極妙，初學者未曾使著，不識其味，都無啓發。如遺書之類，人看著卻有啓發處。非是易傳不好，是不合使未當看者看，須是已知義理者得此便可磨礲入細。此書於學者非是啓發工夫，乃磨礲工夫。僴。

程氏[七三]易傳難看，其用意精密、道理平正，更無抑揚。若能看得有味，則其人亦大段知義理矣。蓋易中説理是豫先説下個[七四]未曾有底事，故乍看甚難。不若大學中庸有個準則，讀着便令人識蹊徑。詩又能興起人意思，皆易看。如謝顯道論語卻有啓發人處，雖其説或失之過，識得理後卻細密商量令平正也。人傑。

伯恭多勸人看易傳，一禁禁定，更不得疑著。局定學者只得守此個義理，固是好。但緣此使學者不自長意智，何緣會有聰明。僴。

看易傳若自無所得，縱看數家底，被惑。[七五]伊川先生教人看易須[七六]只看王弼注、胡安定、王介甫解。今有伊川傳，只看此尤妙。辛。[七七]

銖[七八]問：「易傳如何看？」先生曰：「且只恁地看。」又問：「程易於本義如何？」曰：

「程易不説易文義，只説道理處，極好看。〔七九〕」又問：「乾繫辭〔八〇〕下解云：『聖人始畫八卦，三才之道備矣。因而重之以盡天下之變，故六畫而成卦。』據此説，却是聖人始畫八卦，每卦便是三畫，聖人因而重之爲六畫。似與邵子兩〔八一〕生四，四生八，八生十六，十六生三十二，三十二生六十四，爲六畫，不同。」曰：「康節〔八二〕此意不曾説與程子，程子亦不曾問之，故一向只隨他所見去。但説〔八三〕『聖人始畫八卦』，不知聖人畫八卦時先畫甚卦？此處便曉他不得。」又問：「啓蒙所謂『自太極而分兩儀，則太極固太極，兩儀固兩儀；自兩儀而分四象，則兩儀又爲兩〔八四〕太極，而四象又爲兩儀』，以至四象生八卦，節節推去，莫不皆然。可見一物各具一太極，是如此否？」曰：「此只是一分爲二，節節如此，以至於無窮，皆是一生兩爾。」〔八五〕又問：「『以功用謂之鬼神，以妙用謂之神』，二『神』字不同否？」曰：「『鬼神』之『神』説得粗，此『神』又是説『妙用』也者。〔八六〕繫辭〔八七〕言『鬼〔八八〕神也者，妙萬物而爲言』，此所謂『妙用謂之神』也；言『知鬼神之情狀』，此所謂『功用謂之鬼神』也，只是推本繫辭説。程易除去解易文義處，只單説道理處，則如此章説『天，專言之則道也』，以下數句皆極精。」又〔八九〕問：「『元亨利貞』，乾之四德；仁義禮智，人之四德。然亨却是禮，次序却不同，何也？」曰：「此仁義禮智猶言春夏秋冬也。〔九〇〕」因問李子思易説。曰：「他是胡説。」因問：「或云『先生許其説乾坤二卦本於誠敬』，果否？」曰：「就他説中，此條稍是。但渠只是以乾卦説『修辭立其誠』、『閑邪存其誠』，坤卦説『敬以直内』，便説是誠敬爾。」銖云：「恐渠亦未曾實識得誠敬。」曰：「固是。且謾説耳。」又問：「『天，專言之則道也』，又曰『天地者，道也』，不知天地即道耶？[九一]」曰：「天[九二]地只以形言之[九三]。『先天而天弗違』如『禮或[九四]先王未之有而可以義起』之類，雖天之所未爲，而吾意之所爲自與道契，天亦不能違也。『後天而奉天時』如『天敘有典，天秩有禮』之類，雖天之所已爲，而理之所在，吾亦奉而行之耳。蓋大人無私，以道爲體。此一節只是釋大人之德。其曰『與天地合其德，與日月合其明，與四時合其序，與鬼神合其吉凶』，將天地對日月鬼神説，便是指有形者[九五]言。伊川此句，某未敢道是。」銖。[九六]

易傳言理甚備，象數卻欠在。又云：「易傳亦有未安處，如无妄六二『不耕穫，不菑畬』，只是説一個無所作爲之意。易傳卻言『不耕而穫，不菑而畬，謂不首造其事』，殊非正意。」閎祖。

易要分内外卦看，伊川卻不甚理會。如巽而止則成蠱，止而巽便不同。蓋先止後巽，卻是有根株了方巽將去，故爲漸。㽦。

問：「伊川易説理太多。」曰：「伊川言：『聖人有聖人用，賢人有賢人用。若一爻止做一事，則三百八十四爻止做得三百八十四事。』也説得極好。然他辭[九七]解依舊是三百八十四爻止做得三百八十四事用也。」淳。義剛録小異，今附，云：[九八]「林擇之云：『伊川易説得理也太多。』先生曰：『伊川求之便是太深。嘗説三百八十四爻不可只作三百八十四爻解，其説也好。而今似他解時，依舊三百八十四爻只作得三百八

十四般用了。』」〔九九〕

問：「程傳大概將三百八十四爻做人説，恐通未盡否？」曰：「也是。則是不可粧定做人説。看占得如何。有就事言者，有以時節言者，有以位言者。以吉凶言之則爲事，以初終言之則爲時，以高下言之則爲位，隨所值而看皆通。繫辭云『不可爲典要，惟變所適』，豈可粧定做人説！」學蒙。〔一〇〇〕

伊川易煞有重疊處。孔明出師表，文選與三國志所載字多不同，互有得失。「五月渡瀘」是説前輩〔一〇一〕。如孟獲之七縱七擒正其時也。渡瀘是先理會南方許多去處。若不先理會許多去處，到向北去，終是被他在後乘間作撓。既理會得了，非惟不被他來撓，又却得他兵衆來使。賀孫。〔一〇二〕

易傳説文義處猶有些小未盡處。公謹。

學者須讀詩與易，易〔一〇三〕尤難看。伊川易傳亦有未盡處。當時邵康節〔一〇四〕傳得數甚佳，卻輕之不問。天地必有倚靠處，如復卦先動而後順，豫卦先順而後動，故其彖辭極嚴。似此處卻閑過了。可學。

易，變易也。「隨時變易以從道」，正謂伊川這般説話難説。蓋他把這書硬定做人事之書。他説聖人做這書，只爲世間人事本有許多變樣，所以做這書出來。淵。

易傳序：〔一〇五〕「至微者，理也；至著者，象也。體用一原，顯微無間。『觀會通以行其典禮』，則辭無所不備。」此是一個理，一個象，一個辭。然欲理會理與象又須就〔一〇六〕辭上理會，辭上所載皆「觀會通以行其典禮」之事。凡於事物須就其聚處理會，尋得一個通路行去。若不尋得一個通路，只驀地行去，則必有礙。典禮只是常事。聚〔一〇七〕是事之合聚交加難分別處。如庖丁解牛固是「奏刀劃〔一〇八〕然，莫不中節」，若至那難處便着些氣力方得通。故莊子又説：「雖然，每至於族，吾見其難爲，怵然爲戒，視爲止，行爲遲。」莊子説話雖無頭當，然極精巧，説得到。今學者卻於辭上看「觀其會通以行典禮」也。

「體用一源」，體雖無迹，中已有用。「顯微無間」者，顯中便其〔一〇九〕微。天地未有，萬物已具，此是體中有用；天地既立，此理亦存，此是顯中有微。節。

劉用之問易傳序「觀會通以行典禮」。曰：「如堯舜揖遜，湯武征伐，皆是典禮處。只〔一一〇〕是常事。」

「求言必自近，易於近者非知言者也」，此伊川喫力爲人處。寓。

朱子易本義易學啓蒙〔一一一〕

方叔問：「易〔一一二〕本義何專以卜筮爲主？」曰：「且須熟讀正文，莫看注解。蓋古易彖、象、文言各在一處，至王弼始合爲一。後世諸儒遂不敢與移動。今難卒說，且須熟讀正文，久當自悟。」大雅。

某之易簡略者，當時只是略搭記。兼文義，伊川及諸儒皆已說了，某只就語脈中略牽過這意思。砥。〔一一三〕

聖人作易，有說得極疏處，甚散漫。如爻象，蓋是汎觀天地萬物取得來闊，往往只髣髴有這意思，故曰「不可爲典要」。又有說得極密處，無縫罅，盛水不漏，如說「吉凶悔吝」處是也。學者須是大着心胸方看得。譬如天地生物有生得極細巧者，又自有突兀粗拙者。近趙子欽有書來云，某說語孟極詳，易說卻太略。譬之此燭籠，添得一條骨子則障了一路明，若能盡去其障，使之統體〔一一四〕光明，豈不更好！蓋着不得詳說故也。方子。淵錄同而略，今附，云：〔一一五〕「易中取象似天地生物，有生得極細巧底，有生得粗拙突兀底。趙子欽云『本義太略』。此譬如燭籠，添了一條竹片便障却〔一一六〕一路明，盡徹去了，使它統體光明，豈不更好！蓋是着不得詳說，如此着〔一一七〕來則取象處如何拘得！」

啓蒙，初間只因看歐陽公集內或問易「大衍」，遂將來考算得出。以此知諸公文集雖各自成一家文字，中間自有好處。緣是這道理人人同得，看如何也自有人見得到底。賀孫。

先生於詩傳自以爲無復遺恨，曰：「後世若有揚子雲，必好之矣。」而意不甚滿於易本義。

蓋先生之意，只欲作卜筮用，而爲先儒説道理太多，終是翻這窠臼未盡，故不能不致遺恨云。僩。

先生問時舉：「看易如何？」時舉云：［一一八］「只看程易，見其只就人事上説，無非日用常行底道理。」先生云：［一一九］「易最難看，須要識聖人當初作易之意。且如泰之初九『拔茅茹，以其彙，征吉』，謂其引賢類進也，都不正説引賢類進而云『拔茅』，何耶？如此之類要須思看。某之啓蒙自説得分曉，且試去看。」因云：「某少時看文字時，凡見有説得合道理底須旁搜遠取，必要看得他透。今之學者多不如是，如何？」時舉退看啓蒙。晚往侍坐，時舉云：「向者看程易只就注解上生議論，卻不曾靠得易看，所以不見得聖人作易之本意。今日看啓蒙，方見得聖人一部易皆是假借虛設之辭。蓋緣天下之理若正説出便只作一件用，唯以象言，則當卜筮之時看是甚事都求應得。如泰之初九，若正作引賢類進説，則後便只作得引賢類進用。唯以『拔茅茹』之象言之，則其他事類此者皆可應也。啓蒙警學篇云『理定既實，事來尚虛。用應始有，體該本無』，便見得易只是虛設之辭，看事如何應耳。未知如此見得否？［一二〇］」先生頷之。因云：「程易中有甚疑處，可更商量看。」時舉問：「坤六二爻傳云『由直方而大』，切意大是坤之本體，安得由直方而後大耶？」曰：「直、方、大是坤有此三德。若就人事上説，則是『敬義立而德不孤』，豈非由直方而後大耶？」時舉。

敬之問啓蒙「理定既實，事來尚虛。用應始有，體該本無。稽實待虛，存體應用。執古御今，以静制動」。曰：「聖人作易只是説一個理，都未曾有許多事，卻待他甚麽事來湊。所謂『事來尚虚』，蓋謂事之方來尚虚而未有，若論其理則先自定，固已實矣。『用應始有』謂理之用實，故有。『體該本無』，謂理之體該萬事萬物，又初無形迹之可見，故無。下面云，稽考實理以待事物之來，存此理之體以應無窮之用。『執古』，古便是易書裹面文字言語。『御今』，今便是今日之事。『以静制動』，理便是静底，事便是動底。且如『即鹿無虞，惟入於林中。君子幾，不如舍，往吝』。其理謂將即鹿而無虞，人必陷於林中，若不舍而往是取吝之道。這個道理若後人做事，如求官爵者求之不已，便是取吝之道，求財利者求之不已，亦是取吝之道。又如『潛龍勿用』，其理謂當此時只當潛晦，不當用。若占得此爻，凡事便未可做，所謂『君子動則觀其變而玩其占』。若是無事之時觀其象而玩其辭，亦當知其理如此。某每見前輩説易止把一事説。某之説易所以異於前輩者，正謂其理人人皆用之，不問君臣上下、大事小事，皆可用。前輩止緣不把做占説了，故此易竟無用處。聖人作易，蓋謂當時之民遇事都閉塞不知所爲，故聖人示以此理，教他恁地做便會吉，如此做便會凶，必恁地則吉而可爲，如此則凶而不可爲。大傳所謂『通天下之志』是也。通是開通之意，是以易中止説道善則吉，卻未嘗有一句説不善亦會吉。仁義忠信之事占得其象則吉，卻不曾説不仁不義不忠不信底事占得亦會吉。如南蒯得『黄裳』之卦，自以爲大吉，而不知黄中居下之義方始會元吉，反之則凶。大傳説『上下無常，剛柔相易，不可爲典要，惟變所適』，便見得易人人可用，不是死法。雖道是二五是中，卻其間有位二五而不吉者，有當位而吉，亦有當位而不吉者。若揚雄太玄，皆排定了第幾爻便吉，第幾爻便凶，此便是死法。故某嘗説學者未可看易，雖是善則吉、惡則凶，[一二一]然其規模甚散，其辭又澁，學者驟去理會他文義已自難曉，又且不曾盡經歷許多事意，都去凑他意不着。所以孔子晚年方學易，到得平常教人，亦只言『興於詩，立於禮，成於樂』，卻未曾説到易。」又云：「易之卦爻，所以該盡天下之理。一爻不止於一事，而天下之理莫不具備，不要拘執着。今學者涉世未廣，見理未盡，凑他底不着，所以未得他受用。」賀孫。

讀易之法

説及讀易，曰：「易是個無形影底物，不如且先讀詩書禮，卻緊要。『子所雅言，詩、書、執禮，皆雅言也』。」淳。

問：「看易如何？」先生曰：「『詩、書、執禮』，聖人以教學者，獨不及於易。至於『假我數年，五十以學易』，乃是聖人自説，非學者事。蓋易是個極難底事[一二二]，非他書之比也。如古者先王『順詩書禮樂以造士』，亦只是以此四者，亦不及於易。蓋易只是個卜筮書，藏於太史、太卜以占吉凶，亦未有許多説話。及孔子始取而敷繹爲十經，文言、雜卦、彖、象之類[一二三]方説出道理來。當初只是個卜筮之書耳。〔一二四〕僩。

易只是空說個道理，只就此理會能見得如何？不如「詩、書、執禮，皆雅言也」，一句便是一句，一件事便是一件事。如春秋，亦不是難理會底，一年事自是一年事。且看禮樂征伐是自天子出？是自諸侯出？是自大夫出？今人只教〔一二五〕去一字上理會褒貶，要求聖人之意。千百年後如何知得他肚裏事？聖人說出底猶自理會不得，不曾說底便〔一二六〕如何理會得！淳。

易與春秋難看，非學者所當先。蓋春秋所言以爲褒亦可，以爲貶亦可。易如此說亦通，如彼說亦通。大抵不比詩書的確，難看。

問：「易如何讀？」曰：「只要虛其心以求其義，不要執己見讀。其他書亦然。」以上答萬人傑問，金去僞問。〔一二七〕又曰：〔一二八〕「人讀書不可攙前去，下梢必無所得。如理會論語，只得理會論語，不得存心在孟子。如理會里仁一卷〔一二九〕，且逐章相挨理會去〔一三〇〕，却〔一三一〕然後從公冶長理會去，此讀書之常法也。〔一三二〕」謨。〔一三三〕

人自有合讀底書，如大學語孟中庸等書豈可不讀！讀此四書，便知人之所以不可不學底道理，與其爲學之次序，然後更看詩書禮樂。某纔見人說看易便知他錯了，未嘗識那爲學之序。易自是別是一個道理，不是教人底書。故記中只說先王「崇四術，順詩書禮樂以造士」，不說易也。語孟中亦不說易。至左傳、國語方說，然亦只是卜筮爾。蓋易本爲卜筮作，故夫子曰：「易有聖人之道四焉：以言者尚其詞，如程子所說是也。以動者尚其變，已是卜筮了，易以變者占，故曰：「君子居則觀其象而玩其詞，動則觀其變而玩其占。」以制器者尚其象，十三卦是也。以卜筮者尚其占。」文王、周公之詞皆是爲卜筮。後來孔子見得有是書必有是理，故因那陰陽消長盈虛說出個進退存亡之道理來。要之，此是[一三四]聖人事，非學者可及也。今人說[一三五]伏羲作易，示人以天地造化之理，便是[一三六]自家又如何知得伏羲意思，兼之伏羲畫易時亦無意思。他自見得個自然底道理了，因借他手畫出來爾，故用以占筮無不應。其中言語亦煞有不可曉者，然亦無用盡曉。蓋當時事與人言語，自有與今日不同者。然其中有那事今尚存，言語有與今不異者，則尚可曉爾。如「利用侵伐」是事存而詞可曉者。只如比卦初六「有孚比之，無咎。有孚盈缶，終來有他吉」之類，便不可曉。某嘗語學者，欲看易時且將孔子所作十翼[一三七]分明易曉者看，如文言中「元者善之長」之類。如中孚九二「鳴鶴在陰，其子和之」，亦不必理會鶴如何在陰？其子又如何和？且將那繫辭傳中所說言行處看。此雖至[一三八]淺，然卻不到差了。蓋爲學只要理會自己胸中事爾。某嘗謂上古之書莫尊於易，中古後書莫大於春秋，然此兩書皆未易看。今人纔理會二書便入於鑿，若要讀此二書且理會他大義：易則是個[一三九]尊陽抑陰，進君子而退小人，明消息盈虛之理；春秋則是個[一四〇]尊王賤伯，內中國而外夷狄，明君臣上下之分。廣。

敬之問易。曰：「如今不曾經歷得許多事過，都自凑他道理不着，若便去看也卒未得他受用。孔子晚而好易，可見這書卒未可理會。如春秋、易，都是極難看底文字。聖人教人自詩禮起，如鯉趨過庭，曰：『學詩乎？學禮乎？』詩是吟詠情性，感發人之善心，禮使人知得個定分，這都是切身工夫。如書亦易看，大綱亦似詩。」賀孫。

易道神便如心性情。淵。[一四一]

「『潔静精微』是不犯手。」又云：「是各自開去，不相沾黏。去聲。」方子。[一四二]

看易須是看他卦爻未畫以前是怎模樣，卻就這上見得他許多卦爻象數是自然如此，不是杜撰。且詩則因風俗世變而作，書則因帝王政事而作。易初未有物，只是懸空說出。當其未有卦畫，則渾然一太極，在人則是喜怒哀樂未發之中。一旦發出，則陰陽吉凶事事都有在裏面。人須是就至虛静中見得這道理周遮通瓏方好，若先靠定一事說，則滯泥不通了。此所謂「潔静精微，易之教也」。學蒙。[一四三] 按，沈僩録同而少異，今附於下，云：[一四四]「看易須是看他未畫卦以前是怎生模樣，卻就這裏看他許多卦爻象數非是杜撰，都是自然如此。[一四五] 未畫之前，在易只是渾然一理，在人只是湛然一心，都未有一物在，便是寂然不動、喜怒哀樂未發之中也。忽然在這至虛至静之中有個象，方發出許多象數吉凶道理來，所以靈，所以說『潔静精微』之謂易。易只是個『潔静精微』，若似如今人說得恁地拖泥帶水，有甚理會處！」[一四六]

易難看，不比他書。易說一個物，非真是一個物，如說龍非真龍。若他書則真是實[一四七]，孝弟便是孝弟，仁便是仁。易中多有不可曉處，如「王用亨于西山」，此却是「享」字，只看「王用亨于帝，吉」則如[一四八]此是祭祀山川底意思。如「公用亨于天子」亦是「享」字，蓋朝覲燕饗之意。易中如此類甚多。後來諸公解只是以己意牽强附合，終不是聖人意。易難看，蓋如此。賜。

「易最難看。其爲書也廣大悉備，包涵萬理，無所不有。其實是古者卜筮書，不必只說理，象數皆可說。將去做道家、醫家等說亦有，初不曾滯於一偏。某近看易，見得聖人本無許多勞攘。自是後世一向亂說，妄意增減，便[一四九]要作一說以强通其義，所以聖人經旨愈見不明。且如解易，只是添虛字去迎過意來便得，今人解易迺去添他實字，却是借他做己意說了。又恐或者一說有以破之，其勢不得不支離，更爲一說以護吝之。說千說萬，與易全不相干。此書本是難看底物，不可將小巧去說，又不可將大話去說。」又云：「易難看，不惟道理難尋，其中或有用當時俗語，亦有他事後人不知者。且如『樽酒簋貳』，今人硬說作二簋，其實無二簋之實。陸德明自注斷，人自不曾去看。如所謂『貳』乃是周禮『大祭三貳』之『貳』，是『副貳』之『貳』，此不是某穿鑿，却有古本。若是强爲一說，無來歷，全不是聖賢己[一五〇]語。」[一五一]

易不須說得深，只是輕輕地說過。淵。

和靜學易，從伊川。一日只看一爻。此物事成一片，動着便都成片，不知如何只看一爻得。砥。[一五二]

看易須着四日看一卦：一日看卦辭、彖、象，兩日看六爻，一日統看，方細[一五三]。因吴宜之記不起，云然。閎祖。

「讀易之法，先讀正經，不曉則將彖、象、繫辭來解。」又曰：「易爻辭如籤解。」節。

易中象辭最好玩味，說得卦中情狀出。季札。

八卦爻義最好玩味。祖道。

先就乾坤二卦上看得本意了，則後面皆有通路。砥。[一五四]

繫辭中說「是故」字都是喚那下文起，也有相連處，也有不相連處。淵。

張欽夫[一五五]說易，謂只依孔子繫辭說便了。如說「公用射隼于高墉之上，獲之，無不利」，子曰：「隼者，禽也。弓矢者，器也。射之者，人也。君子藏器于身，待時而動，何不利之有？動而不括，是以出而有獲，語成器而動者也。」只如此說便了。固是如此，聖人之意只恁地說不得。緣在當時只理會象數，故聖人明之以理。賀孫。

「佛[一五六]家有三包[一五七]，有函蓋乾坤句、有隨波逐流句、有截斷衆流句。聖人言語亦然。如『以言乎遠則不禦，以言乎邇則靜而正』，此函蓋乾坤句[一五八]。如『井以辨義』等句，只是隨道理說得將出去[一五九]，此隨波逐流句[一六〇]。如『復[一六一]見天地之心』、『神者妙萬物』之句[一六二]，此截斷衆流句也。」學蒙。[一六三]

總論卦彖爻

古易十二篇，人多説王弼改今本，或又説費直初改。只如乾坤卦次序，後來王弼盡改彖象各從爻下。近日吕伯恭却去後漢中尋得一處，云是韓康伯改，都不説王弼。據某考之，其實是韓康伯初改。如乾卦次序，其他是王弼改。雉。

卦，分明自將一片木畫掛於壁上，所以爲卦。爻是兩個交乂〔一六四〕，是交變之義，所以爲爻。學蒙。〔一六五〕

問：「見朋友記答〔一六六〕，云先生謂〔一六七〕『伏羲只畫八卦，未有六十四卦』。今看先天圖則是那時都有了，不知如何。」曰：「不曾恁地説。那時六十四卦都畫了。」又問云：「那時未有文字言語，恐也只是卦畫，未有那卦名否？」曰：「而今見不得。」學蒙。〔一六八〕

卦體如内健外順、内陰外陽之類，卦德如乾健坤順之類。淵。

有一例，成卦之主皆説於彖詞下，如屯之初九「利建侯」，大有之五，同人之二，皆如此。砥。〔一六九〕

或説一是卦〔一七〇〕初畫。某謂那時只是陰陽，未有乾坤，安得乾初畫？初間只有一畫者二，到有三畫，方成乾卦。淳。

問：「『乾一畫，坤兩畫』，如何？」曰：「觀『乾一而實與坤二而虛』之説可見。〔一七一〕乾只是一個物事充實遍滿，天之包内皆天之氣。〔一七二〕坤便有開闔，乾氣上來時，坤便開從兩邊去，如兩扇門相似。」〔一七三〕僩。〔一七四〕

凡易一爻皆具兩義，如此吉者，不如此則凶；如此凶者，不如此則吉。如「出門同人」，須是自出去與人同方吉，若以人從欲則凶。亦有分明〔一七五〕説破底，如〔一七六〕「婦人吉，夫子凶」、「咸其腓，雖凶居吉」、「君子得輿，小人剥廬」。如「需于泥，致寇至」更不決吉凶，夫子便象辭中説破云「若敬慎則不敗也」，此是一爻中具吉、凶二義者。如小過「飛鳥以凶」，若占得此爻，則更無可避禍處，故象曰「不可如何也」。■。

六爻不必限定是説人君。且如「潛龍勿用」，若是庶人得之自當不用，人君得之也當退避。「見龍在田」，若是衆人得亦可用事；「利見大人」，如今人所謂宜見貴人之類。易不是限定底物。伊川亦自説「一爻當一事，則三百八十四爻只當得三百八十四事」，説得自好。不知如何到他解卻恁地説。淵。

易中緊要底只是四爻。淵。

伊川云「卦爻有相應」，看來不相應者多。且如乾卦，如其説時除了二與五之外，初何嘗應四？三何嘗應六？坤卦更都不見相應。此似不通。淵。

伊川多説應，多不通。且如六三便夾些陽了，陰則渾是不發底。如六三之爻有陽，所以言「含章」，若無陽何由有章？「含章」爲是有陽，半動半静之爻。若六四則渾是柔了，所以「括囊」。淵。

問：「王弼説『初上無陰陽定位』，如何？」曰：「伊川説『陰陽奇偶，豈容無也？乾上九「貴而無位」，需上九「不當位」，乃爵位之位，非陰陽之位』，此説極好。」學蒙。〔一七七〕

卦爻象初無一定之例。淵。

卦體卦變

伊川不取卦變之説。至「柔來而文剛」、「剛自外來而爲主於内」，諸處皆牽强説了。王輔嗣卦變又變得不自然。某之説却覺得有自然氣象，只是换了一爻。非是聖人合下作卦如此，自是卦成了自然有此象。砥。〔一七八〕

漢上易卦變只變到三爻而止，於卦辭多有不通處，某更推盡去方通。如无妄「剛自外來而爲主於内」，只是初剛自訟二移下來。晉「柔進而上行」，只是五柔自觀四挨上去。此等類，按漢上卦變則通不得。舊與蔡季通〔一七九〕在旅邸推。淳。義剛録同而無注。〔一八〇〕

卦有兩樣生，有從兩儀四象加倍生來底，有卦中互换自生一卦底。互换成卦，不過换兩爻。

這般變卦，伊川破之。及到那「剛來而得中」却推不行。大率是就義理上看，不過如「剛自外來」而得中」、「分剛上而文柔」等處看，其餘多在占處用也。賁，變節之象，這雖無緊要，然後面有數處象辭不如此看，無來處，解不得。淵。

易上經始乾、坤而終坎、離，下經始艮、兑、震、巽而終坎、離。楊至之云：「上經反對凡十八卦，下經反對亦十八卦。」先生曰：「林黄中算上下經[一八一]陰陽爻適相等。某算來誠然。」方子。

問：「乾、坤、坎、離、中孚、小過、大過[一八二]、頤八卦，反覆不成兩卦，是如何？」曰：「兑只是番轉底巽，震只是番轉底艮。六十四卦，自此八卦外，只二十[一八三]八卦番轉爲五十六卦。就此八卦中又只是四正卦[一八四]，乾坤坎離是也。中孚又是大底離，小過又是大底坎。是雙夾底坎。大過是厚畫底坎，頤是個大畫底離。」學□。[一八五]

卦有反，有對，乾、坤、坎、離是反，艮、兑、震、巽是對。乾、坤、坎、離倒轉也只是四卦。艮、兑、震、巽倒轉則爲中孚、頤、小過、大過。其餘皆是對卦。淵。

「互體」自左氏已言，亦有道理。只是今推不合處多。可學。

王弼破互體，朱子發用互體。淵。

朱子發互體，一卦中自二至五又自有兩卦，這兩卦又伏兩卦。林黄中便倒轉推成四卦，四卦裏又伏四卦。此謂「互體」。這自那「風於天於土上」有個艮之象來。淵。他本無「這自」以下十

四字。〔一八六〕

一卦互换是兩卦，伏兩卦是四卦。反看又是兩卦，又伏兩卦，共成八卦。淵。

時舉〔一八七〕問：「易中『互體』之説，其共又〔一八八〕以爲『雜物撰德，辨是與非，則非其中爻不備』，此是説互體。」先生曰：「今人言互體者，皆以此爲説，但亦有取不得處也，如頤卦、大過之類是也。王輔嗣又言『納甲飛伏』，尤更難理會。納甲是震納庚、巽納辛之類，飛伏是坎伏離、離伏坎、艮伏兑、兑伏艮之類也。此等皆支蔓，不必深泥。」時舉。

辭義

易有象辭，有占辭，有象、占相渾之辭。節。

「彖詞極精，分明是聖人所作。」魯可幾曰：「彖是總一卦之義。」曰：「也有别説底。如乾彖却是專説天。」道夫。

晏亞夫問「中」、「正」二字之義。先生曰：「中須以正爲先。凡人做事須是剖决是非邪正，却就是與正處斟酌一個中底道理。若不能先見正處，又何中之可言？譬如欲行賞罰，須是先看當賞與不當賞，然後權量賞之輕重。若不當賞矣，又何輕重之云乎！」處謙。

凡事先理會得正方到得中，若不正，更理會甚中！顯仁陵寢時，要發掘旁近數百家墓，差御史往相度。有一人説：「且教得中。」曾文清説：「只是要理會個是與不是，不理會中。若還不合如此，雖一家不可發掘，何處理會中？」且如今賞賜人，與之百金爲多，五十金爲少，與七十金爲中。若不合與，則一金不可與，更商量甚中。淵。

二卦有二中，二陰正，二陽正。言「乾之無中正」者，蓋云不得兼言中正。二五同是中，如四上是陽，不得爲正。蓋卦中以陰居陽、以陽居陰是位不當，陰陽各居本位乃是正當。到那「正中」、「中正」又不可曉。淵。

林安卿問：「伊川云『中無不正，正未必中』，如何？」先生曰：「如『君子而時中』則是『中無不正』，若君子有時乎〔一八九〕不中即『正未必中』。蓋正是骨子好了，而所作事有不恰好處，故未必中也。」義剛。

「中重於正，正不必中」，一件物事自以爲正，却有不中在。且如饑渴飲食是正，若過些子便非中節。中節處乃中也。責善，正也，父子之間不責善〔一九〇〕。泳。

「中重於正，正不必中」，中能度量而正在是中。可學。

厲，多是在陽爻裏説。淵。

「吉凶悔吝」，聖人説得極密。若是一向疏去却不成道理，若一向密去却又不是易底意思。淵。

「吉凶悔吝」，吉過則悔，既悔必吝，吝又復吉。如「動而生陽，動極復静，静而生陰，静極復動」。悔屬陽，吝屬陰。悔是逞快做出事來了有錯失處，這便生悔，所以屬陽。吝則是那隈隈衰衰不分明底，所以屬陰。亦猶驕是氣盈，吝是氣歉。淵。

問：「時與位，古易言〔一九一〕之。自孔子以來方〔一九二〕説出此義。」曰：「易雖説時與位，亦有無時義可説者。」歷舉易中諸卦爻無時義可言者。德明。

仁父問時與義。先生曰：「『夏日、冬日』時也，『飲湯、飲水』義也。許多名目須是逐一理會過，少間見得一個却有一個落着。不爾，都只恁地鶻突過。」〔一九三〕

問：「讀易貴知時。今觀爻辭皆是隨時取義，然非聖人見識卓絶，盡得義理之正，則所謂『隨時取義』安得不差？」先生曰：「古人作易只是爲卜筮，今説易者乃是硬去安排。聖人隨時取義，只事到面前審驗個是非，難爲如此安排下也。」德明。

聖人説易逐卦取義。如泰時則〔一九四〕以三陽在内爲吉，至否又以在上爲吉，大概是要壓他陰説〔一九五〕。六三所以不能害君子，亦是被陽壓了，但「包羞」而已。「包羞」是他〔一九六〕做得不好事，只得慚惶，更不堪對人説。砥。〔一九七〕

福州韓云：「能安其分則爲需，不能安其分則爲訟；能通其變則爲隨，不能通其變則爲蠱。」文蔚、林椿録同，並止此，而陳注云福州劉砥信説。〔一九八〕此是説卦對，然只是此數卦對得好，其他底又

不然。淵。〔一九九〕

上下經上下繫

上經猶可曉，易解。下經多有不可曉、難解處。不知是某看到末梢懶了解不得，爲復是難解？砥。〔二〇〇〕

六十四卦只是上經説得齊整，下經便亂董董地。繫辭也如此，只是上繫好看，下繫便没理會。論語後十篇亦然。孟子末後却劃地好，然而如那般「以追蠡」樣説話，也不可曉。〔二〇一〕

論易明人事

孔子之辭説向人事上者，正是要用得。淵。

須是以身體之。且如六十四卦須做六十四人身上看，三百八十四爻又做三百八十四人身上小底事看。易之所説皆是假説，不必是有恁地事，假設如此則如此，假設如彼則如彼。假設有這般事來，人處這般地位便當恁地應。淵。

易中説卦爻多只是説剛柔。這是半就人事上説去，連那陰陽上面，不全就陰陽上説。卦爻是有形質了，陰陽全是氣。彖辭所説剛柔半〔二〇二〕在人事上。此四爻〔二〇三〕件物事有個精粗顯微分別。健順，剛柔之精者；剛柔，健順之粗者。淵。

橫渠云「易爲君子謀，不爲小人謀」，極好。方子。〔二〇四〕

問：「橫渠先生說『易爲君子謀，不爲小人謀』，蓋自太極一判而來便已如此了。」曰：「論其〔二〇五〕極是如此。然小人亦是〔二〇六〕此理，只是他自反悖了。君子治之，不過即其固有者以正之而已。易中亦有時而爲小人謀，如『包承，小人吉，大人否，亨』，言小人當否之時能包承君子則吉。但此雖爲小人謀，乃所以爲君子謀也。」廣。

論後世易象

京房卦氣用六日七分。季通云：「康節亦用六日七分。」但不見康節說處。方子。

京房輩說數，捉他那影裏〔二〇七〕纔發見處便算將去。且如今日一個人來相見，便就那相見底時節算得這個是好人、不好人，用得極精密。他只是動時便算得，靜便算不得。〔二〇八〕淵。

太玄紀日而不紀月，無弦望晦朔。方子。

問太玄。先生曰：「天地間只有陰陽二者而已，便會有消長。今太玄有三個了，如冬至是天元，到三月便是地元，七月便是人元。夏至却在地元之中，都不成物事。」夔孫。〔二〇九〕

太玄中高處只是黃老，故其言曰：「老子之言道德，吾有取焉。」方子。

太玄甚拙。歲是方底物，他以三數乘之，皆算不着。庚。〔二一〇〕

自晉以來，解經者却改變得不同，如王弼、郭象輩是也。漢儒解經，依經演繹。晉人則不然，捨經而自作文。方子。

潛虚只是「吉凶臧否平，王相休囚死」。閎祖。

潛虚後截是張行成續，不押韻，見得。閎祖。

伊川先生與謝湜持正書，曰：「若欲治易，請先尋繹令熟。且看王弼、胡先生、王介甫三家文字，令通貫再三。」云：「此是讀書要法。」閎祖。〔二一一〕

歐陽公所以疑十翼非孔子所作者，他童子問中説道「仰以觀於天文，俯以察於地理」，又説「河出圖，洛出書，聖人則之」，只是説作易一事，如何有許多般樣？又疑後面有許多「子曰」，既言「子曰」則非聖人自作。這個自是他曉那前面道理不得了，却只去這上面疑。他所謂「子曰」者，往往是弟子後來旋添入，亦不可知。近來胡五峰將周子通書盡除去了篇名，却去上面各添一個「周子曰」，此亦可見其比。淵。

問：「籍溪見譙天授問易，天授令先看『見乃謂之象』一句。籍溪未悟，他日又問，天授曰：『公豈不思象之在〔二一二〕道，猶易之有太極耶？』此意如何？」曰：「如此教人，只好聽耳。使某答之，必先教他將六十四卦自乾、坤起，至離卦，且熟讀。曉得源流，方可及此。」晦夫。〔二一三〕

問：「籍溪胡先生〔二一四〕見譙天授問易，天授曰：『且看「見乃謂之象」一句。通此一句則六十四卦、三百八十四爻皆通。』籍溪思之不得。天授曰：『豈不知「易有太極」者乎？』」先生曰：「若做個説話，乍番〔二一五〕看似好，但學易功夫不是如此。〔二一六〕不過熟讀精思，自首至尾章章推究、字字玩索，以求聖人作易之意，庶幾其可。一言半句，如何便了得他。」謨。

問：「譙居士教人看易先看『見乃謂之象』一句，是如何？」先生云：「他自是一家説，能誤人，其説未是。」學蒙。〔二一七〕

郭先生〔二一八〕説「見乃謂之象」有云：「象之在道，乃易之在太極。」其意想是説道，念慮纔動處便有個做主宰底。然看得繫辭本意，只是説那「動而未形有無之間者幾」底意思。幾雖是未形，然畢竟是有個物了。淵。

老蘇説易，專得於「愛惡相攻而吉凶生」以下三句。他把這六爻似那累世相讐相殺底人相似，看這一爻攻那一爻，這一畫克那一畫，全不近人情！東坡見他恁地太粗疏，却添得些佛老在裏面。其書自做兩樣，亦間有取王輔嗣之説以補老蘇之説，亦有不曉他説了亂填補處。老蘇説底亦有去那物理上看得着處。淵。

朱震説卦畫七八爻稱九六，他是不理會得老陰、老陽之變。且如占得乾之初爻是少陽，便是初七，七是少，不會變，便不用了。若占得九時，九是老，老便會變，便占這變爻。此言用九。

用六亦如此。淵。

先生因説郭子和易，謂諸友曰：「且如揲蓍一事，可謂小小，只所見不明便錯了。子和有蓍卦辯疑説前人不是。不知疏中説得最備，只是有一二字錯。更有一段在乾卦疏中。劉禹錫説得亦近。柳子厚曾有書與之辨。」先生揲蓍辯爲子和設。蓋卿。

向在南康見四家易。如劉居士變卦，每卦變爲六十四，卻是按古。如周三教及劉虛古，皆亂道。外更有戴主簿傳得麻衣易，乃是戴公僞爲之。蓋嘗到其家見其所作底文，其體皆相同。南軒及李侍郎被他瞞，遂爲之跋。某嘗作一文字辨之矣。義剛。

或言某人近注易。先生云：「緣爲是易〔二一九〕一件無頭面底物，故人人各以其意思去解説得。近見一兩人所注，説得一片道理也都好，但不知聖人元初之大〔二二〇〕意果是如何。春秋亦然。」廣。

因説趙子欽名彦肅。易説，曰：「以某看來都不是如此。若有此意思，聖人當初解彖、解象辭〔二二一〕、繫辭、文言之類必須自説了，何待後人如此穿鑿！今將卦爻來則〔二二二〕綫牽，或移上在下，或挈下在上，辛辛苦苦説得出來，恐都非聖人作易之本意。須知道聖人作易還要做甚用，若如此穿鑿，則甚非『易簡而天下之理得矣』。」又云：「今人凡事所以説得恁地支離者，只是見得不透。如釋氏説空，空亦未是不是，但空裏面須有道理始得。若只説道我見得個空，而不知他有個實底道理，卻做甚用得。譬如一淵清水清泠徹底，看來一如無水相似。他便道此淵只是空底，卻不曾將手去探看，自冷而濕，終不知道有水在裏面。此釋氏之見正如此。今學者須貴於格物。格，至也，須要見得到底。今人只是知得一班半點，見得些子，所以不到極處也。」又云：「某病後自知日月已不多，故欲力勉。諸公不可悠悠。天下只是一個道理，更無三般兩樣。若得諸公見得道理透，使諸公之心便是某心，某之心便是諸公之心，見得不差不錯，豈不濟事耶！」時舉。

因看趙子欽易說，云：「讀古人書，看古人意，須是不出他本來格當。須看古人所以爲此書者何爲，初間是如何，後來又如何。[二二三]若如屈曲之說，卻是聖人做一個謎與後人猜搏，決不是如此！聖人之意簡易條暢通達，那尚恁地屈曲纏繞，費盡心力以求之？易之爲書不待自家意起於此，而其安排已一一有定位。」賀孫。

趙善譽說易云「乾主剛，坤主柔，剛柔便自偏了」。某云，若如此，則聖人作易須得用那偏底在頭上則甚？既是乾坤皆是偏底道理，聖人必須作一個中卦是得。今二卦經傳又卻都不說那偏底意思是如何。剛，天德也。如生長處便是剛，消退處便是柔。如萬物自一陽生後，生長將去便是剛，長長[二二四]極而消便是柔。以天地之氣言之則剛是陽，柔是陰；以君子小人言之則君子是剛，小人是柔；以理言之則有合當用剛時，合當用柔時。廣。

林黄中以互體爲四象八卦。德明。

林黄中侍郎〔二二五〕來見，論「易有太極，是生兩儀，兩儀生四象，四象生八卦。就一卦言之，全體爲太極，内外爲兩儀，内外及互體爲四象，又顛倒取爲八卦」。先生曰：「如此則不是生，卻是包也。始畫卦時只是個陰陽奇耦，一生兩、兩生四、四生八而已。方其爲太極未有兩儀也，由太極而後生兩儀；方其爲兩儀未有四象也，由兩儀而後生四象；方其爲四象未有八卦也，由四象而後生八卦。此之謂生。若以爲包，則是未有太極已先有兩儀，未有兩儀已先有四象，未有四象已先有八卦矣。」林又曰：「太極有象，且既曰『易有太極』，則不可謂之無。濂溪乃有『無極』之説，何也？」先生曰：「有太極是有此理，無極是無形器方體可求。兩儀有象，太極則無象。」林又言：「三畫以象三才。」先生曰：「有三畫，方看見似個三才模樣，非故畫以象之也。」閎祖。

問：「『易，聖人所以立道，窮神則無易矣』，此是指易書？」曰：「然。易中多是説易書，又有一兩處説易理。神，如今人所謂精神發揮，乃是變易之不可測處。易書乃爲易之理寫真。」可學。

麻衣易是南康戴某所作。太平州刊本第二跋即其人也。師卦象倒説了。閎祖。

先生言：〔二二六〕「麻衣易乃是〔二二七〕南康戴主簿作。某親見其人，甚稱此易得之隱者，問之，不肯言其人。某適到其家，見有一册雜録乃戴公自作，其言皆與麻衣易説大略相類。及戴簿死，子弟將所作易圖來看，乃知真戴公所作也。」恪。

問：「麻衣易是僞書。其論師卦『地中有水，師』，容民蓄衆之象，此一象〔二二八〕也；若水行地中，隨勢曲折，如師行而隨地之利，亦一義也。」答曰：「易有精有藴，如『師貞，丈人吉』，此聖人之精，畫前之易，不可易之妙理。至於容民蓄衆等處，因卦以發，皆其藴也。既謂之藴則包含衆義，有甚窮盡？儘推去，儘有也。」大雅。

關子明易、麻衣易皆是僞書。麻衣易是南康士人作。今不必問其理，但看其言語，自非希夷作。其中有云：「學易者當於羲皇心地上馳騁。」不知心地如何馳騁！可學。

龍圖本謂注假書〔二二九〕，無所用。康節之易，自兩儀、四象、八卦以至六十四卦，皆有用處。砥。〔二三〇〕

晦庵先生朱文公語類卷第六十八

易四

乾上

問："『乾坤』，古無此二字。作易者特立此以明道，何如？"[一]曰："作易時未有文字。是有此理，伏羲始發出。"可學。[二]

乾坤陰陽以位相對而言，固只一般。然以分而[三]言，乾尊而[四]坤卑，陽尊而[五]陰卑，不可並也。以一家言之，如[六]父母固皆尊，母終不可以並乎父。兼一家亦只容有一個尊長，不容並，所謂"尊無二上"也。僩。[七]

乾坤只是卦名。乾只是個健，坤只是個順。純是陽所以健，純是陰所以順。至健者惟天，至順者惟地。所以後來取象，乾便爲天，坤便爲地。淵。

"乾坤是陰陽之粹者。"或曰："以四時推之可見否？""以卦氣言之，四月是純陽，十月是

純陰，然又恁地執定不得。」方子。〔八〕

易中只是陰陽，乾坤是陰陽之純粹者。然就一年論之，乾卦氣當四月，坤卦氣當十月，不可便道四月、十月生底人便都是好人，這個又錯雜，不可知。淵。〔九〕

又曰：〔一〇〕「物物有乾坤之象，雖至微至隱、纖毫之物亦有之。無者，子細推之皆可見。〔一一〕」僩。

乾道奮發而有爲，坤道靜重而有守。方子。〔一二〕

江德功言「乾是定理，坤是順理」，近是。升卿。

問黄先之易説，因曰：「伊川好意思固不盡在解經上，然就解經上亦自有極好意思。如説『乾』字，便云：『乾，健也，健而無息之謂「乾」。夫天，專言之則道也，「天且弗違」是也。分而言之，以形體謂之「天」，以主宰謂之「帝」，以功用謂之「鬼神」，以妙用謂之「神」，以性情謂之「乾」。』」賀孫。〔一三〕

問：「程子曰『夫天，專言之則道也，天且弗違是也』，又曰『天地者，道也』，此語何謂？」曰：「程子此語，某亦未敢以爲然。『天且弗違』，此只是上天。」曰：「『知性則知天』，此天便是『專言之則道』者否？」曰：「是。」淳。〔一四〕

問：「『乾者天地之性情』，是天之道否？」曰：「性情是天愛健、地愛順處。」又問「天，專言之則道也」。曰：「所謂『天命之謂性』，此是説道；所謂『天之蒼蒼』，此是説[一五]形體；所謂『惟皇上帝降衷於下民』，此是説帝。以此理付人[一六]便有主宰意。」又曰：「『天道虧盈而益謙，地道變盈而流謙』，此是説形體。」又問：「今之郊祀何故有許多帝？」曰：「而今煞添差了天帝，共成十個帝了。且如漢時祀太乙便即是帝，[一七]而今又別祀太乙。『一國三公』尚不可，況天而有十帝乎！周禮中説『上帝』是總説帝；説『五帝』是五方之帝；説『昊天上帝』只是説天之象，鄭氏以爲北極，看來非也。北極只是星，如太微是帝之庭，紫微是帝之居。紫微便有太子、后妃許多星，帝庭便有宰相、執法許多星，又有天市便有權、衡。[一八]」夔孫。

或問：「『以主宰謂之帝』，孰爲主宰？」曰：「自有主宰。蓋天是個至剛至陽之物，自然如此運轉不息。所以如此，必有爲之主宰者。這樣處要人自見得，非言語所能盡[一九]也。」沈録止此。[二〇]因舉莊子「孰綱維是，孰主張是」十數句而[二一]曰：「他也見得這道理，如圭峰禪師説『知』字樣。」卓。按，沈僩録同而略。[二二]

符兄問「以情性[二三]言之謂之乾」。先生云：「是他天一個性情如此。火之性情則是個熱，水之性情則是個寒，天之性情則是一個健。健，故不息。惟健乃能不息，其理是自然如此。使天有一時息，則地須落下去，人都墜死。緣他轉運[二四]周流，無一時息，故局得這地在中間。

今只於地信得他是斷然不息。」蓋卿。〔二五〕

乾坤是性情，天地是皮殼，其實只是一個道理。陰陽，自一氣言之只是一〔二六〕個物，若做兩個物看，則如日月、如男女，又是兩個物事。學蒙。〔二七〕

問：「『天者，天之形體。〔二八〕乾者，天之性情，健而無息之謂乾』，何以合性情言之？」曰：「『性情』二字常相參在此。情便是性之發，非性何以有情？健而不息，非性何以能此？」卓。按，沈僩録同。〔二九〕

問：「『乾坤，天地之性情』，性是性，情是情，何故兼言之？」曰：「『乾，健也』，動靜皆健；『坤，順也』，動靜皆順。靜是性，動是情。」淳。

黄畨子耕問程傳「乾者，天之性情」，先生云：「乾，健也。健體爲性，健之用是情。」人傑問「利貞者，性情也」，先生云：「是對元亨言之，性情猶情性，是說本體。」人傑。〔三〇〕

問：「『乾者，天之性情』如何？」曰：「此是以乾之剛健取義，便是天之性情。此性在人，如氣質然。靜也專，便是性；動也直，便是情。」畨。〔三一〕

再〔三二〕問「乾者，天之性情」。曰：「此只是論其性體之健，靜專是性，動直是情。大抵乾健，雖靜時亦專，到動時便行之以〔三三〕直。到〔三四〕坤主順只是翕闢。謂如一個剛健底人，雖在此靜坐，亦專一而有個作用底意思，只待去作用。到得動時直其可知。若一柔順人坐時便只恁地静坐收斂，全無個營爲底意思，其動也只是闢而已。」又問：「如此，則乾雖静時亦有動意否？」曰：「然。」嵤。

方其有陽，怎知道有陰？方有乾卦，怎知道[三五]更有坤卦在後？淵。

「元亨利貞」在這裏都具了。楊宗範却說「『元亨』屬陽，『利貞』屬陰」，此却不是。乾之利貞是陽中之陰，坤之元亨是陰中之陽。乾後三畫是陰，坤後三畫是陽。淵。

文王本説「元亨利貞」爲大亨利正，夫子以爲四德。梅蘂初生爲元，開花爲亨，結子爲利，成熟爲貞。物生爲元，長爲亨，成而未全爲利，成熟爲正。節。

致道問「元亨利貞」。曰：「元是未通底，亨、利是收未成底，貞是已成底。譬如春夏秋冬，冬夏便是陰陽極處，其間春秋便是過接處。」恪。

「乾之四德，元譬之則人之首也，手足之運動則有亨底意思，利則配之胸臟，貞則元氣之所藏也。」又曰：「以五臟配之尤明白，且如肝屬木，木便是元；心屬火，火便是亨；肺屬金，金便是利；腎屬水，水便是貞。」道夫。

「元亨利貞」，譬諸穀可見。穀之生，萌芽是元，苗是亨，穟是利，成實是貞。穀之實又復能生，循環無窮。德明。

元[三六]亨利貞只就物上看[三七]，所以有此物便是有此氣，所以有此氣便是有此理，都在這裏。〔三八〕伊川「元者萬物之始」四句自動不得，〔三九〕只爲「遂」字、「成」字說不盡，故某略添幾個字說教盡。〔四〇〕方子。〔四一〕

「元亨利貞」，理也；有這四段，氣也。有這四段，理便在氣中，兩個不曾相離。若是說時則有那未涉於氣底四德。要就氣上看也得，所以伊川說「元者物之始，亨者物之遂，利者物之實，貞者物之成」，這雖是就氣上說，然理便在其中。伊川這說話改不得，謂是有氣則理便具。所以伊川只恁地說，便可見得物裏面便有這理。若要親切，莫若只就自家身上看，惻隱須有惻隱底根子，羞惡須有羞惡底根子，這便是仁義。仁義禮智便是元亨利貞。孟子所以只得恁地說，更無說處。仁義禮智似一個包子，裏面合下都具了。一理渾然，非有先後，元亨利貞便是如此，不是說道有元之時、有亨之時。淵。

「元亨利貞」無斷處，貞了又元。今日子時前便是昨日亥時。物有夏秋冬生底，是到這裏方感得生氣，他自有個小小元亨利貞。氣無始無終，且從元處說起，元之前又是貞了。〔四二〕淵。

道夫〔四三〕問：「道鄉謂『四德之中各具四德』。竊嘗思之，謂之『各具四德』，如康節所謂『春之春，春之夏，春之秋，春之冬，夏之春，夏之夏，夏之秋，夏之冬』則可；謂之能迭相統攝，如春可以包夏，夏亦可以包春，則不可也。」先生復令舉似道鄉說，曰：「便是他不須得恁地說。」道夫。

論乾之四德，曰：「貞取以配冬者，以其固也。孟子以『知斯二者弗去』爲『知之實』，『弗去』之説乃貞固之意，彼『知』亦配冬也。」處謙。

温底是元，熱底是亨，涼底是利，寒底是貞。節。

以天道言之爲「元亨利貞」，以四時言之爲春夏秋冬，以人道言之爲仁義禮智，以氣候言之爲温涼燥濕，以方言之爲東西南北。節。

「四德之元猶五常之仁，偏言則一事，專言則包四者」，此段只於易「元者善之長」與論語言仁處看。若「天下之動，貞夫一者也」則貞又包四者；「周易一書只説一個利」則利又大也；「元者善之長也」，善之首也；「亨者嘉之會也」，好底會聚也。義者，宜也，利即義也。萬物各得其所，義之合也。「幹事」，事之骨也，猶言體物也。看此一段須與太極圖通看。四德之元安在甚處，剥之爲卦在甚處，「乾，天也」一段在甚處，方能通成一片。不然則不貫通。少間看得如此了，猶夫〔四四〕是受用處在。賀孫。

光祖問「四德之元猶五常之仁，偏言則一事，專言則包四者」。曰：「元是初發生出來，生後方會通，通後方始向成。利者物之遂，方是六七分，到貞處方是十分成，此偏言也。然發生中已具後許多道理，此專言也。惻隱是仁之端，羞惡是義之端，辭遜是禮之端，是非是智之端。若無惻隱，便都没下許多。到羞惡也是仁發在羞惡上，到辭遜也是仁發在辭遜上，到是非也是仁發在是非上。」問：「這是〔四五〕猶金木水火是〔四六〕否？」曰：「然。仁是木，禮是火，義是金，智是水。」賀孫。

曾兄亦問此。答曰：「元者乃天地生物之端。乾言『大哉乾元，萬物資始。至哉坤元，萬物資生』，乃知元者天地生物之端倪也。元者生意，在亨則生意之長，在利則生意之遂，在貞則生意之成。若言仁便是這意思。仁本生意，乃惻隱之心也，苟傷着這生意則惻隱之心便發。若羞惡也是仁去那義上發，若辭遜也是仁去那禮上發，若是非也是仁去那智上發。若不仁之人，安得更有禮智義〔四七〕！」卓。

問：「元亨利貞有次第，仁義禮智因發而感則無次第。」曰：「發時無次第，生時有次第。」〔四八〕

「元亨利貞」，其發見有次序。仁義禮智在裏面自有次序，到發見時隨感而動却無次序。淵。

周貴卿問：「『元亨利貞』，以此四者分配四時，却如何云『乾之德也』？」曰：「他當初只是說大亨利於正，不以分配四時，孔子見此四字好，後始分作四件說。孔子之易與文王之易，略自不同。」伏羲易自是伏羲易，文王易自是文王易，孔子易自是孔子易。〔四九〕義剛。

或問：「乾卦是聖人之事，坤卦是學者之事，如何？」曰：「也未見得。初九、九二是聖人之德，至九三、九四，又却說學者修業、進德事，如何都把做聖人之事得？」學蒙。〔五〇〕

「利見大人」與程傳説不同。不是卦爻自相利見，乃是占者利去見大人。也須看自家占底是何人，方説得那所利見之人。淵。

占者當不得見龍、飛龍，則占者爲客，利去見那大人。大人即九二、九五之德，見龍、飛龍是也。若潛龍、君子，則占者自當之矣。淵。

其他爻象，占者。〔五一〕惟九二見龍，人當不得，所以只當把爻做主，占者做客，大人即是見龍。又如九三不説龍，亦不可曉。若説龍時，這亦是龍之在那亢旱處。他所以説「君子乾乾夕惕」只如〔五二〕此意。淵。

或言：「乾之六爻，其位雖不同而其爲德則一也。」曰：「某未要人看易，這個都難説。如乾卦，他爻皆可作自家身上説，惟九二、九五要作自家説不得。兩個『利見大人』，向來人都説不通。九二有甚麽形影，如何教見大人？某看來易本卜筮之書，占得九二便可見大人，大人不必説人君也。」賀孫。

竇問：「『君子終日乾乾』是法天否？」曰：「纔説法天便添着一件事。君子只是『終日乾乾』，天之行健不息往往亦只如此。如言存個天理，不須問如何存他，只是去了人欲，天理自然存。如顔子問仁，夫子告以勿視聽言動而有非禮〔五三〕。除却此四者，更有何物須是仁？」德明。

「厲無咎」是一句，他後面有此例，如「頻復，厲無咎」是也。淵。

「乾雖言聖人事，苟不設戒，何以爲教」，發得此意極好。淵。[五四]

問：「乾九三，伊川云：『雖言聖人事，苟不設戒，何以爲教？』」沈此下云：「竊意因時而惕，雖聖人亦嘗有此心。」[五五]先生云：「『易之書[五六]，廣大悉備』，人皆可得而用，初無聖賢之別。伊川有一段云『君有君之用，臣有臣之用』，説得好。及到逐卦解釋，又却分作聖人之卦、賢人之卦，更有分作守令之卦者。古者又何嘗有此！不知是如何。以某觀之，無問聖人以至士庶，但當此時便當恁地兢惕。卜得此爻也當恁地兢惕。」砥。按，沈僴録同。[五七]

祖道因論易傳[五八]舉：「乾九三『君子終日乾乾』，是君子進德不懈不敢須臾寧否？」曰：「程子云『在下之人，君德已著』，此語亦是拘了。記得昔嘗[五九]有人問程子，胡安定以九四爻爲太子者。程子笑之曰：『如此，三百八十四爻只做得三百八十四件事了！』此説極是。及到程子解易却又拘了。要知此是通上下而言，在君有君之用，臣有臣之用，父有父之用，子有子之用，以至事物莫不皆然。若如程子之説，則千百年間只有個舜、禹用得也。大抵九三此爻才剛而位危，故須著『乾乾夕惕若厲』方可無咎。若九二，則以剛居中位，易處了。故凡剛而處危疑之地，皆當『乾乾夕惕若厲』則無咎也。」祖道。

淵與天不爭多。淵是那空虛無實底之物；躍是那不着地了，兩脚跳上去底意思。淵。

「或躍在淵」，淵是通處。淵雖下於田，田却是個平地。淵則通上下，一躍即飛在天。㽦。

問：「胡安定將乾九四爲儲君，不知可以如此説否？〔六〇〕」曰：「易不可恁地看。看〔六一〕只是古人卜筮之書。如五雖主君位而言，然亦有不可專主君位言者。天下事有那一個道理自然是有。若只將乾九四爲儲位説，則古人未立太子者不成是虚却此一爻？如一爻只主一事，則易三百八十四爻乃止三百八十四件事。」謨。去僞録同。〔六二〕

問：「龜山説乾卦〔六三〕九五『飛龍在天』，取『飛』字爲義，『以天位言之不可階而升，以聖學言之非力行而至』。」曰：「此亦未盡。乾卦自是聖人之天德，只時與位有隱顯漸次耳。」德明。

「用九」蓋是説變。節。〔六四〕

用九不用七，且如得純乾卦皆七數，這却是不變底。定〔六五〕未當得九，未在這爻裏面，所以只占上面象辭。用九蓋是説變。淵。

「見群龍無首」，王弼、伊川皆解不成。他是不見得那用九、用六之説。淵。

問：「『用九，見群龍無首，吉』，伊川之意似云，用剛陽以爲天下先則凶，無首則吉。」先生云：「凡説文字，須有情理方是。『用九』當如歐陽公〔六六〕説方有情理。某解易所以不敢同伊川，便是有這般處。看來當以『見群龍無首』爲句，蓋六陽已盛，如群龍然。龍之剛猛在首，故見其無首則吉。大意只是要剛而能柔，自人君以至士庶皆須如此。若説爲天下先，便只是人主方用得，以下更使不得，恐不如此。」又曰：「如歐說，蓋爲卜筮言，所以須着有『用九、用六』。若如伊川說，便無此也得。」砥。〔六七〕

乾吉在無首，坤利在永貞，這只說二用變卦。「乾吉在無首」，言卦之本體元是六龍，今變爲陰，頭面雖變，渾身却只是龍，只一似無頭底龍〔六八〕相似。「坤利在永貞」，不知有何關捩子，這坤却不得見他元亨，只得他永貞。坤之本卦固有元亨，變卦却無。淵。

「群龍無首」，便是「利牝馬」者爲不利牡而却利牝。如「西南得朋，東北喪朋」，皆是無討頭〔六九〕底。淵。

伯豐問本義〔七〇〕：「乾用九爻辭，如何便是坤『先迷後得，東北喪朋』之意？」曰：「此只是無首，所以言『利牝馬之貞』，無牡馬。」㽦。

大凡人學〔七一〕皆不可忽。歐公文字尋常往往不以經旨取之，至於說「用九、用六」，自來却未曾有人說得如此。他初非理會象數者，而此論最得之。且既有六爻，又添用九、用六，因甚不用七、八？蓋九乃老陽。〔七二〕爲坤，〔七三〕便以坤爲占也。遇坤之乾即用「利永貞」爲占，坤變爲乾即乾之「利」也。㽦。

道夫〔七四〕問：「天地生物象〔七五〕氣象，如溫厚和粹即天地生物之仁否？」曰：「這是從生處說來。如所謂『大哉乾元，萬物資始。至哉坤元，萬物資生』，那『元』字便是生物之仁，資始是得其氣，資生是成其形。到得亨便是他彰著，利便是結聚，貞便是收斂。收斂［七六］既無形迹，又須復生。至如夜半子時此物雖存，猶未動在，到寅卯便生，巳午便著，申酉便結，亥子丑便實，及至寅又生。他這個只管運轉，一歲有一歲之運，一月有一月之運，一日有一日之運，一時有一時之運。雖百心［七七］之微，亦有四個段子恁地運轉。但元則［七八］是始初，未至於著。如所謂『怵惕惻隱』存於人心，自恁惻惻地未至大段發出。」道夫曰：「他所以謂『滿腔子是惻隱之心』，蓋以其未散也。」曰：「他這個是事事充滿。如惻隱則皆是惻隱，羞惡則皆是羞惡，辭遜、是非則皆是辭遜、是非，初無不充滿處。但人爲己私所隔，故多虛空處爾。」道夫。

「大哉乾元」是說天道流行。「各正性命」是說人得這道理做那性命處，却不是正說性。如「天命之謂性」、「孟子道性善」，便是就人身上說性。易之所言却是說天人相接處。淵。節錄同。［七九］

問：「『乾元統天』，注作：『健者，所以［八〇］用形者也。』恐說得是否？」先生云：「也是。則是［八一］說得乾健不見得是乾元，蓋云『大哉乾元，萬物資始』乃統天，則大意主在『元』字上。」學蒙。［八二］

「大明終始」，這一段說聖人之元亨。六位六龍只與譬喻相似。聖人之六位，如隱顯、進退、行藏，潛龍時便當隱去，見龍時便是他出來。如孔子爲魯司寇時便是他大故顯了，到那獲麟絕筆便是他亢龍時。這是在下之聖人，然這卦大概是説那聖人得位底。若使聖人在下亦自有個元亨利貞，如「首出庶物」不必在上方如此，如孔子出類拔萃便是「首出萬物」，著書立言、澤及後世便是「萬國咸寧」。「大明終始」是就人上説。楊遵道録中言「人能大明乾道之終始」，易傳却無「人」字。某謂文字疑似處須下語割斷〔八三〕教分曉。〔八四〕

「『時乘六龍以御天』，六龍只是六爻，龍只是譬喻，明此六爻之義。潛見飛躍，以時而動，便是『乘六龍』，便是『御天』。」又曰：「聖人便是天，天便是聖人。」砥。〔八五〕

「乘」字大概只是譬喻。「御」字，龜山説做御馬之「御」，却恐傷於太巧。這段是古人長連地説下去，却不分曉。伊川傳説得也不分曉。語録中有一段却分曉，乃是楊遵道所録，云「人大明天道之終始」，這個〔八六〕處下個「人」字，是緊切底字，讀書須是看這般處。淵。

「乾道變化」似是再説起〔八七〕「元亨」。「變化」字且只大概恁地説，不比繫辭所説底子細。「各正性命」，他那元亨時雖正了，然未成形質，到這裏方成。如那百穀，堅實了方唤做「正性命」。乾道是統説底，四德是説他做出來底。大率天地是那有形了重濁底，乾坤是他情性〔八八〕。其實乾道、天德，互换一般，乾道有〔八九〕言得深些子。天地是形而下者，只是這個道理，天地是個皮殼。淵。

乾道便只是天德，不消分别。「乾道變化」是就乾德上説，天德是就他四德上説。淵。

節[九〇]問：「何謂『各正性命』？」曰：「各得其性命之正。」節。

問「保合大和乃利貞」。先生云：「天之生物莫不各有軀殼，如人之有體，果實之有皮核，有個軀殼保合以全之。能保合則真性常存，生生不窮。如一粒之穀，外面有個殼以裹之。方其發一萌芽之始，是物之元也；及其抽枝長葉則是物之亨；到得生實欲熟未熟之際，此便是利；及其既實而堅，此便是貞矣。蓋乾道變化發生之始，此是元也；各正性命，小以遂其小，大以遂動[九一]大，則是亨矣；能保合以[九二]全其大和之性，則可利貞。」卓。

「保合大和」，天地萬物皆然。天地便是大底萬物，萬物便是小底天地。文蔚。僩録同。[九三]

問：「『首出庶物，萬國咸寧』恐盡是聖人事。伊川分作乾道、君道，如何？」先生云：「『乾道變化』至『乃利貞』是天，[九四]『首出庶物，萬國咸寧』是聖人。」又曰：「『首出庶物』須是聰明睿智高出庶物之上，以君天下方得『萬國咸寧』。禮記云『聰明睿智，足以有臨也』，須聰明睿智皆過於天下之人，方可臨得他。」砥。[九五]

天惟健故不息，不可把不息做健。使天有一頃之息則地必陷，人必跌死矣。惟其不息，故局得地在中間。方子。[九六]

乾卦有兩乾，是兩天也。昨日行，一天也；今日行，又一天也。其實一天而行健不已，此所以爲「天行健」也。地平則不見其順，必其高下層層地去，此所以見地勢之坤順。辛。[九七]

問：「衛老疑問中『天行健』一段，先生批問他云：『如何見得天之行健？』德明竊謂，天以氣言之，則一晝一夜周行乎三百六十度之中；以理言之，則『於穆不已』，無間容息，豈不是至健？」先生曰：「他却不是如此，只管去『自强不息』上討。」又説邠老社倉宜避去事，舉易之否象曰：「君子以儉〔九八〕辟難，不可榮以禄。」德明。

天之運轉不窮，所以爲天行健。季札。

厚之問：「健足以形容乾否？」曰：「可。伊川曰『健而無息謂之乾』，蓋自人而言，固有一時之健，有一日之健。惟無息乃天之德。〔九九〕」可學。

因説乾健，曰：「而今人只是坐時便見他健不健了，不待做事而後見也。」又曰：「某人所記，劉元城每與人相見，終坐不甚交談。欲起，屢留之，然終不交談。或問之，元城曰：『人坐久必傾側，久坐而不傾側必貴人也。故觀人之坐起，可以知人之貴賤。』某後來觀草堂先生説又不如此。元城極愛説話。觀草堂之説與某人所記之語，大抵皆同，多言其平生所履與行己立身之方。是時元城在南京，恣口極談，無所顧忌。南京，四方之衝。東南士大夫往來者無不見之。賓客填門，無不延接。其死之時，去靖康之禍只三四年間耳。元城與了齋死同時。不知二公若留到靖康，當時若用之，何以處也。」僩。

文言上不必大故求道理，看來只是協韻説將去。「潛龍勿用，何謂也」以下，大概各就他要説處便説，不必言專説人事、天道。伊川説「乾之用」、「乾之時」、「乾之義」，也難分別。到了，時似用，用似義。淵。〔一〇〇〕

易只消認他經中七段。乾坤二卦分外多了一段。認得這個了〔一〇一〕，向後一〔一〇二〕面底，不大故費解説。淵。

問：「伊川分別言『乾之時』與言『乾之義』，〔一〇三〕如何？」曰：「也是覺得不親切。聖人只是敷演其義，又兼要押韻，那裏恁地分別！」砥。〔一〇四〕

致道問「元者善之長也」。曰：「『元亨利貞』皆善也。而元乃爲四者之長，是善端初發見處也。」時舉。賜録同。〔一〇五〕

易中〔一〇六〕言「元者善之長」，説得〔一〇七〕最親切，無滲漏。仁義禮智莫非善，這個却是善之長。仁是有滋味底物事，説做知覺時知覺却是無滋味底物事。仁則有所屬，如孝弟、慈和、柔愛皆屬仁。淵。

「元者善之長」。春秋傳記穆姜所誦之語，謂「元者體之長」。覺得「體」字較好，是一體之長也。僩。〔一〇八〕

問「亨者嘉之會」。曰：「『元者善之長也，亨者嘉之會也』，〔一〇九〕春天萬物發生，未大故齊。到夏，一時發生都齊旺，許多好物皆萃聚在這裏，便是『嘉之會』。」曰：「在人言之則如何？」曰：「動容周旋皆中禮，便是『嘉之會』。『嘉會足以合禮』，須是嘉其會始得。」淳。

「亨者嘉之會」。亨是萬物亨通，到此異分，無一夫[一一〇]不美，便是「嘉之會」。㽦。

問「亨者嘉之會」。曰：「此處難下語。且以草木言之，發生到夏時，好處都來湊會。嘉只是好處，會是期會也。」又曰：「貞固是固得恰好。如尾生之信是不貞之固，須固得好方是貞。」賜。

問「亨者嘉之會」。曰：「嘉是美，會是聚，無不盡美處是亨。蓋自春至夏便是萬物暢茂，物皆豐盈，咸遂其美。然若只一物如此[一一一]又不可以爲會，須是合聚來皆如此方謂之會。如『嘉會足以合禮』，則自上文體仁而言，謂君子嘉其會。此『嘉』字説得輕，又不當如前説。此只是嘉其所會。此『嘉』字當若『文之以禮樂』之『文』[一一二]，則[一一三]『文』字爲重，到得『文之以禮樂』便不同。謂如在人，若一言一行之美亦不足以爲會，直是事事皆盡美方可以爲會，都無私意方可以合禮。」㽦。

學諭[一一四]問「利者義之和」。先生指在坐，云：「如何説某云『義乃利之和』處？」[一一五]曰：「義之分有[一一六]别似乎無情，却是要順，乃和處。蓋嚴肅之氣，義也，而萬物不得此不生，乃是和。」又曰：「『亨者嘉之會』。會，聚也。正是夏，萬物一齊長時。然上句『嘉』字重，『會』字輕；下句『會』字重，『嘉』字輕。」可學。

利是那義裏面生出來底。凡事處制得合宜，利便隨之，所以云「利者義之和」，是〔一一七〕義便兼得利。若只理會利，却是從中間半截做下去，遺了上面一截義底。小人只理會後面半截，君子從頭來。植。

「利者義之和」。義是個有界分斷制底物事，疑於不和。然使物各得其分，不相侵越，乃所以爲和也。〔一一八〕

「義之和」只是中節。義有個分至，如「親其親，長其長」，則是義之和；如不親其親而親他人之親，便不是和。砥。〔一一九〕

義之和處便是利，如君臣父子各得其宜，此便是義之和處，安得謂之不利！如「君不君，臣不臣，父不父，子不子」，此便是不和也，安得謂之利！孔子所以「罕言利」者，蓋不欲專以利爲言，恐人只管去利上求也。人傑。去僞録同。〔一二〇〕

「利者義之和」。所謂義也〔一二一〕，如父之爲父，子之爲子，君之爲君，臣之爲臣，各自有義。然行得來如此和者，豈不是利？「利」字與「不利」字對。如云「利有攸往」、「不利有攸往」。南升。

問：「程子曰『義安處便爲利』，只是當然便安否？」曰：「是。只萬物各得其分便是利。君得其爲君，臣得其爲臣，父得其爲父，子得其爲子，何利如之！這『利』字即易所謂『利者義之和』，利便是義之和處。程子當時此處解得亦未親切，不似這語却親切，正好去解『利者義之和』句。義初似不和，却和。截然而不可犯似不和，分別後萬物各止其所却是和。不和生於不義，義則無不和，和則無不利矣。」〔一二二〕

「貞者事之幹」。伊川說「貞」字只以爲「正」，恐未足以盡「貞」之義。須是說「正而固」，然亦未推得到知上。看得來合是如此。知是那默運事變底一件物事，所以爲事之幹。淵。

「體仁」如體物相似。人在那仁裏做骨子，所謂「仁」。僩作「故謂之『體仁』」。仁是僩作「只是個」。道理。須是有這人，僩作「須看這人」。方始體得他，做得他骨子。「比而效之」之說却覺得未是。節。淵録同而少異。〔一二三〕

「體仁」不是將仁來爲我之體，我之體便都是仁也。僩。

問：「『體仁長人〔一二四〕』，解云『以仁爲體』，是如何？」先生說：「只得如此。要自見得，蓋謂身便是仁也。」學蒙。〔一二五〕

問：「伊川解『體仁長人〔一二六〕』作『體乾之仁』。看來在乾爲元，在人爲仁，只應就人上說仁。又解『利物和義』，作『合於義乃能利物』，亦恐倒說了。此類恐皆未安否〔一二七〕？」先生曰：「然。『君子行此四德』，則體仁是君子之仁也。但前輩之說，不欲辨他不是，只自曉得便了。」學蒙。〔一二八〕

「嘉會」者，萬物皆發見在裏許。直卿云：「猶言萬物皆相見。」處得事事是，故謂之「嘉會」，一事不是，便不謂之「嘉會」。會是禮發見處，意思却在未發見之前。利物，使萬物各得其所，乃是義之和處。義自然和，不是氣［一二九］外別討個和。方子。

「嘉會」雖是有禮後底事，然這意思却在禮之先。嘉其所會時未説到那禮在，然能如此則便能合禮。利物時未説到和義在，然能使物各得其利則便能和義。「會」字説道是那萬物一齊發見處，得他盡嘉會便是，如只一事兩事嘉美時未爲嘉會。「會」字，張葆光用「齊」字説，説得幾句也［一三〇］。使物各得其宜，何利如之！如此便足以和義，這「利」字是好底。如孟子所謂戰國時利是不好底，這個利如那「未有仁而遺其親，未有義而後其君」之利。「和」字，也有那老蘇所謂「無利則義乃有慘殺不和」［一三一］之意，蓋於物不利則義未和。淵。

又［一三二］問「利物足以和義。」曰：「義斷是非、別曲直，近於不和。然是非曲直辨則便是利，此乃是和處也。」時舉。

「利物足以和義」。凡説義各有分別，如君臣、父子、夫婦、兄弟之義自不同，似不和。然而各正其分，各得其理，便是順利，便是和處。事物莫不皆然。人傑。

問「利物足以和義」。曰：「義便有分別。［一三三］當其分別之時覺得來不和，及其分別得各得其所，使物物皆利，却是和其義。如天之生物，物有個分別。如『君君、臣臣、父父、子子』，至君得其所以爲君，〔一三四〕父得其所以爲父，〔一三五〕各得其利便是和。若君處臣位，臣處君位，安得和乎！」又問：「覺得於上句字義顛倒。」曰：「惟其利於物者，所以和其義耳。」正淳問：「『貞固』字，却與上文『體仁』、『嘉會』、『利物』亦似不同。」曰：「亦是比方，使〔一三六〕用兩字方説得盡。」㽦。

伊川説「利物足以和義」，覺見他説得糊塗。如何唤做和合於義？四句都説不力。淵。

「利物足以和義」，此數句最難看。老蘇論此謂慘殺爲義，必以利和之。如武王伐紂，義也。若徒義則不足以得天下之心，必散財發粟而後可以和其義。若如此説則義在利之外，分截成兩段了！看來義之爲義只是一個宜。其初則甚嚴，如「男正位乎外，女正位乎内」，直是有内外之辨。君尊於上，臣恭於下，尊卑小大，截然不可犯，似若不和之甚。然能使之各得其宜，則其和也孰大於是。至於天地萬物無不得其所，亦只是利之和爾。此只是就義中便有一個和。既曰「利者義之和」，却説「利物足以和義」，蓋不如此，不足以和其義也。「嘉會足以合禮」，嘉，美也。會，是集齊底意思。許多嘉美一時鬭湊到此，故謂之會。亨屬夏，如春生之物自是或先或後、或長或短，未能齊整。纔到夏便各各一時茂盛，此所謂「嘉之會」也。嘉其所會便動容周旋無不中禮。就「亨者嘉之會」觀之，「嘉」字是實，「會」字是虚。「嘉會足以合禮」則「嘉」字却輕，「會」字却重。「貞固足以幹事」，幹如木之幹，事如木之枝葉。「貞固」者，正而守〔一三七〕之。貞固在事是與立個骨子，所以爲事之幹。欲爲事而非此貞固便植立不起，自然倒了。謨。

「故曰『乾，元亨利貞』」，他把「乾」字當君子。淵。

晦庵先生朱文公語類卷第六十九

易五

乾下

問：「伊川〔一〕易傳，如〔二〕乾卦引舜事以證之，當初若逐卦引得這般事來證，大好看。」曰：「便是當時不曾計會得。」久之，曰：「經解説『絜浄精微，易之教也』，不知是誰做，伊川卻不以爲然。據某看，此語自説得好。蓋易之書誠然是『絜浄精微』。他那句語都是懸空説在這裏，都不犯手。而今〔三〕如伊川説得都犯手勢，引舜來做乾卦，乾又那裏有個舜來？當初聖人作易，又何嘗説乾是舜？他只是懸空説在這裏，都被人説得來事多，失了他『絜浄精微』之意。易只是説個象是如此，何嘗有實事。如春秋便句句是實，如言『公即位』便真個有個公即位，如言『子弑父』、『臣弑君』便真個是有此事。易何嘗如此，不過只是因畫以明象，因數以推數，因這象數便推個吉凶以示人而已，都無後來許多勞攘説話。」僩。〔四〕

庸言庸行，盛德之至。到這裏不消得恁地，猶自「閑邪存誠」便是「無射亦保」，雖無厭斁，亦當保也。保者，持守之意。淵。

常言既謹，常行既信，但用閑邪，怕他入來。此正是「無射亦保」之意。僩。

乾之〔五〕九二處得其中，都不着費力，「庸言之信，庸行之謹，閑邪存其誠，善世而不伐，德博而化」而已。若九三則剛而不中，過高而危，故有「乾乾」之戒。人傑。

「利見大人，君德也」。兩處説這個「君德」，却是要發明大人即是九二。孔子怕人道别是個大人，故如此互相發。使三百八十四爻皆恁地湊着，豈不快活！人只爲中間多有湊不着底，不可曉。淵。

「利見大人，君德也」。夫子怕人不把九二做大人，别討一個大人，所以去這裏説個「君德也」。兩處皆如此説。「龍德正中」以下皆君德，言雖不當君位却有君德，所以也下〔六〕做大人。伊川却説得這個大人做兩樣。淵。

黄有開問：「乾之九二是聖人之德，坤之六二是賢人之德，如何？」先生曰：「只謂乾九二是見成底，不待修爲。如『庸言之信，庸行之謹，善世不伐，德博而化』，此即聖人之德也。坤六二『直方大，不習無不利』，須是『敬以直内，義以方外』，如此方能『德不孤』，即是大矣。此是自直與方以至於大，修爲之序如此是賢人之德也。嘗謂乾之一卦皆聖人之德，非是自初九以至上九漸漸做來。蓋聖人自有見成之德，所居之位有不同爾。德無淺深而位有高下，故然。昔者聖人作易以爲占筮，故設卦假乾以象聖人之德。如『勿用』、『無咎』、『利見大人』、『有悔』，皆是占辭。若人占遇初九則是潛龍之時，此則當勿用。如『見龍在田』之時則宜見大人。所謂大人，即聖人也。」辛。[七]

問：「乾[八]九二說聖人之德已備，何故九三又言『進德修業，知至至之』？」曰：「聖人只逐爻取象，此不是言德學[九]節次，是言居地位節次。六爻皆是聖人之德，只所處之位不同。初爻言『不易乎世，不成乎名，遯世無悶，不見是而無悶，樂則行之，憂則違之，潛龍也』，[一〇]已是說聖人之德了，只是潛而未用耳。到九二卻恰好，其化已能及人矣，蓋[一一]正是臣位，所以處之而[一二]。到九三，居下卦之上，位已高了，那時節無可做，只得恐懼、進德、修業，乾乾不息，[一三]此便是伊周地位。徐本無「此便」以下七字。[一四]九四位便乖，徐本此下有「這處進退不由我了」八字。[一五]『或躍在淵』，伊川謂『淵者龍之所安』，恐未然。田是平所在，縱有水亦[一六]淺。淵是深處不可測。躍，離[一七]乎行而未至乎飛。行尚以足，躍則不以足，一跳而起，足不踏地，跳得便天上[一八]去，不得依舊在淵裏，皆不可測。下離乎行，上近乎飛。『上不在天，下不在田，中不在人，故或之。或之者，疑之也』，不似九二安穩，徐有「自在」二字。[一九]此時進退不得，皆不由我，徐無「不得」以下六字。[二〇]只聽天時了[二一]。以聖人言之，便是舜歷試、文王三分天下有二、湯武鳴條牧野時。徐此下却有「九三是伊周地位，已自離了」十一字。〔二二〕到上九又亢了。徐無「到上九」以下六字。〔二三〕看來人處大運中無一時閑。徐此下云：〔二四〕「跳得時便做。有德無位，做不徹，亦不失爲潛龍。」吉凶悔吝，一息不曾停。如大車輪一般，一恁衮將去。聖人只隨他恁地去，看道理如何。這裏，則將這道理處之；那裏，則將那道理處之。」淳。寓録同，略。〔二五〕

德者，得之於心，如得這孝之德在自家心裏。行出來方見，這便是行。忠信是真實如此。淵。

「進德修業」，這四個字煞包括道理。德是就心上説，業是就事上説，忠信是自家心中誠實。「修辭立其誠」，是説處有真實底道理。「進德修業」最好玩味。淵。節録同。〔二六〕

問「君子進德修業」。曰：「乾卦則連致知、格物、誠意、正心都説了。坤卦只是説持守。坤卦是個無頭物事，只有後面一節，只是一個持守、柔順、貞固而已，事事都不能爲首，只是循規蹈矩，依而行之。乾父坤母，意思可見。乾卦如個創業之君，坤卦如個守成之君。〔二七〕乾如蕭何，坤如曹參，所以『坤元亨，利牝馬之貞』都是説個順底道理。」又云：「『先迷後得』，先迷者，無首也，前面一項事他都迷不曉，只知順從而已。後獲者，迷於先而獲於後也。乾則『不言所利』，坤則『利牝馬之貞』，每每不同。所以康節云『乾無十，坤無一』，乾至九而止，奇數也；坤數偶，無奇數也。」用之云：「『乾無十』者，有坤以承之；『坤無一』者，有乾以首之。」先生曰：「然。」又曰：且「如人占得九五『飛龍在天，利見大人』，若自揣有大人之德，則如飛龍之在天而萬物咸見於我；若自無大人之德則宜利見大人，彼有大人之德而我利見之也。所以互分賓主，各據人之位而言爾。萬物咸覩於我，則我爲主而彼爲賓。我則見彼大人，則彼爲主而我爲賓。」［一八］僩。

因説「進德居業」「進」字、「居」字，曰：「今看文字未熟，所以鶻突，都只見成一片黑淬淬地。須是只管看來看去、認來認去，今日看了，明日又看；早上看了，晚間又看；飯前看了，飯後又看。久之自見得開，一個字都有一個大縫罅。今常説見得，又豈是懸空見得！亦只是玩味之久自見得。文字只是舊時文字，只是見得開，如織錦上用青絲、用紅絲、用白絲。若見不得，只是一片皂布。」賀孫。［一九］

亞夫問「進德修業」，復云「居業」所以不同。先生曰：「德則日進不已。業如屋宇，未修則當修之，既修則居之。」蓋卿。

林安卿問「修業」、「居業」之别。先生曰：「二者只是一意。居，守也。逐日修作是修，常爲此是守。」義剛。

或問：「修業，德亦有進否？」曰：「進德只就心上言，居業是就事上言。忠信『如惡惡臭，如好好色』，直是事事物物皆見得如此純是天理，則德日進。不成只如此了却。『修辭立誠』就事上理會，『所以居業也』。進則日見其新，居則常而不厭。」賀孫。

「忠信所以進德」。實便光明，如誠意之潤身。方子。

問：「忠信進德，莫只是實理否？」曰：「此説實理未得，只是實心。有實心則進德，德〔三〇〕自無窮。」學蒙。〔三一〕

問：「『修辭立其誠』，何故獨説辭？得非只舉一事而言否？」曰：「然。也是言處多，言是那發出來處。人多是將言語做没緊要，容易説出來。若一一要實，這工夫自是大。『立其誠』，便是那後面『知終終之，可與存義也』。」僩。

蔓淵問「修辭立其誠，所以居業也」。曰：「如胡説空誠意，如何立説？一句話是一句的確方立得誠。『居業』如人住屋子，日日如此。」學蒙。〔三二〕

「忠信所以進德」，只是著實則德便自進。居只是常常守得，常常做去。業只是這個業。今日「修辭立其誠」，明日又「修辭立其誠」。淵。

「進德修業」，進是要日新又新，德須是如此，業却須著居，修業便是要居他。居如人之居屋，只住在這裏面便是居，不成道修些個了便了。修辭便是立誠，如今人持擇言語，丁一確二，一字是一字，一句是一句，便是立誠。若還脱空亂語，誠如何立？伊川説這個做兩字，明道只做一意〔三三〕説。明道説這般底，説得條直。淵。

「忠信進德，修辭立誠」與「敬以直内，義以方外」，分屬乾坤，蓋取健順之〔三四〕體。修辭立誠自有剛健主立之體，敬義便有静順之體。進修便是個篤實，敬義便是個虚静，故曰「陽實陰虚」。㽦。

「坤只説得持守一邊事。如乾九三言『忠信所以進德，修辭立其誠，所以居業』，便連致知、持守都説了。坤從首至尾皆去却一個頭，如云『後得主而有常』、『或從王事，無成有終』，皆是無頭。」文蔚曰：「此見聖人、賢人之分不同處。」曰：「然。」文蔚。

「『忠信所以進德』是乾健工夫，蓋是剛健粹精，兢兢業業，日進而不自已，如活龍然，精彩氣焰自有不可及者。『直内方外』是坤順工夫，蓋是固執持守，依文按本底做將去，所以爲學者事也。」又云：「説易只是陰陽，説乾坤只是健順。如此議論，更無差錯。」人傑。

「『忠信所以進德，修辭立其誠所以居業』，如何是乾德？」「只是健底意思，恁地做去。」〔三五〕「『敬以直内，義以方外』，如何是坤德？」「只是順底意思，恁地收斂。」〔三六〕淳。

問：「『忠信所以進德修業』，如何是乾德？『敬以直内』，如何是坤德？」曰：「『忠信所以進德』是健底意思，是硬立脚做去。『敬以直内』是順守意思，只是恁地收斂做去。」寓。〔三七〕

問：「『忠信所以進德，修辭立誠』，這是知得此理後全無走作了，故直拔恁地勇猛剛健做將去，便是乾道。資敬義夾持之功，不敢有少放慢，這是坤道。」曰：「意思也是恁地。但乾便帶了個知底意思，帶了個健底意思。所謂『進德』又是他心中已得這個道理了。到坤便有個順底意思，便只蒙乾之知，更不説個『知』字，只説敬義夾持做去底已後事。」道夫問：「『敬以直内』，若無『義以方外』也不得。然所謂『義以方外』者，只是見得這個道理合當恁地，便只斬截恁地做將去否？」曰：「見不分曉則圓後糊塗，便不方了。『義以方外』只那界限便分明，四面皆恁平正。」道夫。

履之問：「『忠信所以進德、修辭立其誠所以居業者[三八]，乾道也；敬以直内、義以方外者[三九]，坤道也』。乾道恐是有進修不已之意，坤道是安静正固之意否？」曰：「大略也如此。但須識得『忠信所以進德』是如何。」仲思曰：「恐只是『發己自盡，循物無違』。」曰：「此是言應事接物者，却又依舊是『修辭立其誠』了。」伯羽曰：「恐是存主誠實，以爲進德之地。」曰：「如何便能忠信？仲思所説固只是見於接物，蜚卿所説也未見下落處。」直卿曰：「恐作内外分説，如中庸所謂『大德敦化，小德川流』。」曰：「也不必説得恁地高。這只是『如惡惡臭，如好好色』則其獨自謹。」「『乾固是健，然硬要他健也不得。譬如不健底人只有許多精力，如何强得？』『乾從知處説，坤從守處説。』」「生知者是合下便見得透，忠信便是他，更無使之忠信者。」「大凡人學須是見到自住不得處方有功，所以聖人説得恁地寬，須是人自去裏面尋之，須是知得方能忠信。『誠之者，人之道』，看『誠之』字全只似固執意思，然下文必先説擇善而後可固執也。某嘗謂，這心若未正時，雖欲强教他正也卒乍未能得他正。若既正後，雖欲邪也卒乍邪未得。雖曰『操則

存，舍則亡』，然亡〔四〇〕也不得恁地快，自是他勢恁地。」伯羽。〔四一〕

伊川說「內積忠信」，「積」字說得好。某「實其善」之說雖密，不似「積」字見得積在此而未見於事之意。學蒙。〔四二〕

伊川解「修辭立誠」作「擇言篤志」，說得來寬。不如明道說云「修其言辭，正爲立己之誠意」，乃是體當自家「敬以直內，義以方外」之實事。學蒙。〔四三〕

「『內積忠信，所以進德也；擇言篤志，所以居業也』。擇言便是修省言辭，篤志便是立誠，『知至至之』便是知得進前去。」又曰：「『知至』便是真實知得『如惡惡臭，如好好色』，『至之』便是真個求到『如惡惡臭，如好好色』之地。『知終』便是知得進到這處了。如何保守得便終保守取，便是『終之』。如『修辭立其誠』便是『知終終之』。『可與幾』是未到那裏，先見得個事幾便是見得到那裏。『可與存義』便似守得個物事在。一個是進，一個是居。進如『日知其所亡』，只管進前去；居如『月無忘其所能』，只管日日恁地做。」賀孫。

「內積忠信」，一言一動必忠必信，是積也。「知至至之」全在「知」字，「知終終之」，在着力守之。賀孫。

道夫〔四四〕問：「『內積忠信』是誠之於內，『擇言篤志』是誠之於外否？」曰：「『內積忠信』是實心，『擇言篤志』是實事。」又問：「『知至至之』是致知，『知終終之』是力行，自今觀之，[四五]固是如此。然細思，恐知至與知終屬致知，至之、終之屬力行，二者自相兼帶。」曰：「程子云『知至至之』主至[四六]，『知終終之』主終[四七]。然某却疑似亦不須如此説，只恐[四八]『忠信所以進德，修辭立其誠所以居業』説自得。蓋無一念之不誠，所以進其德也。德謂之『進』，則是見得許多又進許多。無一言之不實，所以居其業也。業謂之『居』，便是知之至此又有以居之也。」道夫。

今[四九]思「乾，聖人之分也，可欲之善屬焉；坤，賢人之分也，有諸己之信屬焉」。對曰：「乾者，純陽之卦，陽氣之始也，始無不善。聖人之心純乎天理，一念之發無非至善，故曰『乾，聖人之分也，可欲之善屬焉』。坤者，純陰之卦，陰氣之終，所以成始者也。賢人學而後復其初，欲有諸己必積習而後至，故曰『坤，賢人之分也，有諸己之信屬焉』。」先生曰：「只是一個是自然、一個是做工夫。『可欲之謂善』是説資稟可欲，是別人以爲可欲。『有諸己之謂信』是説學。」[五〇]

又[五一]問：「『忠信所以進德也』，[五二]本義云：『忠信主於心者，無一念之不實。』既無不實則是成德，恐非進德之事也。」曰：「『忠信所以進德』，忠信者，無一毫之不實。若有一毫之不實，如捕風捉影，更無下工處，德何由進。須是表裏皆實，無一毫之僞，然後有以爲進德之地，德方日新矣。」又問：「『修辭』云『無一言之不實』，此易曉。『居業』如何實？」曰：「日日如此行，從生至死常如此用工夫，無頃刻不相似[五三]也。」又曰：「『知崇禮卑』，亦是此事[五四]。『崇效天，卑法地』。[五五]『知崇』，進德之事也；『禮卑』，居業之事也。」[五六]僩。

飛卿舉聖賢所說忠信處以求其同異。曰：「公所舉許多忠信只是一個，但地頭不同。」直卿問：「乾之『忠信』與他處所謂『忠信』，正猶夫子之『忠恕』，與子思所謂『違道不遠』之『忠恕』相似。」曰：「不然。此非有等級也，但地頭各別耳。正如伊川所謂『無妄之謂誠，不欺其次也』。不欺也是誠，但是次於無妄耳。」先生復問：「昨所說如何？」曰：「先生昨舉『如好好色，如惡惡臭』說『忠信所以進德』。」曰：「只是如此，何不以此思之？適所舉忠信只是對人言之者，乾之忠信是專在己上言之者。乾卦分明是先見得這個透徹，便一直做將去。如『忠信所以進德』至『可與存義』，也都是徑前做去，有勇猛嚴厲、斬截剛果之意，須是見得方能恁地。又如『樂則行之，憂則違之，確乎其不可拔』，亦是這般剛決意思。所以生知者分明是合下便見得透，故其健自然如此，更着力不得。坤卦則未到這地位，『敬以直內，義以方外』未免緊帖把捉，有持守底意，不似乾卦見得來透徹。」道夫問：「易傳云『內積忠信，所以進德也』，『積』字又也似用力，如何？」曰：「正是用力，不用力如何得！乾卦雖如此，亦是言學。但乾是先知得透，故勇猛嚴厲，其進莫之能禦。」履之問：「易之『忠信』莫只是實理？」曰：「此說實理未得，只是實心。有實心則進德自無窮已。實[五七]心便是學者之關中河內，必先有此而後可以有爲，若無此則若存若亡而已，烏能有得乎？『有諸己之謂信』，意正謂此。」又曰：「程子謂『一心之中如有兩人焉。將爲善，有惡以間之，爲不善又有愧耻之心。此正交戰之驗』，程子此語正是言意不誠、心不實處。大凡意不誠分明是吾之賊。我要上，他牽下來；我要前，他拖教後去。此最學者所宜察。」道夫。

問「君子進德修業。忠信所以進德，修辭立誠所以居業」云云〔五八〕。曰：「這『忠信』二字，正是中庸之『反諸身而誠』、孟子之『反身而誠』樣『誠』字。是知得真實了，知得決然是如此，更攧撲不碎了，只欠下手去做。『忠信』是知得到那真實極至處了，『修辭立誠』是做到真實極至處。若不是真實知得，進個甚麽？前頭黑淬淬地，如何地進得去？既知得，若不真實去做，那個道理也只懸空在這裏，無個安泊處，所謂『忠信』也只是虚底道理而已。這裏極難説，須是合中庸『反諸身而誠』與孟子『反身而誠』諸處看。舊又見先生説：「孟子『有諸己之謂信』，亦是易中所謂『忠信』，非『主忠信』之『忠信』也。」若看不透，且休，待他時看。而今正是這『忠信所以進德』一節看未得，所以那『修辭立誠』一段也看未得。」又問：「所以只説『修辭』者，只是工夫之一件否？」曰：「言是行之表，凡人所行者無不發出來，也是一件大事。」又曰：「『忠信』是始，『修辭立誠』是終。『知至至之』是忠信進德之事，『知終終之』是居業之事。」問：「『至之』是已至其處否？」曰：「未在。是知得那至處方有個向望處，正要行進去。『知終終之』是已至其處了，終之而不去。」又問：「『忠信所以[五九]』至『居業』，可以做聖人事否？」曰：「不可。所以進德正是做工夫處。聖人則不消説忠信了，只説得至誠。」問：「如此則皆是學者事？」曰：「然。這裏大概都是學者事。」問：「頃見某人言，乾卦是聖人事，坤卦是賢人事，不知是否？」曰：「某不見得如此，便是這物事勞攘。如説他是聖人事，他這裏[六〇]又有説學者處。如初九云『潛龍勿用，子曰』云云也可以做聖人事。九二曰云云也可以做聖人説。及至九三便説得勞攘，只做得學者事矣。」問：「內卦以德、學言，外卦以時、位言，此却定。」曰：「然。」僩。

問：「乾九三文言曰[六一]『忠信所以進德也，修辭立其誠所以居業也』，疑忠信是指言行發出[六二]於外者而言。如『爲人謀而不忠，與朋友交而不信』，皆是發見於外者，如何却言『進德』？『修辭立誠』與忠信果何異？人[六三]指爲『居業』，何也？」曰：「忠信是心中朴實頭見得道理如此，故[六四]日進而不已，猶孟子所謂『有諸己』者是也，故指進德而言。『修辭立誠』却是就言語上説。」又問：「『立誠』不就制行上説，而特指『修辭』，何也？」曰：「人之不誠處多在言語上也。」柄。

「君子進德」至「存義也」。忠信猶言實其善之謂，非「主忠信」、「與朋友交而信[六五]」之「忠信」。能實其爲善之意自是住不得，德不期進而自進，猶饑之欲食，自是不可已。進德則所知所行自進而不已，居業則只在此住了不去。只看「進」字、「居」字可見。進者，日新而不已；居者，一定而不易。「忠信進德，修辭立誠居業」，工夫之條件也；「知至至之可與幾，知終終之

可與存義」，工夫之功程也。此一段只是説「終日乾乾」而已。學蒙。〔六六〕

敬之問：「『忠信』至『存義也』，上面『忠信』與『修辭立誠』，未是工夫，到下面方是工夫，是〔六七〕否？」曰：「『忠信所以進德，修辭立其誠所以居業』，如何未是工夫？只上面『忠信』與『修辭立誠』便是材料，下面『知至，知終』，惟有實了方會如此。大抵以忠信爲本。忠信只是實，若無實如何會進。如播種相似，須是實有種子下在泥中，方會日日見發生，若把個空殼下在裏面，如何會發生？即是空道理，須是實見得。若徒將耳聽過，將口説過，濟甚事？忠信所以爲實者，且如孝，須實是孝，方始那孝之德一日進一日；如弟，須實是弟，方始那弟之德一日進一日。若不實，却自無根了，如何會進。今日覺見恁地去，明日便漸能熟。明日方見有一二分，後日便見有三四分，意思自然覺得不同。『立其誠』，誠依舊便是上面忠信。『修辭』是言語照管得〔六八〕，那裏面亦須照管得到。『居業』是常常如此，不少間斷。德是得之於心，業是見之於事。『進德』是自覺得意思日强似一日，日振作似一日，不是外面事，只是自見得意思不同。業是德之事也，德則欲日進，業要終始不易，居是存而不失之意。『可與幾』是見得面前個道理，便能日進向前去。『存義』是守這個義，只是這個道理常常存在這裏，『可』是心肯意肯之義。譬如昨日是無奈何勉强去爲善，今日是心肯意肯要去爲善。」賀孫。

問「忠信進德」一段。先生曰：「『忠信』是心中所發，真見得道理如此，『如惡惡臭、好好色』一般。『修辭立誠』是就事上説，欲無一言之不實也。」問：「修辭也是舉一端而言否？」曰：「言者行之表，故就言上説。」又云：「『知至至之』是屬『忠信進德』上説，蓋真見得這道理，遂求以至之。『知終終之』是屬『修辭立誠』上説，蓋事是已行到那地頭了，遂守之而不失。」又云：「『忠信進德』見是個[六九]『修辭立誠』底道理，『修辭立誠』是行個『忠信進德』底道理。」學蒙。[七〇]

符問「知至至之可與幾也，知終終之可與存義也」。曰：「『忠信所以進德也，修辭立其誠所以居業也』，方説『知至至之可與幾也，知終終之可與存義也』。『知至』是知得到至處，『至之』謂意思也隨他到那處，這裏便可與理會幾微處。『知終』是知得到終處，『終之』謂意思也隨他到那裏，這裏便可與存義。『存』謂存主，今日也存主在這裏，明日也存主在這裏。」賀孫。

「知至」雖未做到那裏，然已知道業可居，心心念念做將去。「修辭立其誠」以終他，終便是居了。「進德」、「知至」、「可與幾」是一類事。這般處説得精，便與那「崇德廣業」、「知崇禮卑」一般。若是那「始條理、終條理」底，説得粗。淵。

「知至至之」，知謂進德者也；「知終終之」，此知謂居業者也。進德者，「日日新，又日新」，進進而不已也；居業者，日日守定在此也。然必內有忠信方能修辭，心不在時如何修得？於乾言「忠信」者有繼[七一]而無息之意，於坤言「敬」者有順而有常之意。祖道。

「知至至之」主在「至」上，「知終終之」主在「終」上。「至」是要到那去[七二]處而未到之辭。如去長安，未到長安却先知道長安在那裏，從後行去，這便是進德之事。進德是要日新又新，只管要進去便是要至之，故説道「可與幾」。未做到那裏，先知得如此，所以説「可與幾」。「進」字貼着那「幾」字，「至」字又貼着那「進」字，「終」則只是要守。業只是這業，今日如此，明日又如此，所以下個「居」字。[七三]「終」者只這裏終，「居」字貼着那「存」字，「終」字又貼着那「居」字。德是心上説，義是那業上底道理。淵。

「知至至之」，知其可至而行至[七四]也；「知終終之」，知其可住而止之。祖道。

「知至」是要知所至之地，「至之」便是至那地[七五]了。「知終」是知得合如此，「終之」便須下終底工夫。「幾」字是知之初，方是見得事幾便須是至之。「存義」是守得定方存得這義。砥。[七六]

「可與幾，可與存義」是旁人説，如「可與立，可與禮」之「可與」同。砥。[七七]

用之問「知至至之可與幾也，知終終之可與存義也」。曰：「上『至』字是至處，下『至』字是到那至處。『知終』是終處，『終之』是終之而不去，蓋求必終於是而守之不去也。『知至至之可與幾也』，[七八]先知爲幾。如人欲往長安，雖未到長安，然已知長安之所在，所謂『可與幾也』。若已到彼，則不謂之『幾』，『幾』者先知之謂也。『知終終之，可與存義也』，[七九]存者守而勿失。既知得個道理如此，則堅守之而勿失，所謂『可與存義也』。」僩。

問：〔八〇〕「『知至』與『知終』，『終』字與〔八一〕『至』字其義相近，如何？」曰：「這處都〔八二〕作兩段衮將去，所以難得分曉。『知至』與『至之』，『知終』與『終之』，分作四截說。『知至』是知得到處，『知終』是終其到處。『至之』是須着行去到那處，故曰『知至至之』。〔八三〕『終之』是定要守到那處，故曰『知終終之』。〔八四〕上兩個『知』字却一般。」舉遺書所謂「『知至至之』主知也，『知終終之』主終也」，「均一『知』也，上却主知，下却主終。要得守故如此。」寓。

亞夫問「知至至之」、「知終終之」之旨。曰：「『知至至之』是進德意，如人欲到長安，雖未得，却見得長安在，彼自然趕逐將去，故曰『可與幾』也。『知終終之』是居業意，『修辭立其誠』，今日也只做此事，明日也只做此事，更無底意，故曰『可與存義』也。此兩句緊要在『至』字與『終』字上。」處謙。〔八五〕

「知至至之」。「知至」則「知」字是輕，「至」字是到那處。「至之」則「至」字是實，「之」字是虛。如知得要到臨安是「知至」，須是行到那裏方是「至之」。大學「知至」，「知」字是〔八六〕重，「至」字是〔八七〕輕。賀孫。

問：「乾卦內卦以德學言，外卦以時位言否？」先生云：「此正說文言六段，蓋雖言德學而時位亦在其中，非德學何以處時位？此是『子曰』以下分說，其後却錯雜說了。」學蒙。僩

録同。〔八八〕

天下所患無君，不患無臣。有如〔八九〕是君必有如〔九〇〕是臣，雖使而今無，少間也必有出來。「雲從龍，風從虎」，只怕不是真個龍虎，若是真個〔九一〕龍虎，必生風致雲也。僩。

「『上下無常非爲邪，進退無恒非離群』，是不如此只要得及時。」又云：「如此説也好。」淵。

體無剛柔，位有貴賤。因他這貴賤之位隨緊慢説有那難處，有那易處。九三處一卦之盡，所以説得如此。九二位正中，便不恁地。淵。

「飛龍在天，利見大人」。文言分明言：「同聲相應，同氣相求。水流濕，火就燥，雲從龍，風從虎，聖人作而萬物覩。」他分明是以聖人爲龍，以作言飛，以萬物覩解「利見大人」，只是言天下利見夫大德之君也。今人却別做一説，恐非聖人本意。道夫。

看來大人只是這大人，無不同處。伊川之病在那二五相見處，卦畫如何會有相見之理。只是説人占得這爻利見於大人。「萬物覩」之「覩」便是「見」字。且如學聚、問辨説個君德，前一處也説君德，蓋説道雖非君位而有君德。下面説許多大人者，所以〔九二〕爲大人者如此。今却説二五相見，却揍不着他這語脈。且如「先迷，後得至〔九三〕主利，西南得朋，東北喪朋」，只是説先時不好，後來却好，西南便合着，東北便合不着。豈是説卦爻？只是説占底人。常觀解易底惟是東坡會做文字了，都揍着他語脈。如「渙其群，元吉」，諸家皆云渙散了却成群，都不成語句。唯東坡説道，渙散他小小群，聚合成一大群。如那天下混一之際破散他小群〔九四〕，如此方成文理。淵。

葉味道〔九五〕問：「聖人於文言只把做道理説？」先生曰：「有此氣便有此理。」又問：「文言反覆説，如何？」曰：「如言『潛龍勿用，陽在下也』，又『潛龍勿用，下也』，只是一意重疊説。伊川作兩意，未穩。」劉居之問「人皆有不忍人之心」一段〔九六〕。曰：「『惻隱之心，仁之端也』，猶〔九七〕乍見孺子入井，此只是一件事。仁之端只是仁萌芽處，如羞惡即是羞惡這一件事，辭遜即是辭遜這一件事；是非亦即見得這一件事爲是爲非，〔九八〕方是義、禮、智萌芽處。要得〔九九〕推擴充滿得自家本然之量，不特是見赤子〔一〇〇〕入井便恁地，其他事皆恁地。如羞惡、辭遜、是非，不特於一件事上恁地，要事事皆然，方是充滿足〔一〇一〕、無欠闕〔一〇二〕。如〔一〇三〕『知皆擴而充之矣』，知方且是知得如此，若火始然、泉始達。〔一〇四〕至説到『苟能充之則〔一〇五〕足以保四海』。〔一〇六〕蓋『知』字與『始然』、『始達』字相應，『充』字與『保四海』相應。蓋〔一〇七〕纔知得便不能自已〔一〇八〕。若火纔發〔一〇九〕便不可遏，泉纔達便涓涓流而不絶。」植。〔一一〇〕

問「乾元用九，天下治也」。先生云：「九是天德，健中便自有順，用之則天下治。如下文『乃見天則』，『則』便是天德。與上文『見群龍無首』又別作一樣看。」砥。〔一一一〕

「乾元者始而亨」一段，「始而亨」是生出去，「利貞」是收斂聚方見性情。所以言「元亨誠之

通，利貞誠之復」。砥。〔一一二〕

「元亨」是大通，「利貞」是收斂情性。道夫。

「利貞者，性情也」是乾元之性情，「始而亨」時是乾之發作處，共是一個性情。到那利貞處，一個有一個性情，百穀草木皆有個性情了。元亨方是他開花結子時，這〔一一三〕利貞時方見得他底性情，就這上看乾之性情，便見得這是那「利貞誠之復」處。淵。

問「利貞者，性情也」。曰：「此只是對『元亨』說，只〔一一四〕是意思體質。蓋『元亨』是動，發用在外；『利貞』是靜而伏藏於內。」僩。

問〔一一五〕「利貞者性情」。曰：「此是〔一一六〕相對說。性情如言本體。〔一一七〕元亨是發用處，利貞是收斂歸本體處。體却在下，用却在上。蓋春便生，夏便長茂條達，秋便有個收斂撮聚意思，直到冬方成。」〔一一八〕又〔一一九〕曰：「天地之心別無可做，『大德曰生』只是生物而已。謂如一樹，春榮夏敷，至秋乃實，至冬乃成。雖曰成實，若未冬〔一二〇〕便種不成。直是受得氣足便是將欲相離之時，却將千實來種便成千樹，如『碩果不食』是也，方其自小而大各有生意。到冬時，疑若樹無生意矣，不知却自收斂在下，每實各具生理，更見生生不窮之意。這個道理真是自然，全不是安排得。只是聖人便窺見機緘，發明出來。伊川易傳解四德，便只就物上說：『元者萬物之始，亨者萬物之長，利者萬物之遂，貞者萬物之成。』解得逐〔一二一〕字最好。通書曰『元亨

誠之通，利貞誠之復』，通即發用，復即本體也。」畓。〔一一二〕

「不言所利」是説得不似坤時「利牝馬之貞」，但説利貞而已。淵。

「不言所利」，明道説云「不有其功，常久而不已者乾」，此語説得好。淵。

「『大哉乾乎』，陽氣方流行固已包了全體，陰便在這〔一一三〕裏了，所以説『剛健中正』。然不可道這裏却夾雜些陰柔，所以却説『純粹精』。」淵。

「剛健中正」，爲其嫌於不中正，所以説個「中正」。陽剛自是全體，豈得不中正？這個因近日趙善譽者著一件物事説道：「只乾坤二卦便偏了。乾只是剛底一邊，坤只是柔底一邊。」某説與他道：「聖人做一部易，如何却將兩個偏底物事放在疋頭？如何不討個混淪底放在那裏？」注中便是破他説。淵。

德都〔一二四〕行之本，「君子以成德爲行」，言德則行在其中矣。道夫。

問：「『行而未成』如何？」曰：「只是事業未就。」又問：「乾六爻皆聖人事，安得有未成？伊川云『未成是未著』，莫是如此否？」曰：「雖是聖人，畢竟初九行而未成。」問：「此只論事業，不論德否？」曰：「不消如此費力。且如伊尹居有莘之時，便是『行而未成』。」文蔚。

「學聚、問辨」，聖人説得寬。這個便是下面所謂「君德」。兩處説君德皆如此。〔一二五〕

乾之九三，以過剛不中而處危位〔一二六〕，當「終日乾乾，夕惕若」，則「雖危無咎矣」。聖人正意只是如此，若旁通之，則所謂「對越在天」等說皆可通。大抵易之卦爻，上自天子，下至庶人，皆有用處。若謂乾之九三君德已著爲危疑之地，則只做得舜禹事使。人傑。

又〔一二七〕問：「『先天而天弗違，後天而奉天時』，聖人與天爲一，安有先後之殊？」曰：「只是聖人意要如此，天便順從，先後相應，不差毫釐也。」因說：「人常云，如雞覆子，啐啄同時，不知是如此否？」時舉云：「舊時家嘗養雞，時舉時爲兒童，〔一二八〕日候其雛之出。見他母初未嘗啄，蓋氣數纔足便自橫迸裂開。有時見其出之不利，因用手略助之，則其子下來便不長進，以此見得這裏一毫人力有不能與。」先生笑而然之。時舉。

問：「胡文定公云：『舜「先天而天弗違」，「志壹則動氣也」。孔子「後天而奉天時」，「氣壹則動志也」。』如何？」先生曰：「『先天而非違』者，舜先作韶樂而鳳凰來儀；『後天而奉天時』者，孔子因獲麟而作春秋。『志壹動氣』、『氣壹動志』，皆借孟子之言形容天地感格之意。」謨。

乾卦有兩個「其惟聖人乎」，王肅本却以一個做「愚人」，此必其自改得恁地亂道。如中庸，王肅作「小人反中庸」，這却又改得是。賀孫。

坤

乾主義，坤便主利。占得這卦便主利底〔一二九〕事。不是坤道主利萬物，乃是此卦占得時主有利。淵。

「主利」不是謂坤主利萬物，是占者主利。砥。

「利牝馬之貞」，言利於柔順之正而不利於剛健之正。「利」是個虚字。「西南得朋」固是好了，「東北喪朋」亦自不妨爲有慶。坤比乾，都是折一半用底。淵。

「利牝馬之貞」本無四德底意，彖中方有之。彖中説四德自不分曉，前數説「元亨」處却説得分明，後面幾句無理會。「牝馬地類，行地無疆」便是那「柔順利貞，君子攸行」，本連下面，緣他趂押韻後，故説在此。這般底難十分理會。「先迷失道」却分曉，只是説坤道。池本無「先迷」至此十二字。「先迷後得，東北西南」大概是陰減池本有「爲」字。陽一半。就前後言，没了前一截；就四方言，没了東北一截。陽却是全體安貞之吉，他這分段只到這裏，若更妄作以求全時便凶了。在人亦當如此。伊川説「東北喪朋」處，但不知這處添得許多字否？此是用王輔嗣説。淵。〔一三〇〕

又論坤卦「利牝馬之貞」，曰：「乾卦『元亨利貞』便都好，到坤只一半好。全好故云『利永貞』。一半好故云『利牝馬之貞』，即是亦有不利者。只『西南得朋，東北喪朋』，雖伊川亦解做不好。殊不知『西南得朋』乃以類行，豈是不好！至於東北，是坤卦到東南則好，到西北實是喪朋〔一三一〕，亦非是凶。只是自然不容不喪朋，雖然喪朋，『乃終有慶』，〔一三二〕却終有慶耳。」東南

得地，與類行，自是好。西北不得地，自然喪朋。然其終亦如此等説，恐難依舊説。|僴。

「牝馬之貞」，伊川只爲泥那四德，所以如此説不通。|淵。

「陰體柔躁」，只爲他柔所以躁，剛便不躁。躁是那欲動而不得動之意，剛則便動矣。柔躁不能自守，所以説「安貞吉」。|淵。

資乾以始便資坤以生，不争得霎時間。乾底亨時，坤底亦亨。生是生物，|池本「時間」至此無，有「坤之所生」四字。〔一三三〕即乾之所始者。|淵。

徐焕云：「天之行健，一息不停。而坤不能順動以應其行，則造化生生之功或幾乎息矣。」此語亦無病。萬物資乾以始而有氣，資坤以生而有形。氣至而生，生即坤元，徐説亦通。|淵。

「未有乾行而坤止」，此説是。且如乾施物，坤不應則不能生物。既會生物便是動。若不是他健後，如何配乾？只是健得來順。|淵。

又曰：〔一三四〕「東北非陰之位。陰柔至此，既喪其朋自立脚不得，必須歸本位，故終有慶。」又曰：「牝是柔順，故先迷而喪朋。然馬健行，却後得而有慶。牝馬不可分爲二，今姑分以見其義。」|砥。〔一三五〕

「坤卦『西南得朋乃與類行，〔一三六〕東北喪朋乃終有慶』，既言『終有慶』，則有慶不在今矣。|沈録此下云「言乃終有慶也」。〔一三七〕爲他是個柔順底物，東北陽方非他所安之地。慢水中魚去

水〔一三八〕中不得，自是喪朋。於〔一三九〕東北則必反於西南，是終有慶也。正如『先迷後得』，爲他柔順故先迷，柔順而不失乎健故後得，所以卦下言『利牝馬之貞』。喪朋先迷便是『牝』，有慶後得便是『馬』，將『牝馬』字分開，却形容得這意思。」文蔚曰：「大抵柔順中正底人，做越常過分底事不得，只是循常守分時又却自做得他底事。」曰：「是如此。」文蔚録同。〔一四〇〕

地之勢常有順底道理，且如這個平地，前面便有坡陁處，那〔一四一〕突然起底也自順。淵。

陰爻稱六，與程傳之説大不同。這只就四象看便見得分曉。陰陽一段只説通例，此兩物相無不得底〔一四二〕，且如天晴幾日後無雨便不得。十二個月，六月是陰，六月是陽。一日中，陽是晝，陰是夜。淵。

坤六爻雖有重輕，大概皆是持守、收斂、畏謹底意。砥。〔一四三〕

問：「履霜堅冰，何以不著占象？」曰：「此自分曉。占者自前〔一四四〕未見有害，却有未萌之禍，所宜戒謹。」砥。〔一四五〕

陰陽皆自微至著，不是陰便積著便陽，合下具足。〔一四六〕此處亦不説這個意。「履霜堅冰」，只是説那〔一四七〕從微時便須著慎來，所以説「蓋言慎也」，「由辨之不早辨」。李光祖云：「不早辨他，直到得郎當了却方辨，劃地激成事來。」此説最好。淵。

「直方大」是他陰爻居陰位，無如此之純粹。爻辭云「直方大」者，言占者「直方大」則「不習無不利」，却不是說坤德直方大也。且如「元亨利貞」，彖裏面說底且隨他說做一個事，後面說底四事又儘隨他說去。如某之說爻，無許多撈攘。淵。

問：「坤之道『直方大』，六二純正，能得此以爲德否？」曰：「不可說坤先有是道，而後六二得之以爲德。坤是何物？六二是何物？畢竟只是一個坤。只因這一爻中正，便見得『直方大』如此。」學蒙。〔一四八〕

六二不當說正，要說也說得行，不若除了。淵。

問：「坤二五皆中爻。二是就盡得地道上說，五是就著見於文章事業上說否？」曰：「不可說盡〔一四九〕地道，他便是坤道也。二在下方是就工夫處〔一五〇〕說，文言云『不疑其所行』是也。五得尊位則是就他成就處說，所以云『美在其中而暢於四支，發於事業，美之至也』。」學蒙。〔一五一〕

「黃裳元吉」，不過是在上之人能以柔順之道。黃，中色。裳是下體之服。能似這個則無不吉。淵。

六五〔一五二〕「黃裳元吉」，這是那居中處下之道。乾之九五自是剛健底道理，坤之六五自是柔順底道理。各隨他陰陽自有一個道理。其爲九六不同，所以在那五處亦不同。這個五之柔順從那六裏來。淵。

問：「坤六五［一五三］『黄裳元吉』，伊川解作聖人示戒，並舉女媧氏［一五四］、武后之事。今考本爻無此象，這又是象外立教之意否？」先生云：「不曉這意，看來［一五五］伊川要立議論教人可向別處説，不可硬配在易上説。此爻何曾有這義？都是硬入這意，所以説得絮了。」因舉云：「邵溥謂伊川因宣仁垂簾事有怨母后之意，故此爻義特爲他發。固是他後生妄測度前輩，然亦因此説而後發也。」學蒙。［一五六］

時舉［一五七］問：「坤上六，陰極盛而與陽戰，爻中乃不言凶。且乾之上九猶言『有悔』，此却不言，何耶？」曰：「戰而至於其［一五八］傷，『其血玄黄』，不言而凶可知矣。」時舉。

子耕問「龍戰于野」。曰：「乾無對，只是一個物事，至陰則有對待。大抵陰常虧於陽。」人傑。

㽦［一五九］問：「乾上九只言『亢』，坤上六却言『戰』，何也？」曰：「乾無對待，只有乾而已，故不言坤。則［一六〇］不可無乾。陰體不足，常虧欠，若無乾便没上截。大抵陰陽二物本別無陰，只陽盡處便是陰。」㽦。

「用六永貞，以大終也」。陽爲大，陰爲小，如大過、小過之類，皆是以陰陽而言。坤六爻皆陰，其始本小，到此陰皆變爲陽矣。所謂「以大終也」，言始小而終大。文蔚。僩録同而無「言始」以下六字。［一六一］

「坤至柔而動也剛」。坤只是承天，如一氣之施，坤則盡能發生承載，非剛安能如此？僩。

「敬以直内」最是緊切工夫。賀孫。

問「義形而外方」。曰：「義是心頭斷事底。心斷於内而外便方正，萬物各得其宜。」寓。按，陳淳録同。〔一六二〕

「敬以直内」是持守工夫，「義以方外」是講學工夫。升卿。

「敬以直内，義以方外」。「直」是直上直下，胸中無纖毫委曲。「方」是割截方整之意。德明。「方」，疑是「齊」。〔一六三〕

「敬以直内，義以方外」。〔一六四〕敬立而内自直，義形而外自方。若欲以敬要去直内，以義要去方外，即非矣。銖。

「敬以直内」便能「義以方外」，非是别有個義。敬譬如鏡，義便是能照底。德明。

「『敬以直内，義以方外，敬義立而德不孤』，此在坤六二之爻，論六二之德。聖人本意謂人占得此爻，若『直方大』則不習而無不利。夫子遂從而解之，以敬解直，以義解方。又須敬義皆立然後德不孤，將不孤來解『大』字。然有敬而無義不得，有義而無敬亦不得。只一件便不可行，便是孤。〔一六五〕若是敬義立，〔一六六〕施之事君則忠於君，事親則悦於親，交朋友則信於朋友，皆不待習而無一之不利也。」又問：「方是如何？」曰：「方是處此事皆合宜，截然區處得，如一物四方在面前，截然不可得而移易之意。若是圓時，便轉動得。」端蒙。

先之問「敬以直内，義以方外」。曰：「説只恁地説，須自去下工夫方見得如此。『敬以直内』是無纖毫私意，胸中洞然，徹上徹下，表裏如一。『義以方外』是見得是處決定是恁地，不是處決定不恁地，截然方方正正。須是自將去做工夫。聖門學者問一句，聖人答他一句便領略將去，實是要行得。如今説得盡多，只是不曾就身己做看。某之講學所以異於科舉之文，正是要切己行之。若只恁地説過，依舊不濟事。若實是把做工夫，只是『敬以直内，義以方外』八個字，一生用之不窮。」賀孫。

問：「『君子敬以直内，義以方外』，伊川〔一六七〕『主一之謂敬，無適之謂一』，而不涵義之意，則須於應事接物間無往而不主一，則義亦在其中矣。如此則當明敬中有義，義自敬中出之意方好。」答曰：「亦不必如此説。『主一之謂敬』只是心專一，不以他念亂之。每遇事與至誠專一做去，即是主一之義。但既有敬之名，則須還他『敬』字；既有義之名，則須是還他『義』字。二者相濟則無失，此乃理也。若必欲駢合，謂義自敬中出，則聖人何不只言『敬』字便了？既又言『義』字，則須與尋『義』字意始得。」大雅。

景紹問「敬義」之説〔一六八〕。答曰：「敬是立〔一六九〕之本，義是處事截然方正，各得其宜。」

道夫曰：「『敬以直内，義以方外』，莫是合内外之道否？」曰：「久之則内外自然合。」又問：

『敬以直内』後便能『義以方外』，還是更用就上做工夫？」曰：「雖是如此，也須是先去『敬以直内』，然後能『義以方外』。」景紹曰：「敬與誠如何？」曰：「敬是戒謹恐懼之義，誠是實然之理。如實於爲善，實於不爲惡，便是誠。只如敬與〔一七〇〕有誠與不誠。有人外若謹畏，内實縱弛，這便是不誠於〔一七一〕敬。只不誠便不得〔一七二〕是這個物。」道夫。

道夫〔一七三〕問：「前所説『敬』、『義』、『誠』三者，今思之，『敬以直内，義以方外』是個交相養之理，至於誠則合一矣。」曰：「誠只是實有此理。如實於爲敬，實於爲義，皆是誠。不誠則是無此，所以中庸有〔一七四〕謂『不誠無物』。」因問：「舊嘗聞有人問『不誠無物』，先生答曰：『秉彝不存謂之無人可也，中和不存謂之無禮樂可也。』還是先生所言否？」曰：「不記有無此語。只如此説也却無病。」〔一七五〕

晦庵先生朱文公語類卷第七十

易六

屯

屯是陰陽未通之時，蹇是流行之中有蹇滯，困則窮矣。賀孫。

「剛柔始交而難生」，龜山解云：「剛柔始交是震，難生是坎。」督。

「剛柔始交」是震，此是龜山説「震一索而得男」也。淵。〔一〕

「雷雨之動滿盈」，亦是那鬱塞底意思。淵。

「天造草昧，宜建侯而不寧」。孔子又是别發出一道理，説當此擾攘之時不可無君，故須立君。砥。〔二〕

「宜建侯而不寧」，不可道建侯便了，須更自以爲不安寧不可〔三〕。淵。

又[四]問：「屯、需二象皆陰陽未和洽成雨之象也。然屯言『君子以經綸』，而[五]需乃言『飲食宴樂』，何也？」曰：「需是緩意，在他無所致，乃[六]只得飲食宴樂。屯是物之始生，象草木初出地之狀。其初出時欲破地面而出，不無齟齬艱難，故當爲經綸，其義所以不同也。」時舉。

「十年乃字」，耿南仲亦如此説。淵。

蒙

「山下有險」是卦象，「險而止」是卦德。蒙有二義，「險而止」，險在内，止在外，自家這裏先自不安穩了，外面更去不得，便是蒙昧之象。若「見險而能止」則爲蹇，却是險在外，自家這裏見得去不得所以不去，故曰「知矣哉」。嘗説八卦着這幾個字形容最好。看如「險止」、「健順」、「麗入」、「説動」，都包括得盡，喚做「卦之情」。淵。

伊川説蒙亨，髣髴是指九二一爻説，所以云「剛中」也。淵。

「蒙以養正，聖功也」，蓋言蒙昧之時先自養教正當了，到那開發時便有作聖之功。若蒙昧之中已自不正，他日何由得會有聖功。淵。

問「山下出泉」。曰：「古人取象也只是看大意略如此髣髴，不皆端的。若解要到親切，便都没去處了。如『天在山中』，山中豈有天？如『地中有山』，便只是平地了。」淳。

「果行育德」又是別説一個道理，「山下出泉」却是個流行底物事暫時被他礙住在這裏。觀這意思，却是説自家當恁地做工夫。卦中如此者多。淵。

或自家是蒙，得他人發；或他人是蒙，得自家發。節。

卦辭有正易[七]底，有難曉底。「利用刑人，用説桎梏」，粗説時，如今人打人棒也，須與他脱了那枷方可，一向枷他，不得，若一向枷他，便是「以往吝」。這只是説治蒙者當寬慢，蓋法當如此。淵。

卦中説「剛中」處最好看。剛故能「包蒙」，不剛則方且爲物所蒙，安能「包蒙」！剛而不中亦不能「包蒙」。如上九過剛而不中，所以爲「擊蒙」。六三説「勿用取女」者，大率陰爻又不中不正，合是那一般無主宰底女人。「金夫」不必解做剛夫。此一卦緊要是九二一爻爲主，所以治蒙者，只在兩個陽爻。而上九過剛，故只在此九二爲主。而二與五應，亦助得那五去治蒙。大抵蒙卦除了初爻統説治蒙底道理，其餘三四五皆是蒙者，所以唯九二一爻爲治蒙之主。淵。

「不利爲寇」。寇只是要去害他，故戒之如此。淵。

問：「『擊蒙，不利爲寇』，如本義只是就自身克治上説，是如何？」曰：「事之大小都然。治身也恁地。若治人，做得太甚亦反成爲寇。占得此爻，凡事不可過當。如伊川作用兵之[八]説亦是。但只做得一事用，不如且就淺處説去，却事事上有用。若便説深了，則一事用得，別事

用不得。」學蒙。[九]

需

需主事，孚主心。需其事，而心能信實則「光亨」。以位乎尊位而中正，故所爲如此。「利涉大川」而能需，則往必有功。「利涉大川」，亦蒙上文「有孚，光亨貞吉」。淵。

「以正中」「以中正」，也則一般，這只是要協韻。淵。

後世策士之言只説出奇應變。聖人不恁地，合當需時便需。淵。

需，待也。「以飲食宴樂」謂更無所爲，待之而已。待之須存至時，學道者亦猶是也。人傑。

「穴」是陷處，唤做「所安」處不得。分明有個「坎，陷也」一句。柔得正了，需而不進，故能出於坎陷。四又是坎體之初，有出底道理。到那上六則索性陷了。淵。

伯豐問「需于酒食，貞吉」。曰：「需只是待。當此之時别無作爲，只有個待底道理。然又須是正，方吉。」㽦。

坎體中多説酒食，想須有此象，但今不可考。淵。

王弼説初上無位，如言乾之上九「貴而無位」、需之「不當位」。然乾之上九不是如此。需之不當却有可疑。二四止是陰位，不得言不當。淵。

易中「當」字皆當音去聲，音見乾卦注。節。〔一〇〕

訟

又〔一一〕問：「訟彖云『剛來而得中也』，大抵上體是剛，下體是柔，剛下而變柔則爲剛來。今訟之上體既是純剛，安得謂之剛來邪？」曰：「此等要須〔一二〕畫個圖子看便好。以某觀之，〔一三〕訟卦本是遯卦變來。遯之六二上爲訟之六三，其九三下爲九二，乃爲訟卦。此類如『柔來而文剛』、『分剛上而文柔』，與夫『剛自外來而爲主於内』，皆是如此。若畫圖子起便極好看，更不待說。若如先儒說，則多牽强矣。」時舉。

「不利涉大川」是上面四畫陽，載不起，壓了這船重。淵。

天自向上去，水自向下來，必是有訟。淵。

「作事謀始」，言觀此等象便當每事謀之於其始。淵。

王弼言「有德司契」是借這個「契」字說。言自家執這個契在此，人來合得，我便與他。自家先定了，這是「謀始」、「司契」底意思。淵。

九二正應在五，五亦陽，故爲窒塞之象。淵。

「三百户」必須有此象，今不可考。王輔嗣說「得意忘象」是要忘了這象，伊川又說「假象」

是只要假借此象。今看得不解得恁地全無那象，只是不可知，只得且從理上説。乾爲馬却説龍，坤爲牛却説馬，離爲龜却説牛，做得個例來括他方得。見説已做了例，又却不曾得見。淵。

「復即命，渝」，言復就命而變其不順之命。淵。

「訟元吉」便似乾之「利見大人」，有占無象者。爻便是象。「訟元吉」，九五便是。淵。

師

「吉无咎」，謂如一件事自家做出來好方得無罪咎，若做得不好，雖是好事也則有咎。「无咎吉」，謂如一件事元是合做底，自家做出來又好。如所謂「戰則克，祭則受福」，戰而臨事懼，好謀成，祭而恭敬齋肅，便是無咎，克與受福便是吉。如行師之道既已正了，又用大人率之，如此則是都做得是，便是吉了，還有甚咎？淵。

「在師中吉」，言以剛中之德在師中，所以吉。淵。

問：「潘謙之説師九二，欲互説，『在師中吉，懷萬邦也』，『王三錫命，承天寵也』，何如？」曰：「聖人作易象只是大概恁地，不是恁地子細解釋。」砥。〔一四〕

問：「『師或輿尸』，伊川説訓爲『衆主』，如何？」先生曰：「從來有『輿尸血刃』之説，何必又牽引説〔一五〕？某自小時未曾識訓詁，只讀白本時便疑如此説。後來從鄉先生學，皆作『衆主』説，甚不以爲然。今看來，只是兵敗，輿其尸而歸之義。小年更讀左傳『形民之力，而無醉飽之心』，意欲解釋『形』字是割剥之意，『醉飽』是厭足之意，蓋以爲割剥民力而無厭足之心。後來見注解皆以『形』字訓『象』字意，云象民之力而無已甚，某甚覺不然。但被『形』字無理會，不敢改他底。近看貞觀政要有引用處皆作『刑民』，又看家語亦作『刑民』字，方知舊來看處[一六]是。此是祭公箴穆公之語，須如某説，其語方切。」砥。[一七]

問：「師六五象曰『長子帥師，以中行也』，[一八]傳[一九]云：『長子謂九二以中正之德合於上，而受任以行。』夫以九之居二，中則是矣，豈得爲正？」曰：「此只是錯了一字耳，莫要泥他。」時舉。

「開國承家」爲是坤有土之象。然屯之「利建侯」却都無坤，止有震，此又不可曉。淵。

「説師卦[二〇]『開國承家，小人勿用』，舊時説只作論功行賞之時不可及小人。今思量看理去不得。他既一例有功，如何不及他得！看來『開國承家』一句是公共得底，未分別君子、小人在。『小人勿用』則是勿更用他與之謀議經畫爾。漢光武能用此義，自定天下之後一例論功行封。其所以用之在左右者，則鄧禹、耿弇、賈復數人，他不與焉。」因問云：「古之論功行封，真個是裂土地與之守，非如後世虛帶爵邑也。若使小人參其問，則誠有弊病。」先生云：「勢不容不封他得，但聖人別有以處之，未見得如何。如舜封象則使吏治其國，則若[二一]小人，亦自有以

處之也。」先生云：「此義方思量得如此，未曾改入本義，且記得〔二二〕。」〔二三〕

比〔二四〕

「比，吉也」，「也」字羨。當云：「比吉。比，輔也，下順從也。」「比，輔也」解「比」字，「下順從也」解「吉」字。廣。

李兄〔二五〕問：「比卦，大抵占得之，多是人君爲人所比之象。」先生云：「也不必拘。若三家村中推一個人作頭首，也是爲人所比，也須自審自家才德可以爲之比否。所以『原筮，元永貞』也。」學蒙。〔二六〕

「筮」字，説做占決亦不妨，然亦不必説定不是「龜筮」之「筮」。淵。

問「不寧方來，後夫凶」。曰：「別人自相比了，既已〔二七〕後於衆人，却要强去比他，豈不爲人所惡？是取凶也。『後夫』猶言後人。春秋傳有云『先夫當之矣』，亦只占中一義。」㽦。

比卦「後夫凶」〔二八〕。先生云：「『後夫』不必如伊川説。左傳齊崔卜娶妻卦云：『入于其宫，不見其妻，凶。』人以爲凶，他云：『前夫已當之矣。』彼云『前夫』則此云『後夫』，正是一樣語。陽便是夫，陰便是婦。」砥。〔二九〕

「後夫」只是説後來者。古人亦曾説「先夫當之」，也有喚作夫婦之「夫」底。淵。

「後夫凶」言九五既爲衆陰所歸，若後面更添一個陽來則必凶。古人如袁紹、劉馥、劉繇、劉備之事，可見兩雄不並棲之義。淵。

「終來有他」説將來，似「顯比」便有那周遍底意思。淵。

伊川言「建萬國以比民」，言民不可盡得而比，故建諸侯使比民，而天子所親者諸侯而已，這便是它比天下之道。淵。

又問「比之匪人」一爻。[三〇]曰：「初應四，四是外比於賢，爲比得其人。二應五，五爲『顯比』之君，亦爲比得其人。惟三乃應上，上爲『比之無首』者，故爲『比之匪人』也。」時舉。

問：「伊川解『顯比，王用三驅失前禽』，所謂來者掩之，去者不追。與『失前禽』而殺不去者所譬頗不相類，如何？」先生曰：「『田獵之禮，置旃以爲門，刈草以爲長圍。田獵者自門驅而入，禽獸向我而出者皆免，惟被驅而入者皆獲。故以前禽比去者不追，獲者譬來則取之。大者[三一]如此，無緣得一一相似。伊川解此句不足[三二]疑，但『邑人不誡吉』一句似可疑，恐易之文義不如此耳。」洽。

比九五「邑人不誡」，蓋上人[三三]顯明其比道而不必人之從己，而其私屬亦化之，不相戒約使人[三四]從己也。砥。[三五]

「邑人不誡」如有聞無聲，言其自不消相告戒，又如「歸市者不止，耕者不變」相似。淵。

小畜

小畜言以巽之柔順而畜三陽，畜他不住。大畜則以艮畜乾，畜得有力，所以唤作「大畜」。「小畜亨」，是説陽緣陰畜他不住，故陽得自亨。横渠言「易爲君子謀，不爲小人謀」。凡言亨皆是説陽，到得説陰處便分曉説道「小人吉」。「亨」字便是下面「剛中而志行乃亨」。淵。

又問云：〔三六〕「嘗〔三七〕見人説此卦作巽體順，是小人以柔順小術畜君子，故曰『小畜』。不知〔三八〕如何？」曰：「易不可專就人上説，且就陰陽上看分明。巽畜乾，陰畜陽，故謂之『小』。若配之人事，則爲小人畜君子也得，爲臣畜君也得，爲因小小事畜止也得，不可泥定一事説。」學蒙。〔三九〕

問「密雲不雨，自我西郊」。先生云：「此是以巽畜乾，巽順乾健，畜他不得，故不能雨。凡雨者皆是陰氣盛，凝結得密方温〔四〇〕潤下降爲雨。且如飯甑，蓋得密了，氣鬱不通，四畔方有温汗。今乾上進，一陰止他不得，所以彖中云『尚往也』，是指乾欲上進之象。到上九則以卦之始終言，畜極則散遂爲『既雨既處』。陰德盛滿如此，所以有『君子征凶』之戒。」學蒙。〔四一〕

小畜〔四二〕「密雲不雨，尚往也」，是陰包他不住，陽氣更散，做雨不成，所以尚往也。〔四三〕

又〔四四〕問：「『風行天上，小畜』，象義如何？」曰：「『天在山中，大畜』，蓋山是堅剛之物，故能力畜其三陽。風是柔軟之物，止能小畜之而已耳。」時舉。

「風行天上，小畜，君子以懿文德」，言畜他不住，且只逐些子發泄出來，只以大畜比之便見得。大畜說「多識前言往行以畜其德」，便見得〔四五〕小畜只是做得這些個文德，如威儀、文辭之類。淵。

又問：「小蓄『初九復自道，何其咎？吉』，此爻與四相應，正爲四所畜者，乃云『復自道』，何邪？」曰：「易有不必泥爻義看者，如此爻只平看自好。『復自道』便吉，復不自道便凶，自無可疑者矣。」〔四六〕

「復自道」之「復」與「復卦」之「復」不同。「復卦」言已前不見了這陽，如今陽〔四七〕在此。「復自道」是復他本位從那道路上去，如「無往不復」之「復」。淵。

小畜但能畜得九三一爻而已。九三是迫近他底，那兩爻自牽連上來。淵。

孚有在陽爻，有在陰爻。伊川謂：「中虛，信之本；中實，信之質。」淵。

「富以其鄰」與「上合志」，是說上面巽體同力畜乾。鄰如東家取個，西家取個，取上下兩畫也。此言五居尊位，便動得那上下底。「攣如」如〔四八〕手把攣住之象，「既雨既處」言便做畜得住了，做得雨後這氣必竟便透出散了。「德積」是說陰德，婦人雖正亦危，月纔滿便虧，君子到此亦行不得。這是那陰陽皆不利底象。淵。

上九雖則[四九]是陰畜陽，至極處，和而爲雨。必竟陰制陽是不順，所以云[五〇]雖正亦厲。砥。[五一]

履

「履虎尾」言履危而不傷之象。便是後履前之意，隨著他後去。淵。

履卦[五二]，上乾下兑，以陰躡陽，是隨後躡他，如踏他脚跡相似。所以云「履虎尾」是隨後履他尾，故於卦之三四爻發虎尾義，便是陰去躡他陽背脊後處。伊川云「履藉」，説得生受。砥。[五三]

叔重問：「易履卦彖曰[五四]『剛中正，履帝位而不疚，光明也』，此是指九五而言。然九五爻辭則[五五]云『夬履貞厲』，與彖似相反，何邪？」曰：「九五是以剛居上，下臨柔説之人，故決然自爲而無所疑，不自知其過於剛耳。」時舉。

伊川這一卦説那大象，并「素履」、「履道坦坦」處，却説得好。淵

「履道」，道即路也。淵。

「武人爲于大君」，必有此象。但六三陰柔，不見得有武人之象。淵。

履三四爻正是躡他虎尾處。陽是進底物事。四又上躡五，亦爲虎尾之象。砥。

「志行也」只是說進將去。淵。
「夬履」是做得忒快，雖合履底也有危厲。淵。
「夬履貞厲」正東坡所謂「憂治世而危明主也」。學履。
「視履考祥」，居履之終，視其所履而考其祥，做得周備底則大吉。若只是半截時無由考得其祥，後面半截却不好，未可知。「旋」是那團旋來，却到那起頭處。淵。

泰

論陰陽各有一半。聖人於泰否只爲陽說道理。看來聖人出來做，須有一個道理使得天下皆爲君子。世間人多言君子小人常相半，不可太去治之〔五六〕，急迫之却爲害。不然。如舜、湯舉伊尹、皋陶，不仁者遠，自是小人皆不敢爲非，被君子夾持得皆革面做好人了。砥。〔五七〕

又〔五八〕問：「看否泰二卦，見得泰無不否，若是有手段底，則是稍遲得。」曰：「自古自治而入亂者易，由亂而入治者難。治世稍不支捂，便入亂去。亂時須是大人休否方做得。」學蒙。〔五九〕

問：「『財成輔相』字如何解？」曰：「裁成猶裁截成就之也，裁成者，所以輔相也。」一作「輔相者，便只是於裁成處以補其不及而已」。又問：「裁成何處可見？」曰：「眼前皆可見。且如君臣、父子、兄弟、夫婦，聖人便爲制下許多禮數倫序，只此便是裁成處。一本此下有「至大至小之事皆是，固是」十字。[六〇]萬物本自有此理，若非聖人裁成亦不能如此齊整，所謂『贊天地化育而與之參』也。」一作「此皆天地之所不能爲而聖人之所能以贊天地之化育[六一]，而功與天地參也」。又問：「輔相裁成，學者日用處有否？」曰：「饑食渴飲，冬裘夏葛，耒耜罔罟，皆是。」僩。

「財成」是截做段子底，「輔相」是佐助他底。天地之化儱侗相續下來，聖人便截作段子。如氣化一年一周，聖人與他截做春夏秋冬四時。淵。

問：「『財成輔相』無時不當然，何獨於泰時言之？」曰：「泰時則萬物各遂其理，方始有裁成輔相處。若否塞不通，一[六二]齊都無理會了，如何裁成輔相得？」學蒙。[六三]

問：「泰九二[六四]『包荒得尚于中行，以光大也』，以九二剛中有光大之德乃能包荒邪？爲是『包荒得尚于中行』所以光大邪？」先生云：「易上如説『以中正也』，皆是以其中正方能如此。此處也只得做以其光大説。若不是一個心胸明闊底，如何做得！」砥。[六五]

泰卦[六六]「勿恤其孚」只作一字[六七]讀。「孚」只是信，蓋言不卹後來信與不信爾。義剛。

「于食有福」，「食」如「食舊德」之「食」，東坡[六八]赤壁賦「吾與子之所共食」之「食」。砥。[六九]

「富以其鄰」言以其富厚之力而能用其鄰，「不富以其鄰」言不待富厚之力而能用其鄰。淵。

「帝乙歸妹」，今人只做道理譬諭[七〇]推説。看來須是帝乙嫁妹時占得此爻。淵。

「自邑告命」是倒了。邑是私邑，却倒來命令自家。雖便做得正，人君到此也則羞吝。淵。

且如「城復于隍」，須有這個城底象、隍底象、邑底象。城、隍、邑皆土地，在坤爻中自有此象。淵。

方泰極之時只得自治其邑。程先生説民心離散，自其親近者而告命之，雖正亦吝。然此時只得如此，雖吝却未至於凶。砥。〔七一〕

否

「否之匪人」言没了這人道。淵。

「拔茅茹，貞吉亨」，這是吉凶未判時。若能於此改變時小人便是做君子，君子小人只是個正、不正。初六是那小人欲爲惡而未發露之時，到六二「包承」則已是打破頭面了，然尚自承順那君子，未肯十分做小人在，到六三便全做小人了，所以包許多羞耻。大凡小人做了罪惡，他心下也自不穩當，此便是「包羞」之説。淵。

「包承」，龜山以「包承小人」爲一句，言否之世當包承那小人，如此却不成句。龜山之意，蓋欲解洗他從蔡京父子之失也。淵。

「包承」也是包得許多承順底意思。學蒙。〔七二〕

「包羞」之説是有意傷善而未能之意。他六二尚自包承，到這六三，已是要害君子。然做事不得，所以包許多羞耻。淵。

「否九四雖是陽爻，猶未離乎否體。只是他陽，可以有爲，〔七三〕然須有命方做得。」又曰：「『有命』是有個機會方可以做，占者便須是有個築着磕着時節方做得事成，方无咎。」砥。〔七四〕

否九四「有命无咎，疇離祉」，這裏是吉凶未判，須是有命方得无咎，故須得一個幸會方能轉禍爲福。否本是陰長之卦，九五「休否」、上九「傾否」又自大故好，蓋陰之與陽自是不可相無者。今以四時寒暑而論，若是無陰陽亦做事不成。但以善惡及君子小人而論，聖人直是要消盡了惡，去盡了小人，蓋亦抑陰進陽之義。〔七五〕某於坤卦曾略發此意。今有一樣人議論，謂君子小人相對，不可大故地〔七六〕去他，若要盡去他則反激其禍。且如舜、湯舉臯陶、伊尹，不仁者遠。所謂去小人非必盡滅其類，只是君子道盛、小人自化，雖有些小無狀處亦不敢發出來，豈必勦滅之乎！文蔚。僩録止於「略發此意」，學蒙則止於「爲福」。〔七七〕

九四則否已過中。上三爻是説君子，言君子有天命而无咎。大抵易爲君子謀。且如否内三爻是小人得志時，然不大段會做得事。初則如此，二又如此，三雖做得些個也不濟事。到四則聖人便説他那君子得時，否漸次反泰底道理。五之「包桑」，繫辭中説得條暢盡之矣。上九之「傾否」，到這裏便傾了否做泰。淵。

「九五以陽剛得位，可以休息天下之否，然須常存危亡[一七八]方有包桑之固。不知聖人於否泰只管說『包』字如何，須是象上如何取其義。今曉他不得，只得說堅固。嘗見林謙之與張欽夫講易林，以爲有象。欽夫云：『看孔子說「公用射隼于高墉之上」，只是以道理解了，便是無用乎象，遂著書說此。』看來不如此。蓋當時人皆識得象，却有未曉得道理處。故聖人不說象，却就上發出道理說，初不是懸空說出道理，凡天下之物須是就實事上說方有着落。」又曰：「聖人分明是見有這象方就上面說出來。今只是曉他底不得，未說得也未要緊，不可說道他無此象。呂大臨以『酬爵不舉』解『不盡人之歡』。酬爵不舉是實事如此，『不盡人之歡』便是就上說出這話來。」砥。[一七九]

同人

「同人于野亨，利涉大川」，是兩象利[一八〇]義。「利見君子貞」是一象。淵。

「乾行也」，言須是這般剛健之人方做得這般事。若是柔弱者，如何會出去外面同人，又去涉險！淵。

易雖抑陰，然有時把陰爲主，如同人是也。然此一陰雖是一卦之主，又却柔弱，做主不得。淵。

「類族辨物」言類其族、辨其物。且如青底做一類，白底做一類，恁地類了時同底自同，異底自異。淵。

問：「『類族辨物』，如伊川説云『各以其類族辨物之同異也』，則是就類族上辨物否？」先生云：「『類族』是就人上説，『辨物』是就物上説。天下有不可以[八一]皆同之理，故隨他頭項去分別。『類族』如分姓氏，張姓同作一類，李姓同作一類。『辨物』，如牛類是一類，馬類是一類。就其異處以致[八二]，其[八三]所以爲同也。伊川之説不可曉。」學蒙。[八四]

二五本相同，却爲三四隔了他，以中直也。言其理直而不得伸，所以「先號咷」。淵。[八五]

伯豐問：「同人[八六]皆有争奪之義。」曰：「只是争六二陰[八七]爻，却六二自與九五相應。三以剛居剛便迷而不返，四以剛居柔便有可反剛底一道理[八八]。繫辭云『近而不相得則凶』，如初上則各在事外不相干涉，所以無争。」僩。

又問「同人于郊」一爻。[八九]曰：「『同人于野』是廣大無我之意，『同人于郊』是無可與同之人也。取義不同，自不相悖。」時舉。

大有

「大有卦[九〇]『應乎天而時行』，程説以爲應天時而行，何如？」曰：「是以時而行，是有可

行之時。」砥。〔九一〕

「火在天上，大有」，凡有物須是自家照見得方見得有。若不照見則有無不可知，何名爲有？淵。

蓋卿〔九二〕問：「『君子以遏惡揚善，順天休命』，竊以爲天之所以命我者，此性之善也。人惟蔽於非心邪念，是以善端之在人心日以湮微。君子儻能遏止非心邪念於未萌，則善端始自發揚，而天之所以命我者始無所不順。『天休命』，〔九三〕若何？」曰：「『天道喜善而惡惡，遏惡而揚善，非『順天休命』而何？吾友所説却似嫌他説得大，要束小了説。」蓋卿。

問大有〔九四〕初九「无交害，匪咎，艱則无咎」。曰：「此爻本最吉，不解有咎。然須説『艱則无咎』。蓋易之書大抵教人戒謹恐懼，無有以爲易而處之者。雖至易之事亦必以艱難處之，然後無咎也。」僩。學蒙録同而少異。〔九五〕

古人於「亨」字作「享」、「亨」字通用。如「公用亨于天子」，分明是「享」字。易中解作「亨」字便不是。畬。

謙

謙便能亨，又爲「君子有終」之象。淵。

「變盈流謙」，揚子雲言「山殺瘦，澤增高」，此是説山上之土爲水漂流下來，山便瘦，澤便高。淵。

「虧盈益謙」是自然之理。淵。

鬼神言「害」言「福」，是有些造化之柄。淵。

又〔九六〕問：「謙彖曰『天道虧盈而益謙，地道變盈而流謙，鬼神害盈而福謙』。〔九七〕夫〔九八〕鬼神是造化之跡，既言天地之道又言鬼神，何邪？」曰：「天道是就寒暑往來上説，地道是就地形高下上説，鬼神是就禍福上説，各自主一事而言耳。」因云：「上古之時民心昧然，不知吉凶之所在，故聖人作易，教之卜筮，使吉則行之，凶則避之，此是開物成務之道。故繫辭云『以通天下之志，以定天下之業，以斷天下之疑』，正謂此也。初但有占而無文，往往如今之环珓相似耳。但如今人因火珠林起課者，但用其爻而不用其辭，則知古者之占往往不待辭而後見吉凶。至文王、周公方作彖爻之辭，使人得此爻者便觀此辭之吉凶。至孔子，又恐人不知其所以然，故又復逐爻解之，謂此爻所以吉者謂以中正也，此爻所以凶者謂不當位也，明明言之，使人易曉耳。至如文言之類，却是就上面發明道理，非是聖人作易專爲説道理以教人也。須見聖人本意，方可學易。」時舉。

鬼神説「害」説「福」，如言「與鬼神合其吉凶」則鬼神便説個「吉」、「凶」字。淵。

問：「『天道福善禍淫』，此理定否？」曰：「如何不定？自是道理當如此。賞善罰惡亦是理當如此，不如此便是失其常理。」又問：「或有不如此者，何也？」曰：「福善禍淫，其常理也。若不如此，便是天也把捉不定了。」又曰：「天莫之爲而爲，他亦何嘗有意？只是理自是〔九九〕如此。且如冬寒夏熱，此是常理當如此，若冬熱夏寒，便是失其常理。」又問：「失其常者皆人事有以致之耶，抑偶然邪？」曰：「也是人事有以致之，也有是偶然如此時。」又曰：「大底物事也不會變，如日、月之類。只是小小底物事會變。」如冬寒夏熱之類，如冬間大熱、六月降雪是也。近年徑山嘗六七月大雪。僩。〔一〇〇〕

謙之爲義，不知天地人鬼何以皆好尚之。蓋太極中本無物，若事業功勞又於我何有？觀天地生萬物而不言所利可見矣。賀孫。

「裒多益寡」便是謙，「稱物平施」便是「裒多益寡」。淵。

問：「謙卦〔一〇一〕『裒多益寡』。看來謙雖是若放低去，實是損高就低使教恰好，不〔一〇二〕一向低去。」曰：「大抵人多見得在己者高，在人者卑。謙則抑己之高而卑以下人，便是平也。」學蒙。〔一〇三〕

「鳴謙」在六二，又言「貞」者，言謙而有聞須得其正則吉。蓋六二以陰處陰，所以戒他要貞，謙而不貞則近於邪佞。上六之鳴却不同，處謙之極而有聞則失謙本意。蓋謙本不要人知，況在人之上而有聞乎！此所以「志未得」。淵。

「撝謙」，言發揚其謙。蓋四是陰位，又在上卦之下、九三之上，所以更當發撝其謙。「不違則」言不違法則。淵。

六四「撝謙」是合如此，不是過分事，故云解象〔一〇四〕云「言不爲過」。「不違則」是不違法則。砥。〔一〇五〕

叔重因問：「程易説『利用侵伐』，蓋以六五柔順謙卑，然君道又當有剛武意，故有『利用侵伐』之象。然上九〔一〇六〕亦言『利用行師』，如何？」先生曰：「便是此等有不通處。」時舉。

用之問：「謙上六云『鳴謙利用行師征邑國』，象曰『志未得也』，〔一〇七〕如何？」曰：「爲其志未得，所以『行師征邑國』，蓋以未盡信從故也。」用之〔一〇八〕又問：「謙之五上專説征伐，何意？」曰：「坤爲地、爲衆，凡説國邑征伐處多是因坤。聖人元不曾着意，只是因有此象方説此事。」文蔚。

問：「謙上六『志未得也』。」曰：「『志未得』所以行師，亦如六五之意。」問：「謙上六何取象於行師？」曰：「坤爲衆，有坤卦處多言師，如泰上六『城復于隍，勿用師』之類。坤爲土，土爲國，故云『征邑國也』。以此見聖人于易不是硬做，皆是取象，因有這象方就上面説。」砥。〔一〇九〕

豫

「建侯行師」，順動之大者。立個國君，非舉動而何！淵。

刑罰不清，民不服。只爲舉動不順了，致得民不服。便是徒配了他，亦不服。淵。

「豫之時義」言豫之時底道理。

「雷出地奮」止是象其聲而已。「薦上帝，配祖考」，大概言之。淵。

「雷出地奮，豫，先王以作樂崇德，殷薦上帝，以配祖考。」先王作樂，無處不用，如燕享飯食之時無不用樂，此特言其大者爾。學蒙。〔一一〇〕

先王作樂，無處不用。然用樂之大者尤在於「薦上帝，配祖考」也。僩。

又〔一一一〕問「作樂崇德」。曰：「先王作樂，其功德便自不可掩也。」時舉。

問「豫，先王以作樂崇德〔一一二〕」，曰：〔一一三〕「是自崇其德，如大韶、大武之類否？」曰：「是。」砥。〔一一四〕

叔重問：「豫卦〔一一五〕初六與九四爲應。九四『由豫，大有得』本亦自好，但初六持〔一一六〕有强援，不勝其豫，至於自鳴，所以凶否？」先生曰：「九四自好，自是初六自不好，怎奈他何？」

又問「雷出地奮，豫，先王以作樂崇德」。先生謂：「象其聲者謂雷，取其義者爲和。『崇德』謂著其德,『作樂』所以發揚其德也。」時舉。

「介于石」言兩石相摩擊而出火之意。言介然之頃,不待終日而便見得此道理。淵。

「盱豫,悔」言覷着六四之豫便當速悔,遲時便有悔。「盱豫」是句。淵。

「盱豫,悔」,遲有悔。從周。〔一一七〕

「由豫」,猶言「由頤」。淵。

隨

伊川說「說而動,動而說」,不是,不當說「說而動」。凡卦皆從內說出去,蓋卦自內生,「動而說」却是。若說「說而動」却是自家說他後他動,不成隨了。我動彼說,此之謂隨。〔一一八〕

動而說成隨,巽而止成蠱。節。

「天下隨時」處當從王肅說。淵。

問:「隨〔一一九〕初九『官有渝,貞吉,出門交有功』,官是『主』字之義,是一卦之主。首變得正便吉,不正便凶。」曰:「是如此。」又曰:「這必是變了。只是要『出門交有功』却是變。」砥。〔一二〇〕

「官有渝」,隨之初主有變動,然尚未深。淵。

「小子」、「丈夫」，程說是。淵。

元德問「王用亨于岐山」。云：「只是『享』字。古文無『享』字，所謂『亨』、『享』、『烹』只是通用。」又曰：「『乾，元亨利貞』，屯之『元亨利貞』只一般。聖人借此四字論乾之德，然〔一一一〕本非四件事也。」時舉。〔一一二〕

「王用亨于西山」言誠意通神明，神亦隨之。如「況於鬼神乎」之意。淵。

蠱

問：「蠱是壞亂之象，雖亂極必治，如何便會『元亨』？」曰：「亂極必治，天道循環自是如此。如五胡亂華以至於隋亂，〔一一三〕必有唐太宗者出，又如五季必生太祖，若不如此便無天道了，所以彖只云『蠱元亨而天下治也』。」砥。〔一一四〕

「先甲」、「後甲」，言先甲之前三日乃辛也。是時前段事已過中了，是那欲壞之時，便當圖後事之端，略略撐住則箇。雖終歸於弊，且得支吾幾時。淵。

「皿蟲」爲「蠱」，言器中盛那蟲教他自相併，便是那積蓄到那壞爛底意思。一似漢唐之衰，弄得來到那極弊大壞時，所以言「元亨」，蓋極弊則將復興，故言「元亨」。「巽而止，蠱」，却不是巽而止能治蠱。「巽而止」，所以爲蠱。趙德莊說，下面人只務巽，上面人又懶惰不肯向前。上

面一向剛，下面一向柔，倒塌了，這便是蠱底道理。淵。〔一一二五〕

上頭底只管剛，下頭底只管柔，又只巽順，事事不向前，安得不蠱！舊聞趙德莊此說。伯豐。〔一一二六〕

又〔一一二七〕問：「『巽而止，蠱』，莫是遇事巽順以求其理之所止，而後爲治蠱之道？」曰：「非也。大抵資質柔巽之人，遇事便不能做事，無奮迅之意，所以事遂至於蠱壞了。蠱只是事之壞了者。」祖道。

先生說：〔一一二八〕「汪聖錫曾言，某人別龜山，往赴召，龜山道〔一一二九〕之曰：『且緩下手，莫去拆倒人屋子。』」因言：「龜山解蠱卦，以『巽而止』爲治蠱之道，所以有此說。大凡看易須先看成卦之義。『險而健』則成訟，『巽而止』則成蠱。蠱，艮上而巽下。艮剛居上，巽柔居下，上高亢而不下交，下卑巽而不能救，此所以蠱壞也。『巽而止』只是巽順便止了，便無所施爲，如何治蠱？『蠱元亨而天下治』，須是大善以亨，方能治蠱也。」德明。

「剛上而柔下，巽而止，蠱」，此是言致蠱之由，非治蠱之道。龜山之說非是。又嘗見〔一一三〇〕龜山云：「不要拆壞人屋子。」皆是此意思。及胡文定論時政，說得便自精神索性。堯夫詩云：「安得淳厚又秀慧，與之共話天下事。」伯豐。

問：「蠱卦初九『幹父之蠱』，程傳云：『初居內而在下，故取子幹父蠱之象。』本義：云『蠱者，前人已壞之事，故諸爻皆以子幹父蠱爲言。』柄竊謂若如此說，〔一三一〕惟初爻爲可通，若他爻則說不行矣。本義之說則諸爻皆可通也。」先生曰：「是如此。」柄。

「蠱元亨而天下治」言蠱之時如此，必須是大善亨通，而後天下治。淵。

「幹母之蠱」，伊川說得是。淵。

「不事王侯」，無位之地如何出得來？更幹個甚麽？淵。

問：「蠱上九傳『知止足之道，退而自保者』，與『量能度分，安於不求知者』，何以分〔一三二〕別？」曰：「『知止足』是能做底，『量能度分』是不能做底。」淳。

臨

問：「臨卦『臨』字，〔一三三〕不特是上臨下之謂臨，凡進而逼近者皆謂之臨否？」先生云：「然。此是二陽自下而進上，則知凡相逼近者皆爲臨也。」學蒙。〔一三四〕

「剛浸而長」以下三句解「臨」字。「大亨以正」便是「天之道也」，解「亨」字，亦是惟其如此，所以如此。須用說「八月有凶」者，蓋要反那二陽。二陽在下，四、五皆以正應臨之，上無所臨，却還去臨那二陽。三近二陽，也去臨他。如小人在上位，却把甘言好語臨在下之君子。「至臨」言其相臨之切，「敦臨」有敦厚之意。淵。

問：「臨初九以剛居正，九二以剛居中，六四、六五以柔順臨下，故有相感應之道，所以謂之『咸臨』否？」曰：「是。」又問：「六四以陰居正，柔順臨下，又有正應，臨之極善，故謂之『至臨』。」曰：「『至臨无咎』未是極好。只是與初相臨得切至，故謂之『至』。上九『敦臨』自是積累至極處，有敦篤之義。艮上九亦謂之『敦艮』，復上六爻不好了，所以只於五爻謂之『敦復』。居臨之時，二陽得時上進，陰不敢與之爭而志與之應。所謂『在內』者非謂正應，只是卦內與二陽應也。」又曰：「此便是好卦，不獨說道理，自是好讀。所謂『卦有小大，辭有險易』，此便是大底卦。」砥。[一三五]

觀

盥非灌之義。盥本謂[一三六]薦而不薦，是欲蓄其誠意以觀示民，使民觀感而化之義。「有孚顒若」便是那下觀而化，却不是說人君身上事。「聖人以神道設教」是聖人不犯手做底，即是「盥而不薦」之義。「順而巽，中正以觀天下」，謂以此觀示之也。淵。

問：「觀[一三七]『盥而不薦』，是取未薦之時誠意渾全而未散否？」先生云：「祭祀無不薦者，此是假設來說。『薦』是用事了，『盥』是未用事之初。云『不薦』者，言常持得這誠敬如盥之意常在。若薦則是用出，用出則纔畢便過了，無復有初意矣。詩云：『心乎愛矣，遐不謂矣。』中心藏之，何日忘之。』楚詞云『愛君子兮不敢言』〔一三八〕，正是此意。説出這愛了則都無事可把持矣。惟其不説，但藏在中心，所以常見其不忘也。」學蒙。〔一三九〕

用之問：「觀〔一四〇〕『盥而不薦』，伊川以爲灌鬯之初誠敬猶存，至薦羞之後精意懈怠。本義以爲『致其潔清而不輕自用』。其義不同。」曰：「盥只是浣手，不是灌鬯，伊川承先儒之誤。若云薦羞之後誠意懈怠，則先王祭祀只是灌鬯之初猶有誠意，及薦羞之後皆不成禮矣。」問：「若爾，則是聖人在上，視聽言動皆當爲天下法而不敢輕，亦猶祭祀之時致其潔清而不敢輕用否？」曰：「然。」問：「『有孚顒若』，先生以爲孚信在中而尊嚴，故下觀而化之。伊川以爲天下之人孚信顒然而仰之，恐須是孚信尊嚴方得下觀而化。」曰：「然。」又問觀、觀之義。曰：「自上示下曰『觀』，去聲。自下觀上曰『觀』。平聲。故卦名之『觀』去聲，而六爻之『觀』皆平聲。」問「觀我生」、「觀其生」之別。曰：「我者，彼我對待之言，是以彼觀此。『觀其生』是以此自觀。六三之『觀我生進退』者，事君則觀其言聽計從，治民則觀其政教可行，膏澤可下，可以見自家所施之當否而爲進退。九五之『觀我生』，如觀風俗之媺惡、臣民之從違，可以見自家所施之善惡。上九之『觀其生』則是就自家視聽言動、應事接物處自觀。九五、上九『君子无咎』，蓋爲君子有剛陽之德故无咎，小人無此德，自當不得此爻。如初六『童觀』，小人之道也，君子則吝。小人自是如此故无咎。此二爻，君子、小人正相對説。」僩。

「觀天之神道」只是自然運行底道理，四時自然不忒。「聖人神道」亦是說他有教人自然觀感處。淵。

又〔一四一〕問「觀卦陰盛，而不言凶咎」。曰：「此卦取義不同。蓋陰雖盛於下，而九五之君乃當正位，故只取爲觀於下之義，而不取陰盛之象也。」時舉。

又〔一四二〕問：「觀六爻，一爻勝似一爻，豈所據之位愈高，則所見愈大邪？」先生云：「上二爻意自別。下四爻是所據之位愈近，則所見愈親底意思。」學蒙。〔一四三〕

「觀我生」如月受日光，「觀其生」只是日光。砥。〔一四四〕

「觀我」是自觀，如「視履考祥」底語勢。「觀其」亦是自觀，却從別人說。易中「其」字不說別人，只是自家，如「乘其墉」之類。淵。

晦庵先生朱文公語類卷第七十一

易七

噬嗑

彖辭中「剛柔分」以下都掉了「頤中有物」，只説「利用獄」。爻亦各自取義，不説噬嗑[一]頤中之物。淵。

張元德問：「易中言『剛柔分』兩處。一是噬嗑，一是節。此頗難解。」先生曰：「據某所見，只是一卦三陰三陽謂之『剛柔分』。」[二]曰：「易中三陰三陽卦多，獨於此言之，何也？」曰：「偶於此言之，其他卦別有義。」[三]又問：「復卦『剛反』當[四]作一句否？」曰：「然。此二字是解『復亨』，下云『動而以順行』是解『出入无疾』以下。大抵彖辭解得易極分明，子細尋索，儘有條理。」時舉。按，自「又問」以下沈僩録同。[五]

「『雷電噬嗑』與雷電豐似一同[六]。」先生云：「噬嗑明在上，動在下，是明得事理，先立這法在此，未有犯底人，留待異時而用，故云『明罰勑法』。豐威在上，明在下，是用這法時，須是明見下情曲折方得，不然威動於上，必有過錯也，故云『折獄致刑』。此是伊川之意，其説極好。」學蒙。〔七〕

「噬膚滅鼻」。膚，腹腴拖泥處；滅，浸没也。謂因噬膚而没其鼻於器中也。「噬乾胏，得金矢」，荆公已嘗引周禮「鈞金」之説。按，「噬膚滅鼻」之説與本義不同。僩。

問：「『噬嗑〔八〕九四『利艱貞』、六五『貞厲』，皆有艱難貞固危懼之意，故皆爲戒占者之辭。」先生曰：「亦是爻中元自有此道理。大抵纔是治人，彼必爲敵，不是易事。故雖〔九〕時、位、卦德得用刑之宜，亦須以艱難貞固處之。至於六三『噬腊肉遇毒』，則是所噬者堅韌難合。六三以陰柔不中正而遇此，所以遇毒而小吝。然此亦是合當治者，但難治耳。治之雖小吝，終无咎也。」銖。

問：「噬嗑『得金矢』，不知古人獄訟要鈞金束矢之意如何？」先生云：「這〔一〇〕不見得。想是詞訟時便令他納此，教他無切要之事，不敢妄來。」又問云：「如此則不問曲直，一例出此，則實有冤枉者亦懼而不敢訴矣。」先生云：「這個須是大切要底事，古人如平常事又別有所在。」如劑石之類。學蒙。〔一一〕

賁

伊川説「乾坤變爲六子」，非是。卦不是逐一卦畫了旋變去，這話難説。伊川説兩儀四象自不分明。卦不是旋取象了方畫，須是都畫了這卦，方只就已成底卦上面取象，所以有剛柔、來往、上下。淵。

賁彖辭〔一二〕先儒云：「『天文也』上有『剛柔相錯』四字。」「恐有之」方與下文相似，且得分曉。砥。〔一三〕

賁卦「天文也」之上，先儒多言脱「剛柔交錯」四字，看來合有四字。僩。〔一四〕

問：「諸卦象皆順説，獨『雷電噬嗑』倒説，何耶？」曰：「先儒皆以爲倒寫二字。二字相似，疑是如此。」僩。

「『山下有火，賁』，離下艮上。〔一五〕內明外止。雖然內明，是個止殺底明，所以不敢用其明以折獄。此與『山上有火，旅』，君子以明慎用刑而不留獄』正相似而相反，〔一六〕賁內明外止，旅外明內止，艮下離上。〔一七〕其象不同如此。」僩〔一八〕問：「苟明見其情罪之是非，亦何難於折獄？」曰：「是他自有個象如此，遇著此象底便用如此。然獄亦自有十三八棒便了底，亦有須待囚訊鞫勘、録問結證而後了底。書曰：『要囚，服念五六日，至于旬時，丕蔽要囚。』周禮秋官亦有此數句，便是有合如此者。若獄未是而決之，是所謂『敢折獄』也；若獄已具而留之不決，是所謂『留獄』也。『不留獄』者，謂因訊結證已畢而即決之也。」僩。

問：「『山下有火，賁。[一九]君子以[二〇]明庶政，無敢折獄』。本義云：明庶政是明之小者，無折獄是明之大者，此專是就象取義。伊川說此則又就賁飾上說。不知二說可相備否？」先生曰：「明庶政是就離上說。無折獄是就艮上說。離明在內，艮止在外，則是事之小者可以用明。折獄是大事，一折便了，有止之義。明在內不能及他，故止而不敢折也。大凡就象中說則意味長。若懸空說道理，雖說得去亦不甚親切也。」學蒙。[二一]

問「賁，君子以明庶政，[二二]無敢折獄」。曰：「此與旅卦都說刑獄事，但爭艮與離之在內外，故其說相反。止在外，明在內，故明政而不敢折獄；止在內，明在外，故明謹用刑而不敢留獄。」又曰：「□而言之，[二三]如今州郡治獄，禁勘審覆自有許多節次，過乎此而不決便是留獄，不及乎此而決便是敢於折獄。尚書要囚至于旬時，他須有許多時日。一[二四]段與周禮秋官同意。」砥。[二五]

賁[二六]六四「白馬翰如」言此爻無所賁飾，其馬亦白也，言無飾之象如此。學蒙。[二七]「賁于丘園」是個務實底。[二八]「束帛戔戔」是賁得不甚大，所以說「吝」。兩句是兩意。淵。

問：「賁六五〔二九〕『賁于丘園』是在艮體，故安止于丘園而不復有外賁之象。」曰：「雖是止體，亦是上比於九漸漸到極處，若一向賁飾去亦自不好，須是收斂方得。」問：「敦本務實，莫是反朴還淳之義〔三〇〕？」曰：「賁取賁飾之義，他今却來賁田園爲農圃之事。當賁之時若是〔三一〕鄙吝，然約〔三二〕終得吉，吉則有喜，故象云『有喜』也。」砥。〔三三〕

問「賁于丘園，束帛戔戔，吝終吉〔三四〕」。曰：「當賁飾華盛之時而安于丘園樸陋之事，其道雖可吝，而終則有吉也。」問：「『六五之吉』何以有喜？」曰：「終吉所以有喜。」又問「白賁无咎」。曰：「賁飾之事太盛則有咎。所以處太盛之終則歸于白賁，勢當然也。」僩。

先生曰：〔三五〕「『賁于丘園，束帛戔戔』是個務農尚儉。『戔戔』是狹小不足之意，以義考之，從『水』則爲『淺』，從『貝』則爲『賤』，從『金』則爲錢。如所謂『束帛戔戔』，六五居尊位却如此敦本尚儉，便似吝嗇。如衛文公、漢文帝雖是吝却終吉，此在賁卦有反本之義。到上九便『白賁』，和束帛之類都没了。」畓。

問「賁于丘園，束帛戔戔」。曰：「此兩句只是當來卦辭，非主事而言。看如何用，皆是這個道理。」或曰：「『賁于丘園』，安定作『敦本』説。」答曰：「某之意正要如此説〔三六〕。」或以「戔戔」爲盛多之貌。先生曰：「非也。『戔戔』者，淺小之義〔三七〕。凡『淺』字、『箋』字，皆從『戔』字〔三八〕。」或問：「淺小是儉之義否？」曰：「然。所以下文云『吝，終吉』。吝者雖不好看然終

却吉。」人傑。按，周謨、沈僩録同。〔三九〕

「賁于丘園」者，是務農尚本之義。學蒙。〔四〇〕

問：「伊川解『賁于丘園』指上九而言，看來似好。蓋賁三陰皆受賁於陽，不應此又獨異而作敦本務實説也。」先生云：「如何丘園便能賁人？『束帛戔戔』，他解作裁剪之象，尤艱曲説不出。這八字只平白在這裏，若如所説則曲折多、意思遠。舊説指上九作高尚隱于丘園之賢，而用束帛之禮聘召之。若不用某説則説又近〔四一〕。他將丘園作上九之象，『束帛戔戔』作裁剪紛裂之象，則與象意大故相遠也。」學蒙。〔四二〕

賁卦，〔四三〕伊川此卦傳大有牽强處。「束帛」解作「剪裁」，恐無此理。且如今將「束帛」示人□□〔四四〕，人決不思量從剪裁上去。義剛。

「白賁无咎」，據「剛上文柔」是不當説自然，而卦之取象不恁地拘，各自説一義。淵。

剥

問：「『上以厚下安宅』，『安宅』者安於禮義而不遷否？」曰：「非也。厚下者乃所以安宅。如〔四五〕山附於地，惟其地厚，所以山安其居而不摇。人君厚下以得民，則其位亦安而不摇，猶所謂『本固邦寧』也。」僩。

問：「剥之初與二『蔑貞凶』，是以陰蔑陽，以小人蔑君子之正道，凶之象也。不知只是陽與君子當之則凶爲復，陰與小人亦自爲凶？」曰：「自古小人滅害君子終亦有凶，但此爻象只是説陽與君子之凶也。」砥。〔四六〕

或問：「剥卦上九云〔四七〕『碩果不食』，伊川謂『陽無可盡之理，剥於上則生於下，無間可容息也』。剥〔四八〕於上則生於下，乃剥復相因之理。畢竟須經由坤，坤卦純陰無陽，如此陽有斷滅也，何以能生於復？」曰：「凡陰陽之生，一爻當一月，須是滿三十日方滿得那腔子，做得一畫成。今坤卦非是無陽，陽始生甚微，未滿那腔子，做一畫未成，非是坤卦純陰便無陽也。然此亦不是甚深奥事，但伊川當時解不曾分明道與人，故令人做一件大事看。」文蔚。

「小人剥廬」，是説陰到這裏時把他這些陽都剥了。此是自剥其廬舍，無安身己處。衆小人託這一君子爲庇覆，若更剥了，是自剥其廬舍，便不成剥了。淵。

復

問：「剥一陽盡而爲坤，程云『陽未嘗盡也』。」先生云：「剥之一陽未盡時不曾生，纔盡於上，這些子便生於下了。」卓。

問：「一陽復於下，是前日既退之陽已消盡而今别生否？」曰：「前日既退之陽已消盡，此又是別生。伊川謂『陽無可盡之理，剥於上則生於下，無間可容息』，説得甚精。且以卦配月，則剥九月，坤十月，復十一月。剥一陽尚存，復一陽已生。坤純陰，陽氣闕了三十日，安得謂之無盡？」曰：「恐是一月三十日，雖到二十九日，陽亦未盡否？」曰：「只有一夜亦是盡，安得謂之無盡？嘗細考〔四九〕之，這一陽不是忽地生出。纔交〔五〇〕立冬便萌芽，下面有些氣象了。上面剥一分，下面便萌芽一分；上面剥二分，下面便萌芽二分；三日便三分，四日便四分。〔五一〕積累到那復處方成一陽。坤初六便是陽已萌了。」淳。

賀孫〔五二〕問伊川所説剥卦。曰：「公説關要處未甚分明。他上纔消下便生。且如復卦是一陽有三十分，他便從三十日頭逐分累起。到得交十一月冬至，他一爻已成。消時也如此。只伊川説欠得幾句説漸消漸長之意。」直卿問：「『冬至子之半』，如何是一陽方生？」賀孫云：「『冬至子之半』是已生成一陽，不是一陽方生。」先生曰：「冬至方是結算那一陽，冬至以後又漸生二陽，過一月却成臨卦。坤卦之下，初陽已生矣。」賀孫。

「爲嫌於無陽也」，自觀至剥，三十日剥方盡。自剥至坤，三十日方成坤。三十日陽漸長，至冬至方是一陽，第二陽方從此生。陰剥，每日剥三十分之一，一月方剥得盡；陽長，每日長三十分之一，一月方長得成一陽。陰剥時一日十二刻，亦每刻中漸漸剥，全一日方剥得三十分之一。陽長之漸亦如此長。直卿舉「冬至子之半」。先生曰：「正是及子之半方成一陽，子之半後第二陽方生。陽無可盡之理，這個纔剥盡，陽當下便生，不曾斷續。伊川説這處未分曉，似欠兩句在中間，方説得陰剥陽生不相離處。」虞復之云：「恰以月弦望便見陰剥陽生，逐旋如此。陰不會一上剥，陽不會一上長也。」寓。

問：「十月何以爲陽月？」先生因反[五三]詰諸生，令思之。云：「程先生於易傳雖發其端，然終説得不透徹。」諸生以所見[五四]答，皆不合，復請問其旨[五五]。先生云：「剥盡爲坤，復則一陽生也。復之一陽不是頓然便生，乃是自坤卦中積來。且一月三十日以復之一陽分作三十分，從小雪後便一日生一分。上面趲得一分，下面便生一分，到十一月半一陽始成也。以此便見得天地無休息處。」時舉。

「上[五六]九一畫分爲三十分，一日剥一分，至九月盡方盡。然剥於上則生於下，無間可息。至十月初一日便生一分，積三十分而成一畫，但其始未著耳。至十一月則此畫已成，此所謂『陽未嘗盡』也。」道夫問：「陰亦然。今以夬、乾、姤推之，亦可見矣。但所謂『聖人不言』者何如？」曰：「前日劉履之説蔡季通以爲不然，某以爲分明是如此。但聖人所以不言者，這便是一個參贊裁成之道。蓋抑陰而進陽，長善而消惡，用君子而退小人，這便可見此理自是恁地。雖堯舜之世，豈無小人？但有聖人壓在上面，不容他出而有爲耳，豈能使之無邪！」劉履之曰：「蔡季通嘗言：『陰不可以抗陽，猶地之不足以配天，此固然之理也。而伊川乃謂「陰亦然，」聖人不言耳」。元定不敢以爲然也。』」道夫。

義剛曰：「十月爲陽月，不應一月無陽。一陽是生於此月但未成體耳。」先生曰：「九月陰極則下已陽生。謂如六「六」字恐誤。陽成六段，而一段又分爲三十小段，從十月積起至冬至即[五七]成一爻。不成一陽是陡頓生，亦須以分毫積起。且[五八]天運流行本無一息間斷，豈解一月無陽！且如木之黄落時萌芽已生了，不特如此，木之冬青者必先萌芽而後舊葉方落。若論變時，天地無時不變。如楞嚴經第二卷首段所載，非惟一歲有變，月亦有之；非惟月有變，日亦有之；非惟日有變，時亦有之。但人不知耳。此説亦是。」義剛。

葉味道[五九]舉十月無陽。曰：「十月是[六〇]坤卦，皆純陰。自交過十月節氣固是純陰，然潛陽在地下已旋生起來了。且以一月分作三十分，細以時分之是三百六十分。陽生時處逐分旋生，[六一]生到十一月冬至方生得就一畫陽。這一畫是卦中六分之一，餘在地下。二畫又較在上面則個，至三陽則全在地上矣。不解[六二]四陽、五陽、六陽則又層層在上面去，不解到冬至時便頓然生得一畫，所以莊子之徒説道『造化密移，疇覺之哉』。」又曰：「一氣不頓虧，[六三]蓋見此理。陰[六四]消長亦然，如包胎時十月具方成個兒子。」植。[六五]

「且[六六]陽無驟生之理，如冬至前十[六七]月中氣是小雪，陽已生三十分之一分。到得冬至前幾日，須已生到二十七八分，到至日方始成一畫。不是昨日全無，今日一旦便都復了，大抵剥盡處便生。莊子云『造化密移，疇覺之哉』，這語自說得好。又如列子亦謂『運轉無已，天地密移，疇覺之哉』，凡『一氣不頓進，一形不頓虧』，亦不覺其成，不覺其虧。蓋陰陽浸消浸盛，人之一身自少至老，亦莫不然。」賀孫。〔六八〕

問：「先生前日說十月爲陽月，舉莊子所謂『一氣不頓進，一形不頓虧』。『頓進』莫是陽漸生，『頓虧』莫是陽漸消否？」先生曰：「是。」又問：「陰陽之氣皆然？」先生曰：「是。」植。〔六九〕

問：「坤爲十月。陽氣剥於上必生於下，則此十月陽氣已生，但微而未成體，至十一月一陽之體方具否？」先生曰：「然。」又云：〔七〇〕「凡物變之漸，不惟月變日變，而時亦有變，但人不覺爾。十一月不能頓成一陽之體，須是十月生起。一卦六畫，一畫分作三十分。九月已剥了，從十月初一便從下畫生起，一日生一分，三十日遂成一畫。〔七一〕」學蒙。〔七二〕

問：「十月是坤卦，陽已盡乎？」答曰：「陰陽皆不盡。至此則微微一綫路過，因而復發耳。」大雅。

「七日」只取七義，猶「八月有凶」只取八義。淵。

問：「復『一陽動於下』而云『朋來无咎』，何也？」曰：「方一陽生，未有朋類。必竟是陽長，將次並進，以其爲君子之道，故亨通而無咎也。」砥。〔七三〕

又〔七四〕問：「復卦『剛反』當作一句？」先生曰：「然。此二字是解『復亨』。下云『動而以

順行』是解『出入無疾』以下。大抵象辭解得易極分明，子細尋索，儘有條理。」學蒙。〔七五〕

問「朋來无咎」。曰：「復卦一陽方生，疑若未有朋也。然陽有剛長之道，自一陽始生而漸長，〔七六〕以至于極，則有朋來之道而無咎也。『反復其道，七日來復，天行也』，消長之道自然如此，故曰『天行』。處陰之極，亂者復治，往者復還，凶者復吉，危者復安，天地自然之運也。」問「六二『休復之吉，以下仁也』」。曰：「初爻爲仁人之體，六二爻能下之，謂附下於仁者。學莫便於近乎仁，既得仁者而親之，資其善以自益，則力不勞而學美矣，故曰『休復吉』。上六『迷復，凶，有災眚，用行師，終有大敗，以其國君凶，〔七七〕至于十年不克征』，這是個極不好底爻，故其終如此。凡言『十年』、『三年』、『五年』、『七月』、『八月』、『三月』者，想是象數中自有個數如此，故聖人取而言之。『至于十年不克征』、『十年勿用』，則其凶甚矣。」僩。

問：「『復其見天地之心』，生理初未嘗息，但到坤時藏伏在此，至復乃見其動之端否？」曰：「不是如此。這個只是就陰陽動静、闔闢消長處而言。如一堆火，自其初發以至漸漸發過，消盡爲灰。其消之未盡處固天地之心也，然那消盡底亦天地之心也。但那個不如那新生底鮮好，故指那接頭再生者言之，則可以見天地之心親切。如云『利貞者性情也』，一元之氣，亨通發散，品物流形，天地之心盡發見在品物上，但叢雜難看。及到利貞時，萬物悉已收斂，那時只有個天地之心，丹青著見，故云『利貞者性情也』，正與『復其見天地之心』相似。康節云『一陽初動處，萬物未生時』，蓋萬物生時此心非不見也，但天地之心悉已布散叢雜，無非此理呈露倒多了，難見。若會看者能於此觀之，則所見無非天地之心矣。惟是復時萬物皆未生，只有一個天地之心昭然著見在這裏，所以易看也。」僩。

問「復見天地之心」。先生云：「天地所以運行不息者做個甚事？只是生物而已。物生於春，長於夏，至秋萬物咸遂，如收斂結實是漸欲離其本之時也。及其成則物之成實者各具生理，所謂『碩果不食』是已具〔七八〕生理者，固各繼其生，而物之歸根復命猶自若也。如說天地以生物爲心，斯可見矣。」又問：「既言『心性』，則『天命之謂性』，『命』字有『心』底意思否？」曰：「然。流行運用是心。」人傑。

天地之心未嘗無，但静則人不得而見爾。道夫。

「天地生物之心未嘗須臾停，然當氣候肅殺、草木摇落之時，此心何以見？」曰：「天地此心常在，只是人看不見，故必到復而後始可見。」僩。

寓〔七九〕問：「復卦，〔八〇〕程子言：『先儒皆以静爲見天地之心，不知動之端乃天地之心。』動處如何見得？」曰：「這處便見得陽氣發生，其端已兆於此。春了又冬，冬了又春，都從這裏發去。事物間亦可見，只是這裏見得較親切。」鄭兄舉王輔嗣說「寂然至無，乃見天地心」。曰：「他說『無』是胡說。若静處說無，不知下面一畫作甚麼？」寓問：「動見天地之心，固是。不知在人可以主静言之否？」曰：「不必如此看。這處在天地則爲陰陽，在人則爲善惡。『有不善未嘗不知，知之未嘗復行』。不善處便是陰，善處便屬陽。上五陰下一陽，是當沉迷蔽固之時，忽然一夕省覺，便是陽動處。齊宣王『興甲兵，危士臣，構怨於諸侯』，可謂極矣，及其不忍觳觫即見善端之萌，肯從這裏做去，三王事業何患不到。」寓。

居甫問「復其〔八一〕見天地之心」。曰：「復未見造化，而造化之心於此可見。」某問：「静亦是心，而心未見？」曰：「固是，但又須静中含動意始得。」曰：「王弼説此似把静作無。」曰：「渠是添一重説話，下自是一陽，如何説無？上五陰亦不可説無，説無便死了。無復生成之意，如何見其心？且在人身上，一陽善也，五陰惡也；一陽君子也，五陰小人也。只是『有一善未嘗不知，知之未嘗復行』。且看一陽對五陰，是惡五而善一。纔復則本性復明，非天心而何！」可學。〔八二〕

問：「復以動見天地之心，而主静觀復者又何謂？」曰：「復固是動，主静是所以養其動，動只是這静所養底。一陽動便是純坤月養來。」曰：「此是養之於未動之前否？」曰：「此不可分前後，但今日所積底便爲明日之動，前日〔八三〕所積底便爲後日之動，只管恁地去。『觀復』是老氏語，儒家不説。老氏愛説動静。『萬物並作，吾以觀其復』，謂萬物有歸根時，吾只觀他復處。」淳。

問：「程子以『動之端』爲天地之心。動乃心之發處，何故云『天地之心』？」曰：「此須就卦上看。上坤下震，坤是静，震是動。十月純坤，當貞之時萬物收斂，寂無蹤跡，到此一陽復生便是動。然不直下『動』字却云『動之端』，端又從此起。雖動而物未生，未到大段動處。凡發生萬物却是〔八四〕從這裏起，豈不是天地之心！邵堯夫〔八五〕詩云：『冬至子之半，大雪，子之初氣。冬至，子之中氣。天心無改移。一陽初動處，萬物未生時。玄酒味方淡，大音聲正希。此言如不信，更請問包羲。』可謂振古豪傑！」淳。

道夫〔八六〕問「冬至子之半」。曰：「康節此詩最好，某於復卦〔八七〕本義亦載此詩。蓋立冬是十月初，小雪是十月中，大雪十一月初，冬至十一月中，小寒十二月初，大寒十二月中。『冬至子之半』即十一月之半也，人言夜半子時冬至，蓋夜半以前一半已屬子時，今推五行者多不知之。然數每從這處起，略不差移，此所以爲天心。然當是時一陽方動，萬物未生，未有聲臭氣味之可聞可見，所謂『玄酒味方淡，大音聲正希』。」道。〔八八〕

漢卿問「一陽初動處，萬物未生時」。曰：「此在貞、元之間，纔見孺子入井，未做出惻隱之心時節。」因言：「康節之學不似濂溪二程。康節愛説個循環底道理，不似濂溪與二程説得活。如『無極而太極，太極本無極』、『體用一源，顯微無間』，康節無此説。」方子。〔八九〕

漢卿問：「『一陽初動處，萬物未生時』，以人心觀之，便是善惡之端，感物而動處。」曰：

「此是欲動未動之間，如怵惕惻隱於赤子入井之初，方怵惕惻隱而未成怵惕惻隱之時。故上云『冬至子之半』，是康節常要就中間説。『子之半』則是未成子，方離於亥而爲子方四五分。是他常要如此説，常要説陰陽之間、動靜之間，便與周濂溪、程先生〔九〇〕不同。周、程只是『五行一陰陽也，陰陽一太極也，太極本無極也』，只是體用動靜，互換無極。康節便只要説循環，便須指消息動靜之間便有方了，不似二先生。」學蒙。〔九一〕

天地之心，動後方見；聖人之心，應事接物方見。「出入」、「朋來」只做人説，覺不捞攘。淵。按，甘節録止「接物方見」。〔九二〕

論「復見天地之心」。「程子曰『聖人無復，故未嘗見其心』，且堯、舜、孔子之心千古常在，聖人之心周流運行，何往而不可見？若言天地之心，如春生發育，猶是顯著。此獨曰『聖人無復，未嘗見其心』者，只爲是説復卦。繫辭曰『復小而辨於物』，蓋復卦是一陽方生於群陰之下，如幽暗中一點白，便是「小而辨」也。聖人贊易而曰『復見天地之心』。今人多言惟是復卦可以見天地之心，非也。六十四卦無非天地之心，但於復卦忽見一陽之復，故即此而贊之爾。論此者當知有動靜之心，有善惡之心，各隨事而看。今人乍見孺子將入井之時，〔九三〕此心未動，只靜而已。衆人物欲昏蔽便是惡底心，及其復也，然後本然之善心可見。聖人之心純於善而已，所以謂『未嘗見其心』者，只是言不見其有昏蔽忽明之心，如所謂幽暗中一點白者而已。但此等語説〔九四〕話只可就此一路看去，纔轉入別處便不分明，也不可不知。」謨。

舉「聖人無復，故不見其心」一節，語學者曰：「聖人天地心無時不見。此是聖人因贊易而言一陽來復，於此見天地之心尤切，正是大黑暗中有一點明。」可學。

國秀問：「舊見蔡元思説先生説復卦處：『靜極而動，聖人之復；惡極而善，常人之復。』是否？」曰：「固是。但林無三字。〔九五〕常人也有林無「也有」字，作「亦」字。〔九六〕靜極而動底時節，林無「時節」字。〔九七〕聖人則不復有惡極而善之復矣。林無「之復矣」字，作「爾」字。〔九八〕」僩。按，林學蒙録同而略。〔九九〕

上云「見天地之心」以動靜言也，下云「未嘗見聖人之心」以善惡言也。道夫。

復雖一陽生〔一〇〇〕，然而與衆陰不相亂。如人之善端方萌，雖小而不爲衆惡所遏底意思。學蒙。〔一〇一〕

問：「『一陽復』，在人言之只是善端萌處否？」曰：「以善言之，是善端方萌處。以惡言之，昏迷中有悔悟向善意便是復，如睡到忽然醒覺處亦是復氣象。又如人之沉滯，道不得行，到極處忽小亨，道雖未大行，已有可行之兆亦是復。這道理千變萬化，隨所在無不渾淪。」淳。

敬子問：「今寂然至靜在此，若一念之動，此便是復否？」曰：「恁地説不盡。復有兩樣，有善惡之復，有動靜之復，兩樣復自不相須，須各看得分曉。終日營營，與萬物並馳，忽然有惻隱、是非、羞惡之心發見，此善惡爲陰陽也。若寂然至靜之中有一念之動，此動靜爲陰陽也。二者各不同，須推教子細。」僩。

「伊川與濂溪説這[一〇二]『復』字亦差不同。」用之云：「濂溪説得『復』字就歸處説，伊川就動處説。所以不同？」[一〇三]曰：「然。濂溪就坤上説，就回來處説。如云『利貞者誠之復』，『誠心，復其不善之動而已矣』，皆是就歸來處説。伊川却正就動處説。如『元亨利貞』，濂溪就『利貞』上説『復』字，伊川就『元』字頭説『復』字，以周易爻[一〇四]之義推之，則伊川之説爲正。然濂溪、伊川之説，道理只一般，非有所異，只是所指地頭不同。以復卦言之，下面一畫便是動處。伊川云『下面一爻，正是動，如何説静得？雷在地中，復』云云。看來伊川説得較好。王弼之説與濂溪同。」僩。

問：「『陽始生甚微，安静而後能長』，故復之象曰『先王以至日閉關』，人於迷途之復，其善端之萌亦甚微，故須莊敬持養，然後能大。不然，復亡之矣。」曰：「然。」又曰：「古人所以四十强而仕者，前面許多年亦且養其善端。若一下便出來與事物衮了，豈不壞事！」賀孫。

董銖[一〇五]問：「復卦[一〇六]『先王以至日閉關』，程傳謂陽之始生至微，當安静以養之，恐是十月純坤之卦，陽已養於至静之中，至是方成體爾。」先生曰：「非也。養於既復之後。」又問「復見天地之心」。先生曰：「要説得『見』字親切，蓋此時天地之間無物可見天地之心。只有一陽初生，浄浄潔潔，見得天地之心在此。若見三陽發生萬物之後，則天地之心散在萬物，則不能見得如此端的。」雉。

問：「『不遠復，[一〇七]無祇悔』，『祇』字何訓？」曰：「書中『祇』字，只有這『祇』字使得來別。看來只得解做『至』字。又有訓『多』爲『祇』者，如『多見其不知量也』，『多，祇也』。『祇』與『只』同。」僩。

問：「上六『迷復』至于『十年不克征』，何如？」曰：「過而能改則亦可以進善，迷而不復自是無説，所以無往而不凶。凡言[一〇八]『十年』、『三歲』，皆是有個象方説。若三歲猶是有個期限，到十年便是無説了。」砥。[一〇九]

无妄

「无妄」本是「無望」。這是没理會時節，忽然如此得來面前，朱英所謂「無望之福」是也。桑樹中箭，柳樹汁出。淵。

「往」字説得不同。淵。

因論易傳无妄[一一〇]「雖無邪心，苟不合正理則妄也，乃邪心也」，或以「子路使門人爲臣」事爲證。先生曰：「如鬻拳强諫之類是也。」或云：「王荆公亦然。」曰：「温公忠厚，故稱荆公『無姦邪，只不曉事』。看來荆公亦有邪[一一一]夾雜，他却將周禮來賣弄，有利底事便行之。意欲富國强兵然後行禮義，不知未富强，人才風俗已先壞了。向見何一之有一小論，稱荆公所以辨得盡行許多事，緣李文靖爲相日，四方言利害者盡皆報罷，積得許多弊事，所以激得荆公出來一齊要整頓過。荆公此意便是慶曆范文正公諸人要做事底規模。然范文正公等行得尊重，其人才亦忠厚。荆公所用之人一切相反。」僩。

伊川謂「雖無邪心，苟不合正理，即妄也」，如楊、墨何嘗有邪心？只是不合正理。淳。按，鄭可學録「楊墨」下止有「便是」二字。〔一一二〕

「剛自外來」説卦變，「動而健」説卦德，「剛中而應」説卦體，「大亨以正」説「元亨利貞」。自文王以來説做希望之「望」。這事只得倚閣在這裏，難爲斷殺他。淵。

伊川易傳似不是本意。「剛自外來」是所以做造无妄，「動而健」是有卦後説底。淵。

或説无妄卦〔一一三〕。曰：「卦中未便有許多道理。聖人只是説有許多爻象如此，占著此爻則有此象。无妄是個不指望偶然底卦，忽然而有福，忽然而有禍。如人方病，忽〔一一四〕勿藥而瘉，是所謂『无妄』也。據諸爻名義合作『無望』，不知孔子何故説歸『無妄』。人之卜筮如决杯珓，如此則吉，如此則凶，杯珓又何嘗有許多道理！如程子之説，説得道理儘好，儘開闊。只是不如此，未有許多道理在。」又曰：「无妄一卦雖云禍福之來也無常，然自家所守者不可不利於正。不可以彼之無常而吾之所守亦爲之無常也，故曰『无妄，元亨利貞，其匪正，有眚』。若所守匪正則有眚矣。眚即災也。」問：「伊川言『災自外來，眚自內作』，是否？」曰：「看來只一般，微有不同耳。災是〔一一五〕偶然生於彼者，眚是過誤致然。書曰『眚災肆赦』，春秋曰『肆大眚』，皆以其過誤而赦之也。」僩。

「不耕穫」一句，伊川作三意説：不耕而穫、耕而不穫、耕而必穫。看來只是也不耕也不穫，只見成領會他物事。淵。

問「无妄六三〔一一六〕『不耕穫，不菑畬』，伊川説爻詞與小象却不同，如何？」曰：「便是曉不得。爻下説『不耕而穫』，到小象又却説耕而不必求穫，都不相應。某所以不敢如此説。他爻辭分明説道『不耕穫』了，自是有一樣時節都不須得作爲。」又曰：「看來无妄合是『無望』之義，不知孔子何故使此『妄』字。如『无妄之災』、『无妄之疾』，都是没巴鼻恁地。」又曰：「无妄自是大亨了，又却須是貞正始得。若些子不正則『行有眚』，『眚』即與『災』字同。不是自家做得，只有些子不是，他那裏便有災來。」問：「『眚』與『災』如何分？」曰：「也只一般。尚書云『眚災肆赦』，春秋『肆大眚』，眚似是過誤，災便直是自外來。」又曰：「如〔一一七〕不可大段做道理看，只就逐象上説，見有此象便有此義，少間自有一時築着磕着。如今人問杯珓，杯珓上豈曾有道理，自是有許多吉凶。」砥。〔一一八〕

「『不耕穫，不菑畬』，如易傳所解，則當言『不耕而穫，不菑而畬』方可。又如言〔一一九〕『太極言无妄之義」，緣只要〔一二〇〕去義理上説，故如此解。易爻〔一二一〕只是占吉凶之詞，至彖、象方説義理。六二在无妄之時居中得正，故吉。其曰『不耕穫，不菑畬』是四事都不做，謂雖事事都不動作，亦自『利有攸往』。史記『无妄』作『無望』，是此意。六三便是『无妄之災』，或繫之牛，行人之得』，何與邑人事？而『邑人之災』，如諺曰『閉門屋裏坐，禍從天上來』是也。此是占辭。如『飛龍在天，利見大人』，若庶人占得此爻，只是利去見大人也。然吉凶以正勝，有雖得凶而不可避者，縱貧賤窮困死亡却無悔咎〔一二二〕。故橫渠云『不可避凶趨吉，一以正勝』，是也。又如占得坤六二爻，須是自己『直方大』，方與爻辭相應，便『不習无不利』，若不直方大，却反凶也。坤六四爻不止言大臣事，凡得此爻者，在位者便當去，未仕者便當隱。」伯豐因此問比干事。曰：「此又別是一義，雖凶無咎。」〔一二三〕㽜。

問「不耕穫，不菑畬，未富」之義。曰：「此有不可曉。然既不耕穫、不菑畬，自是未富。此爻不是聖人説占得如此。〔一二四〕雖是『未富』，但『利有攸往』耳。雖是占爻，然義理亦包在其中。易傳中説『未』字多費辭。」㽜。

大畜

「能止健」都不説健而止，見得是艮來止這乾。淵。

「篤實」便有「輝光」，艮止便能篤實。淵。按，甘節録同。〔一二五〕

「何天之衢亨」，或如伊川説，衍一「何」字，亦不可知。砥。〔一二六〕

頤

頤須是正則吉。何以觀其正不正？蓋「觀頤」是觀其養德是正不正，「自求口實」是又觀其養身是正不正，未説到養人處。「觀其所養」亦只是説君子之所養，養浩然之氣模様。淵。

「自養」則如爵禄下至於飲食之類，是説「自求口實」。淵。

問：「『觀頤，觀其所養』作所養之道，『觀其自養』作所以養生之術。」先生曰：「所養之道，如學聖賢之道則爲正，黄、老、申、商則爲非，凡見於修身行義皆是也。所養之術則飲食起居者〔一二七〕是也。」又問：「伊川把『觀其所養』作觀人之養，如何？」先生曰：「這兩句是解『養正則吉』。所養之道與養生之術正，則吉；不正，則不吉。如何是觀人之養！不曉程説是如何。」學蒙。〔一二八〕

又問：「頤六爻，伊川解云上三爻是養德義，下三爻是養口體，是否？」先生曰：「上三爻是養人，下三爻是資人以養己，養己所以養人也。」義剛。〔一二九〕

問：「伊川解頤作〔一三〇〕下三爻養口體，上三爻養德義，如何？」先生云：「看來下三爻是資人以爲養，上三爻是養人也。六四、六五雖是資初與上之養，其實是他居尊位，藉人以養，而又推以養人，故此三爻似都是養人之事。伊川説亦得，但失之疏也。」學蒙。〔一一三一〕

頤六四一爻理會不得。雖是恁地解，必竟曉不得如何是「施於下」，又如何是「虎」。砥。〔一一三二〕

頤〔一一三三〕六五「拂經，居貞吉，不可涉大川」。六五陰柔之才，但守正則吉，故不可以涉患難。六四「顛頤吉，虎視眈眈，其欲逐逐」，此爻不可曉。僩。

大過

問：「『大過「棟橈，利有攸往，亨」〔一一三四〕，既「棟橈」是不好了，又如何「利有攸往」？』」先生曰：「看彖辭可見。『棟橈』是以卦體『本末弱』而言，卦體自不好了。却因『剛過而中，巽而説行』，如此，所以『利有攸往乃亨』也。〔一一三五〕」學蒙。〔一一三六〕

「伊川〔一一三七〕易傳大過云『道無不中，無不常』，聖人有小過，無大過，看來亦不消如此説。聖人既説有『大過』，直是有此事，雖云『大過』亦是常理始得。」因舉晉州蒲事云：「舊常不曉胡文定公意，以問范伯達丈，他亦不曉。後來在都下見其孫伯逢，問之。渠云：『此處有意思，但是難説出。如左氏分明有「稱君無道」之説。厲公雖有罪，但合當廢之可也，而欒書中行偃弒之則不是。』然必竟厲公有罪，故難説，後必有曉此意者。」賜。

問：「易大過小過，先生與伊川之説不同。」曰：「然。伊川此論，正如以反經合道爲非相似。殊不知大過自有大過時節，小過自有小過時節。處大過之時則當爲大過之事，處小過之時則當爲小過之事。如堯舜之禪授[一三八]、湯武之放伐，此便是大過之事。『喪過乎哀，用過乎儉』，此便是小過之事。只是在事雖是過，然當[一三九]其時便是義[一四〇]，合當如此做，便是合義。如堯舜之有朱均，豈不能多擇賢輔而立其子，且恁地平善過。然道理去不得，須是禪授方合義。林死「且恁」以下止此。[一四一]湯武豈不能出師以恐嚇紂，且使其悔悟林此下資「却且恁平善做去」七字。[一四二]修省。然道理去不得，必須林此下有「受禪」二字。[一四三]放伐而後已。此所以事雖過而皆合理也。」僩。按，林録同而少異。[一四四]

「『澤滅木，大過』[一四五]，澤在下而木在上，今澤水高漲乃至浸没了木，是爲大過。」又曰：「木雖爲水浸而木未嘗動，故君子觀之而『獨立不懼，遯世無悶』。」砥。[一四六]

過[一四七]是收斂入來底，大過是行出來[一四八]底，如「獨立不懼，遯世无悶」是也。淵。

「藉用白茅」亦有過愼之意。此是大過之初，所以其過尚小在。淵。

問：「大過『棟橈』是初、上二陰不能勝四陽之重，故有此象。九三是其重剛不中，自不能勝其任，亦有此象。兩義自不同否？」曰：「是如此。九三又是[一四九]與上六正應，亦皆不好，不可以有輔，自是過於剛强，輔他不得。九四『棟隆』，只是隆便『不撓乎下』。『過涉滅頂』，『不可咎也』，恐是他做得是了，不可以咎他，不似伊川説。易中『无咎』有兩義，如『不節之嗟』无咎，王輔嗣云，是他自做得，又將誰咎？至『出門同人』无咎，又是他做得好，人咎他不得，所以云〔一五〇〕『又誰咎也』。此處恐不然。」又曰：「四陽居中，如何是大過？二陰在中，又如何是小過？這兩卦曉不得。今且只逐爻略曉得便也可占。」砥。〔一五一〕

大過〔一五二〕「過涉滅頂，凶，无咎〔一五三〕」，象曰〔一五四〕「不可咎也」。某謂〔一五五〕東漢諸人不量深淺，至於殺身亡家，此是凶。然而其心何罪？故不可咎也。賜。〔一五六〕

坎

「水流不盈」，纔是説一坎滿便流出去，一坎又滿又流出去。「行險而不失其信」，則是説決定如此。淵。

坎水只是平，不解滿。盈是滿出來。淵。

坎六三「險且枕」，只是前後皆是枕，便如枕頭之「枕」。砥。〔一五七〕

「樽酒簋」做一句，自是説文如此云。砥。〔一五八〕

「納約自牖」，雖有向明之意，然非是路之正。淵。

問：「『用缶，納約自牖』如何？」〔一五九〕曰：「不由户而自牖，以言艱難〔一六〇〕之時不可直致也。」季札。

九五〔一六一〕「坎不盈，祇既平」，「祇」字他無説處，看來只得作「抵」字解。復卦亦然。不盈未是平，但將來必會平。二與五雖是陷于陰中，必竟是陽會動，陷他不得。如「有孚」，如〔一六二〕「維心亨」，如「行有尚」，皆是他〔一六三〕。砥。〔一六四〕

「坎不盈，中未大也」。曰：「水之爲物，其在坎只能平，自不能盈，故曰『不盈』。盈，高之義。『中未大』者，平則是得中。『不盈』是未大也。」學蒙。〔一六五〕

離

離便是麗，附著之意。易中多説做「麗」，也有兼説明處，也有單説明處。明是離之體。「麗」是麗著底意思。「離」字，古人多用做離著説。然而物相離去，也只是這字。「富貴不離其身」，東坡説道剩個「不」字，便是這意。古來自有這般兩用底字，如「亂」字又喚做治。淵。

「離」字不合單用。淵。

火中虚暗則離中之陰也，水中虚明則坎中之陽也。道夫。

問：「離卦是陽包陰，占利『畜牝牛』便也是宜畜柔順之物。」曰：「然。」砥。〔一六六〕

彖辭「重明」自是五、二兩爻爲君臣重明之義。大象又自説繼世重明之義，不同。砥。〔一六七〕

六二中正，六五中而不正。今言「麗乎正」、「麗乎中正」，次第説六二分數多。此卦唯這爻較好，然亦未敢便恁地説，只得且説「未詳」。淵。本義今無「未詳」字。

「明兩作，離」。作，起也。如日然，今日出了，明日又出，是之謂「兩作」。蓋只是這一個明，兩番作。非「明兩」，乃「兩作」也，猶云「水洊至習坎」。〔一六八〕僩。

問「明兩作，離」。「若〔一六九〕做兩明則是有二個日，不可也，故曰『明兩作，離』，只是一個日相繼之義。『明兩作，離〔一七〇〕』如坎卦『水洊至』，非『明兩』爲『作離』也。〔一七一〕」「明」字便是指日而言。學蒙。淵同。〔一七二〕

「明兩作」猶言「水洊至」。今日明，來日又明。若説兩明却是兩個日頭。淵。

叔重説離卦，問：「『火體陰而用陽』，是如何？」先生云：「此言三畫卦中陰而外陽者也。坎象爲陰，水體陽而用陰，蓋三畫卦中陽而外陰者也。惟六二一爻，柔麗乎中而得其正，故『元吉』。至六五，雖是柔麗乎中而不得其正，特借『中』字而包『正』字耳。」又問「日昃之離」。先生云：「死生常理也，若不能安常以自樂，則不免有嗟戚。」曰：「生之有死，猶晝之必夜，故君子當觀日昃之象以自處。」先生曰：「人固知常理如此，只是臨時自不能安耳。」又問「九四，突如其來如」。先生曰：「九四以剛迫柔，故有突來之象。『焚』、『死』、『棄』言無所用也。『離爲火』故有『焚如』之象。」或曰：「『突如[一七三]』與『焚如』自當屬上句，『死如』、『棄如』自當做一句。」先生曰：「說時亦少通，但文勢恐不如此。」時舉。

又問離九四「突如其來如，焚如，死如，棄如」。曰：[一七四]「九四有侵陵六五之象，故曰『突如其來如』。火之象則有自焚之義，故曰『焚如，死如，棄如』，言其焚死而棄也。」學蒙。[一七五]

「焚」、「死」、「棄」只是說九四陽爻突出來逼拶上爻。「焚如」是「不戢自焚」之意。「棄」是死而棄之之意。淵。

六五介于兩陽之間，憂懼如此，然處得其中，故不失其吉。淵。

離六五陷於二剛之中，故其憂如此。人傑。[一七六]

問：「離六五『出涕沱，若戚嗟，若吉』，象曰『六五之吉，離王公也』[一七七]郭沖晦以爲離六五乃文明盛德之君，知天下之治莫大於得賢，故憂之如此。如『堯以不得舜爲己憂，舜以不得禹、皋陶爲己憂』。是否？」先生曰：「離六五陷於二剛之中，故其憂如此。只爲孟子說得此二句，便取以爲說，金此下云：「[一七八]「不[一七九]」是如此，於上下爻不相通。」所以有牽合之病。解釋經義最怕如此。」金自「所以至此」皆無。[一八〇]謨。按，金去僞録同而差略。[一八一]

「有嘉折首」是句。淵。